SPSS 统计分析从入门到精通

杨维忠　陈胜可 / 编著

清华大学出版社
北京

内 容 简 介

本书在前四版畅销书的基础上，根据 SPSS 26.0 软件升级的市场应用需求进行第 5 次升级修订。

本书结合具体的 SPSS 统计分析实例，图文并茂地介绍了最新版本 SPSS 26.0 的各种统计分析方法，包括基本统计分析、参数与非参数检验、方差分析、相关分析、回归分析、多重响应分析、聚类分析、判别分析、因子分析、主成分分析、对应分析、时间序列模型、信度分析、生存分析和缺失值分析的原理和使用方法。全书注重内容的实用性，在详细介绍 SPSS 常用的操作功能基础上，通过一些综合应用案例（在医学、经济管理、自然科学和社会科学中的应用）来演示实际统计分析中 SPSS 的使用。

本书适用于 SPSS 软件 17.0~26.0 版本，作者录制了 96 个视频教学文件，读者可通过扫描各章节二维码阅读学习。本书可作为高校经济学、管理学、统计学、公共管理、社会学和卫生统计等专业学生学习大数据分析工具掌握 SPSS 软件的用书，也可作为从业人员相关研究人员以及作为相关培训机构的参考教材。

本书封面贴有清华大学出版社防伪标签，无标签者不得销售。
版权所有，侵权必究。举报：010-62782989，beiqinquan@tup.tsinghua.edu.cn。

图书在版编目（CIP）数据

SPSS 统计分析从入门到精通 / 杨维忠，陈胜可编著.-5 版.—北京：清华大学出版社，2022.6（2024.3重印）
ISBN 978-7-302-61024-3

Ⅰ. ①S… Ⅱ. ①杨… ②陈… Ⅲ. ①统计分析－统计程序 Ⅳ. ①C819

中国版本图书馆 CIP 数据核字（2022）第 095395 号

责任编辑：夏毓彦
封面设计：王　翔
责任校对：闫秀华
责任印制：刘海龙

出版发行：清华大学出版社
　　　　　网　址：https://www.tup.com.cn, https://www.wqxuetang.com
　　　　　地　址：北京清华大学学研大厦 A 座　　　**邮　编**：100084
　　　　　社总机：010-83470000　　　　　　　　　　**邮　购**：010-62786544
　　　　　投稿与读者服务：010-62776969，c-service@tup.tsinghua.edu.cn
　　　　　质量反馈：010-62772015，zhiliang@tup.tsinghua.edu.cn

印 装 者：三河市龙大印装有限公司
经　　销：全国新华书店
开　　本：190mm×260mm　　　　**印　张**：29.25　　　　**字　数**：789 千字
版　　次：2010 年 8 月第 1 版　　**2022 年 8 月第 5 版**　　**印　次**：2024 年 3 月第 5 次印刷
定　　价：109.00 元

产品编号：095367-01

前　言

为什么学习 SPSS

SPSS 的英文全称为 Statistical Package for Social Science，即社会科学统计软件，是当今世界上最优秀的统计软件之一，其提供了先进成熟、操作简便的统计方法，并且能够与其他软件很好地交互，被广泛应用于经济管理、医疗卫生、自然科学等领域。

SPSS 软件强大的统计分析过程，可以实现通用统计分析方法、多元统计方法和专业统计分析的绝大部分功能，是用户进行科学研究和数据分析的绝佳利器。掌握 SPSS 软件已成为经济管理、卫生政策、公共政策和工程管理专业的在校研究生和本专科生及这些领域的从业人员所必备的技能。

本书写作和内容

本书全面系统地介绍了 SPSS 的统计分析功能，将统计分析方法、SPSS 操作和实例分析有机结合。在前四版畅销书的基础上，根据 SPSS 26.0 软件升级的市场需求进行第 5 次改版修订。全书在每一章前面先简明扼要地阐述 SPSS 常用统计方法的基本原理，然后介绍统计方法分析的操作步骤，最后演示具体实例并对其输出结果进行解读，藉此让读者对方法应用与软件操作有一个统一的认识。

全书共 20 章，分四部分，各部分的主要内容如下：

第一部分是 SPSS 入门。本部分包括第 1 章和第 2 章，主要介绍 SPSS 中的一些基本概念和数据文件的基本操作。

第二部分是 SPSS 基本统计分析。内容为第 3~15 章，主要包括 SPSS 基本统计分析、参数与非参数检验、方差分析、相关分析、回归分析、对应分析、聚类分析、判别分析、因子分析、主成分分析和时间序列分析等，该部分涵盖了一般统计分析、多元统计分析和回归分析中的主要分析方法。

第三部分是 SPSS 高级统计分析。内容为第 16~18 章，主要包括信度分析、生存分析和缺失值分析等。该部分内容用户可以根据需要进行选择学习。

第四部分是 SPSS 图形绘制与综合案例操作。内容为第 19 章和第 20 章，主要介绍 SPSS 常用统计图形的绘制方法以及在实际统计分析中 SPSS 的应用。

本书实例典型，内容丰富，有很强的针对性。书中不仅详细介绍了实例的具体操作步骤，而且各章还配有一定数量的练习题供读者练习使用，读者只需要按照书中介绍的步骤一步步地实际操作，就能完全掌握本书的内容。

本书特点

1．概念讲解清晰，案例操作演示细致实用

本书在介绍每一种统计方法的应用之前，会先讲解相应统计方法的相关统计知识和注意事项，读者在学习 SPSS 的操作之前可以对此进行简要的复习，做到"知其然也知其所以然"。对于每一种统计方法在 SPSS 中的操作，作者尽可能地对所有的参数、按钮、对话框的功能进行讲解，读者可以举一反三，全面掌握软件中囊括的统计方法的应用。

2．丰富的案例和上机题

每一种统计分析方法都会配以详细的案例讲解，案例具有很强的针对性，并对结果进行剖析。每章后面的上机题可以作为对前面知识讲解的深入和补充，通过上机题来检验对本章内容的掌握程度。

3．提供 96 个视频教学文件扫码阅读和素材文件下载

作者为本书录制了长达 6 小时 30 分钟的视频教学，分 96 节供读者扫码学习的视频教学文件，读者可以对照图书同步学习。如果通过培训机构学习这些内容，至少要花费几千元，即便在培训网站购买作者同级别的教学视频也需要不菲的开销，本书将这些视频免费提供给读者扫码直接观看。

本书配套的素材文件，可以通过扫描右侧二维码进行下载。如果下载有问题，可发送电子邮件至 booksaga@126.com 获得帮助，邮件标题为"SPSS 统计分析从入门到精通（第五版）下载资源"。

本书适合哪些读者

本书既可以作为高校经济学、管理学、统计学、公共管理、社会学和卫生统计等专业学生掌握 SPSS 软件的学习用书，也可作为从业人员和相关研究人员以及培训机构的参考教材。

本书由杨维忠、陈胜可、刘荣编写，因软件版本升级，本书第 5 版的修订内容由杨维忠和张甜完成。

编者

2022 年 1 月

目 录

第 1 章　SPSS 概述 ·················· 1

1.1　SPSS 26.0 基本操作与界面窗口 ······ 1
　　1.1.1　SPSS 启动与退出 ············ 1
　　1.1.2　SPSS 界面与窗口 ············ 2
1.2　SPSS 系统参数设置 ················ 4
　　1.2.1　常规参数设置 ··············· 5
　　1.2.2　查看器参数设置 ············· 5
　　1.2.3　数据参数设置 ··············· 6
　　1.2.4　自定义数值变量的格式参数
　　　　　设置 ························ 7
　　1.2.5　输出窗口的参数设置 ········· 8
　　1.2.6　图表输出的参数设置 ········· 9
　　1.2.7　透视表的参数设置 ··········· 9
　　1.2.8　文件位置的参数设置 ········ 10
　　1.2.9　脚本文件的参数设置 ········ 11
　　1.2.10　多重插补的参数设置 ······· 12
　　1.2.11　语法编辑器的参数设置 ····· 13
1.3　SPSS 26.0 运行环境的设置 ········ 14
　　1.3.1　SPSS 状态栏的显示和
　　　　　隐藏 ······················· 14
　　1.3.2　SPSS 网格线的显示和
　　　　　隐藏 ······················· 14
　　1.3.3　SPSS 菜单的增加与删除 ····· 14
　　1.3.4　SPSS 中字体的设置 ········· 15
1.4　SPSS 26.0 的帮助系统 ············ 15
　　1.4.1　联机帮助 ·················· 16
　　1.4.2　各种对话框中的"帮助"
　　　　　按钮 ······················· 16
1.5　SPSS 25.0、26.0 的新增功能 ······ 16
　　1.5.1　SPSS 25.0 的新增功能 ······ 16
　　1.5.2　SPSS 26.0 的新增功能 ······ 18

第 2 章　SPSS 数据管理 ············ 19

2.1　SPSS 26.0 数据编辑器 ············ 19
2.2　常量、变量、操作符和表达式 ······ 19
　　2.2.1　SPSS 中的常量与变量 ······· 20
　　2.2.2　变量名与变量标签 ·········· 21
　　2.2.3　运算符与表达式 ············ 21
　　2.2.4　变量的定义 ················ 22
2.3　输入数据 ······················· 24
　　2.3.1　输入数据的方法 ············ 24
　　2.3.2　文件和变量信息的查看 ····· 24
2.4　编辑数据 ······················· 25
　　2.4.1　插入和删除观测量 ·········· 25
　　2.4.2　数据的剪切、复制和粘贴 ···· 26
　　2.4.3　撤销操作 ·················· 26
2.5　数据文件操作 ··················· 26
　　2.5.1　数据文件的打开与保存 ····· 26
　　2.5.2　数据排序 ·················· 27
　　2.5.3　数据文件的分解与合并 ····· 29
　　2.5.4　数据文件的变换 ············ 33
　　2.5.5　观测量的加权 ·············· 35
2.6　变量的转换与运算 ··············· 36
　　2.6.1　插入与删除变量 ············ 36
　　2.6.2　根据已存在的变量建立
　　　　　新变量 ····················· 36
　　2.6.3　产生计数变量 ·············· 38
　　2.6.4　变量的重新赋值 ············ 40
　　2.6.5　变量取值的求等级 ·········· 43
　　2.6.6　缺失数据的处理 ············ 45
2.7　数据的汇总 ····················· 47
2.8　数据文件的结构重组 ············· 49
　　2.8.1　数据重组方式的选择 ········ 50
　　2.8.2　由变量组到观测量组的
　　　　　重组 ······················· 50
　　2.8.3　由观测量组到变量组的
　　　　　重组 ······················· 52
　　2.8.4　变换重组 ·················· 54
2.9　读取其他格式文件数据 ··········· 54

		2.9.1　读取 Excel 软件文件
				（.xls）……………………54
		2.9.2　读取固定格式的文本文件……56
	2.10　上机题………………………………58

第3章　SPSS 26.0 基本统计分析……63

	3.1　描述性分析………………………………63
		3.1.1　基本统计量的计算与描述性
				分析简介……………………63
		3.1.2　描述性分析的 SPSS 操作…66
		3.1.3　实验操作……………………67
	3.2　频数分析…………………………………69
		3.2.1　频数分析简介………………69
		3.2.2　频数分析的 SPSS 操作……69
		3.2.3　实验操作……………………71
	3.3　探索分析…………………………………73
		3.3.1　探索分析简介………………73
		3.3.2　探索分析的 SPSS 操作……73
		3.3.3　实验操作……………………75
	3.4　列联表分析………………………………78
		3.4.1　列联表分析简介……………78
		3.4.2　列联表分析的 SPSS 操作…79
		3.4.3　实验操作……………………82
	3.5　比率分析…………………………………84
		3.5.1　比率分析简介………………84
		3.5.2　比率分析的 SPSS 操作……85
		3.5.3　实验操作……………………87
	3.6　上机题……………………………………89

第4章　基本统计分析报表的制作………91

	4.1　在线分析处理报告………………………91
		4.1.1　OLAP 简介……………………91
		4.1.2　在 SPSS 中建立在线分析处理
				报告……………………………91
		4.1.3　实验操作……………………93
	4.2　个案摘要报告……………………………94
		4.2.1　个案汇总过程简介…………94
		4.2.2　在 SPSS 中生成个案摘要
				报告……………………………94
		4.2.3　实验操作……………………95
	4.3　行形式摘要报告…………………………96

		4.3.1　行形式摘要报告简介………96
		4.3.2　行形式摘要报告的 SPSS
				操作……………………………97
		4.3.3　实验操作……………………99
	4.4　列形式摘要报告…………………………100
		4.4.1　列形式摘要报告简介………100
		4.4.2　列形式摘要报告的 SPSS
				操作……………………………100
		4.4.3　实验操作……………………101
	4.5　上机题……………………………………102

第5章　均值比较和 T 检验………………104

	5.1　均值过程…………………………………104
		5.1.1　均值过程的简介……………104
		5.1.2　均值过程的 SPSS 操作……104
		5.1.3　实验操作……………………105
	5.2　单样本 T 检验……………………………107
		5.2.1　单样本 T 检验的简介………107
		5.2.2　单样本 T 检验的 SPSS
				操作……………………………107
		5.2.3　实验操作……………………108
	5.3　独立样本 T 检验…………………………109
		5.3.1　独立样本 T 检验的简介……109
		5.3.2　独立样本 T 检验的 SPSS
				操作……………………………110
		5.3.3　实验操作……………………111
	5.4　成对样本 T 检验…………………………113
		5.4.1　成对样本 T 检验的简介……113
		5.4.2　成对样本 T 检验的 SPSS
				操作……………………………113
		5.4.3　实验操作……………………114
	5.5　上机题……………………………………115

第6章　非参数检验…………………………118

	6.1　非参数检验简介…………………………118
	6.2　卡方检验…………………………………118
		6.2.1　卡方检验的基本原理………118
		6.2.2　卡方检验的 SPSS 操作……118
		6.2.3　实验操作……………………120
	6.3　二项检验…………………………………121
		6.3.1　二项检验的基本原理………121

  6.3.2 二项检验的 SPSS 操作 …… 122
  6.3.3 实验操作 …………………… 122
 6.4 双独立样本检验 …………………… 124
  6.4.1 双独立样本检验的基本
    原理 …………………………… 124
  6.4.2 双独立样本检验的 SPSS
    操作 …………………………… 124
  6.4.3 实验操作 …………………… 125
 6.5 多独立样本检验 …………………… 127
  6.5.1 多独立样本检验的基本
    原理 …………………………… 127
  6.5.2 多独立样本的 SPSS 操作 …… 128
  6.5.3 实验操作 …………………… 128
 6.6 两配对样本检验 …………………… 131
  6.6.1 两配对样本检验的基本
    原理 …………………………… 131
  6.6.2 两配对样本检验的 SPSS
    操作 …………………………… 131
  6.6.3 实验操作 …………………… 132
 6.7 多配对样本检验 …………………… 133
  6.7.1 多配对样本检验的基本
    原理 …………………………… 133
  6.7.2 多配对样本检验的 SPSS
    操作 …………………………… 134
  6.7.3 实验操作 …………………… 134
 6.8 游程检验 …………………………… 136
  6.8.1 游程检验简介 ……………… 136
  6.8.2 游程检验的 SPSS 操作 …… 136
  6.8.3 实验操作 …………………… 137
 6.9 单样本 K-S 检验 …………………… 138
  6.9.1 单样本 K-S 检验简介 ……… 138
  6.9.2 单样本 K-S 检验的 SPSS
    操作 …………………………… 138
  6.9.3 实验操作 …………………… 139
 6.10 上机题 ……………………………… 140

第 7 章 方差分析 ………………………… 144

 7.1 单因素方差分析 …………………… 144
  7.1.1 单因素方差分析的基本
    原理 …………………………… 144

  7.1.2 单因素方差分析的 SPSS
    操作 …………………………… 144
  7.1.3 实验操作 …………………… 147
 7.2 多因素方差分析 …………………… 150
  7.2.1 多因素方差分析的基本
    原理 …………………………… 150
  7.2.2 多因素方差分析的 SPSS
    操作 …………………………… 150
  7.2.3 实验操作 …………………… 155
 7.3 协方差分析 ………………………… 157
  7.3.1 协方差分析的基本原理 …… 157
  7.3.2 协方差分析的 SPSS 操作 … 158
  7.3.3 实验操作 …………………… 158
 7.4 多因变量方差分析 ………………… 160
  7.4.1 多因变量方差分析的基本
    原理 …………………………… 160
  7.4.2 多因变量方差分析的 SPSS
    操作 …………………………… 160
  7.4.3 实验操作 …………………… 161
 7.5 上机题 ……………………………… 163

第 8 章 相关分析 ………………………… 166

 8.1 相关分析的基本原理 ……………… 166
 8.2 双变量相关分析 …………………… 167
  8.2.1 双变量相关分析的 SPSS
    操作 …………………………… 167
  8.2.2 实验操作 …………………… 168
 8.3 偏相关分析 ………………………… 170
  8.3.1 偏相关分析的基本原理 …… 170
  8.3.2 偏相关分析的 SPSS 操作 … 170
  8.3.3 实验操作 …………………… 171
 8.4 距离分析 …………………………… 173
  8.4.1 距离分析的基本原理 ……… 173
  8.4.2 距离分析的 SPSS 操作 …… 174
  8.4.3 实验操作 …………………… 176
 8.5 上机题 ……………………………… 178

第 9 章 回归分析 ………………………… 180

 9.1 线性回归分析 ……………………… 180
  9.1.1 线性回归分析的基本
    原理 …………………………… 180

9.1.2 线性回归分析的 SPSS
　　　　操作……………………181
　　9.1.3 实验操作………………186
9.2 曲线回归分析………………188
　　9.2.1 曲线回归分析的基本
　　　　原理……………………188
　　9.2.2 曲线回归分析的 SPSS
　　　　操作……………………189
　　9.2.3 实验操作………………190
9.3 加权回归分析………………192
　　9.3.1 加权回归分析的基本
　　　　原理……………………192
　　9.3.2 加权回归分析的 SPSS
　　　　操作……………………192
　　9.3.3 实验操作………………193
9.4 Logistic 回归分析…………195
　　9.4.1 Logistic 回归分析的基本
　　　　原理及模型……………195
　　9.4.2 Logistic 回归分析的 SPSS
　　　　操作……………………196
　　9.4.3 实验操作………………199
9.5 有序回归分析（Ordinal）…202
　　9.5.1 有序回归分析的基本
　　　　原理……………………202
　　9.5.2 有序回归分析的 SPSS
　　　　操作……………………203
　　9.5.3 实验操作………………205
9.6 概率回归分析（Probit）……208
　　9.6.1 概率回归分析的基本原理及
　　　　模型……………………208
　　9.6.2 概率回归分析的 SPSS
　　　　操作……………………208
　　9.6.3 实验操作………………210
9.7 分位数回归…………………213
　　9.7.1 分位数回归的基本原理及
　　　　模型……………………213
　　9.7.2 分位数回归分析的 SPSS
　　　　操作……………………213
　　9.7.3 实验操作………………215
9.8 对数线性模型………………217

　　9.8.1 对数线性模型的基本原理及
　　　　模型……………………217
　　9.8.2 对数线性模型的 SPSS
　　　　操作……………………217
　　9.8.3 实验操作………………220
9.9 上机题………………………224

第 10 章 多重响应分析……………228

10.1 多重响应概述………………228
10.2 多重响应变量集……………228
　　10.2.1 多重响应变量集的定义…228
　　10.2.2 定义多重响应变量集的
　　　　　实验操作……………229
10.3 多重响应变量集的频率分析…231
　　10.3.1 多重响应变量频率分析
　　　　　简介…………………231
　　10.3.2 多重响应变量频率分析的
　　　　　SPSS 操作……………231
　　10.3.3 实验操作………………232
10.4 多重响应变量集的交叉表分析…232
　　10.4.1 多重响应变量交叉表分析
　　　　　简介…………………232
　　10.4.2 多重响应变量交叉表分析的
　　　　　SPSS 操作……………233
　　10.4.3 实验操作………………234
10.5 使用表过程研究多重响应
　　 变量集…………………………236
　　10.5.1 定义多重响应变量集……237
　　10.5.2 用表过程建立包含多重响应
　　　　　变量集的表格…………238
10.6 上机题………………………239

第 11 章 聚类分析……………………241

11.1 聚类分析的基本原理…………241
11.2 快速聚类………………………243
　　11.2.1 快速聚类的基本原理……243
　　11.2.2 快速聚类的 SPSS 操作…244
　　11.2.3 实验操作………………245
11.3 分层聚类………………………248
　　11.3.1 分层聚类的基本原理……248
　　11.3.2 分层聚类的 SPSS 操作…248

11.3.3 实验操作 …………………… 250
11.4 二阶聚类分析 …………………… 251
　11.4.1 二阶聚类分析简介 ……… 251
　11.4.2 二阶聚类分析的 SPSS
　　　　操作 …………………… 251
　11.4.3 实验操作 …………………… 253
11.5 上机题 …………………………… 255

第 12 章 判别分析 …………………… 258

12.1 一般判别分析 …………………… 258
　12.1.1 一般判别分析简介 ……… 258
　12.1.2 一般判别分析的 SPSS
　　　　操作 …………………… 258
　12.1.3 实验操作 …………………… 261
12.2 逐步判别分析 …………………… 264
　12.2.1 逐步判别分析简介 ……… 264
　12.2.2 逐步判别分析的 SPSS
　　　　操作 …………………… 264
　12.2.3 实验操作 …………………… 266
12.3 决策树分析 …………………… 270
　12.3.1 决策树分析简介 ………… 270
　12.3.2 决策树分析的 SPSS
　　　　操作 …………………… 270
　12.3.3 实验操作 …………………… 278
12.4 上机题 …………………………… 280

第 13 章 因子分析和主成分分析 ……… 283

13.1 因子分析 ………………………… 283
　13.1.1 因子分析的基本原理 …… 283
　13.1.2 因子分析的 SPSS 操作 …… 284
　13.1.3 实验操作 …………………… 289
13.2 主成分分析 …………………… 292
　13.2.1 主成分分析的基本原理 … 292
　13.2.2 主成分分析的 SPSS
　　　　操作 …………………… 293
　13.2.3 实验操作 …………………… 295
13.3 上机题 …………………………… 296

第 14 章 对应分析 …………………… 298

14.1 一般对应分析 …………………… 298
　14.1.1 一般对应分析的基本
　　　　原理 …………………… 298
　14.1.2 一般对应分析的 SPSS
　　　　操作 …………………… 298
　14.1.3 实验操作 …………………… 302
14.2 多重对应分析 …………………… 306
　14.2.1 多重对应分析的基本
　　　　原理 …………………… 306
　14.2.2 多重对应分析的 SPSS
　　　　操作 …………………… 306
　14.2.3 实验操作 …………………… 312
14.3 上机题 …………………………… 314

第 15 章 时间序列模型 ……………… 317

15.1 时间序列数据的预处理 ………… 317
　15.1.1 定义时间变量 …………… 317
　15.1.2 时间序列数据的平稳化
　　　　处理 …………………… 318
　15.1.3 实验操作 …………………… 319
15.2 指数平滑法 …………………… 321
　15.2.1 指数平滑法的基本原理 … 321
　15.2.2 指数平滑法的 SPSS
　　　　操作 …………………… 321
　15.2.3 实验操作 …………………… 328
15.3 ARIMA 模型 …………………… 330
　15.3.1 ARIMA 模型的基本
　　　　原理 …………………… 330
　15.3.2 ARIMA 模型的 SPSS
　　　　操作 …………………… 330
　15.3.3 实验操作 …………………… 332
15.4 季节性分解模型 ………………… 334
　15.4.1 季节性分解的基本原理 … 334
　15.4.2 季节性分解的 SPSS
　　　　操作 …………………… 334
　15.4.3 实验操作 …………………… 335
15.5 上机题 …………………………… 337

第 16 章 生存分析 …………………… 339

16.1 生存分析简介 …………………… 339
16.2 寿命表分析 …………………… 340
　16.2.1 寿命表分析简介 ………… 340

16.2.2　寿命表分析的 SPSS
　　　　　　操作 ·································· 341
　　　16.2.3　实验操作 ···························· 342
　16.3　Kaplan-Meier 分析 ························· 345
　　　16.3.1　Kaplan-Meier 分析简介 ··· 345
　　　16.3.2　Kaplan-Meier 分析的 SPSS
　　　　　　操作 ·································· 345
　　　16.3.3　实验操作 ···························· 347
　16.4　Cox 回归分析 ······························· 350
　　　16.4.1　Cox 回归分析的基本
　　　　　　原理 ·································· 350
　　　16.4.2　Cox 回归分析的 SPSS
　　　　　　操作 ·································· 351
　　　16.4.3　实验操作 ···························· 355
　16.5　上机题 ·· 358

第 17 章　信度分析 ····························· 361
　17.1　信度分析 ·· 361
　　　17.1.1　信度分析的基本原理 ······ 361
　　　17.1.2　信度分析的 SPSS 操作 ···· 361
　　　17.1.3　实验操作 ···························· 364
　17.2　多维刻度分析 ································ 367
　　　17.2.1　多维刻度分析的基本
　　　　　　原理 ·································· 367
　　　17.2.2　多维刻度分析的 SPSS
　　　　　　操作 ·································· 367
　　　17.2.3　实验操作 ···························· 370
　17.3　上机题 ·· 373

第 18 章　缺失值分析 ························· 374
　18.1　缺失值分析简介 ···························· 374
　　　18.1.1　缺失值的表现形式 ··········· 374
　　　18.1.2　SPSS 中对缺失值的
　　　　　　处理 ·································· 374
　18.2　SPSS 的缺失值分析过程 ··········· 375
　　　18.2.1　在 SPSS 中实现缺失值
　　　　　　分析 ·································· 375
　　　18.2.2　实验操作 ···························· 379
　18.3　上机题 ·· 383

第 19 章　常用统计图的绘制 ············· 385
　19.1　SPSS 26.0 绘图功能简介 ············ 385
　　　19.1.1　"图形"菜单 ···················· 385
　　　19.1.2　"图表现在能够更好的用于
　　　　　　Microsoft Office"功能 ··· 394
　19.2　条形图 ·· 395
　　　19.2.1　常用条形图 ······················· 396
　　　19.2.2　简单条形图的 SPSS
　　　　　　操作 ·································· 396
　　　19.2.3　分类条形图的 SPSS
　　　　　　操作 ·································· 402
　　　19.2.4　分段条形图的 SPSS
　　　　　　操作 ·································· 402
　19.3　线图 ·· 403
　　　19.3.1　线图的类型 ······················· 404
　　　19.3.2　绘制简单线图 ··················· 404
　　　19.3.3　绘制多重线图 ··················· 405
　　　19.3.4　垂直线图的绘制 ··············· 406
　19.4　面积图 ·· 407
　　　19.4.1　面积图的类型 ··················· 407
　　　19.4.2　简单面积图绘制的 SPSS
　　　　　　操作 ·································· 407
　　　19.4.3　堆积面积图绘制的 SPSS
　　　　　　操作 ·································· 409
　19.5　饼图 ·· 409
　　　19.5.1　饼图的类型 ······················· 410
　　　19.5.2　饼图绘制的 SPSS 操作 ···· 410
　19.6　直方图 ·· 411
　19.7　散点图 ·· 412
　　　19.7.1　散点图的类型 ··················· 412
　　　19.7.2　简单散点图绘制的 SPSS
　　　　　　操作 ·································· 413
　　　19.7.3　重叠散点图绘制的 SPSS
　　　　　　操作 ·································· 413
　　　19.7.4　矩阵散点图绘制的 SPSS
　　　　　　操作 ·································· 414
　　　19.7.5　三维散点图绘制的 SPSS
　　　　　　操作 ·································· 415
　19.8　箱图 ·· 416

19.8.1 箱图的类型 …………… 416
19.8.2 简单箱图绘制的 SPSS 操作 …………… 417
19.8.3 分类箱图绘制的 SPSS 操作 …………… 417
19.9 误差条图 …………… 418
  19.9.1 误差条图的类型 …………… 418
  19.9.2 简单误差条图绘制的 SPSS 操作 …………… 419
  19.9.3 复式误差条图绘制的 SPSS 操作 …………… 419
19.10 高低图 …………… 420
  19.10.1 高低图的类型 …………… 421
  19.10.2 高低图绘制的 SPSS 操作 …………… 421
19.11 时间序列图 …………… 422
  19.11.1 普通时间序列图绘制的 SPSS 操作 …………… 423
  19.11.2 自相关序列和偏相关序列图绘制的 SPSS 操作 …………… 424
  19.11.3 互相关序列图绘制的 SPSS 操作 …………… 425
19.12 双轴线图 …………… 427
19.13 上机题 …………… 428

第 20 章 SPSS 综合应用案例 …………… 430

20.1 SPSS 在医学中的应用 …………… 430
  20.1.1 问题描述与案例说明 …………… 430
  20.1.2 分析目的和分析思路 …………… 430
  20.1.3 案例中使用的 SPSS 方法 …………… 431
  20.1.4 数据文件的建立 …………… 431
  20.1.5 SPSS 操作步骤 …………… 432
  20.1.6 结果判读 …………… 433
20.2 SPSS 在经济管理学科中的应用 …………… 435
  20.2.1 案例说明与问题描述 …………… 436
  20.2.2 分析目的、分析思路与数据选取 …………… 436
  20.2.3 案例中使用的 SPSS 方法 …………… 436
  20.2.4 数据文件的建立 …………… 437
  20.2.5 SPSS 操作步骤 …………… 438
  20.2.6 结果判读 …………… 439
20.3 SPSS 在自然科学中的应用 …………… 441
  20.3.1 案例说明与问题描述 …………… 441
  20.3.2 分析目的、分析思路及数据选取 …………… 441
  20.3.3 案例中使用的 SPSS 方法 …………… 442
  20.3.4 数据文件的建立 …………… 442
  20.3.5 SPSS 操作步骤 …………… 445
  20.3.6 结果判读 …………… 446
20.4 SPSS 在社会科学中的应用 …………… 448
  20.4.1 案例说明与问题描述 …………… 448
  20.4.2 分析目的、分析思路及数据选取 …………… 448
  20.4.3 案例中使用的 SPSS 方法 …………… 449
  20.4.4 数据文件的建立 …………… 449
  20.4.5 SPSS 操作步骤 …………… 450
  20.4.6 结果判读 …………… 451
20.5 上机题 …………… 453

第 1 章　　SPSS 概述

SPSS 全称 Statistical Package for Social Science，即社会科学统计软件，具有统计方法先进成熟、操作简便，与其他软件交互性好等特点，被广泛应用于经济管理、医疗卫生、自然科学等各个方面。SPSS 使用的是图形交互式用户界面，界面友好且操作简单，用户只需要通过菜单即可完成大部分操作。它还提供了与多种应用软件的接口，支持多种格式的数据文件，用户可以方便地将其他格式的数据文件导入 SPSS。

除了包含常用的基本统计方法以外，SPSS 还可以进行生存分析、信度分析等专业的统计分析方法，SPSS 的数据结果可读性强且容易导出，极大地方便了用户的应用和保存。

SPSS 软件在引入我国后，因其强大的数据分析处理能力和简单友好的界面，已经被广泛应用于多个领域实现数据分析与信息管理工作，受到广大科研人员与应用工作者的深度好评。

SPSS 自 1968 年推出以来历经了多次改版，当前流行版本为 SPSS 26.0。SPSS 软件于 2009 年被 IBM 公司收购，现被更名为 IBM SPSS。SPSS 26.0 在保留了以往版本优良特性的基础上又增加了一些新的功能模块，使得功能更加强大，操作上更突出个性化，更好地适应了不同用户群体的数据分析需求。

1.1　SPSS 26.0 基本操作与界面窗口

运行 SPSS 26.0 对计算机的环境要求并不高，一般的硬件配置即可。若 SPSS 的运算涉及大量数据，则需要用户配置较大的内存。对于较大的数据处理和复杂的统计运算，计算机至少需要 256MB 内存。

1.1.1　SPSS 启动与退出

SPSS 的启动和退出方式与 Windows 操作系统下的一般软件完全相同。

安装后双击桌面上的 SPSS Statistics 26.0 图标，或者在"开始"菜单中依次选择"程序" | IBM SPSS Statistics | IBM SPSS Statistics 26 命令。启动后会出现如图 1-1 所示的启动界面。

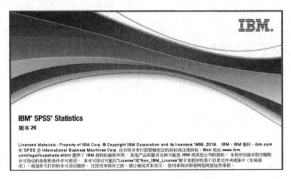

图 1-1　SPSS 26.0 的启动界面

在菜单栏中选择"文件"|"退出"命令，或者单击数据编辑窗口右上角的"关闭"按钮，就可以退出 SPSS。

1.1.2 SPSS 界面与窗口

SPSS 的基本界面包括主窗口（数据编辑窗口）、结果输出窗口、对象编辑窗口、语法编辑器窗口和脚本编写窗口，下面分别介绍。

1. 主窗口（数据编辑窗口）

如果在启动选项中选择"输入数据"或"打开现有的数据源"，输入 SPSS 后的第一个窗口就是数据编辑窗口，如图 1-2 所示。

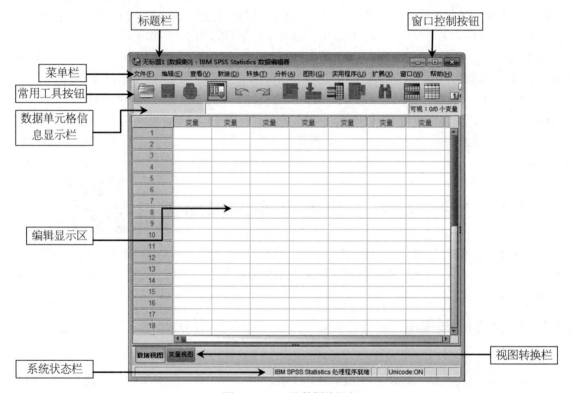

图 1-2 SPSS 的数据编辑窗口

2. 结果输出窗口

结果输出窗口用于输出 SPSS 统计分析的结果或绘制的相关图表，如图 1-3 所示。

结果输出窗口左侧是导航窗口，其显示输出结果的目录，单击目录前边的加、减号可以显示或隐藏相关的内容；右侧是显示窗口，显示所选内容的细节。

3. 对象编辑窗口

在结果输出窗口的显示窗口中右击，在弹出的快捷菜单中依次选择"编辑内容"|"在单独窗口中"命令，或者直接双击其中的表格或图形均可打开该输出结果对应的对象编辑窗口，如图 1-4 所示。

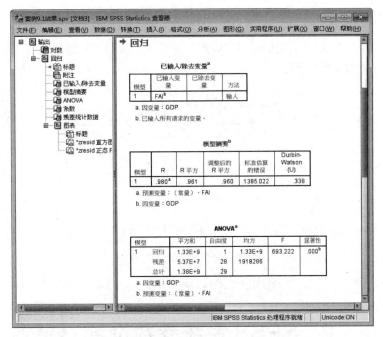

图 1-3　SPSS 的结果输出窗口

残差统计数据a					
	最小值	最大值(X)	平均值	标准偏差	数字
预测值	1334.129	25334.81	5756.380	6771.642	30
残差	-2985.69	2548.124	.00000	1360.933	30
标准预测值	-.653	2.891	.000	1.000	30
标准残差	-2.156	1.840	.000	.983	30

a. 因变量：GDP

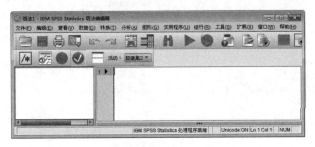

图 1-4　SPSS 的对象编辑窗口

在对象编辑窗口中我们可以对表格、图表等对象进行相应的编辑操作。具体的编辑操作，将在本书后面相关章节详细介绍。

4. 语法编辑器窗口

选择菜单栏中的“文件”|“新建”|“语法”命令或“文件”|“打开”|“语法”命令，均可打开语法编辑器窗口，如图 1-5 所示。

图 1-5　SPSS 的语法编辑器窗口

用户可以在语法编辑器窗口中输入或修改 SPSS 命令，或者单击任何分析对话框中的粘贴按钮，将使用对话框设置的各种命令或选项粘贴到语法编辑器窗口中。

5. 脚本编写窗口

选择菜单栏中的"文件"|"新建"|"脚本"命令或"文件"|"打开"|"脚本"命令,均可打开如图1-6所示的脚本编写窗口。

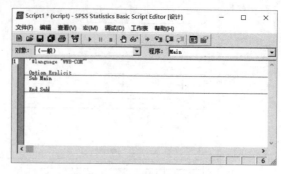

图1-6 SPSS的脚本编写窗口

用户可以在此窗口中编写 SPSS 内嵌的 Sax Basic 语言,以形成自动化处理数据的程序。

1.2 SPSS系统参数设置

完成 SPSS 26.0 的安装后,首先通过"选项"对话框设置 SPSS 的相关参数,用户所设参数可以自动保存,无须再次进行设置。

选择菜单栏中的"编辑"|"选项"命令,打开如图1-7所示的"选项"对话框。

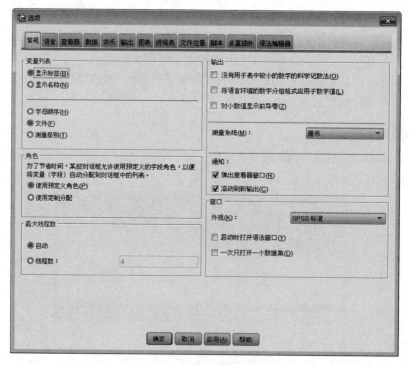

图1-7 "选项"对话框

1.2.1 常规参数设置

"常规"选项卡可以设置 SPSS 的各种通用参数,包括以下几个选项组的内容(所设参数可自动保存,再次启动 SPSS 时无须重新设置)。

- "变量列表"选项组:该选项组用于设置变量在变量表中的显示方式与显示顺序。显示方式可选择"显示标签"或"显示名称"。如选择"显示标签",则变量标签显示在前;如选择"显示名称",则只显示变量名称。
- "角色"选项组:该选项组为较新版本 SPSS 软件中的新增内容,其来源于数据挖掘方法体系的要求。为了节省时间,提高效率,某些对话框允许使用预定义角色,然后自动将变量分配到变量列表中。
- "最大线程数"选项组:该选项组用于设置在计算结果时使用的线程数。如果用户选择"自动"选项,则系统将基于可用处理核心数作为计算结果时使用的线程数。如果用户在多线程过程运行时希望更多处理资源可用于其他应用程序,那么就需要在"线程数"文本框中指定较小的值。
- "输出"选项组:该选项组主要设置 SPSS 的输出风格。"测量系统"下拉列表框用于设置 SPSS 的度量参数,可以选择"英寸""厘米"和"磅"等单位;选中"没有用于表中较小的数字的科学记数法"复选框,则输出结果中将把非常小的小数以 0 代替。
- "通知"选项组:通知选项包括"弹出查看器窗口"和"滚动到新输出"两个复选框。选中"弹出查看器窗口"复选框,SPSS 会在有新的结果时自动打开视图窗口;选中"滚动到新输出"复选框,SPSS 会自动在视图窗口中滚动到新输出。
- "窗口"选项组:"外观"下拉列表框用于设置 SPSS 的整体外观风格,包括 Windows、SPSS Classic 和 SPSS Standard 3 种风格。另外,选中"启动时打开语法窗口"复选框,SPSS 启动时将打开语法窗口。若选中"一次只打开一个数据集"复选框,SPSS 将关闭多数据集支持功能,用户打开新数据集时必须将原先打开的数据集关闭。

1.2.2 查看器参数设置

"查看器"选项卡主要用于设置输出窗口的字体、图标等选项,如图 1-8 所示。

- "初始输出状态"选项组:该选项组用于设置输出结果的初始状态参数。首先在"项"下拉列表框中选择要设置的输出结果,然后在下面设置所选内容的输出参数。"项"下拉列表框中包括日志、警告、备注、标题、页面标题、透视表、图表、文本输出、树模型、模型查看器和未知对象类型。"初始内容"可选"显示"或"隐藏";在"对齐"下选择对齐方式;如果选中"在日志中显示命令"复选框,SPSS 将在日志中输出命令语句。
- "标题""页面标题"和"文本输出"选项组:这 3 个选项组分别用于设置标题、页面标题和文本输出的字体、字号、颜色等。
- "缺省页面设置"选项组:该选项组用于设置打印方向(纵向、横向)和页边距(左、右、上、下)。

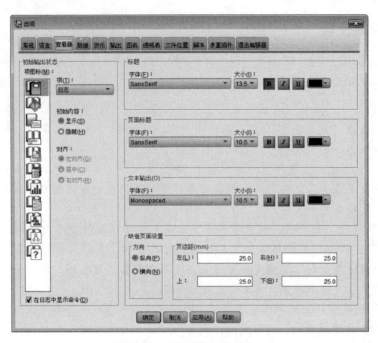

图 1-8 "查看器"选项卡

1.2.3 数据参数设置

"数据"选项卡用于设置数据处理过程中的相关参数,如图 1-9 所示。

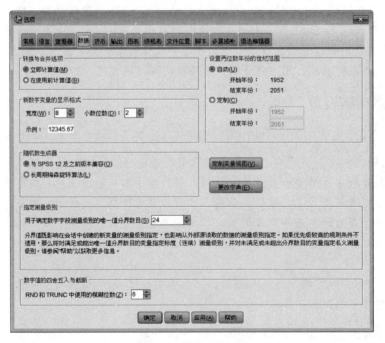

图 1-9 "数据"选项卡

- "转换与合并选项"选项组:如单击"立即计算值"单选按钮,数据转换、文件合并操作将在单击"确定"按钮后立即执行;如单击"在使用前计算值"单选按钮,将会延迟转换。只有在遇到命令时，才进行转换和合并，数据文件较大时，一般选用这种格式。
- "新数字变量的显示格式"选项组：该选项组包括"宽度"与"小数位数"两个微调框，用于设置数值变量的宽度与小数位数。
- "随机数生成器"选项组：该选项组用于选择使用的随机数字生成器。单击"与 SPSS 12 及之前版本兼容"单选按钮，系统会使用 SPSS 12 或之前的随机数据生成器；单击"长周期梅森旋转算法"单选按钮，系统则使用梅森旋转算法作为随机数据生成器。
- "指定测量级别"选项组：该选项组用于确定数字字段测量级别的唯一值分解数目，用户可以指定数值变量的数据值的最小数量，用于将变量分为连续（刻度）变量或名义变量。唯一值的个数少于指定数量的变量将被划分为名义变量。
- "数字值的四舍五入与截断"选项组：对于 RND 和 TRUNC 函数，此选项组控制该对值进行四舍五入的默认阈值。
- "设置两位数年份的世纪范围"选项组：该选项组用于为使用两位数年份输入和显示的日期格式变量定义年份范围。如单击"自动"单选按钮，系统年限则基于当年，前推 69 年，后推 30 年（加上当年，整个范围为 100 年）；用户也可单击"定制"单选按钮自定义年份的变动范围。
- "定制变量视图"按钮：设置变量视图中属性的默认显示和顺序。
- "更改字典"按钮：设置检查变量视图中项目拼写的字典的语言。

1.2.4 自定义数值变量的格式参数设置

"货币"选项卡用于定制自定义数值变量的输出格式和各种参数，如图 1-10 所示。

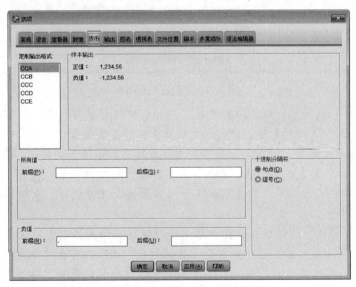

图 1-10 "货币"选项卡

- "定制输出格式"选项组：该选项组最多可以创建 5 种自定义数据显示格式，格式包括特殊的前缀和后缀字符以及对负值的特殊处理方式。自定义数据显示名称为 CCA、CCB、CCC、CCD 和 CCE，右侧的"样本输出"选项组会显示相应格式的预览。
- "所有值"选项组：该选项组包含"前缀"和"后缀"两个文本框，分别用于输入所有值的前缀与后缀。

- "负值"选项组：该选项组同样包括"前缀"和"后缀"两个文本框，分别用于输入所有负值的前缀与后缀，系统默认前缀为"-"。
- "十进制分隔符"选项组：该选项组用于设置小数分隔符，有"句点"和"逗号"两种分隔符可以选择。

1.2.5 输出窗口的参数设置

"输出"选项卡主要用于设置输出结果的标签选项，如图1-11所示。

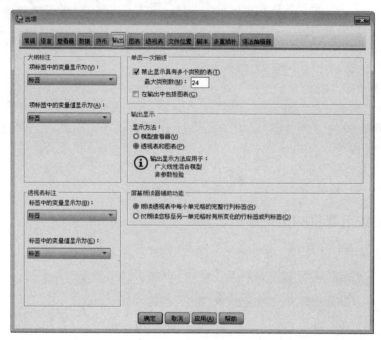

图1-11 "输出"选项卡

- "大纲标注"选项组：该选项组包括"项标签中的变量显示为"和"项标签中的变量值显示为"两个下拉列表框，分别用于设置变量标签和变量值的显示方式。两个下拉列表框中都有3个选项："标签"表示使用变量标签标示每个变量；"名称"表示使用变量名称标示每个变量；"标签与名称"表示两者都使用。
- "透视表标注"选项组：该选项组包含内容及其设置方式与"大纲标注"选项组相同，在此不再赘述。
- "单击一次描述"选项组：该选项组用于控制数据编辑器中为选定变量生成的描述统计选项。如果选择"禁止显示具有多个类别的表"选项，并在"最大类别数"文本框中指定唯一值，那么系统对于唯一值的个数多于指定数量的变量，将不显示频率表。如果选择"在输出中包括图表"选项，那么对于名义和有序变量及具有未知测量级别的变量，将显示条形图，对于连续字段（刻度），将显示直方图。
- "输出显示"选项组：该选项组仅应用于广义线性混合模型和非参数检验过程，控制输出显示方法是"模型查看器"输出还是"透视表和图表"输出。
- "屏幕朗读器辅助功能"选项组：该选项组中有两个选项：朗读透视表中每个单元格的完整行列标签和仅朗读您移至另一单元格时有所变化的行标签或列标签。

1.2.6 图表输出的参数设置

"图表"选项卡用于设置图表输出时的各种参数，如图1-12所示。

- "图表模板"选项组：该选项组包含"使用当前设置"和"使用图表模板文件"两个单选按钮。如单击"使用当前设置"单选按钮，则图表采用此标签中设置的参数；如单击"使用图表模板文件"单选按钮，则使用一个图表模板来确定图表的属性，用户可以单击"浏览"按钮来选择图表模板。
- "当前设置"选项组：在"字体"下拉列表框设置新图表中所有文本的字体。"样式循环首选项"下拉列表框中设置新图表的颜色和图案的初始分配，包含两个选项："仅在颜色之间循环"表示仅使用颜色区分图表元素，不使用图案；"仅在图案之间循环"表示仅使用线条样式、标记符号或填充图案来区分图表元素，不使用颜色。

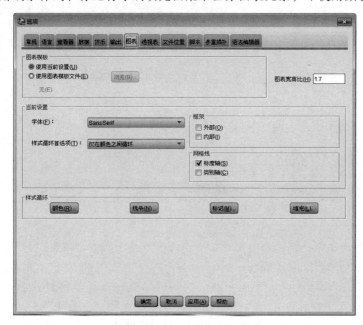

图1-12　"图表"选项卡

- "框架"选项组：该选项组用于控制新图表上的框架的内部和外部的显示，用户可以选择显示内部或外部。
- "网格线"选项组：该选项组用于设置新图表上的"标度轴"网格线和"类别轴"网格线的显示。
- "样式循环"选项组：该选项组包含"颜色""线条""标记""填充"4个按钮，分别用于设置新图表的颜色、线条样式、标记符号和填充图案。

1.2.7 透视表的参数设置

"透视表"选项卡用于设置新枢轴表输出的默认表格外观，如图1-13所示。

- "表外观"选项组：该选项组用于设置表格输出的外观样式及存储路径。用户可以在列表框中选择一种外观样式，也可以单击"浏览"按钮选择自定义的外观样式。

- "列宽"选项组：该选项组用于控制枢轴表中列宽的自动调整。包含两个选项："仅针对标签进行调整"选项表示 SPSS 会将列宽调整为列标签的宽度，这会生成结构更紧凑的表，但宽度超过标签的数据值可能会被截去；"针对所有表的标签和数据进行调整"选项表示 SPSS 会将列宽调整为列标签或最大数据值中较大的宽度。

图 1-13 "透视表"选项卡

- "表注释"选项组：该选项组用于设置为每个表格自动添加注释。
- "样本"区：用户设置了表格输出的表外观后，即可在样本区查看效果。
- "缺省编辑方式"下拉列表框：用于控制枢轴表在浏览器窗口或独立窗口中的激活。SPSS 默认双击枢轴表即可激活浏览器窗口中所有除特大表之外的表格。除此之外，用户还可以选择在独立窗口中激活枢轴表，或者设置一个大小，使小于这个设置的枢轴表在浏览器中打开，而大于这个设置的枢轴表将在独立窗口中打开。
- "将宽表以富文本格式复制到剪贴板"下拉列表框：该下拉列表框用于设置以 Word/RTF 格式粘贴枢轴表时，文档宽度较大的表格的处理方式。

1.2.8 文件位置的参数设置

"文件位置"选项卡中可设置应用程序在每个会话开始时，打开和保存文件的默认位置、日志文件位置、临时文件夹位置，以及出现在最近使用的文件列表中的文件数量，如图 1-14 所示。

- "打开对话框和保存对话框所使用的启动文件夹"选项组：该选项组用于将指定的文件夹用作每个会话开头的默认位置，可以选择"指定的文件夹"为数据文件和其他文件指定保存和读取的位置，也可以选择"最近一次使用的文件夹"将在上一次会话中打开或保存文件的最后一个文件夹，用作下一次会话的默认文件夹。

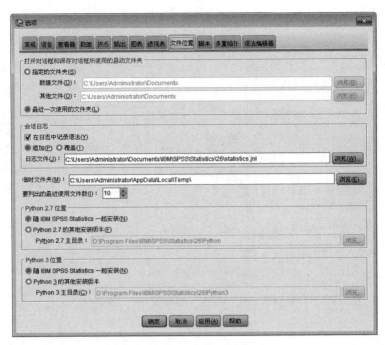

图 1-14 "文件位置"选项卡

- "会话日志"选项组:选中"在日志中记录语法"复选框,启用会话日志自动记录会话中运行的命令,可以通过选择"追加"或"覆盖"设置日志文件的记录方式。此外,用户还可以选择日志文件的名称和位置。
- "临时文件夹"文本框:该文本框用于设置在会话过程中创建的临时文件的位置。
- "要列出的最近使用文件数"微调框:用于设置出现在"文件"菜单上的最近使用文件的数量。
- "Python 2.7 位置"选项组:用于用户从 SPSS Statistics 运行 Python 2.7 时,IBM SPSS Statistics 使用 Python 2.7 的安装。默认选择"随 IBM SPSS Statistics 一起安装"。要使用计算机上不同的 Python 2.7 安装,需要指定该 Python 安装的根目录的路径。
- "Python 3 位置"选项组:用于用户从 SPSS Statistics 运行 Python 3 时,IBM SPSS Statistics 使用 Python 3 的安装。默认选择"使用随 IBM SPSS Statistics 一起安装"。要使用计算机上不同的 Python 3 安装,需要指定该 Python 安装的根目录的路径。

1.2.9 脚本文件的参数设置

"脚本"选项卡用于设置指定默认脚本语言和使用的自动脚本,如图 1-15 所示。

- "启用自动脚本"复选框:该复选框用于设置自动脚本的启用或禁用,SPSS 默认启用自动脚本。
- "基础自动脚本"选项组:该选项组用于指定用作基础自动脚本的脚本文件和用于运行脚本的语言,用户可以在"文件"文本框中选择基础自动脚本文件。
- "用于个别对象的自动脚本"选项组:该选项组用于设置对象应用的自动脚本。首先从"命令标识"列表框中选择一个命令,然后在"对象和脚本"列表框中选择要应用的脚本。

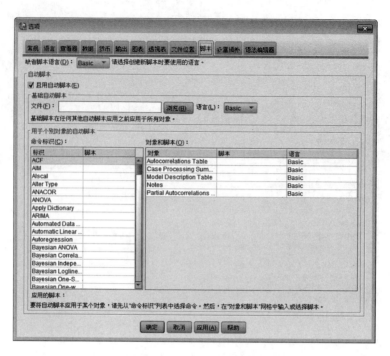

图 1-15 "脚本"选项卡

1.2.10 多重插补的参数设置

"多重插补"选项卡用于设置与多重归因相关的参数,如图 1-16 所示。

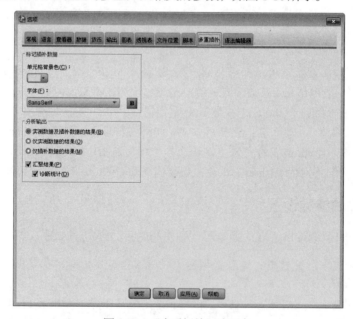

图 1-16 "多重插补"选项卡

- ❑ "标记插补数据"选项组:该选项组用于设置含插补数据的单元格的格式,可以在此设置单元格背景色和单元格字体。
- ❑ "分析输出"选项组:该选项组用于设置多重归因数据集分析结果的浏览器输出形式,

包含"实测数据及插补数据的结果""仅实测数据的结果"和"仅插补数据的结果"3个单选按钮和"汇聚结果""诊断统计"两个复选框。用户可以选择相应的单选按钮来选择归因数据分析结果的输出形式,还可以选择当执行单变量汇聚时是否输出汇聚与诊断结果。

1.2.11 语法编辑器的参数设置

"语法编辑器"选项卡用于设置语法编辑器的外观及相关参数,如图1-17所示。

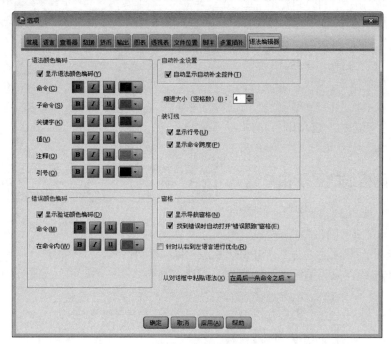

图1-17 "语法编辑器"选项卡

- "语法颜色编码"选项组:在该选项组中,可以选择是否显示语法颜色编码并设置"命令""子命令""关键字""值""注释"及"引号"的字体和颜色。
- "错误颜色编码"选项组:在该选项组中,可以选择是否显示验证颜色编码,并设置在命令与子命令中语法错误的字体和颜色。
- "自动补全设置"选项组:该选项组中的复选框用于设置自动完成的自动显示。选中该复选框,表示自动完成控制时自动显示。
- "装订线"选项组:该选项组包括"显示行号"和"显示命令跨度"两个复选框,用于设置在语法编辑器的装订线内是否显示行号和命令跨度。
- "窗格"选项组:该选项组中"显示导航窗格"用于指定是否显示导航窗格;"找到错误时自动打开'错误跟踪'窗格。"用于设置是否在找到错误时自动打开"错误跟踪"窗格。
- "针对从右到左语言进行优化"复选框:表示当使用从右至左语言时,选中此复选框可进行优化。
- "从对话框粘贴语法"下拉列表框:表示指定在从对话框粘贴语法时,语法在指定语法窗口中的插入位置。

1.3 SPSS 26.0 运行环境的设置

SPSS 允许用户自行设置自定义运行环境，用户可以对状态栏、系统字体、菜单和网格线等进行相应的设置，打造自己的个性化界面。

1.3.1 SPSS 状态栏的显示和隐藏

在 SPSS 的界面中可自行选择是否显示状态栏，具体操作方法为：在菜单栏中依次选择"查看"|"状态栏"，将"状态栏"选项前面的对勾去掉，SPSS 便会自动隐藏状态栏。如果用户在隐藏状态栏后希望 SPSS 再次显示状态栏，只需重复上面的操作，勾选"状态栏"选项即可，如图 1-18 所示。

1.3.2 SPSS 网格线的显示和隐藏

隐藏网格线的具体操作方法为：在菜单栏中选择"查看"|"网格线"命令，

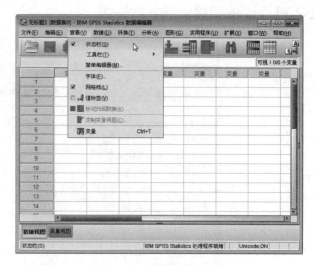

图 1-18 "状态栏"选项

将"网格线"选项前面的对勾去掉，SPSS 便会自动隐藏网格线。如果用户在隐藏网格线后希望 SPSS 再次显示网格线，只需重复上面的操作，勾选"网格线"选项即可，如图 1-19 所示。

图 1-19 "网格线"选项

1.3.3 SPSS 菜单的增加与删除

SPSS 允许用户建立个性化的菜单栏，用户可以根据自己的需要删除现有菜单或增加新的菜单，具体操作方法为：在菜单栏中选择"查看"|"菜单编辑器"命令，打开如图 1-20 所示的"菜单编辑器"对话框。

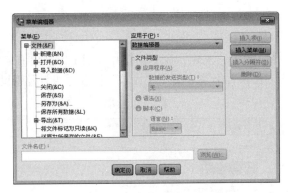

图 1-20 "菜单编辑器"对话框

- "应用于"下拉列表框：该下拉列表框用于选择要编辑菜单的窗口，包含"数据编辑器""浏览器"和"语法"3 个选项，分别用于设置数据编辑器窗口、输出窗口和语法窗口的菜单栏。
- "菜单"列表框：该列表框中显示了各个窗口中菜单栏中现有的菜单，单击每项前面的加号可以展开每项菜单下的具体内容。当我们选中菜单项目时，"插入菜单"按钮被激活，单击此按钮可以插入新的菜单。此外双击想要对其添加新项的菜单或单击项目加号图标并选择要在其上显示新项的菜单项，"插入项目"按钮便被激活，单击此按钮可插入新的菜单项。
- "文件类型"选项组：该选项组包括"应用程序""语法"和"脚本"3 个单选按钮，用于为新项选择文件类型。单击"文件名"文本框后的"浏览"按钮，可选择要附加到菜单项的文件。此外，在菜单项之间还可以添加全新的菜单和分隔符。

1.3.4 SPSS 中字体的设置

SPSS 界面中的字体也可以进行设置，具体操作为：在菜单栏中选择"查看"|"字体"命令，打开如图 1-21 所示的"字体"对话框。该对话框中包含"字体""字型"和"大小" 3 个列表框，用户可以在其中选择要定义的字形、字体样式和字号，设置完毕后单击"确定"按钮保存设置即可。

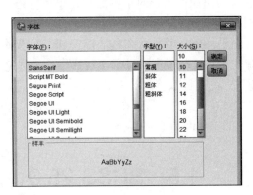

图 1-21 "字体"对话框

1.4 SPSS 26.0 的帮助系统

SPSS 26.0 提供了强大而完善的帮助系统，用户可以藉此快速地适应和掌握 SPSS 的操作，合理利用这些帮助可方便解决 SPSS 操作过程中遇到的问题。

1.4.1 联机帮助

在菜单栏中选择"获得帮助"|"主题"命令，打开如图 1-22 所示的"帮助"窗口。

"帮助"窗口左侧包含"目录"标签。使用"目录"标签逐级打开帮助的目录，可获得全面的帮助信息。

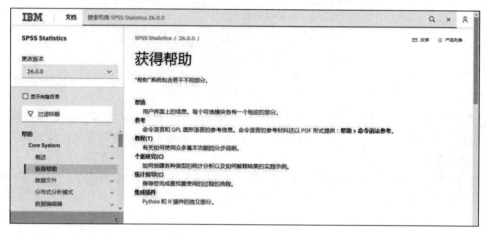

图 1-22 "帮助"窗口

1.4.2 各种对话框中的"帮助"按钮

在使用 SPSS 进行信息管理和统计分析时，打开的各种主对话框和相应的子对话框中也都含有"帮助"按钮，如图 1-23 所示。用户可以单击这些按钮快速输入该对话框的"帮助"主题并获取相应的帮助信息。

由于 SPSS 软件版本的不断升级，广受读者青睐的《SPSS 统计分析从入门到精通》一书也历经了 4 次的版本修订与升级。上一版本是基于 SPSS 24.0 介绍的，所以在此将 SPSS 25.0、SPSS 26.0 的新增功能在此一并进行介绍。

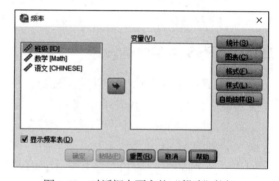

图 1-23 对话框右下方的"帮助"按钮

1.5 SPSS 25.0、26.0 的新增功能

1.5.1 SPSS 25.0 的新增功能

SPSS 25.0 的新增功能如下：

- "使用变量名称进行复制和粘贴"功能：在 SPSS 25.0 的"数据编辑器"中，用户可以直接复制并粘贴变量名称或标签，如图 1-24 所示。

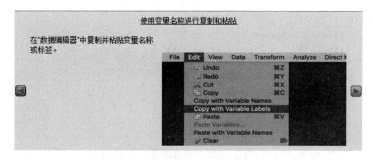

图 1-24 "使用变量名称进行复制和粘贴"功能

- "高级统计"功能：在混合线性模型（混合）和广义线性混合模型（GENLIN 混合）、一般的线性模型（GLM）和 UNIANOVA 等方面都有增强，将高级统计分析扩展到混合、GENLIN 混合、GLM 和 UNIANOVA，如图 1-25 所示。

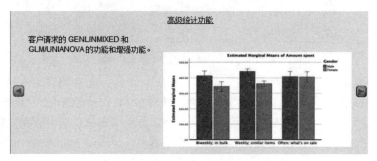

图 1-25 "高级统计"功能

- "贝叶斯统计信息"功能：包括回归、方差分析和 t 检验等，如图 1-26 所示。

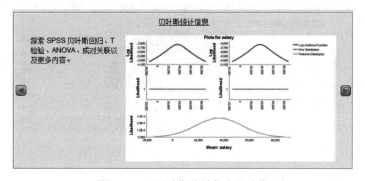

图 1-26 "贝叶斯统计信息"功能

- "语法列编辑方式"功能：可以同时编辑多行并沿着行向下粘贴数据。用户可以使用语法编辑器快捷方式更快地编写、编辑和格式化语法，如图 1-27 所示。例如可以加入行、重复行、删除行、删除空行、上下移动行，以及修剪前导或尾随空格等。
- "以惊人的速度创建美观的图表"功能：提供了图表构建器，也就是图表的模板，如图 1-28 所示。需要说明和强调的是，新版软件默认的模板非常漂亮，使得用户可以在不对默认模板进行任何设置和修改的情况下，也能输出非常具有可视性的图表。用户除了可以选择模板点击创建发布质量图表外，还可以在"图表构建器"界面快速定制和更改图表颜色、标题和模板。

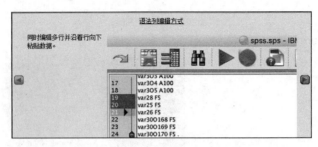

图1-27 "语法列编辑方式"功能

图1-28 "以惊人的速度创建美观的图表"功能

- "图表现在能够更好地用于 Microsoft Office"功能：允许用户可以直接将图表复制为 Microsoft Office 图形对象，进而可以便于用户在 Microsoft Office 中处理图表，如图1-29所示。这一新增功能是创造性的，使得 SPSS 与众多用户广泛使用的 Microsoft Office 软件实现了完美融合。从更加通俗的角度去解释这一功能，也就是说 SPSS 25.0 新版软件输出的图表，用户可以不用在原始的输出界面进行编辑修改，而是可以直接保存到 Word、Excel、PPT 等软件中，再依据用户在 Microsoft Office 中操作习惯进行修改。

图1-29 "图表现在能够更好地用于 Microsoft Office"功能

1.5.2 SPSS 26.0 的新增功能

SPSS 26.0 的新增功能如下：

- 执行新的分位数回归分析。
- 比较两个 ROC 曲线，更容易地评估预测分类模型的准确性和性能。
- 运行增强贝叶斯程序的单向重复测量方差分析，单样本二项式和单样本泊松。
- 利用 Fleiss Multiple Rater Kappa 改进调查分析。
- 运行 MIXED、GENLINMIXED 和 MATRIX 脚本增强功能。
- 使用新的生产工具增强功能替换 IBM SPSS Collaboration and Deployment Services 以处理 SPSS Statistics 作业。

第 2 章　SPSS 数据管理

统计数据是进行数据分析和研究的基础，良好的数据管理习惯和建立好的数据文件是进行正确科学分析的关键。数据文件建立好之后，还需要对数据进行必要的整理。由于不同的统计分析方法对数据结构的要求不同，就需要对数据文件的结构进行必要的调整和转换，这就是数据管理。SPSS 提供了强大的数据管理功能，可从变量和观测量的角度对数据进行全面处理，为统计分析打下良好的基础。本章将对 SPSS 26.0 的数据管理功能进行介绍。

2.1　SPSS 26.0 数据编辑器

SPSS 的数据编辑器是用户进行数据处理与分析的主要窗口。用户可以在数据编辑器窗口中进行数据输入、观察、编辑和统计分析等操作。在启动选项中选择"输入数据"或"打开现有的数据源"，进入 SPSS 后的第一个窗口就是数据编辑窗口，如图 2-1 所示。

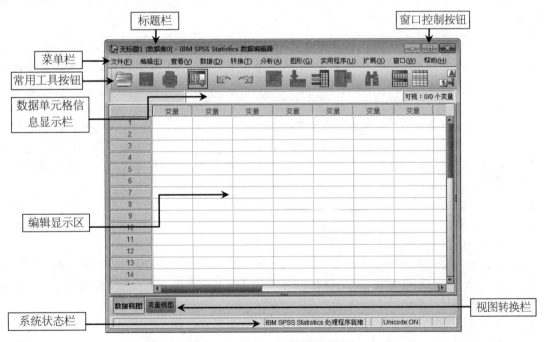

图 2-1　数据编辑窗口

2.2　常量、变量、操作符和表达式

常量、变量、操作符和表达式是 SPSS 数据管理与操作中的基本概念，也是 SPSS 命令语句的重要组成部分。

2.2.1 SPSS 中的常量与变量

1. 常量

SPSS 中的常量是在一定阶段内其取值不随观测而改变的值。SPSS 中的常量有 3 种类型,即数值型常量、字符型常量和日期型常量。

(1) 数值型常量:数值型常量是一个数值。数值型常量有两种书写方式,一是普通书写方式(定点方式),如 53、74.2 等;二是科学记数法(浮点方式),使用指数表示数值,通常用于表示特别大或特别小的数值,如 3.16E18 表示 3.16×10^{18}、7.32E-15 表示 7.32×10^{-15} 等。

(2) 字符型常量:字符型常量是被单引号或双引号括起来的一串字符。如果字符串中本身带有单引号或半个单引号,则该字符串常量必须使用双引号引起来,如字符串 SPSS、This is Tom。

(3) 日期型常量:日期型常量是按特定格式输出的日期,日期型常量一般使用较少。

2. 变量

对不同的对象其取值发生变化的量称为变量。SPSS 中的变量也包括数值型变量、字符型变量和日期型变量 3 种。

(1) 数值型变量:数值型变量一般由数字、分隔符和一些特殊符号(如美元符号)构成,数值型变量包含以下 6 种具体的形式。

- 标准型。标准数值型变量是 SPSS 中默认的数值变量格式。其默认长度为 8,小数位数为 2,小数采用圆点表示。标准数值型变量的变量值可用标准数值格式输入,也可以用科学记数法输入,如 2378、44.21 等。
- 逗号数值型。逗号数值型变量的整数部分从右向左每隔三位插入一个逗号作为分隔。逗号数值型变量默认长度为 8,小数位数为 2,小数点采用圆点表示,如 7467.55。
- 圆点数值型。圆点数值型变量显示方式与带逗号的数值型变量相反,其整数部分从右向左每隔三位插入一个圆点作为分隔符,默认长度为 8,小数位数为 2,小数点采用逗号表示,如 7.46755。
- 科学记数法型。科学记数法型数值变量的数值采用指数形式表示。科学记数法型数值变量默认长度为 8,小数位数为 2,通常用于表示很大或很小的数字,如 3.43E+002 表示 $3.43*10^2$。
- 美元型。美元型数值型变量是在有效数字前添加美元符号的数值型变量,默认长度为 8,小数位数为 2,系统给出了美元型变量的多种表示形式,用户可以根据需要自行选择相应的形式,如$56 434.277。
- 自定义货币型。用户也可以创建 5 种自定义数据显示格式,系统自动将自定义数据显示名称命名为 CCA、CCB、CCC、CCD 和 CCE,这只是 5 种命名,用户可以自行定制这 5 种类型。

(2) 字符型变量:字符型变量由字符串组成,可以包含数字、字母和一些特殊符号。字符型变量的默认长度为 8,大于 8 个字符的字符型变量称为长字符型变量,少于等于 8 个字符的变量称为短字符型变量,字符型变量最长为 32767 个字符。字符型变量不能参与运算,系统将区分大小写字母。

（3）日期型变量：日期型变量用于表示日期和时间。在如图 2-2 所示的"变量类型"对话框中，单击"日期"单选按钮，可以看到 SPSS 提供的 29 种不同的日期和时间格式。可根据需要选择相应的格式，如 1-12-2009、29.12.99 等。日期型变量不能参与运算，要想使用日期变量的值进行运算，必须通过有关的日期函数进行转换。

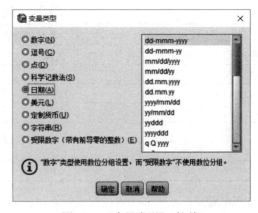

图 2-2 "变量类型"对话框

2.2.2 变量名与变量标签

变量名与变量标签是用户识别变量的标志，定义良好的变量名和变量标签将有助于提高分析的效率。

1. 变量名

变量名用于区分不同的变量，SPSS 中变量的命名规则如下：

- SPSS 变量的变量名不能超过 64 个字符。
- 首字符必须是字母、中文或特殊符号"@""$"或"#"。
- 变量名中不能出现"？""！""-""+""=""*"和"空格"。
- 末字符不能为"."和"_"。
- 名称不能与 SPSS 的保留字相同，SPSS 的保留字有 AND、BY、EQ、GE、GT、LT、NE、NOT、OR、TO、WITH 和 ALL。
- 系统不区分变量名中的大小写字母。

2. 变量标签

变量标签是对变量名和变量值的辅助说明，包括变量名标签和变量值标签两类。

- 变量名标签：变量名标签是对变量名的进一步解释和说明。变量名标签可由不超过 256 个字符的数字、汉字、字母和特殊符号构成，可以包含空格和 SPSS 保留字。用户可以自行设置变量名标签和变量名的显示方式，也可以用变量名标签代替变量名显示。变量名标签是一个可选择属性，用户可以不定义变量名标签。
- 变量值标签：变量值标签是对变量取值的进一步解释和说明，通常用于分类变量。变量值标签最大长度为 120 个字符，其只对数值型变量、日期型变量和短字符型变量有效，变量值标签是一个可选择属性，可不定义变量的值标签。

2.2.3 运算符与表达式

SPSS 的基本运算有 3 种，即数学运算、关系运算和逻辑运算，相应的运算符及其意义如表 2-1 所示。

表 2-1 SPSS 中的运算符

数学运算符		关系运算符			逻辑运算符		
符号	意义	符号	运算符	意义	符号	运算符	意义
+	加	<	LT	小于	&	AND	与
−	减	>	GT	大于	|	OR	或
*	乘	<=	LE	小于等于	~	NOT	非
/	除	>=	GE	大于等于			
**	乘方	=	EQ	等于			
()	括号	~=	NT	不等于			

将常量变量或函数用运算符进行连接，便形成了表达式，表达式的具体形式有以下 3 种：

- ❑ 算数表达式：数学运算符连接数值型的常量、变量和函数即形成算数表达式，其运算结果一般为数值，如表达式 23+45，输出结果为 68。
- ❑ 比较表达式：利用关系运算符建立两个变量间的比较关系即为比较表达式。比较表达式要求相互比较的两个量类型一致，比较表达式的结果一般为逻辑型，例如 x=2，则表达式 "x>0" 为真，系统返回 1（true）。
- ❑ 逻辑表达式：逻辑表达式由逻辑运算符、逻辑型的变量或取值为逻辑型的比较表达式构成，逻辑表达式的值为逻辑型常量，例如，对于表达式 "true AND true" 系统返回 true，"true OR false" 系统返回 true。

2.2.4 变量的定义

在图 2-1 所示的数据编辑窗口中的视图转换栏选择"变量视图"标签，即输入如图 2-3 所示的变量视图。变量的定义就是在数据编辑器的变量视图中进行的。

（1）定义变量名：选中某个变量的"名称"单元格，直接输入变量名便可定义变量名称，输入完成后单击其他单元格或按回车键即完成设置。如果用户没有预先设置变量名称而直接在数据视图中输入数据，那么变量名称将使用系统的默认名称 VAR00001、VAR00002 等，用户可以双击变量名称输入变量视图修改变量名称。

（2）定义变量类型：选中某个变量的"类型"单元格，单击 按钮弹出如图 2-4 所示的"变量类型"对话框。在该对话框中单击相应的单选按钮即可完成变量类型的选择，具体的变量类型及其含义见 2.2.1 节。

（3）宽度定义：选中某个变量的"宽度"单元格，直接输入相应的数值便可定义变量宽度，可以通过 按钮来调节变量的宽度，系统默认的变量宽度为 8。变量宽度的设置对日期型变量无效。

（4）小数位数定义：选中某个变量的"小数"单元格，直接输入相应的数值便可定义变量的小数位数，也可以通过 按钮来调节变量的小数位数，系统默认的小数位数为 2。小数位数的设置对非数值型变量无效。

（5）变量标签定义：选中某个变量的"标签"单元格，直接输入相应的内容便可定义该变量标签。

图 2-3 数据编辑器的变量视图

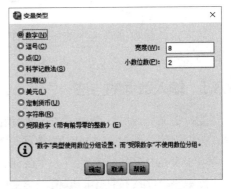

图 2-4 "变量类型"对话框

（6）变量值标签定义：选中某个变量的"值"单元格，单击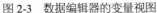按钮弹出如图 2-5 所示的"值标签"对话框。"值"文本框用于输入要定义标签的变量值，在"标签"文本框中输入定义的值标签内容，输入完成后单击"添加"按钮使设置好的值标签输入下方的列表框。单击"更改"和"删除"按钮可修改或删除设置好的值标签。

（7）缺失值的定义：选中某个变量的"缺失"单元格，单击按钮弹出如图 2-6 所示的"缺失值"对话框。在该对话框中有 3 个可定义单选按钮。

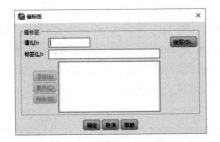

图 2-5 "值标签"对话框

图 2-6 "缺失值"对话框

- "无缺失值"单选按钮：表示无缺失值，为系统默认方式。
- "离散缺失值"单选按钮：表示数据中存在离散缺失值，用户可以在其下的文本框中输入不超过 3 个的缺失值。
- "范围加上一个可选的离散缺失值"单选按钮：表示数据中存在连续缺失值，在"下限"和"上限"文本框中输入相应的值以确定缺失值的取值范围。此外，用户还可以在"离散值"文本框中指定一个离散形式的缺失值。

（8）列显示宽度设置：选中某个变量的"列"单元格，直接输入相应数值便可定义列的显示宽度，可以通过按钮来调节列的显示宽度。

（9）对齐方式设置：选中某个变量的"对齐"单元格，在其右侧出现的下拉列表框中选择相应的对齐方式即可，系统给出了"左""右"和"居中"3 种对齐方式。

（10）变量度量尺度设置：选中某个变量的"度量方式"单元格，在其右侧出现的下拉列表框中选择相应的度量尺度即可。

2.3 输入数据

数据输入是数据管理中的基本操作，本节将对数据输入的方法和文件与变量信息的查看进行相应的介绍。

2.3.1 输入数据的方法

变量定义完成后，在如图 2-1 所示的数据编辑窗口的视图转换栏中选择"数据视图"标签，输入数据视图，即可在 SPSS 的数据管理器的编辑显示区中直接输入和编辑数据。编辑显示区是一个电子表格，其每一行代表一个观测，每一列代表一个变量，行列交叉处称为单元格，单元格中给出观测在相应特性上的取值。单击鼠标左键可激活单元格，被激活的单元格以反色显示；按方向键上下左右移动也可以来激活单元格，单元格被激活后，用户即可向其中输入新数据或修改已有的数据。

2.3.2 文件和变量信息的查看

数据文件建立后，我们可能希望看到数据文件的结构和变量的组成以确定是否需要完善或修改，此时我们就需要用到文件和变量信息查看功能。

1. 查看变量信息

（1）在结果输出窗口中查看变量信息：在菜单栏中选择"文件"|"显示数据文件信息"|"工作文件"命令，就可以将当前工作文件的变量信息输出到结果查看窗口，输出结果如图 2-7 所示；此外，用户还可以在菜单栏中选择"文件"|"显示数据文件信息"|"外部文件"命令并选择相应的外部文件，将其他工作文件的变量信息输出到结果查看窗口。

变量信息

变量	位置	标签	测量级别	角色	列宽(W)	对齐	打印格式	写格式
propid	1	Property ID	度量	输入	8	右	F8.2	F8.2
town	2	Township	名义	输入	8	右	F4	F4
assessor	3	Assessor	度量	输入	8	右	F8.2	F8.2
saleval	4	Sale value of house	度量	输入	8	右	F8.2	F8.2
lastval	5	Value at last appraisal	度量	输入	8	右	F8.2	F8.2
time	6	Years since last appraisal	度量	输入	8	右	F4	F4

工作文件中的变量

图 2-7 结果输出窗口中输出的变量信息

（2）利用工具栏查看变量信息：在菜单栏中选择"实用程序"|"变量"命令，打开如图 2-8 所示的"变量"对话框。在"变量"列表框中选中相应的变量，即可查看当前数据文件中的变量信息，信息显示在右侧文本框中。

2. 查看文件信息

在菜单栏中选择"文件"|"显示数据文件信息"|"外部文件"命令并选择相应的外部文件，可以将相应工作文件的文件信息输出到结果查看窗口，输出结果如图 2-9 所示。

图 2-8 "变量"对话框　　　　　　图 2-9 查看文件信息

2.4 编辑数据

在输入数据后，我们需要对数据进行相应的整理或编辑，SPSS 提供了强大的数据编辑功能，可以实现数据的修改、删除、复制和插入等操作。

2.4.1 插入和删除观测量

有时我们需要对数据进行相应的修改。例如，公司新进了一名员工，需要将他的信息插入原有的数据库，此时我们需要进行变量的插入操作；如一名学生退学，则需要从班级名单中将其删除，此时我们需要进行变量的删除操作。

1. 插入观测量

用户可以通过菜单命令插入变量，也可以通过工具栏和右击快捷菜单插入观测量，这几种方法是等价的。

（1）在 SPSS 数据编辑器的数据视图下，将任一观测量所在行的任意单元格激活，然后选择"编辑" | "插入个案"命令，即可完成观测量插入操作。

（2）在 SPSS 数据编辑器的数据视图下，将鼠标移动到相应的观测量序号上并单击选中该观测量，此时该观测量所在行的所有单元格都被选中并呈反色显示，右击，在弹出的快捷菜单中选择"插入个案"命令，即可完成观测量插入操作。

（3）在 SPSS 数据编辑器的数据视图下，将任一观测量所在行的任意单元格激活，然后单击工具栏上的 按钮，也可以完成观测量插入操作。

2. 删除观测量

删除变量将删除该观测量所在行的全部数据，删除观测量有两种等价的方法。

（1）在 SPSS 数据编辑器的数据视图下，将鼠标移动到相应的观测量序号上并单击选中该观测量，此时该观测量所在列的所有单元格都被选中并呈反色显示，然后选择"编辑"|"清除"命令，即可完成观测量的删除操作。

（2）同样通过观测量序号选中该观测量，然后右击并在弹出的快捷菜单中选择"清除"命令，即可完成观测量的删除操作。

2.4.2 数据的剪切、复制和粘贴

对数据进行剪切、复制和粘贴操作前，首先选中需要操作的数据区域，被选中的数据区域反色显示。

- 数据的剪切：选中需要操作的数据区域后，在菜单栏中选择"编辑"|"剪切"命令，或者右击并在弹出的快捷菜单中选择"剪切"命令，即可完成数据的剪切操作。
- 数据的复制：选中需要操作的数据区域后，在菜单栏中选择"编辑"|"复制"命令，或者右击并在弹出的快捷菜单中选择"复制"命令，即可完成数据的复制操作。
- 数据的粘贴：选中需要操作的数据区域后，在菜单栏中选择"编辑"|"粘贴"命令，或者右击并在弹出的快捷菜单中选择"粘贴"命令，即可完成数据的粘贴操作。

此外，用户还可以通过 Ctrl+X、Ctrl+C 和 Ctrl+V 组合键分别来实现数据的剪切、复制和粘贴操作。

2.4.3 撤销操作

当用户对数据进行了错误操作并希望返回操作前的状态时，可以在菜单栏中选择"编辑"|"撤销"命令，或者在工具栏上单击 按钮来执行撤销任务。

2.5 数据文件操作

当输入数据建立数据文件后，根据统计分析的要求我们可能需要对数据进行分类等处理，或者对数据文件进行相应的转换。对数据文件的正确操作对于准确地进行分析具有重要的意义。

2.5.1 数据文件的打开与保存

要进行数据分析，必须先打开一个数据文件，数据文件的打开是进行数据分析的前提；在分析结束后，如果需要保存分析的结果，此时将用到数据文件的保存功能。

1. 打开数据文件

打开数据文件的具体操作步骤如下：

步骤01 在菜单栏中选择"文件"|"打开"|"数据"命令，或者单击工具栏上的 按钮，打开如图 2-10 所示的"打开数据"对话框。

步骤02 选择相应的文件。如果需要打开其他数据文件，可以在"文件类型"下拉列表框中选择相应的类型。关于数据文件的转换本书后面章节会做详细介绍，这里不做深述。

步骤03 双击需要打开的文件或单击"打开"按钮即可打开文件。从 SPSS 15.0 开始，系统支持同时打开多个数据文件，这极大地方便了用户在不同的数据文件之间进行操作。

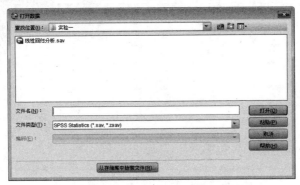

图 2-10 "打开数据"对话框

2. 保存数据文件

在菜单栏中选择"文件"|"保存"命令，或者选择"文件"|"另存为"命令，或者在工具栏中单击 按钮都可以实现数据文件的保存操作。

如果用户保存的是新建的数据文件，当进行以上操作时，会弹出如图 2-11 所示的"将数据保存为"对话框。用户可以保存所有的变量，也可以单击"变量"按钮，在弹出的"数据保存为：变量"对话框（见图 2-12）中只选择要保存的变量。

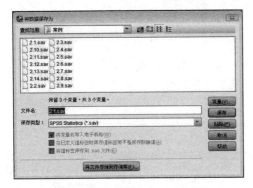

图 2-11 "将数据保存为"对话框

图 2-12 "数据保存为：变量"对话框

除保存为 SPSS 数据文件外，数据文件还可以用其他的数据格式保存，在"将数据保存为"对话框的"保存类型"下拉列表框中选择数据文件的保存类型即可。

2.5.2 数据排序

杂乱的数据显然不利于分析效率的提升，有时我们希望观测量能按照某一个顺序进行排列，例如我们在评比时希望按绩效的高低对员工进行排序，此时将用到数据排序的功能。

本节将以职工平均工资分析案例讲解数据排序的具体操作。本例中，我们希望了解不同地区职工的平均工资（单位：元）情况，利用数据排序功能对不同地区职工平均工资进行排序。排序前的数据文件如图 2-13 所示。

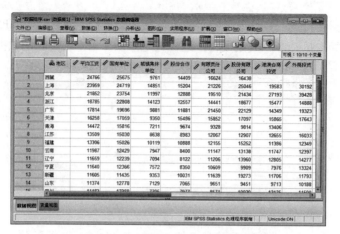

图 2-13　进行数据排序前的工资数据文件

排序前的数据文件中观测量的排列是混乱的，我们无法从中看出不同地区职工平均工资的高低和某一个地区职工平均工资在全国所处的位置。

下面对工资数据进行排序，具体操作步骤如下：

步骤 01　在菜单栏中选择"数据"|"个案排序"命令，打开如图 2-14 所示的"个案排序"对话框。

步骤 02　选择排序依据变量，然后单击 ➡ 按钮将选中的变量选入"排序依据"列表框中，系统允许选择多个变量，在第一变量取值相同的情况下比较第二变量，以此类推。本例中我们将对不同地区的职工工资进行排序，故将"平均工资"变量选入"排序依据"列表框中。

步骤 03　在"排列顺序"选项组中选择按"升序"或"降序"排列，本例中，我们希望按照由高到低的顺序进行排列，故选中"降序"单选按钮。

步骤 04　单击"确定"按钮，即可完成排序操作。

排序完成后的工资数据文件如图 2-15 所示。

图 2-14　"个案排序"对话框

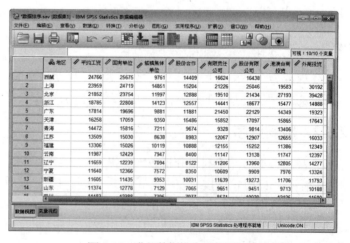

图 2-15　进行数据排序后的工资数据文件

由图 2-15 可以看出，观测量已经按照平均工资的降序进行了排列，通过数据排序可以看出，西藏、青海等经济欠发达地区与北京、上海等经济发达地区属于平均工资较高的地区，此外我们也可以看出各省市在平均工资排序中的大致位置。

2.5.3 数据文件的分解与合并

有时我们需要将变量按照指定的要求进行分组，例如按照地区分析销售人员的业绩，此时要用到数据的分解功能；有时我们需要将不同的数据文件组合形成一个新的数据文件，例如要将二班的成绩和一班的成绩放在一起形成总成绩表，或者把生物成绩追加到数学和物理成绩之后，此时我们将用到数据的合并功能。

1. 数据文件的分解

所谓数据文件的分解，是指将该数据文件中的所有观测量以某一个或某几个变量为关键字进行分组，以便于集中对比和操作。本节将以销售人员的业绩分析为例讲解数据文件的分解操作，本例中我们按照地区划分销售人员的业绩，以分析不同地区的销售情况。分解前的数据文件如图 2-16 所示。

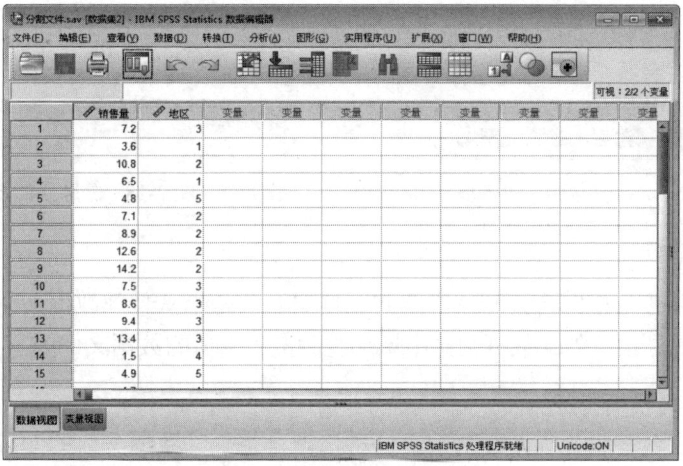

图 2-16　分解前的销售业绩数据文件（销售量单位：万件）

通过图 2-16 我们可以看出，数据文件是按照销售量进行排序的，对各分区的业绩考核与排序则不够直观。

数据分解的具体操作步骤如下：

步骤 01 在菜单栏中选择"数据"|"拆分文件"命令，打开如图 2-17 所示的"拆分文件"对话框。

步骤 02 选择文件分解方式。选中"分析所有个案，不创建组"单选按钮，系统将不进行分组操作；选中"比较组"单选按钮，系统将把各组的分析结果放在同一个表格中比较输出；选中"按组来组织输出"单选按钮，系统将按分组单独输出分析结果。本例选中"按组来组织输出"单选按钮。

步骤 03 选择分组方式与显示方式。选中"比较组"或"按组来组织输出"单选按钮，分组方式列表和设置文件排序方式的两个单选按钮将被激活。在列表中选择排序依据变量，然后单击 按钮将选中的变量选入"分组依据"列表框中。本例将按照地区进行销售业绩的评估，故选择"地区"变量输入"分组依据"列表框。

步骤04 选择排序方式。如选中"按分组变量进行文件排序"单选按钮，系统会将观测量按分组文件的顺序进行排列；如选中"文件已排序"单选按钮，则表示文件已经排序，无须系统进行排序操作。本例中的数据文件未按"地区"变量进行分组，故选中"按分组变量进行文件排序"单选按钮。

步骤05 单击"确定"按钮，即可进行文件分解操作。分解完成的数据文件如图 2-18 所示。

由图 2-18 可以看出，数据已经按照地区进行了划分，我们可以很方便地了解各个地区的销售情况并进行业绩评价。

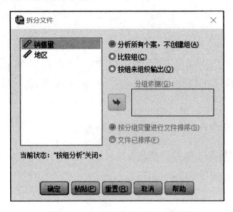

图 2-17 "拆分文件"对话框

图 2-18 分解后的数据文件

2. 数据文件的合并

数据文件的合并分为横向合并和纵向合并。横向合并是指从外部数据文件中增加变量到当前数据文件；纵向合并是指从外部数据文件中增加观测量到当前的数据文件中。

（1）数据文件的横向合并

数据文件的横向合并也分为两种情况：一种情况是将外部数据文件的变量追加到当前数据文件中；另一种是按共同的关键变量合并。本节以学生成绩添加为例讲解数据文件的横向合并。本例中，我们希望将学生的数学成绩添加到物理成绩之后形成学生的总成绩表。横向合并前的物理成绩与数学成绩的数据文件分别如图 2-19 和图 2-20 所示。

数据文件的横向合并的具体方法如下：

① 在菜单栏中选择"数据"|"合并文件"|"添加变量"命令，打开如图 2-21 所示的"变量添加至"对话框。

用户可以选择已经打开的数据文件，或者从外部选择一个已经保存的 SPSS 数据文件作为与当前文件合并的文件，选择完后单击"继续"按钮。本例选中"外部 SPSS Statistics 数据文件"单选按钮，然后选择"数学成绩"文件，打开如图 2-22 所示的"变量添加自"对话框。

图 2-19　学生的物理成绩

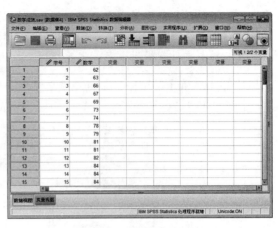

图 2-20　学生的数学成绩

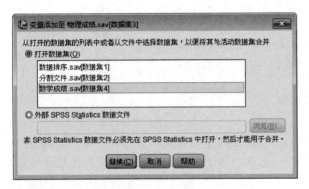

图 2-21　"变量添加至"对话框

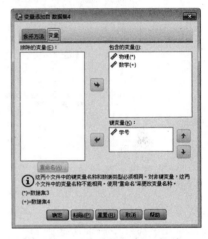

图 2-22　"变量添加自"对话框

② 选择合并后数据文件中的变量："排除的变量"列表框用于显示不出现在新合并的数据文件中的变量以及当前数据文件和外部数据文件中的重名变量。

"包含的变量"列表框用于显示合并后的数据集中包含的变量。变量名称后面带有"+"的表示来自外部数据文件的变量，变量名称后面带有"*"的表示当前数据文件中的变量。如果用户希望将重名变量也加入合并后的文件，可以在"排除的变量"列表框中选择该变量并单击"重命名"按钮对其重新命名，再单击 按钮将该变量选入"包含的变量"列表框中，本例无须对此进行操作。

③ 设置关键变量：如果两个数据文件具有相同的个案数且排列顺序相同，用户无须指定关键变量。否则，需要选择关键变量并以关键变量的升序对两个数据集进行排序。只有当前数据文件和外部数据文件中的重名变量才可以作为关键变量，选中"两个数据集中的个案都按键变量的顺序进行排序"复选框并选择该变量，单击 按钮将其选入"键变量"列表框中，本例由于学生的成绩均按照学号进行排序，故不必指定键变量。

选中"两个数据集中的个案都按键变量的顺序进行排序"复选框将激活下面的 3 个单选按钮。

❑ 非活动数据集是键控表：表示将非活动数据文件作为关键表，即只将外部数据文件中与活动数据集中对应变量值相同的观测量并入新的数据文件。

- 活动数据集是键控表：表示将非活动数据文件作为关键表。
- 两个文件都提供个案：表示将两个数据文件的所有观测量合并。

④ 单击“确定”按钮，即可完成文件横向合并操作。由图 2-23 可以看出，数学成绩已经作为一个新的变量被添加到了学生成绩表中，我们得到了一个包含数学和物理成绩的成绩总表。

	学号	物理	数学
1	1	72	62
2	2	65	63
3	3	54	66
4	4	71	67
5	5	67	69
6	6	80	73
7	7	74	74
8	8	78	78
9	9	83	79
10	10	86	81
11	11	78	81
12	12	85	82
13	13	80	84
14	14	86	84
15	15	78	84

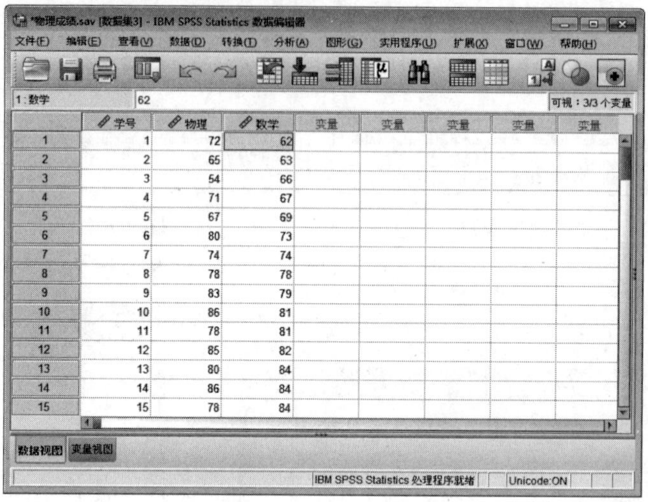

图 2-23　横向合并后的数据文件

（2）数据文件的纵向合并

数据文件的纵向合并只能合并两个数据文件中相同的变量。本节同样以学生成绩添加为例讲解数据文件的纵向合并。与上一个例子不同，本例中我们希望将二考场学生的数学成绩添加到一考场学生的成绩之后形成学生的总数学成绩表，其中一考场为学号 1~50 号的学生，二考场为学号 51~80 号的学生。纵向合并前的两个考场学生的数学成绩数据分别如图 2-24 和图 2-25 所示。

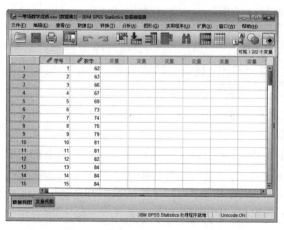

	学号	数学
1	1	62
2	2	63
3	3	66
4	4	67
5	5	69
6	6	73
7	7	74
8	8	78
9	9	79
10	10	81
11	11	81
12	12	82
13	13	84
14	14	84
15	15	84

图 2-24　一考场学生的数学成绩

	学号	数学
1	51	72
2	52	73
3	53	76
4	54	77
5	55	78
6	56	78
7	57	79
8	58	83
9	59	85
10	60	86
11	61	89
12	62	92
13	63	94
14	64	99
15	65	66

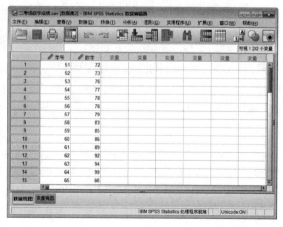

图 2-25　二考场学生的数学成绩

数据文件纵向合并的具体方法如下：

① 在菜单栏中选择“数据”|“合并文件”|“添加个案”命令，打开如图 2-26 所示的“添加

个案至"对话框。

本例在"外部 SPSS Statistics 数据文件"下选择"二考场数学成绩"文件,然后打开如图 2-27 所示的"添加个案自 数据集 2"对话框。

② 进行相应的设置。"非成对变量"列表框中显示的是未能匹配的变量,"新的活动数据集中的变量"列表框中显示的是两个数据文件中文件名和数据类型都相同的变量。对于数据类型相同而名称不同的变量,用户可以通过选择这些变量后单击"配对"按钮来匹配两个变量。

③ 单击"确定"按钮,即可完成文件纵向合并操作。合并后的部分数据文件如图 2-28 所示。

图 2-26 "添加个案至"对话框

图 2-27 "添加个案自 数据集 2"对话框

图 2-28 纵向合并后的数据文件

由图 2-28 可以看出,一考场的数学成绩和二考场的数学成绩已经被合并了,学号为 51~80 号学生的数学成绩已经被合并到了一考场学生数学成绩的后面,形成了总数学成绩单。

2.5.4 数据文件的变换

不同的分析方法需要不同的数据文件结构,当现有的观测量和变量的分布与分析的要求不一致时,我们就要对数据文件进行变换。数据文件的变换是指将数据文件的观测量与变量互换。本节将讲解数据文件的变换操作,为简便起见,我们选取 20 名学生的数学成绩作为其产品调查中被调查者对该产品的评分,我们希望以学号作为变量,得分作为观测量,从而得到一个调查表。变换前的数据文件如图 2-29 所示。

数据文件的变换操作步骤如下所示:

步骤01 在菜单栏中选择"数据"|"转置"命令,打开如图 2-30 所示的"转置"对话框。

图 2-29　变换前的数据文件　　　　　图 2-30　"转置"对话框

步骤02 选择要变换的变量,单击 按钮将其选入"变量"列表框中。如果一个变量的所有观测量的取值各不相同,则可以将其作为名称变量,单击 按钮将其选入"名称变量"列表框,如图 2-31 所示。如果用户不指定名称变量,系统将默认以"VAR0000X"命名变量。本例将"数学"变量选入"变量"列表框中,将"学号"选入"名称变量"列表框中。

步骤03 单击"确定"按钮,即可完成文件变换操作。转置后的数据文件如图 2-32 所示。

从图 2-32 中可以看出,k_加上学生的学号成为变量,每一个相应的学号都对应着这个学生的数学成绩。

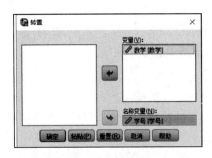

图 2-31　选择变量　　　　　　　　图 2-32　转置后的数据文件

2.5.5 观测量的加权

对数据进行加权处理是我们使用 SPSS 提供某些分析方法的重要前提。数据在进行加权后，当前的权重将被保存在数据中。当进行相应的分析时，用户无须再次进行加权操作。本节以对广告的效果观测为例，讲解数据的加权操作。本例给出了消费者购买行为与是否看过广告之间的联系，按"是否看过广告"和"是否购买商品"两个标准，消费者被分为 4 类，研究者对这 4 类消费者分别进行了调查。由于各种情况下调查的人数不同，如果将 4 种情况等同进行分析，势必由于各种情况的观测数目不同导致分析的偏误，因此我们需要对观测量进行加权。加权前的数据文件如图 2-33 所示。

图 2-33 加权前的数据文件

加权操作的具体步骤如下所示：

步骤01 在菜单栏中选择"数据"|"个案加权"命令，打开如图 2-34 所示的"个案加权"对话框。该对话框中的 2 个单选按钮介绍如下：

- 不对个案加权：表示对当前数据集不进行加权，该项一般用于对已经加权的数据集取消加权。
- 个案加权系数：表示对当前数据集进行加权，同时激活"频率变量"列表框。

步骤02 选择加权变量。加权变量用于定制权重，从变量列表框中选择作为加权变量的变量，单击 按钮将其选入"频率变量"列表框，如图 2-35 所示，本例选择"人数"变量作为加权频率变量。

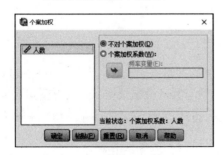

图 2-34 "个案加权"对话框

图 2-35 加权变量的选择

步骤03 单击"确定"按钮,即可进行加权操作。加权后状态栏右侧会显示**权重开启**信息,表示数据已经加权,如图 2-36 所示。

图 2-36 加权后的数据文件

2.6 变量的转换与运算

变量是 SPSS 数据结构中重要的组成部分,是统计分析的主要对象。本节对 SPSS 26.0 中有关变量的操作进行介绍。

2.6.1 插入与删除变量

有时我们需要增加新的信息,如由于对外开放,在工资统计中需要加入外资企业的信息,此时会用到插入新的变量操作,有时候也需要删除无用的变量。

与观测量的插入和删除一样,用户可以通过菜单命令插入变量,也可以通过工具栏和鼠标右键快捷菜单插入变量,系统默认插入的新变量为标准数值型变量,变量名为 VAR0000X。具体操作方法可参照 2.4.1 节。

在 SPSS 数据编辑器的变量视图下,同样可以完成变量的插入和删除操作,方法与在数据视图下基本一致,只是操作对象变成了行。

2.6.2 根据已存在的变量建立新变量

在实际的数据分析过程中经常会利用多个变量之间的关系来生成新的变量。SPSS 的变量生成过程可以方便实现这项功能。本节将以平均成绩的计算为例来讲解根据已存在的变量建立新变量的过程,按照"平均成绩=(数学成绩+物理成绩)/2"的公式计算学生的平均成绩。原始数据文件如图 2-37 所示。

图 2-37　未产生新变量的数据文件

步骤 01　在菜单栏中选择"转换"|"计算变量"命令，打开如图 2-38 所示的"计算变量"对话框。

步骤 02　定制目标变量。在"目标变量"文本框中输入目标变量的名称，单击"类型和标签"按钮，在弹出的"计算变量：类型和标签"对话框中设置新生成变量的类型与标签。本例选中"标签"单选按钮，并在其后的文本框中输入变量标签"平均成绩"，如图 2-39 所示。

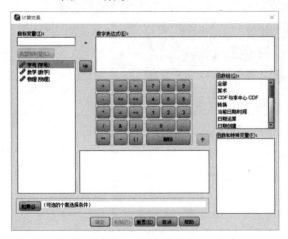

图 2-38　"计算变量"对话框　　　　　图 2-39　"计算变量：类型和标签"对话框

步骤 03　设置新变量的生成表达式。从源变量列表框中选择生成新变量所依据的变量，单击 按钮将选中的变量选入"数字表达式"列表框中参与模型表达式的构建；然后从"函数组"列表框中选择相应的函数类型，"函数和特殊变量"列表框中会显示出具体的函数类型与特殊变量，用户可以选择相应的函数并单击 按钮将其选入"数字表达式"列表框中参与表达式的构建。可以利用"数字表达式"下方的键盘进行数字与符号的输入，如图 2-40 所示。

步骤 04　设置个案选择条件。单击"如果"按钮，打开如图 2-41 所示的"计算变量：If 个案"对话框。

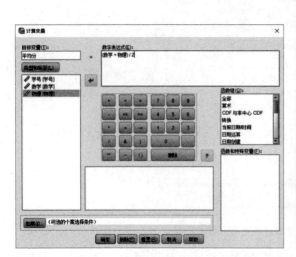

图 2-40 设置新变量的生成表达式

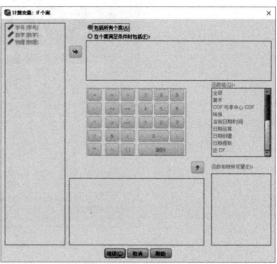

图 2-41 "计算变量：If 个案"对话框

如选中"包括所有个案"单选按钮，则表示变量中的全部个案均参与计算；选中"在个案满足条件时包括"单选按钮，则激活个案选择条件设置部分，该部分与新变量的生成表达式的设置方法基本相同，在此不再赘述。本例选中"包括所有个案"单选按钮。

步骤 05 单击"确定"按钮，就可以计算新变量了。新变量的生成结果如图 2-42 所示。

图 2-42 产生新变量的输出结果

从图 2-42 中可以看出，数学和物理的平均成绩被计算出来并作为一个新变量被保存。

2.6.3 产生计数变量

有时我们需要统计满足某一个条件观测的个数，如对学生党员人数进行统计。计数变量的功能就是对变量中满足一定条件的个案数进行统计，并保存计数结果，本节以优秀人次的计算为例讲解产生计数变量的过程，本例要求计算考生的数学和物理成绩优秀人次，判定成绩为优秀的标准为成绩大于等于 80 分。未产生计数变量的原始数据文件如图 2-43 所示。

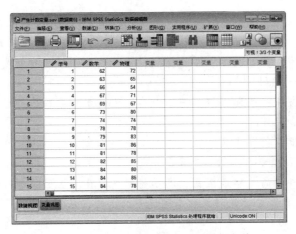

图 2-43　未产生计数变量的原始数据文件

产生计数变量的过程如下所示:

(1) 在菜单栏中选择"转换"|"对个案中的值进行计数"命令, 打开如图 2-44 所示的"计算个案中值的出现次数"对话框。

(2) 选择要进行计数的变量并设置计数变量。

在源变量列表框中选择要进行计数的变量, 单击 按钮将其选入"变量"列表框中, 本例将"数学"变量和"物理"变量选入列表框, 如图 2-45 所示。

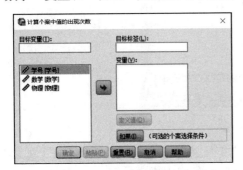

图 2-44　"计算个案中值的出现次数"对话框

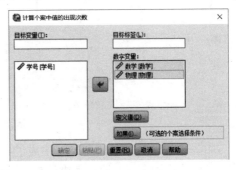

图 2-45　计数变量的选择

- "目标变量"文本框: 用于输入产生的计数变量的名称。
- "目标标签"文本框: 用于输入产生的计数变量的变量标签。本例在"目标变量"文本框中输入"优秀人次"。

(3) 定义计数对象。单击"定义值"按钮, 弹出如图 2-46 所示的"对个案中的值进行计数: 要计数的值"对话框。用户可以在"值"选项组中选择计数对象, 单击"添加"按钮将其选入右侧的"要计数的值"列表框中。

图 2-46　"对个案中的值进行计数:
　　　　　要计数的值"对话框

- □ "值"单选按钮：表示系统将以用户在下面文本框中输入的值作为计数对象。
- □ "系统缺失值"单选按钮：表示将把系统指定缺失值作为计数对象。
- □ "系统缺失值或用户缺失值"单选按钮：表示将把系统指定缺失值或用户指定缺失值作为计数对象。
- □ "范围"单选按钮：表示系统将把用户在下面文本框中输入的数值范围内的观测量数作为计数对象。
- □ "范围，从最低到值"单选按钮：表示系统将把负无穷到用户在下面文本框中输入的数值范围内的观测量数作为计数对象。
- □ "范围，从值到最高"单选按钮：表示将把用户在下面文本框中输入的数值到正无穷范围内的观测量数作为计数对象。本例选中"范围，从值到最高"单选按钮，并在其下的文本框中输入 80。

（4）然后单击"添加"按钮，再单击"继续"按钮，最后在"计算个案中值的出现次数"对话框中单击"确定"按钮，就可以生成计数变量。生成计数变量后的数据文件如图 2-47 所示。

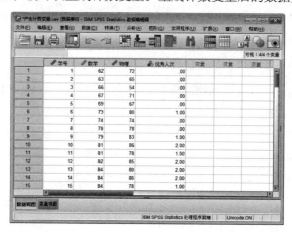

图 2-47　计数变量的生成

由图 2-47 可以看出，SPSS 生成了名为"优秀人次"的计数变量，该变量统计了每个观测中符合条件的值的个数，通过生成计数变量我们可以了解学生的各科成绩情况。

2.6.4　变量的重新赋值

对于数值型变量，用户在数据编辑和整理过程中可以对某些变量一定取值范围内的观测量进行重新赋值。例如，在学生成绩中，由于统计的失误，导致一部分学生的成绩需要更正，此时我们将用到变量的赋值操作。变量的重新赋值有两种方式：一种是对变量自身重新赋值，另一种是赋值生成新的变量，这两种方法的具体实现过程下面都将介绍。

本节以对学生的成绩评分为例讲解对变量重新赋值的过程，该例要求将百分制成绩换算为优秀、及格与不及格 3 类，分别用数字 1、2、3 代替。优秀标准为成绩大于等于 80 分、及格标准为成绩小于 80 分大于等于 60 分，不及格标准成绩为小于 60 分。原始数据文件见图 2-43 所示。

1. 对变量自身重新赋值

对变量自身的重新赋值不产生新变量，变量的新值直接在原来位置替代变量的原值。

（1）在菜单栏中选择"转换"|"重新编码为相同的变量"命令，打开如图2-48所示的"重新编码为相同的变量"对话框。

（2）选择要重新赋值的变量。选择要重新赋值的变量，单击 按钮将其选入右侧的"数字变量"列表框中，本例将"数学"变量和"物理"变量选入数字变量列表框，如图2-49所示。

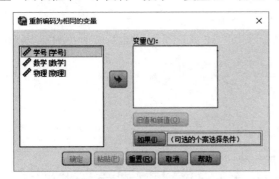
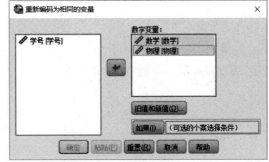

图2-48　"重新编码为相同的变量"对话框　　　图2-49　重新赋值变量的选择

（3）定义旧值和新值。单击"旧值和新值"按钮，弹出如图2-50所示的"重新编码为相同变量：旧值和新值"对话框。

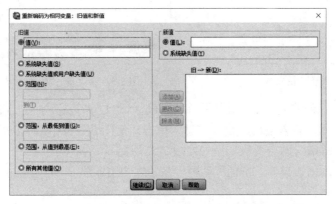

图2-50　"重新编码为相同变量：旧值和新值"对话框

- "旧值"选项组：该选项组用于设置要改变的值的范围，其中选项及其含义与图2-46中的"值"大致相同，只多出一个"所有其他值"选项。
- "新值"选项组：该选项组用于设置变量的新赋值。如选中"值"单选按钮，表示由用户指定该值，用户可以在其后的文本框中输入变量的新赋值；如选中"系统缺失值"单选按钮，表示将把系统指定缺失值作为新赋值。

用户设置完旧值和新值的赋值配对后，可以单击"添加"按钮将其选入右边的"旧-->新"列表框中。对于该列表框中的对象，用户可以单击"更改"按钮进行修改，或者单击"删除"按钮删除。

（4）设置个案选择条件。个案选择条件的设置方法在前面章节已经介绍，在此不再赘述。

（5）单击"确定"按钮，就可以对变量重新赋值。重新赋值后的变量如图2-51所示。

由图2-51可以看出，原始分数均被表示级别的数字1、2和3代替，变量的新值直接在原来位置替代了变量的原值。

2. 赋值生成新的变量

与变量自身重新赋值不同，赋值生成新的变量操作会将变量的新值作为一个新的变量进行保存。

（1）在菜单栏中选择"转换"|"重新编码为不同变量"命令，打开如图 2-52 所示的"重新编码为不同变量"对话框。

图 2-51　变量自身重新赋值后的数据文件

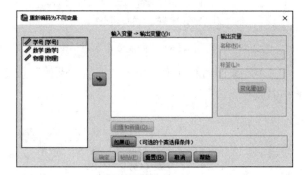

图 2-52　"重新编码为不同变量"对话框

（2）选择要重新赋值的变量。单击 按钮将其选入"数字变量-->输出变量"列表框中，并在"输出变量"选项组中输入输出变量的信息，单击"变化量"按钮。本例建立"数学→数学等级"和"物理→物理等级"两个变量转换，如图 2-53 所示。

（3）定义旧值和新值。单击"旧值和新值"按钮，弹出如图 2-54 所示的"重新编码为不同变量：旧值和新值"对话框。

图 2-53　选择重新赋值的变量

图 2-54　"重新编码为不同变量：旧值和新值"对话框

- ❑ "新值"选项组：该选项组中较图 2-50 中多出一个"复制旧值"单选按钮，若选中该单选按钮，系统将不改变旧值。
- ❑ "输出变量是字符串"复选框：若选中该复选框，系统将把新赋值生成的变量定制为字符串变量。

（4）单击"确定"按钮，就可以对变量重新赋值。赋值后产生新变量的结果如图 2-55 所示。

图 2-55 赋值后产生的新变量

由图 2-55 可以看出，原始分数后面跟随的是科目成绩的等级，变量重新赋值后产生了新变量"数学等级"和"物理等级"。

2.6.5 变量取值的求等级

有时我们想知道某一个观测在已知条件下的观测中的位置，而又不希望打破数据现有的排序，此时将用到变量取值求等级的功能。所谓变量取值的等级就是变量在某指定条件下的排列中所处的位置，等级反映了变量在有序序列里的位置信息，本节以学生排名为例介绍变量取值求等级的操作方法，本例中要求按照学生的成绩得到学生的排名信息，如果成绩相同则并列名次。未进行求等级的原始数据文件如图 2-56 所示。

变量取值求等级的具体操作方法如下：

（1）在菜单栏中选择"转换"|"个案排秩"命令，打开如图 2-57 所示的"个案排秩"对话框。

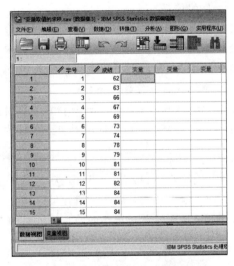

图 2-56 未进行求等级的原始数据文件

（2）选择要重新赋值的变量。选择要进行等级排序的变量，单击 按钮将其选入"变量"列表框中。如果需要进行分组，则选择分组变量并单击 按钮将其选入"依据"列表框中，本例将"成绩"变量选入"变量"列表框，如图 2-58 所示。指定了分组标准后，系统会对各个组分别计算和输出变量的等级。

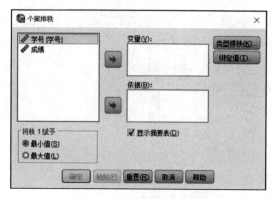 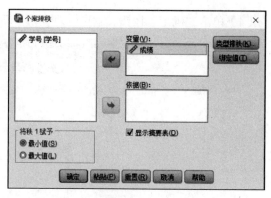

图 2-57 "个案排秩"对话框　　　　　图 2-58 "个案排秩"对话框的变量选择

（3）进行相应的设置。

① "类型排秩"设置。单击"类型排秩"按钮，弹出如图 2-59 所示的"个案排秩：类型"对话框。该对话框用于设置等级排序的相关方法和参数，共有 8 个复选框。

- ❑ 秩：表示使用简单等级。
- ❑ 萨维奇得分：表示使用基于指数分布的 Savage 得分作为等级排序的依据。
- ❑ 分数排序：表示使用每个等级除以带有有效值的个案数，再乘以 100 的结果作为等级排序的依据。
- ❑ 百分比分数秩：表示使用等级除以非缺失观测量的权重和作为等级排序的依据。
- ❑ 个案权重总和：表示使用各观测量权重之和作为等级排序的依据。
- ❑ Ntiles：表示使用百分位数作为等级排序的依据，选择该项后用户可以在其后的文本框中输入百分位数的个数。
- ❑ 比例估算：系统将估计与特定等级对应的分布的累积比例。
- ❑ 正态得分：系统将输出对应于估计的累积比例的 Z 得分。

当选中了"比例估算"或"正态得分"复选框后，"比例估算公式"选项组被激活，用户可以选择要使用的比例估算方法。本例选中"秩"复选框。

② "绑定值"设置。单击"绑定值"按钮，弹出如图 2-60 所示的"个案排秩：绑定值"对话框。该对话框用于设置对等级取值相同的观测值的处理，共有以下 4 种方式。

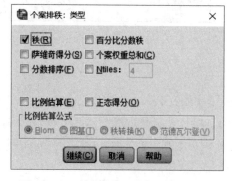 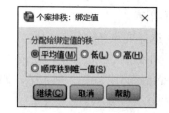

图 2-59 "个案排秩：类型"对话框　　　　图 2-60 "个案排秩：绑定值"对话框

- ❑ 平均值：表示以等级的平均值作为最终的结果。

- 低：表示以相同等级的最小值作为最终的结果。
- 高：表示以相同等级的最大值作为最终的结果。
- 顺序秩到唯一值：表示把相同的观测值作为一个值来求等级。

本例要求成绩相同者名称并列，故选中"高"单选按钮。

③ 将秩 1 赋予。该选项组用于设置等级的排列顺序，最小值表示使用升序；最大值表示使用降序，本例选中"最大值"单选按钮。

④ 显示摘要表。如选中该复选框，在结果窗口中将输出分析的摘要信息。

（4）单击"确定"按钮，就可以对变量取值求等级。个案等级排序的结果如图 2-61 所示。

由图 2-61 可以看出，变量的等级作为一个新的变量"R 成绩"保存，这个变量给出了每个学生的排名情况，可以由表格中第 13～15 行看出，成绩相同的学生的排名是并列的。

2.6.6 缺失数据的处理

在数据分析的过程中，多种情况会导致缺失值的产生，例如某一年的观测资料丢失，缺失值的产生会给数据分析带来许多问题，这种情况下我们将用到缺失数据处理的功能。SPSS 提供了多种手段进行缺失值的替代操作。本节以人均 GDP 的计算为例讲解缺失值的操作，数据文件中由于某种原因，没有获得 1995 年的人均 GDP 数据（GDP 单位：亿元，人均 GDP 单位：元），因此我们需要对缺失值进行合理替代以便进行相应的分析。本例的原始数据文件如图 2-62 所示。

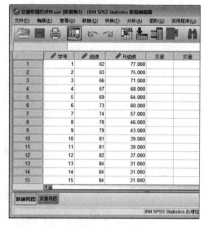

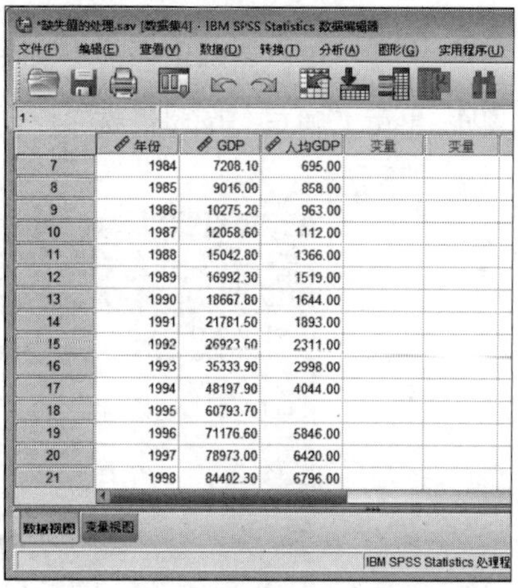

图 2-61　变量等级排序后的结果

图 2-62　人均 GDP 数据

缺失值替代的操作步骤如下：

步骤 01　在菜单栏中选择"转换"|"替换缺失值"命令，打开如图 2-63 所示的"替换缺失值"对话框。

步骤 02　选择要替换缺失值的变量。选中含有缺失值的变量，单击 按钮将其选入"新变量"列表框中，系统会自动生成用于替代缺失值的新变量。如果用户希望自定义变量名称，可以在"名称"文本框中输入自定义变量名称，然后单击"变化量"按钮完成设置。本例将"人均 GDP"变量选入列表框中，生成后的新变量命名为"人均 GDP 的缺失值替代",如图 2-64 所示。

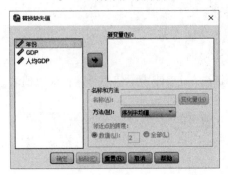
图 2-63 "替换缺失值"对话框

图 2-64 选择要替换缺失值的变量

步骤 03 选择缺失值替代的方法。在"方法"下拉列表中选择缺失值替代的相应方法,共有以下几种方法:

- 序列平均值:系统将使用所有非缺失值的平均数替代缺失值。
- 临近点的平均值:系统将使用缺失值临近的非缺失值的平均值替代缺失值,用户可以在"附近点的跨度"文本框中定义临近非缺失值的个数。
- 临近点的中位数:系统将使用缺失值临近的非缺失值的中位数替代缺失值,同样可在"附近点的跨度"文本框中定义临近非缺失值的个数。
- 线性插值法:系统将使用缺失值相邻两点的中点处的取值替代缺失值。
- 点处的线性趋势:系统将采取线性拟合的方法确定替代值。

本例选择"序列平均值"选项。

步骤 04 单击"确定"按钮,就可以完成缺失值替代操作。缺失值替代的输出结果如图 2-65 所示。

图 2-65 进行缺失值替代后的数据

由图 2-65 可以看出,1995 年的缺失值已经有替代,保存在新生成的"人均 GDP 的缺失值替代"变量中。

2.7 数据的汇总

数据的汇总就是按指定的分类变量对观测量进行分组并计算各分组中某些变量的描述统计量。本节以按性别进行成绩统计为例,讲解数据的汇总操作,本例要求按性别分别输出数学和物理成绩的均值,以此分析不同性别的学生对知识的掌握程度。本例的原始数据如图 2-66 所示。

图 2-66　未进行汇总的原始数据

数据的汇总的操作方法如下所示:

(1) 在菜单栏中选择"数据"|"汇总"命令,打开如图 2-67 所示的"汇总数据"对话框。

(2) 选择分类变量与汇总变量。选择分类变量,单击 按钮将其选入"分界变量"列表框;选择要进行汇总的变量,单击 按钮将其选入"变量摘要"列表框,本例将"性别"变量选入"分界变量"列表框,将"数学"和"物理"变量选入"变量摘要"列表框,如图 2-68 所示。

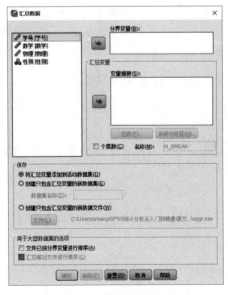

图 2-67　"汇总数据"对话框

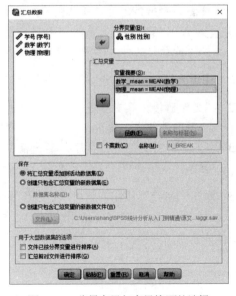

图 2-68　分界变量与变量摘要的选择

（3）设置汇总变量。在"变量摘要"列表框中选中汇总变量，单击"函数"按钮，在弹出的"汇总数据：汇总函数"对话框（见图 2-69）中选择汇总函数的类型；单击"名称与标签"按钮，在弹出的"汇总数据：变量名和标签"对话框（见图 2-70）中设置汇总后产生的新变量的变量名称与变量标签。

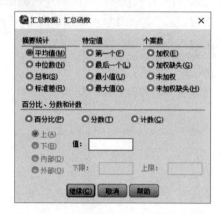

图 2-69　"汇总数据：汇总函数"对话框　　　图 2-70　"汇总数据：变量名和标签"对话框

如果用户希望在新变量中显示每个类别中的观测量的个数，可以选中"个案数"复选框并在其后的"名称"文本框中输入相应变量的名称。

本例输出数学和物理变量的平均值，分别命名为"数学平均成绩"和"物理平均成绩"。

（4）进行相应的设置。

① "保存"选项组：该选项组用于设置汇总结果的保存方式。

- "将汇总变量添加到活动数据集"单选按钮：表示系统会将汇总的结果保存到当前数据集。
- "创建只包含汇总变量的新数据集"单选按钮：表示系统将创建一个新的、只包含汇总变量的数据集，用户可以在"数据集名称"文本框中输入新数据集名称。
- "创建只包含汇总变量的新数据文件"单选按钮：表示系统会将汇总后的变量保存到一个新的数据文件。本例选中"将汇总变量添加到活动数据集"单选按钮。

② "用于大型数据集的选项"选项组：该选项组用于设置对于较大数据集的处理方式。

- "文件已按分界变量进行排序"复选框：表示数据已经按照分组变量进行了排序，系统将不再进行排序操作。
- "汇总前对文件进行排序"复选框：表示系统会在进行汇总前按照分组变量对数据进行排序。本例选中"文件已按分界变量进行排序"复选框。

（5）单击"确定"按钮，就可以进行汇总操作。

图 2-71 即为按性别汇总后的数据文件，SPSS 分别给出了男生和女生的数学与物理成绩的均值，并作为新变量保存在数据文件中。

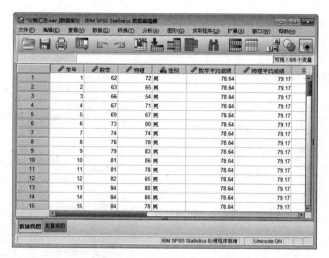

图 2-71　汇总后的数据文件

2.8　数据文件的结构重组

不同的分析方法需要不同的数据文件结构,当现有的数据文件结构与将要进行的分析所要求的数据结构不一致时,我们需要进行数据文件的结构重组。一般来说,数据文件的结构分为横向与纵向两种结构。

1. 横向结构

横向结构的数据将一个变量组中的不同分类分别作为不同的变量,例如,在示例数据中将施用不同化肥下的作物产量分别作为一个变量进行保存,每一个试验组是一个观测量,如图 2-72 所示。

2. 纵向结构

纵向结构的数据将一个变量组中的不同分类分别作为不同的观测量,例如,在示例数据中将每一个试验组在不同肥料作用下的产量分别作为一个观测量,如图 2-73 所示。

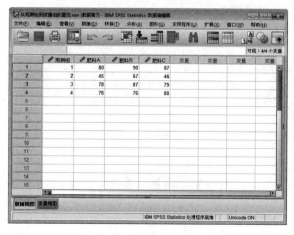

图 2-72　数据文件的横向结构

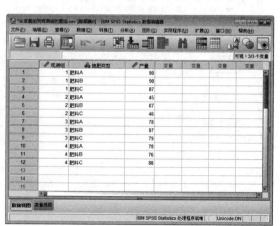

图 2-73　数据文件的纵向结构(产量单位:千克/亩)

本节以施用不同类型肥料的作物的产量为例讲解数据文件的结构重组，图 2-72 和图 2-73 给出了该数据文件的两种不同的保存方式。

2.8.1 数据重组方式的选择

在菜单栏中选择"数据"|"重构"命令，打开如图 2-74 所示的"重构数据向导"对话框。

该对话框提供了 3 种数据重组方式，分别是"将选定变量重构为个案""将选定个案重构为变量"和"转置所有数据"，用户可以根据现有数据的组合方式和将要进行的分析来选择相应的数据重组方式。

2.8.2 由变量组到观测量组的重组

变量组到观测量组的重组将会使数据由横向格式转换为纵向格式，首先打开横向格式保存的数据文件，如图 2-72 所示。

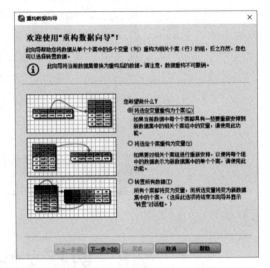

图 2-74 "重构数据向导"对话框

（1）选择变量组个数。在图 2-74 所示的"重构数据向导"对话框中选中"将选定变量重构为个案"单选按钮，单击"下一步"按钮，弹出如图 2-75 所示的"重构数据向导-第 2/7 步"对话框，在该对话框中选择要重组的变量组的个数。因为本例只有施肥类型一个变量组，所以选中"一个（例如，w1、w2 和 w3）"单选按钮。

（2）选择要重组的变量。单击"下一步"按钮，弹出如图 2-76 所示的"重构数据向导-第 3/7 步"对话框。

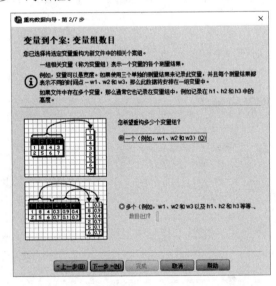

图 2-75 "重构数据向导-第 2/7 步"对话框

图 2-76 "重构数据向导-第 3/7 步"对话框

① "个案组标识"选项组:该选项组用于设置对观测记录的标识变量,在下拉列表框中有 3 个选择项:

- 使用个案号,选择此项系统会出现"名称"文本框和"标签"列表,用户可以设置重组后序号变量的变量名和变量标签。
- 使用选定变量,选择此项系统会出现一个 按钮和"变量"列表,选择标识变量,单击 按钮将其选入"变量"列表框即可。
- 无,表示不使用标识变量。

② "要转置的变量"选项组:该选项组用于设置需要进行变换的变量组。"目标变量"下拉列表框用于指定要进行重组的变量组。指定完成后,选择相应变量,单击 按钮将其选入"目标变量"列表框,组成要变换的变量组。

③ "固定变量"列表框。如果用户不希望一个变量参加重组,只需要选择该变量,单击 按钮将其选入"固定变量"列表框即可。

在本例中将"使用肥料 A 产量""使用肥料 B 产量"和"使用肥料 C 产量"变量选入"要变换的变量"列表框,在"目标变量"后的文本框中输入"产量"。

(3)选择索引变量的个数。单击"下一步"按钮,弹出如图 2-77 所示的"重构数据向导-第 4/7 步"对话框。该对话框用于设置重组后生成的索引变量的个数,可以选择一个或多个,也可以选择无,表示把索引信息保存在某个要变换重组的变量中,不生成索引变量。本例选择创建"一个"索引变量。

(4)设置索引变量的参数。继续单击"下一步"按钮,弹出如图 2-78 所示的"重构数据向导-第 5/7 步"对话框。

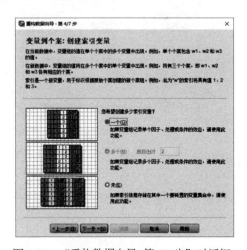

图 2-77 "重构数据向导-第 4/7 步"对话框

图 2-78 "重构数据向导-第 5/7 步"对话框

- "索引值具有什么类型"选项组:该选项组用于设置索引值的类型,用户可以选择连续数字或变量名作为索引值的类型。
- "编辑索引变量名和标签"栏:在该栏中设置索引变量的变量名和变量标签。

本例设置索引变量的名称为"施肥类型","索引值"为变量名,即"肥料 A、肥料 B、肥料 C"。

（5）其他参数的设置。单击"下一步"按钮，弹出如图 2-79 所示的"重构数据向导-第 6/7 步"对话框。

- ❑ "未选择的变量的处理方式"选项组：该选项组用于设置对用户未选定变量的处理方式，如选中"从新数据文件中删除变量"单选按钮，系统会将这一部分变量删除；如选中"保留并作为固定变量处理"单选按钮，系统会将这一部分变量作为固定变量处理。
- ❑ "所有转置后的变量中的系统缺失值或空值"选项组：该选项组用于设置对要变换变量中的缺失值和空白值的处理方式，如选中"在新文件中创建个案"单选按钮，表示系统将为这些变量单独生成观测记录；如选中"废弃数据"单选按钮，则这一部分观测值将被删除。
- ❑ "个案计数变量"选项组：该选项组用于设置是否生成计数变量，选中"计算由当前数据中的个案创建的新个案的数目"复选框，表示生成计数变量，同时将激活"名称"和"标签"文本框，用户可以在其中输入计数变量的变量名和变量标签。在本例中，该步保持默认设置即可。

（6）完成数据重组。单击"下一步"按钮，弹出如图 2-80 所示的"重构数据向导-完成"对话框。

图 2-79 "重构数据向导-第 6/7 步"对话框

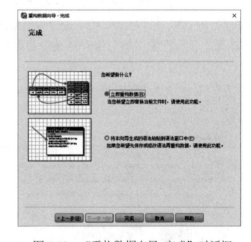

图 2-80 "重构数据向导-完成"对话框

这里可选择是否立即进行数据重组，如选中"将本向导生成的语法粘贴到语法窗口中"单选按钮，系统会将相应的命令语句粘贴至语句窗口。

设置完成后，单击"完成"按钮即可进行数据重组操作。重组后的数据文件如图 2-73 所示，横向格式的数据文件转换成了纵向格式的数据文件。

2.8.3 由观测量组到变量组的重组

观测量组到变量组的重组使数据由纵向格式转换为横向格式，具体操作步骤如下：

步骤01 选择重组变量。在图 2-74 所示的"重构数据向导"对话框中选中"将选定个案重构为变量"单选按钮，单击"下一步"按钮，弹出如图 2-81 所示的"重构数据向导-第 2/5 步"对话框。从"当前文件中的变量"列表框中选择在重组后将在数据集中标识观测记录的变量，单击 按钮将其选入"标识变量"列表框；选择构成新数据集中变量组的变量，单击 按钮将其选入"索引变量"列表框。本例将"观测组别"变量选入"标识符变量"列表框，将"产量"变量选入"索引变量"列表框。

步骤02 原始数据的排序设置。单击"下一步"按钮，弹出如图 2-82 所示的"重构数据向导-第 3/5 步"对话框。该对话框用于设置是否对原始数据进行排序，选中"是"单选按钮，系统会在数据重组之前按照标识变量对原始数据进行排序；选中"否"单选按钮，则不进行此项操作。本例选中"是"单选按钮。

图 2-81 "重构数据向导-第 2/5 步"对话框

步骤03 新变量的相关参数设置。单击"下一步"按钮，弹出如图 2-83 所示的"重构数据向导-第 4/5 步"对话框。该对话框中各选项组介绍如下：

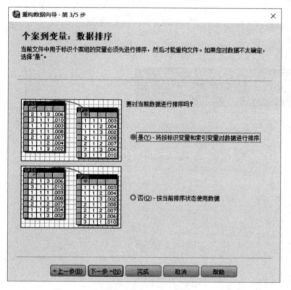

图 2-82 "重构数据向导-第 3/5 步"对话框

图 2-83 "重构数据向导-第 4/5 步"对话框

- ❑ "新变量组的顺序"选项组：用于设置新变量组中变量的排序方式，有"按原始变量进行分组"和"按索引分组"两种。
- ❑ "个案计数变量"选项组：设置是否生成计数变量，如选中"计算当前数据中用来创建新个案的个案数"复选框，则表示生成计数变量，同时激活"名称"和"标签"文本框，用户可以在其中输入计数变量的变量名和变量标签。
- ❑ "指示符变量"选项组：设置是否生成指示变量，选中"创建指示符变量"复选框，表示对索引变量的每个取值生成一个指示变量,用于记录对应的变量取值是否为空值,用户可以在"根名"文本框中输入指示变量的前缀。

本例选择默认设置即可。

步骤 04 完成数据重组。继续单击"下一步"按钮,弹出"重构数据向导-完成"对话框。

2.8.4 变换重组

在图 2-74 "重构数据向导"对话框中选中"转置所有数据"单选按钮,单击"完成"按钮,则弹出图 2-30 所示的"转置"对话框。

该对话框的形式和设置方式与 2.5.4 节"数据文件的变换"中完全相同,读者可以参考该节,在此不再赘述。

2.9　读取其他格式文件数据

在分析应用中,许多数据并不是以 SPSS 数据格式保存的,因此我们需要能够读取这些不同格式的数据文件。SPSS 提供了与多种应用软件的接口,支持多种格式的数据文件,用户可以很方便地将其他格式的数据文件导入其中。

2.9.1　读取 Excel 软件文件(.xls)

Excel 是当前常用的电子表格软件之一,SPSS 提供了相应的程序接口,使用户可以方便地把 Excel 电子表格中的数据读入 SPSS 数据编辑器中。Excel 文件的数据显示如图 2-84 所示。

图 2-84　Excel 文件

读取 Excel 数据的具体操作步骤如下:

第 2 章 SPSS 数据管理

步骤 01 在菜单栏中选择"文件"|"打开"|"数据"命令,打开如图 2-85 所示的"打开数据"对话框。

步骤 02 在"文件类型"下拉列表框中选择"Excel(*.xls、*.xlsx 和*.xlsm)"选项,打开要读入的 Excel 文件,如图 2-86 所示。

图 2-85 "打开数据"对话框

图 2-86 选择一个.xls 文件

步骤 03 进行相应的设置。单击"打开"按钮,弹出如图 2-87 所示的"读取 Excel 文件"对话框。

- "工作表"下拉列表框:如果读取的 Excel 数据文件中有多个数据表,用户可以在该下拉列表框中选择要读取的工作表。
- "范围"文本框:如果用户希望读取 Excel 工作表中的部分数据,可以在该文本框中输入相应的数据范围。
- "从第一行数据中读取变量名称"复选框:如选中该复选框,系统会将 Excel 数据文件的第一行作为变量名读入。

步骤 04 设置完成后,单击"确定"按钮即可读入 Excel 数据。读入后的结果如图 2-88 所示。

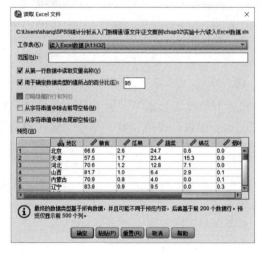

图 2-87 "读取 Excel 文件"对话框

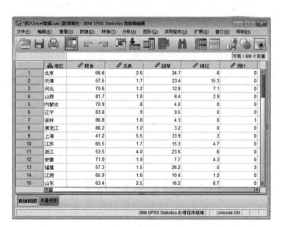

图 2-88 读入的 Excel 数据

2.9.2 读取固定格式的文本文件

固定格式的文本文件要求不同的观测数据之间的变量数目、排列顺序、变量取值长度固定不变，如图 2-89 所示为一个固定格式的文本文件。

（1）在菜单栏中选择"文件"|"打开"|"数据"命令，打开"打开数据"对话框。

（2）在"文件类型"下拉列表框中选择"文本格式（*.txt, *.dat）"选项，打开要读入的文本文件。

（3）打开文本导入向导。单击"打开"按钮，弹出如图 2-90 所示的"文本导入向导-第 1/6 步"对话框。

用户可以选择预定义的格式，也可以在向导中创建新格式，本例选中"否"单选按钮。

图 2-89　固定格式的文本文件

（4）设置文本格式。单击"下一步"按钮，弹出如图 2-91 所示的"文本导入向导-第 2/6 步"对话框，这里有两个选项需要设置。

图 2-90　"文本导入向导-第 1/6 步"对话框

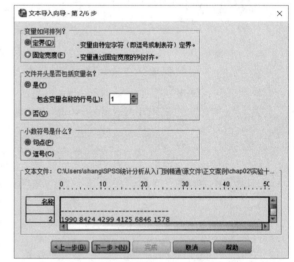

图 2-91　"文本导入向导-第 2/6 步"对话框

- ❑ "变量如何排列"选项组：定制读入的文本文件的格式。如选中"定界"单选按钮，则表示读入的是自由格式的文本文件；如选中"固定宽度"单选按钮，则表示读入的是固定格式的文本文件，本节主要讲解固定格式文本文件的读取，故选中"固定宽度"单选按钮。

- ❑ "文件开头是否包括变量名"选项组：如果源文件中包含变量名，选中"是"单选按钮，系统将变量名称读入；如果源文件中不包含变量名，则选中"否"单选按钮。本例由于原始文本文件不包含变量名，故选中"否"单选按钮。其他选项默认即可。

（5）进行观测量的相应设置。单击"下一步"按钮，弹出如图 2-92 所示的"文本导入向导-定界，第 3/6 步"对话框。该对话框中设置如下：

- "第一个数据个案从哪个行号开始(F)?"微调框:用于选择数据读取的起始行,如果数据文件中包含标签,那么该数据文件的起始行就不是第一行。本例由于第一行是空行,故输入"2"。
- "个案的表示方式如何"选项组:该选项组用于设置表示个案的方式,可以每一行表示一个个案,也可以用特定的编号表示一个个案。
- "要导入多少个案?"选项组:该选项组用于设置导入个案的数量。如选中"全部个案"单选按钮,系统将把所有观测量导入;如选中"前(T)个个案"单选按钮,系统会导入从第一个观测到用户定义位置的所有观测量;如选中"随机百分比的个案(近似值)(P)"单选按钮,系统将随机导入用户指定百分比的观测量。本例选中"全部个案"单选按钮。

图 2-92 "文本导入向导-定界,第 3/6 步"对话框

(6)设置变量起始点。单击"下一步"按钮,弹出如图 2-93 所示的"文本导入向导-定界,第 4/6 步"对话框。该对话框用于设置从数据文件读取变量数据的方式。选择变量之间的定界符,选中"空格"复选框,系统将根据用户指定的定界符来划分数据。

(7)设置变量名称和数据格式。单击"下一步"按钮,弹出如图 2-94 所示的"文本导入向导-第 5/6 步"对话框。该对话框用于设置变量名和数据格式,在"数据预览"表格中选择相应的变量,即可在"变量名"文本框中输入变量名称,在"数据格式"下拉列表框中选择相应的数据格式。

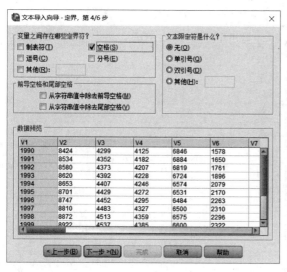

图 2-93 "文本导入向导-定界,第 4/6 步"对话框

图 2-94 "文本导入向导-第 5/6 步"对话框

(8)完成读取。最后单击"下一步"按钮,弹出如图 2-95 所示的"文本导入向导-第 6/6 步"

对话框。

如果用户希望将本次设置的文件格式作为规则保存，以便在导入类似的文本数据文件时无须重新设置，可以在"您要保存此文件格式以供将来使用吗？"选项组中选中"是"单选按钮并在其后的文本框中输入文件的保存路径。

设置完成后，单击"完成"按钮即可实现固定格式文本数据的读取，图 2-89 文件读取的结果如图 2-96 所示。

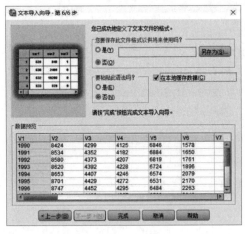

图 2-95 "文本导入向导 – 第 6/6 步"对话框

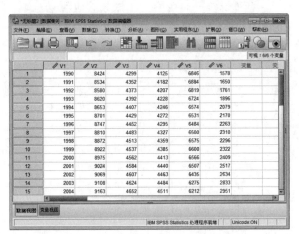

图 2-96 读入 SPSS 的固定格式文本文件

2.10 上 机 题

2.1 现有我国 31 个省、市、自治区（不包括港、澳、台地区）的 GDP 的统计数据，数据中包括"城市""GDP"和"人口"3 个变量，如下表所示。（数据路径：sample\上机题\chap02\习题\第 2 章第一题.sav）

城市	GDP（亿）	人口（万）	城市	GDP（亿）	人口（万）
上海	5400	1674	山西	2000	3297
北京	3130	1382	黑龙江	2200	3689
天津	1900	1001	宁夏	330	562
浙江	7400	4677	安徽	3500	5986
江苏	10000	7438	重庆	1800	3090
广东	11000	8642	青海	300	518
福建	4100	3471	四川	4800	8329
山东	10500	9079	西藏	150	262
辽宁	4600	4238	陕西	2000	3605
新疆	1600	1925	云南	2300	4288
湖北	5000	6028	江西	2200	4140
河北	5500	6744	广西	2200	4489
吉林	2100	2728	甘肃	1100	2562
海南	600	787	内蒙古	950	2376

(续表)

城市	GDP（亿）	人口（万）	城市	GDP（亿）	人口（万）
湖南	4200	6440	贵州	1100	3525
河南	6000	9256			

试计算出人均 GDP（人均 GDP=GDP/人口）作为新变量保存。

2.2 为了测量儿童身体发育状况，随机抽查了 30 名儿童，对他们的肺活量和体重进行了测量，我们建立了 3 个变量："测试编号""肺活量"和"体重"，部分观测数据如下表所示。（数据路径：sample\上机题\chap02\习题\第 2 章第二题.sav）

测试编号	肺活量（mL）	体重（kg）
1	800	15.9
2	1100	15
3	1000	15
4	900	13.1
5	700	19
6	600	17
7	900	16.2
8	700	17.3
9	700	17
10	552	17.5

（1）根据理论，儿童的肺活量与体重呈正比，为正确分析儿童发育状况，试以体重作为加权变量对数据进行加权。

（2）对于体重而言，20kg 以上视为超重、18~20kg 视为发育良好，18kg 以下视为发育情况一般。试对各种超重人数进行统计，并保存计数结果。

（3）试将体重数据换算为超重、发育良好和与发育情况一般 3 类，分别用数字 1、2、3 代替（20kg 以上视为超重、18~20kg 视为发育良好，18kg 以下视为发育情况一般）。

（4）请输出儿童体重的排名信息，如果体重相同则并列名次。

2.3 某小学对学生进行体检，测量了 90 名小学生的身高，根据查体结果建立了"年级""性别"和"身高" 3 个变量，部分测量数据如下表所示。（数据路径：sample\上机题\chap02\习题\第 2 章第三题.sav）

年级	性别	身高（cm）
2	女	123.5
2	女	115.8
2	女	115
2	男	107
1	女	125.3
1	女	118.2
2	女	115.2
1	女	119

（1）试按性别分别输出身高均值，分析不同性别的学生的身高情况。

（2）试按照身高的高低对学生数据进行排序。

2.4 研究者观察了某地 1978 年~2004 年人口数量的数据。建立了"年份"和"人口"两个变量，观测数据如下表所示。（数据路径：sample\上机题\chap02\习题\第 2 章第四题.sav）

年份	人口（万）	年份	人口（万）
1978	1098.28	1992	1289.37
1979	1132.14	1993	1294.74
1980	1146.52	1994	
1981	1162.84	1995	1301.37
1982	1180.51	1996	1304.43
1983	1194.01	1997	1305.46
1984	1204.78	1998	1306.58
1985	1216.69	1999	1313.12
1986	1232.33	2000	1321.63
1987	1249.51	2001	1327.14
1988	1262.42	2002	1334.23
1989	1276.45	2003	1341.77
1990	1283.35	2004	1352.39
1991	1287.2		

因为某些原因，1994 年的数据缺失，我们需要对缺失值进行合理替代以便进行相应的分析，试采用序列均值的方式进行缺失值的替代操作。

2.5 调查者观测了 3 种不同工艺下某种产品的产量（单位：件/小时），数据采用了横向格式保存。（数据路径：sample\上机题\chap02\习题\第 2 章第五题.sav）

观测组	工艺 1	工艺 2	工艺 3
1	79	35	87
2	45	46	46
3	78	83	57
4	84	27	69

由于分析的需要，我们希望得到纵向格式的数据，试将数据转换为纵向格式。

2.6 调查者观测了4种不同水源下3种元素的产量，数据采用了纵向格式保存。（数据路径：sample\上机题\chap02\习题\第 2 章第六题.sav）

观测组	元素类型	元素含量（%）
1	元素 A	10
1	元素 B	12.5
1	元素 C	22.3
2	元素 A	13.4

(续表)

观测组	元素类型	元素含量（%）
2	元素 B	12.2
2	元素 C	11.9
3	元素 A	15.8
3	元素 B	12.7
3	元素 C	11.3
4	元素 A	19.7
4	元素 B	12.6
4	元素 C	11

现希望得到横向格式的数据，试将其转换为横向格式。

2.7 调查者观测了来自不同地区的样本的经济指标和发展指标的数据，这两个地区分别用数字"1"和"2"代替，部分观测数据如下表所示。（数据路径：sample\上机题\chap02\习题\第 2 章第七题.sav）

地区	经济指标（%）	发展指标（%）
1	123.5	15.9
1	115.8	15
1	115	15
2	107	13.1
1	125.3	19
1	118.2	17
1	115.2	16.2

我们希望按照地区分析这两个指标，以便对地区的综合竞争力给以科学的评价，请对数据按地区分解并组织输出。

2.8 请通过下面 3 个小题，试将其他数据文件导入 SPSS 的方法。（数据路径：sample\上机题\chap02\习题\第 2 章第八题）

（1）试将 Excel 数据文件"第 2 章第八题（1）.xls"读入 SPSS。

（2）试将文本文件"第2章第八题（2）.txt"读入SPSS。

（3）试将文本文件"第2章第八题（3）.txt"读入SPSS。

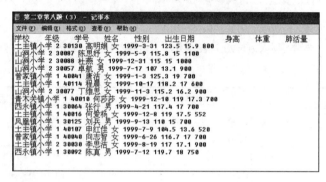

第 3 章 SPSS 26.0 基本统计分析

在进行统计分析和建模之前,一般要对数据做一些描述性的工作。通过调用 SPSS 的相关过程,可以得到数据的基本统计指标。例如,对于定量数据,可以得到均值和标准差等指标;对于分类数据,可以得到频数和比率等指标,还可以进行卡方检验等。本章将结合大量实例和图形,详细介绍这些过程的具体操作并对结果进行解释。

3.1 描述性分析

3.1.1 基本统计量的计算与描述性分析简介

描述性分析主要是对数据进行基础性描述,主要用于描述变量的基本特征。SPSS 中的描述性分析过程可以生成相关的描述性统计量,如均值、方差与标准差、全距、峰度和偏度等,同时描述性分析过程还将原始数据转换为 Z 分值并作为变量存储,通过这些描述性统计量,我们可以对变量变化的综合特征进行全面的了解。

1. 表示集中趋势的统计量

(1)均值:均值分析可以分为算数平均数、调和平均数及几何平均数 3 种。

① 算数平均数。算数平均数是集中趋势中常用且重要的测度值。它是将总体标志总量除以总体单位总量而得到的均值。算数平均数的基本公式为:

$$算数平均数=总体标志总量/总体单位总量$$

根据所掌握资料的表现形式不同,算数平均数有简单算数平均数和加权算数平均数两种。

- 简单算数平均数是将总体各单位每一个标志值加总得到的标志总量除以单位总量而求出的平均指标。其计算方法如公式(3-1)所示:

$$\overline{X} = \frac{X_1 + X_2 + \cdots + X_n}{n} = \frac{\sum X}{n} \tag{3-1}$$

简单算数平均数适用于总体单位数较少的未分组资料。如果所给的资料是已经分组的次数分布数列,则算数平均数的计算应采用加权算数平均数的形式。

- 加权算数平均数是首先用各组的标志值乘以相应的各组单位数求出各组标志总量,并加总求得总体标志总量,然后将总体标志总量和总体单位总量对比。其计算过程如公式(3-2)所示:

$$\overline{X} = \frac{f_1 X_1 + f_2 X_2 + \cdots + f_n X_n}{f_1 + f_2 + \cdots + f_n} = \frac{\sum fX}{\sum f} \tag{3-2}$$

其中 f 表示各组的单位数，或者说是频数和权数。

② 调和平均数。调和平均数又称倒数平均数，它是根据各变量值的倒数来计算的平均数。具体地讲，调和平均数是各变量值倒数的算数平均数的倒数。调和平均数的计算方法，根据所掌握的资料不同，也有简单和加权两种形式。

③ 几何平均数。几何平均数是与算数平均数和调和平均数不同的另一种平均指标，它是几何级数的平均数。几何平均数是计算平均比率或平均发展速度常用的统计量，几何平均数可以反映现象总体的一般水平。根据所掌握资料的不同，几何平均数也有简单和加权两种形式。

（2）中位数：中位数是将总体单位某一变量的各个变量值按大小顺序排列，处在数列中间位置的那个变量值就是中位数。在资料未分组的情况下，将各变量值按大小顺序排列后，首先确定中位数的位置，可用公式 $\frac{n+1}{2}$ 确定，n 代表总体单位的项数；然后根据中点位置确定中位数。有两种情况：当 n 为奇数项时，则中位数就是居于中间位置的那个变量值；当 n 为偶数项时，则中位数是位于中间位置的两个变量值的算数平均数。

（3）众数：众数是总体中出现次数较多的标志值。众数只有在总体单位较多而又有明确的集中趋势的资料中才有意义。单项数列中，出现最多的那个组的标志值就是众数。若在数列中有两组的次数是相同的，且次数最多，则就是双众数或复众数。

（4）百分位数：如果将一组数据排序，并计算相应的累计百分位，则某一百分位所对应数据的值就称为这一百分位的百分位数。常用的有四分位数，指的是将数据分为四等份，分别位于 25%、50% 和 75% 处的三个四分位数。百分位数适合于定序数据及更高级的数据，不能用于定类数据。百分位数的优点是不受极端值的影响。

2. 表示离中趋势的统计量

（1）方差与标准差：方差是总体各单位变量值与其算数平均数的离差平方的算数平均数，用 σ^2 表示，方差的平方根就是标准差 σ。与方差不同的是，标准差是具有量纲的，它与变量值的计量单位相同，其实际意义要比方差清楚。因此，在对社会经济现象进行分析时，往往更多地使用标准差。

根据所掌握的资料不同，方差和标准差的计算有两种形式：简单平均式和加权平均式。

❑ 在资料未分组的情况下，采用简单平均式，如公式（3-3）所示：

$$\sigma^2 = \frac{\sum(X-\overline{X})^2}{n} \ ; \ \sigma = \sqrt{\frac{\sum(X-\overline{X})^2}{n}} \qquad (3\text{-}3)$$

❑ 在资料分组的情况下，采用加权平均式，如公式（3-4）所示：

$$\sigma^2 = \frac{\sum f(X-\overline{X})^2}{\sum f} \ ; \ \sigma = \sqrt{\frac{\sum f(X-\overline{X})^2}{\sum f}} \qquad (3\text{-}4)$$

（2）均值标准误差：均值标准误差就是样本均值的标准差，是描述样本均值和总体均值平均偏差程度的统计量。

（3）极差或范围：极差又称全距，它是总体单位中最大变量值与最小变量值之差，即两极之差，以 R 表示。根据全距的大小来说明变量值变动范围的大小。如公式（3-5）所示：

$$R = X_{max} - X_{min} \tag{3-5}$$

极差只是利用了一组数据两端的信息，不能反映出中间数据的分散状况，因而不能准确描述出数据的分散程度，且易受极端值的影响。

（4）最大值：顾名思义，最大值即样本数据中取值最大的数据。

（5）最小值：样本数据中取值最小的数据。

（6）变异系数：变异系数是将标准差或平均差与其平均数对比所得的比值，又称离散系数。计算如公式（3-6）和公式（3-7）所示：

$$V_\sigma = \frac{\sigma}{\overline{X}} \tag{3-6}$$

$$V_D = \frac{A.D}{\overline{X}} \tag{3-7}$$

V_σ 和 V_D 分别表示标准差系数和平均差系数。变异系数是一个无名数的数值，可用于比较不同数列的变异程度。其中，常用的变异系数是标准差系数。

3. 表示分布形态的统计量

（1）偏度：偏度是对分布偏斜方向及程度的测度。测量偏斜的程度需要计算偏态系数，本书仅介绍中心矩偏态测度法。常用三阶中心矩除以标准差的三次方，表示数据分布的相对偏斜程度，用 a_3 表示。其计算如公式（3-8）所示：

$$a_3 = \frac{\sum f(X - \overline{X})^3}{\sigma^3 \sum f} \tag{3-8}$$

在公式（3-8）中，a_3 为正，表示分布为右偏；σ^3 为负，则表示分布为左偏。

（2）峰度：峰度是频数分布曲线与正态分布相比较，顶端的尖峭程度。统计上常用四阶中心矩测定峰度，其计算如公式（3-9）所示：

$$a_4 = \frac{\sum f(X - \overline{X})^4}{\sigma^4 \sum f} \tag{3-9}$$

当 $a_4 = 3$ 时，分布曲线为正态分布；

当 $a_4 < 3$ 时，分布曲线为平峰分布；

当 $a_4 > 3$ 时，分布曲线为尖峰分布。

4. 其他相关的统计量

Z 标准化得分是某一数据与平均数的距离以标准差为单位的测量值。其计算如公式（3-10）所示：

$$Z_i = \frac{X_i - \overline{X}}{\sigma} \tag{3-10}$$

在公式（3-10）中，Z_i 即为 X_i 的 Z 标准化得分。Z 标准化数据越大，说明它离平均数越远。

标准化值不仅能表明各原始数据在一组数据分布中的相对位置，而且能在不同分布的各组原始数据间进行比较，同时还能接受代数方法的处理。因此，标准化值在统计分析中起着十分重要的作用。

3.1.2 描述性分析的 SPSS 操作

（1）在 SPSS Statistics 数据编辑器窗口的菜单栏中选择"分析"|"描述统计"|"描述"命令，打开如图 3-1 所示的"描述"对话框。

（2）选择变量。先从源变量列表框中选择需要描述的变量，然后单击 按钮将需要描述的变量选入"变量"列表框中，如图 3-2 所示。

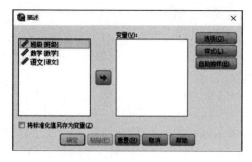

图 3-1 "描述"对话框

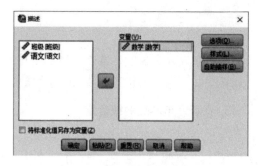

图 3-2 选入要描述的变量

（3）进行选项设置。单击右侧的"选项"按钮，弹出如图 3-3 所示的"描述：选项"对话框。该对话框用于指定需要输出和计算的基本统计量和结果输出的显示顺序，分为 4 个部分。

- "平均值"和"总和"复选框：选中"平均值"复选框，表示输出变量的算术平均数；选中"总和"复选框，表示输出各个变量的合计数。
- "离散"选项组：该选项组用于输出离中趋势统计量，共有 6 个复选框："标准差""方差""最小值""最大值""范围""标准误差平均值"，选中这些复选框分别表示输出变量的标准差、方差、最小值、最大值、范围、平均值的标准误。

图 3-3 "描述：选项"对话框

- "分布"选项组：该选项组用于输出表示分布的统计量：选中"峰度"复选框，表示输出变量的峰度统计量；选中"偏度"复选框，表示输出变量的偏度统计量。
- "显示顺序"选项组：该选项组用于设置变量的排列顺序。有以下 4 种选项：

> "变量列表"单选按钮:表示按变量列表中变量的顺序进行排序。
> "字母"单选按钮:表示按变量列表中变量的首字母的顺序排序。
> "按平均值的升序排序"单选按钮:表示按变量列表中变量的均值的升序排序。
> "按平均值的降序排序"单选按钮:表示按变量列表中变量的均值的降序排序。

其中,系统默认的基本统计量是"平均值""标准差""最大值""最小值"和"显示顺序"选项组中的"变量列表"。

(4)设置完毕后,单击"继续"按钮,返回到"描述"对话框。设置"将标准化值另存为变量"复选框。如果选中该复选框,则表示为变量列表中的每一个要分析描述的变量都要计算 Z 标准化得分,并且系统会将每个变量的 Z 标准化得分保存到数据文件中(其中,新变量的命名方式是在源变量的变量名前加 Z,如源变量名为"Math",则生成的新变量名为"ZMath")。

(5)分析结果输出。单击"确定"按钮,就可以在 SPSS Statistics 查看器窗口中得到所选择的变量描述性分析的结果。单击"重置"按钮,即可以重新选择变量,重新设置"选项"。

3.1.3 实验操作

下面以数据文件"3-1"为例,说明描述性分析的具体操作过程并对结果进行说明解释。

1. 实验数据的描述

数据文件"3-1"记录了两个班级学生的数学成绩和语文成绩信息,以此数据文件为例,利用描述性分析该数据文件中的一些基本统计量。Excel 原始数据文件如图 3-4 所示。

首先在 SPSS 变量视图中建立变量"ID""Math"和"CHINESE",分别表示班级、数学成绩和语文成绩,3 个变量的度量标准均为"度量",如图 3-5 所示。

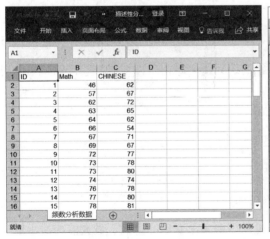

图 3-4 数据文件"3-1"的原始文件

图 3-5 数据文件"3-1"的变量视图

然后在 SPSS 数据视图中把相关数据输入到各个变量中。其中,"ID"变量中"1"表示"一班""2"表示"二班"。输入完毕后部分数据如图 3-6 所示。

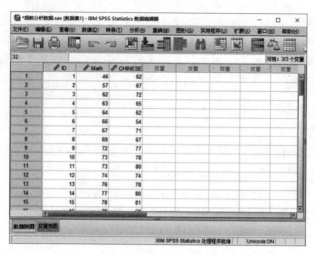

图 3-6　数据文件"3-1"的数据视图

2. 实验操作步骤

步骤01 打开数据文件"3-1",进入 SPSS Statistics 数据编辑器窗口,然后在菜单栏中选择"分析"|"描述统计"|"描述"命令,打开"描述"对话框,将"数学(Math)""语文(CHINESE)"选入"变量"列表框中。

步骤02 单击"选项"按钮,弹出"描述:选项"对话框,选中"最大值""最小值""平均值""标准差""峰度"和"偏度"复选框,在"显示顺序"选项组中选中"变量列表"单选按钮,显示结果将按照数学、语文的顺序排列,然后单击"继续"按钮,返回"描述"对话框。

步骤03 选中"将标准化值另存为变量(Z)"复选框,最后单击"确定"按钮。

3. 实验结果及分析

选定需要进行描述分析的变量和设置所需要得到的统计量之后,单击"确定"按钮就可以得到描述性分析的结果,如图3-7和图3-8所示。

描述统计

	N	最小值	最大值	均值	标准 偏差	偏度		峰度	
	统计	统计	统计	统计	统计	统计	标准 错误	统计	标准 错误
数学	80	46	99	78.71	10.617	-.539	.269	.228	.532
语文	80	47	99	79.82	10.833	-.726	.269	.405	.532
有效个案数(成对)	80								

图 3-7　描述统计量

图 3-7 给出了描述性分析的主要结果。从该图可以得到各个变量的个数、最大值、最小值等统计量。以"数学"成绩为例,从描述性分析的结果可以看出:数学成绩的最低分是 46 分,最高分是 99 分,平均分为 78.71,表示成绩波动程度的标准偏差为 10.617,样本成绩的偏度小于零,峰度小于正态分布的峰度3,可见成绩的分布右偏,不服从正态分布。

从图 3-8 可以看出,在选中"将标准化值另存为变量(Z)"复选框后,数据文件中就会增加两个新的变量"ZMath"和"ZCHINESE",分别表示"数学""语文"的 Z 标准化值。以"ZMath"为例,通过该统计量可以看出,大于零的数值表示该学生的数学成绩比平均分要高,小于零的数值表示该学生的数学成绩要比平均分低,如第 1 个数值为-3.08124,即该学生比整个平均分要低 3 个标准差。

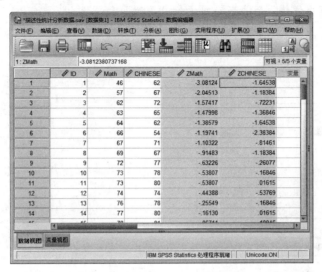

图 3-8 数据文件"3-1"的数据视图

3.2 频数分析

3.2.1 频数分析简介

频数也称频率,表示一个变量在不同取值下的个案数。频数分析可以对数据的分布趋势进行初步分析,为深入分析打下基础。SPSS 中的频数分析过程可以方便地产生详细的频数分布表,使数据分析者可以对数据特征与数据的分布有一个直观地认识。此外,SPSS 的频数分析过程还可以给出相应百分点的数值,因而其在分类变量和不服从正态分布变量的描述中具有广泛的应用。

3.2.2 频数分析的 SPSS 操作

在菜单栏中选择"分析"|"描述统计"|"频率"命令,打开如图 3-9 所示的"频率"对话框。在源变量列表框中选择一个或多个变量,单击 按钮使其选入"变量"列表框中作为频数分析的变量,分别进行相应的设置。

1. "统计"设置

单击"统计"按钮,打开如图 3-10 所示的"频率:统计"对话框。该对话框用于设置需要在输出结果中出现的统计量,主要包括 4 个选项组。

(1)"百分位值"选项组:该选项组主要用于设置输出的百分位数,包括以下 3 个复选框:

- "四分位数"复选框:用于输出四分位数。
- "分割点"复选框:用于输出等间隔的百分位数,在其后的文本框中可以输入介于 2~100 的整数。

❑ "百分位数"复选框：用于输出用户自定义的百分位数。在其后的文本框中输入自定义的百分位数，然后单击"添加"按钮加入相应列表框即可在结果中输出。对于已经加入列表框的百分位数，用户还可以通过"更改"和"除去"按钮进行修改和删除操作。

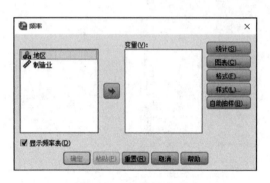

图 3-9 "频率"对话框

图 3-10 "频率：统计"对话框

（2）"集中趋势"选项组：该选项组用于设置输出表示数据集中趋势的统计量，包括"平均值""中位数""众数"和"总和"4 个复选框，分别用于输出的均值、中位数、众数和样本数。

（3）"离散"选项组：该选项组用于设置输出表示数据离中趋势的统计量，包括"标准差""方差""最小值""最大值""范围"和"标准误差平均值"6 个复选框，用于输出的标准差、方差、最小值、最大值、全距和均值的标准误差。

（4）"分布"选项组：该选项组用于设置输出表示数据分布的统计量，包括"偏度"和"峰度"两个复选框，用于输出样本的偏度和峰度。

（5）"值为组的中点"复选框：表示当原始数据采用的是取组中值的分组数据时（如所有收入在 1000~2000 元的收入都记录为 1500 元），则选中该复选框。

2. "图表"设置

单击"图表"按钮，打开如图 3-11 所示的"频率：图表"对话框。该对话框用于设置输出的图表，主要包括两个选项组。

（1）"图表类型"选项组：该选项组用于设置输出的图表类型，有 4 种选择："无"表示不输出任何图表；"条形图"表示输出条形图；"饼图"表示输出饼状图；"直方图"表示输出直方图（仅适用于数值型变量），若选中"在直方图上显示正态曲线"复选框，则表示在输出图形中包含正态曲线。

（2）"图表值"选项组：该选项组仅对条形图和饼状图有效，包括频率和百分比两个选项。

3. "格式"设置

单击"格式"按钮，打开"频率：格式"对话框，如图 3-12 所示。该对话框用于设置输出格式，主要包括两个选项组和一个复选框。

图 3-11 "频率：图表"对话框

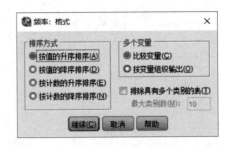

图 3-12 "频率：格式"对话框

（1）"排序方式"选项组：该选项组用于设置输出表格内容的排序方式，包括"按值的升序排序""按值的降序排序""按计数的升序排序"和"按计数的降序排序"4 个选项，分别表示按变量值和频数的升序或降序排列。

（2）"多个变量"选项组：该选项组用于设置变量的输出方式，包括两个选项："比较变量"表示将所有变量在一个表格中输出；"按变量组织输出"表示每个变量单独列表输出。

（3）"排除具有多个类别的表"复选框：选中该复选框后，可以在下面的"最大类别数"文本框中输入最大能显示的分组数量，当频数表的分组数量大于此临界值时不做输出。

设置完毕后，单击"继续"按钮，返回到"频率"对话框。单击"确定"按钮，就可以在 SPSS Statistics 查看器窗口得到所选择的变量频数分析的结果。

3.2.3 实验操作

下面以数据文件"3-2"为例，说明频数分析的具体操作过程。

1. 实验数据描述

数据文件"3-2"显示了 2008 年我国各个地区制造业的就业人数，数据来源于《中国统计年鉴 2008》。以该数据文件为例，利用频数分析对不同地区的就业情况进行分析，显示四分位数、均值和标准差，绘制频率分布直方图和正态曲线，并判断分布形态。

本数据文件的原始 Excel 文件如图 3-13 所示（单位：万）。

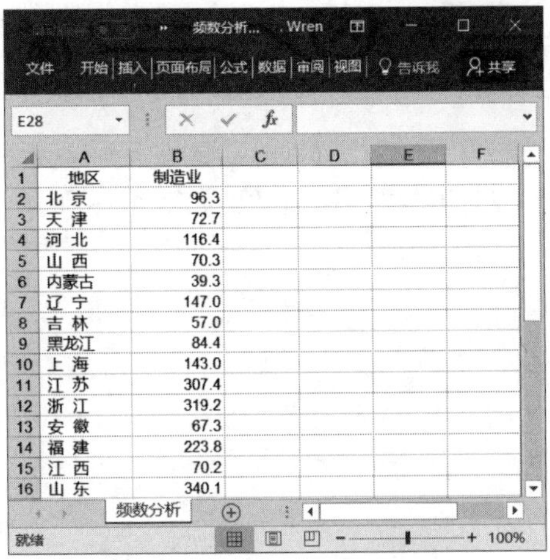

在 SPSS 的变量视图中，建立变量"地区"和"制造业"，如图 3-14 所示。

在 SPSS 活动数据文件中的数据视图中，把相关数据输入到各个变量中，输入后部分数据如图 3-15 所示。

图 3-13 数据文件"3-2"的原始数据

图 3-14　数据文件"3-2"的变量视图

图 3-15　数据文件"3-2"的数据视图

2. 实验操作步骤

具体的操作步骤如下：

步骤01　打开数据文件"3-2"，进入 SPSS Statistics 数据编辑器窗口，然后在菜单栏中选择"分析"|"描述统计"|"频率"命令，打开"频率"对话框。

步骤02　在源变量列表框中选中"制造业"作为频数分析的变量。

步骤03　单击"统计"按钮，选中"四分位数""平均值""标准差"和"偏度"复选框，单击"继续"按钮。

步骤04　单击"图表"按钮，选中"直方图"单选按钮与"在直方图中显示正态曲线"复选框，单击"继续"按钮。

步骤05　单击"确定"按钮，执行频数分析。

3. 输出结果分析

选定需要进行频数分析的变量和设置所需要得到的统计量后，单击"确定"按钮就可以得到频数分析的结果，输出结果如图 3-16 所示。

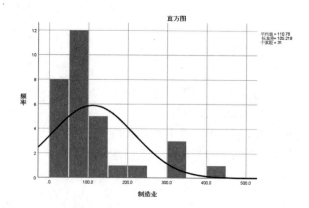

图 3-16　频数分析输出结果

统计量表给出了平均工资的均值、标准差、百分位数等信息，从分析结果可以看出，各地区制造业就业的平均人数为 110.783，标准差为 105.2184，3 个百分位数分别为 39.334、72.708 和 143.037。表的右侧为频率分布直方图和正态曲线。偏度系数为 1.579，由此可以看出，各地区的平均工资呈比较明显的偏态分布。

3.3 探索分析

3.3.1 探索分析简介

探索分析主要用于在数据的分布情况未知时，检验数据的特异值或输入错误，并获得数据的基本特征。SPSS 的探索分析过程主要包括以下 3 种功能。

（1）通过绘制箱图和茎叶图等图形，直观地反映数据的分布形式，并识别输入的奇异值、异常值和丢失的数据。

（2）正态性检验：检测观测数据是否服从正态分布。

（3）等方差性检验：利用莱文检验检验不同组数据的方差是否相等。

3.3.2 探索分析的 SPSS 操作

打开相应的数据文件或者建立一个数据文件后，即可在 SPSS Statistics 数据编辑器窗口中进行探索分析，其过程如下：

（1）在 SPSS Statistics 数据编辑器窗口的菜单栏中选择"分析"|"描述统计"|"探索"命令，打开如图 3-17 所示的"探索"对话框。

（2）选择变量。从源变量列表框中选择需要分析的目标变量，然后单击 按钮将选中的变量选入"因变量列表"列表框中；从源变量列表中选择分组变量，然后单击 按钮选入"因子列表"列表框中；从源变量列表框中选择标注变量，单击 按钮选入"个案标注依据"列表框中。

图 3-17 "探索"对话框

- 因变量列表：该列表框中的变量为探索分析过程中需要分析的目标变量，变量的属性一般为连续型变量或比率变量。
- 因子列表：该列表框中的变量为"因变量列表"中目标变量的分组变量，就是对所需要分析的目标变量进行分组表示，该变量的属性可以是字符型或数值型，但是一般变异较少。
- 个案标注依据：一般对输出异常值时，用该变量进行标识，有且只有一个标识变量。

如将图 3-17 中的源变量分别选入"因变量列表""因子列表""个案标注依据"列表框中，如图 3-18 所示。

（3）进行相应的设置。

1. "统计"设置

单击右侧的"统计"按钮，弹出如图 3-19 所示的"探索：统计"对话框。该对话框用于设置需要在输出结果中出现的统计量，其中包含 4 个复选框，具体如下：

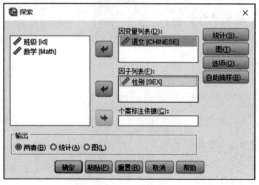

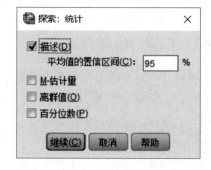

图 3-18　选入各个变量　　　　　　　　　图 3-19　"探索：统计"对话框

- "描述"复选框：选中该复选框，表示输出一些描述性分析中的基本统计量，如均值、标准差、范围等，该复选框还包括一个"平均值的置信区间"文本框，要求设置均值的置信区间的范围，可以选择 1%~99%中的任意一个，但系统默认的是 95%的置信区间。
- "M-估计量"复选框：选中该复选框，表示输出 4 种均值的稳健极大似然估计量，包括稳健估计量、非降稳健估计量、波估计值、复权重估计量，一般在样本数据非正态分布时，如金融时间序列数据的尖峰厚尾分布，用稳健极大似然估计量计算的均值更有稳健性。
- "离群值"复选框：选中该复选框，表示输出变量数据的前 5 个最大值和后 5 个最小值。
- "百分位数"复选框：选中该复选框，表示输出变量数据的百分位数。

2. "图"设置

单击右侧的"图"按钮，弹出如图 3-20 所示的"探索：图"对话框。该对话框中包含 3 个选项组和 1 个复选框：

- "箱图"选项组：该选项组用于对箱图的参数进行设置，包括 3 个单选按钮："因子级别并置"表示多个因变量箱图将按照因变量的个数分别显示；"因变量并置"表示多个因变量箱图将不按照因变量的个数分别显示，而是一起显示在一个框图里面；"无"表示将不显示因变量的箱图。
- "描述图"选项组：该选项组用于对统计图表进行设置，包括两个复选框："茎叶图"表示将按照因变量输出相应的茎叶图；"直方图"表示将按照因变量输出相应的直方图。
- "含莱文检验的分布-水平图"选项组：该选项组用于对数据转换的散布水平图进行设置，

图 3-20　"探索：图"对话框

可以显示数据转换后的回归曲线斜率和进行方差齐性的莱文检验，包括 4 个单选按钮："无"表示将不输出变量的散布水平图；"幂估算"表示对每一个变量数据产生一个中位数的自然对数和四分位数的自然对数的散点图，还可以对各个变量数据方差转化为同方差所需要幂的估计；"转换后"表示对因变量数据进行相应的转换，具体的转换方法有自然对数变换、1/平方根的变换、倒数变换、平方根变换、平方变换、立方变换；"未转换"表示不对原始数据进行任何变换。

- "含检验的正态图"复选框：选中该复选框，可以输出变量数据的正态概率图和离散正态概率图，同时输出变量数据经过 Lilliefors 显著水平修正的柯尔莫戈洛夫-斯米诺夫统计量和夏皮洛-威尔克统计量。

3. "选项"设置

单击右侧的"选项"按钮，弹出如图 3-21 所示的"探索：选项"对话框。该对话框用于对缺失值进行设置，设置方法有 3 种：

- "成列排除个案"表示只要任何一个变量含有缺失值，就要剔除所有因变量或分组变量中有缺失值的观测记录。
- "成对排除个案"表示仅仅剔除所用到的变量的缺失值。

图 3-21 "探索：选项"对话框

- "报告值"表示将变量中含有的缺失值单独作为一个类别进行统计并输出。

设置完毕后，单击"继续"按钮，返回"探索"对话框。单击"确定"按钮，就可以在 SPSS Statistics 查看器窗口得到所选择的变量探索性分析的结果。

3.3.3 实验操作

下面以数据文件"3-3"为例，说明探索分析的具体操作过程。

1. **实验数据描述**

数据文件"3-3"记录了两个班级学生的数学成绩、语文成绩，以此数据文件为例，利用探索分析该数据文件中的数学和语文成绩的最大值、最小值、众数、平均数等，并检验样本数据的正态性。原始 Excel 数据文件如图 3-22 所示。

在 SPSS 的变量视图中建立变量"id""Math""CHINESE"和"SEX"，分别表示学生班级、数学成绩、语文成绩和性别，在"id"变量中将"一班"和"二班"分别赋值为"1"和"2"；在"SEX"变量中将"男"和"女"分别赋

图 3-22 数据文件"3-3"的原始数据

值为"1"和"0",如图 3-23 所示。

在 SPSS 活动数据文件的数据视图中,把相关数据输入到各个变量中。输入后部分数据如图 3-24 所示。

图 3-23 数据文件"3-3"的变量视图　　　图 3-24 数据文件"3-3"的数据视图

2. 实验操作步骤

步骤 01 打开数据文件"3-3",进入 SPSS Statistics 数据编辑器窗口,然后在菜单栏中选择"分析"|"描述统计"|"探索"命令,打开"探索"对话框。

步骤 02 将变量"Math"选入"因变量列表"列表框,将"SEX"选入"因子列表"列表框,将"班级"选入"个案标注依据"列表框。

步骤 03 单击"统计"按钮,在弹出的"探索:统计"对话框中选中"描述"复选框;单击"图"按钮,在弹出的"探索:图"对话框中选中"箱图"选项组的"因子级别并置"单选按钮、"描述"选项组的"茎叶图"复选框以及"含检验的正态图"复选框。

步骤 04 在"探索"对话框中选中"输出"选项组的"两者"单选按钮,然后单击"确定"按钮就可以输出探索分析的结果。

3. 实验结果及分析

单击"确定"按钮,SPSS Statistics 查看器窗口的输出结果如图 3-25~图 3-31 所示。

图 3-25 给出了探索分析中的变量样本数据的有效个数和百分比、缺失个数和百分比及总计个数和百分比。通过"个案处理摘要"可以看出本实验中无数据缺失。

图 3-26 给出了数学成绩按照性别分类的一些统计量,如均值、中值、方差、标准差等。通过该图可以看出女生数学成绩均值要比男生大,而女生数学成绩中值却小于男生的中值。

图 3-27 给出了因变量样本数据按照因子变量分类的正态性检验结果。列中"统计"表示检验统计量的值,"自由度"表示检验的自由度,"显著性"表示检验的显著水平。对本实验而言,正态检验的原假设是:数据服从正态分布。从"正态性检验"中柯尔莫戈洛夫-斯米诺夫统计量、夏皮洛-威尔克统计量可以看出,女生和男生的数学成绩的显著水平都大于 5%,接受原假设,即都服从正态分布。

描述

性别			统计	标准误差
数学	女	平均值	78.82	1.934
		平均值的95%置信区间 下限	74.88	
		上限	82.76	
		5%剪除后平均值	79.35	
		中位数	79.00	
		方差	123.403	
		标准偏差	11.109	
		最小值	46	
		最大值	99	
		范围	53	
		四分位距	13	
		偏度	-.771	.409
		峰度	1.320	.798
	男	平均值	78.64	1.514
		平均值的95%置信区间 下限	75.59	
		上限	81.69	
		5%剪除后平均值	78.78	
		中位数	81.00	
		方差	107.714	
		标准偏差	10.379	
		最小值	53	
		最大值	98	
		范围	45	
		四分位距	16	
		偏度	-.367	.347
		峰度	-.533	.681

个案处理摘要

	性别	个案 有效 N	百分比	缺失 N	百分比	总计 N	百分比
数学	女	33	100.0%	0	0.0%	33	100.0%
	男	47	100.0%	0	0.0%	47	100.0%

图 3-25 个案处理摘要

图 3-26 变量描述

图 3-28 给出了女生数学成绩的茎叶图。图中"频率"表示相应数据的频数,"Stem"即茎,"叶"即叶子,两者分别表示数据的整数部分和小数部分,"主干宽度"表示茎宽。

正态性检验

	性别	柯尔莫戈洛夫-斯米诺夫(M)a 统计	自由度	显著性	夏皮洛-威尔克 统计	自由度	显著性
数学	女	.097	33	.200*	.963	33	.324
	男	.110	47	.200*	.971	47	.291

*. 这是真显著性的下限。
a. 里利氏显著性修正

```
数学 茎叶图:
SEX= 女

频率      Stem & 叶

 1.00 Extremes   (=<46)
 1.00    5 . 7
 1.00    6 . 4
 3.00    6 . 678
 3.00    7 . 234
 9.00    7 . 566778899
 4.00    8 . 2334
 7.00    8 . 5566789
 2.00    9 . 24
 2.00    9 . 69

主干宽度:      10
每个叶:     1 个案
```

图 3-27 正态性检验

图 3-28 茎叶图

图 3-29 和图 3-30 分别给出了女生数学成绩的标准 Q-Q 图和趋降 Q-Q 图。标准 Q-Q 图中的观察点都分布在直线附近,趋降 Q-Q 图中的点除了极个别点外都分布在 0 值横线附近,因此显示样本数据服从正态分布,这个结论和正态性检验的结论一致。

图 3-31 给出了按因子变量性别区分的数学成绩的箱图,其中箱图两头的两条实线分别表示最大值和最小值,中间的黑色实线表示中位数,箱体的上下两端为四分位数。在本实验中女生数学成绩有一个编号为 1 的异常点或离群值。

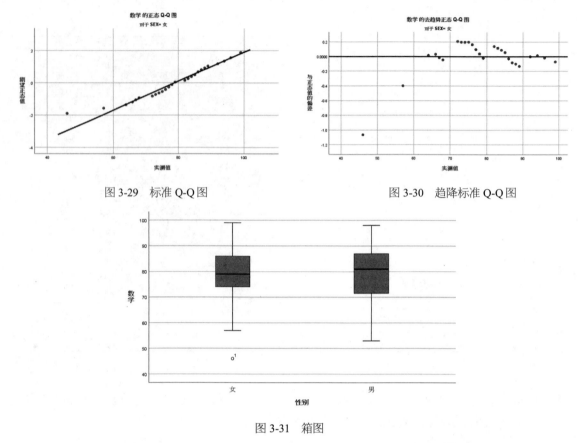

图 3-29　标准 Q-Q 图　　　　　　　图 3-30　趋降标准 Q-Q 图

图 3-31　箱图

3.4　列联表分析

3.4.1　列联表分析简介

列联表是将观测数据按不同属性进行分类时列出的频数表。列联表分析常用于分析离散变量的名义变量和有序变量是否相关，在市场调查和分析中具有广泛的应用。

SPSS 的交叉表分析过程可以对计数资料和某些等级资料进行列联表分析，并对二维和多维列联表资料进行统计描述和卡方检验，并计算相应的百分数指标。此外，SPSS 的交叉表分析过程还可以进行费希尔精确检验、对数似然比检验等统计检验并输出相关的统计量。下面是在列联表分析中用到的一些统计量。

（1）总体分布检验时的卡方检验统计量。计算公式如（3-11）所示：

$$\chi^2 = \sum_{i=1}^{k} \frac{(f_i - E_i)^2}{f_i} \qquad (3\text{-}11)$$

式中 k 为子集个数，f_i 为落入第 i 个子集的实际观测值频数，E_i 是落入第 i 个子集的理论频数，它等于变量值落入第 i 个子集的频率 p_i（按照假设的总体分布计算）与观测值个数 n 的乘积

$E_i=np_i$，如果分布的假设为真，则统计量 χ^2 服从自由度为 $k-1$ 的卡方分布。注意：一般要求 E_i 大于 5，如果不满足要求，可以与相邻子集合并。

（2）列联分析中的卡方检验统计量。计算公式如（3-12）所示：

$$\chi^2 = \sum_{i=1}^{k}\sum_{j=1}^{r}\frac{(f_{ij}-E_{ij})^2}{f_{ij}} \quad (3\text{-}12)$$

式中 k 为列联表行数，r 为列联表列数，F_{ij} 为观测频数，E_{ij} 为期望频数。如果行列间的变量是相互独立的，则统计量 χ^2 服从自由度为 $(k-1)(r-1)$ 的卡方分布。

（3）似然比统计量。似然比卡方统计量适用于名义尺度的变量，其统计量公式为（3-13）：

$$T = 2\sum_{i=1}^{k}f_i \ln \frac{f_i}{E_i} \quad (3\text{-}13)$$

式中的字母含义同卡方统计量。当样本很大时，与卡方统计量接近，检验结论与卡方检验是一致的。

（4）列联系数。列联系数适用于名义尺度的变量，其统计量公式为（3-14）：

$$C = \sqrt{\frac{\chi^2}{\chi^2+n}} \quad (3\text{-}14)$$

χ^2 含义见卡方检验统计量，n 为样本容量。列联系数趋于 1 时，两类变量相关程度越好。

（5）phi 系数。phi 系数适用于名义尺度的变量，其统计量公式为（3-15）：

$$\varphi = \sqrt{\frac{\chi^2}{n}} \quad (3\text{-}15)$$

phi_i 系数是对 χ^2 统计量的修正。

3.4.2 列联表分析的 SPSS 操作

打开相应的数据文件或建立一个数据文件后，可以在 SPSS Statistics 数据编辑器窗口中进行列联表分析。

（1）在 SPSS Statistics 数据编辑器窗口的菜单栏中选择"分析"|"描述统计"|"交叉表"命令，打开如图 3-32 所示的"交叉表"对话框。

（2）选择变量。在源变量列表框中选择行变量，然后单击 按钮将选中的变量选入右侧"行"列表框中，将列变量选入右侧"列"列表框中；如果有分层变量，则将其选入右侧的"层 1/1"列表框中。

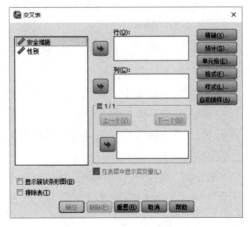

图 3-32 "交叉表"对话框

- "行"列表框：该列表框中的变量为交叉分析表的行变量，变量的属性一般为数值型变量或字符型变量。
- "列"列表框：该列表框中的变量为交叉分析表的列变量，变量的属性一般为数值型变量或字符型变量。
- "层 1/1"列表框：该列表框中的变量为交叉表格分析中分层变量，该变量主要用于对频数分布表进行分层，对每一层都可以进行行和列的交叉表格分析。如果需要加入新的分层变量，单击"下一个"按钮；如果需要修改已经加入的分层变量，单击"上一个"按钮返回即可。

（3）进行相应的设置。

1. "精确检验"设置

单击"精确"按钮，弹出如图 3-33 所示的"精确检验"对话框。该对话框主要用于设置计算显著性水平的方法，有 3 种方法。

① "仅渐进法"单选按钮：该方法适用于具有渐进分布的大样本数据，基于统计量的渐进分布计算相应的显著性水平（显著性），当输出的显著性水平低于临界值时，认为是显著的且可以拒绝原假设。

图 3-33 "精确检验"对话框

② "蒙特卡洛法"单选按钮：该方法不需要样本数据具有渐进分布的前提假设，为精确显著性水平的无偏估计，是非常有效的计算确切显著性水平的方法。在"置信度级别"文本框中输入置信水平来确定置信区间的范围（默认为 99%），在"样本数"文本框中输入样本的抽样次数（默认为 10000 次）。

③ "精确"单选按钮：该方法表示给定时间限制下计算统计量的显著水平（显著性），一般在给定时间限制的情况下，使用精确方法代替蒙特卡洛估计法。另外，对于非渐进方法，计算检验统计量时，总是将单元格计数四舍五入或舍位。系统默认的精确检验方法为"仅渐进法"。

2. "统计"设置

单击"统计"按钮，弹出如图 3-34 所示的"交叉表：统计"对话框。该对话框用于设置输出的统计量。各选项（统计量）（组）含义介绍如下：

① "卡方"复选框：选中该复选框，表示对行变量和列变量的独立性进行卡方检验。

② "相关性"复选框：主要对变量进行相关系数检验，包括斯皮尔曼相关系数检验和 Person 相关系数检验。Person 相关系数检验是按区间检验，斯皮尔曼相关系数检验则是按照顺序检验。

图 3-34 "交叉表：统计"对话框

③ "Kappa"复选框：主要通过输出 Cohen's Kappa 统计量来衡量对同一对象的两种评估是否具有一致性，取值范围为 0～1，1 表示完全一致，0 表示完

全不一致。该统计量仅仅适用于行变量和列变量取值个数和范围一致时的情况。

④ "风险"复选框：用来衡量某事件（行变量）对某因素（列变量）的影响大小。建议仅对无空单元格的二维表计算。

⑤ "麦克尼马尔"复选框：该复选框通过输出麦克尼马尔-Bowker 统计量来对二值变量的非参数检验，利用卡方分布对响应变化进行检验，例如可以用来检验车祸前和车祸后，司机对安全意识的变化。该检验仅仅在行变量和列变量相等时才可以使用。

⑥ "柯克兰和曼特尔-亨塞尔统计"复选框：该复选框是对一个二值因素变量和一个二值响应变量的独立性进行检验，在"检验一般比值比等于"文本框中输入一个正数（默认为 1）。

⑦ "名义"选项组：该选项组主要用于名义变量统计量的定制，包括 4 个复选框。

- 列联系数：表示基于卡方检验的相关性的检验，取值在 0~1，0 表示完全不相关，1 表示完全相关。
- Phi 和克莱姆 V：同样是两个表示相关性的检验统计量。
- Lambda：对有序变量相关性的度量，取值在 –1~1，–1 表示完全负相关，1 表示完全正相关，0 表示完全不相关。
- 不确定性系数：表示用一个变量预测其他变量时的预测误差降低比例，取值在 0~1，0 表示完全不能预测，1 表示预测完全准确。

⑧ "有序"选项组：该选项组用于有序变量统计量的定制，包括 4 个复选框。

- Gamma：该统计量是对两个有序变量相关性的对称度量，取值在 –1~1，–1 表示变量之间完全负相关，1 表示完全正相关，0 表示完全无关。
- 萨默斯 d：该统计量是对两个有序变量相关性的非对称度量，取值在 –1~1，–1 表示变量之间完全负相关，1 表示完全正相关，0 表示完全无关。
- 肯德尔 tau-b：该统计量是对有序变量相关性的非参数检验，取值在 –1~1，–1 表示变量之间完全负相关，1 表示完全正相关，0 表示完全无关。
- 肯德尔 tau-c：该统计量同样是对有序变量相关性的非参数检验，不过计算时不考虑相同的观测值，取值同样在 –1~1。

⑨ "按区间标定"选项组：该选项组用于检验一个连续变量和一个分类变量的相关性，仅有一个 Eta 复选框，输出的是两个值，分别将列变量和行变量作为因变量进行计算，取值在 0~1，0 表示完全不相关，1 表示完全相关。

3. "单元格"设置

单击"单元格"按钮，弹出如图 3-35 所示的"交叉表：单元格显示"对话框。该对话框用于设置输出的统计量。

① "计数"选项组：该选项组用于对输出的观测值数量进行设置，包括 3 个复选框：

- "实测"复选框：表示按照变量观测值的实际数

图 3-35　"交叉表：单元格显示"对话框

目显示。
- □ "期望"复选框：表示输出的是期望的观察值数目。
- □ "隐藏较小的计数（H）"复选框：表示且在"小于"文本框中输入数字，将隐藏小于该数的计数。

② "百分比"选项组：该选项组用于对百分比进行设置，包括3个复选框：
- □ "行"表示要输出行方向的百分比。
- □ "列"表示要输出列方向的百分比。
- □ "总计"表示要输出行或列方向总的百分比。

③ "Z-检验"选项组：该选项组用于检验表中每列的比例是否相等，可设置输出拜弗伦尼校正后的检验显著性。

④ "残差"选项组：该选项组用于对残差进行设置，包括3个复选框：
- □ "未标准化"表示输出的残差没有经过标准化处理，为原始残差。
- □ "标准化"表示输出的残差是经过标准化处理后的残差，即原始残差除以标准差后的残差。
- □ "调整后标准化"表示输出的是经过标准误差调整之后的残差。

⑤ "非整数权重"选项组：该选项组用于对加权处理的非整数频数进行取整的设置，有5种方法：
- □ 单元格计数四舍五入：表示对加权处理后的频数进行四舍五入取整。
- □ 个案权重四舍五入：表示对加权处理前的频数进行四舍五入取整。
- □ 截断单元格计数：表示对加权处理后的频数进行截断舍位取整。
- □ 截断个案权重：表示对加权处理前的频数进行截断舍位取整。
- □ 不调整，表示不对频数做任何调整。

4. "格式"设置

单击"格式"按钮，弹出如图3-36所示的"交叉表：表格式"对话框。该对话框用于设置输出结果的显示顺序。设置完毕后，单击"确定"按钮，就可以在 SPSS Statistics 查看器窗口得到交叉表格分析的结果。

图 3-36 "交叉表：表格式"对话框

3.4.3 实验操作

下面以数据文件"3-4"为例，说明交叉表格分析的具体操作过程。

1. 实验数据描述

数据文件"3-4"来源于山东人民出版社出版的《常用统计分析方法》。调研人员为了调查男性和女性购车者在购车方面的观点，调查了一百名购车人，分析性别对安全措施的偏好是否有联系。其中，数据文件提供的安全措施有"ABS 刹车""改良悬架""气袋""自动门锁"和"电路控制"。原始 Excel 数据文件如图3-37所示。

在 SPSS 的变量视图中，建立"安全措施"与"性别"变量，分别表示购车者最注重的安全措施和购车者的性别，如图 3-38 所示。

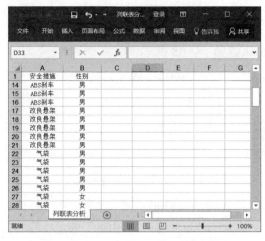

图 3-37 数据文件"3-4"的原始数据 　　图 3-38 数据文件"3-4"的变量视图

在 SPSS 活动数据文件中的数据视图中，把相关数据输入到各个变量。其中，在"安全措施"变量中将"ABS 刹车""改良悬架""气袋""自动门锁"和"电路控制"分别赋值为"1""2""3""4"和"5"；在"性别"变量中将"男"和"女"分别赋值为"1"和"0"。输入完毕后的部分数据如图 3-39 所示。

2. 实验操作步骤

步骤01 打开数据文件"3-4"，进入 SPSS Statistics 数据编辑器窗口，在菜单栏中选择"分析"|"描述统计"|"交叉表"命令，打开"交叉表"对话框。

步骤02 将"性别"变量选入"行"列表框，将"安全措施"选入"列"列表框。

图 3-39 数据文件"3-4"的数据视图

步骤03 单击"精确"按钮，在弹出的"精确检验"对话框中选中"仅渐进法"单选按钮；单击"统计"按钮，在弹出的"交叉表：统计"对话框中选中"卡方"复选框；单击"单元格"按钮，在弹出的"交叉表：单元格显示"对话框中选中"实测"复选框和"单元格计数四舍五入"单选按钮；单击"格式"按钮，在弹出的"交叉表：表格式"对话框中选中"升序"单选按钮。

步骤04 在"交叉表"对话框中选中"显示簇状条形图"复选框，然后单击"确定"按钮即可输出交叉表格分析的结果。

3. 实验结果及分析

SPSS Statistics 查看器窗口的输出结果如图 3-40~图 3-43 所示。

图 3-40 给出了交叉表格分析中的变量样本数据的有效个数和百分比、缺失个数和百分比及总计个数和百分比。从图中可以看出本实验中无数据缺失。

图 3-41 给出了性别对安全措施的二维交叉表格，每个单元格中都给出了每种组合的实际频数，即对原始数据的表示。通过"性别*安全措施交叉表"可以看出样本数据中女性有 5 人选择了 ABS 刹车，男性有 15 人选择了 ABS 刹车，总共有 20 人选择了 ABS 刹车。

个案处理摘要

	个案					
	有效		缺失		总计	
	N	百分比	N	百分比	N	百分比
性别 * 安全措施	100	100.0%	0	0.0%	100	100.0%

图 3-40 个案处理摘要

性别 * 安全措施 交叉表

计数

		安全措施					总计
		ABS刹车	改良悬架	气袋	自动门锁	电路控制	
性别	女	5	5	10	20	10	50
	男	15	5	20	5	5	50
总计		20	10	30	25	15	100

图 3-41 性别*安全措施交叉表

图 3-42 给出了对行变量和列变量是否独立的卡方检验。对于本实验而言，卡方检验的原假设是：不同性别对选择安全措施无显著影响。"值"表示检验统计量的值，"自由度"表示检验的自由度，"渐进显著性（双侧）"表示双侧检验的显著水平。从"卡方检验"中可以看出，皮尔逊卡方检验、似然比、线性关联检验都显示为 0.001，显然拒绝原假设，即认为性别对选择安全措施有显著的影响，女性和男性在选择安全措施方面显著不同。

图 3-43 给出了按性别分类的频数分布条形图，条形图中给出了相应性别选择不同安全措施的频数。通过"条形图"可以看出不同的性别对安全措施的选择显著不同，如女性选择最多的安全措施是自动门锁，而男性选择自动门锁的人数则最少。

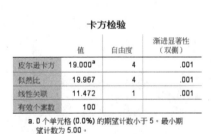

图 3-42 卡方检验

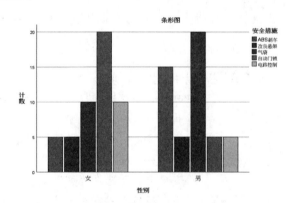

图 3-43 条形图

3.5 比率分析

3.5.1 比率分析简介

该分析不仅可以提供中位数、均值、加权均值、范围、最小值和最大值等基本统计指标，还可以提供离差系数（COD），以均值为中心的变异系数，价格相关微分（PRD），标准差，平均绝对偏差（AAD），对用户指定的范围或中位数比率中的百分比所计算的集中指数等。如果对某城市不同地段房产的估价和实际售价之间的差异感兴趣，就可以利用 SPSS 26.0 提供的比率统计量进行分析。

3.5.2 比率分析的 SPSS 操作

打开相应的数据文件或者建立一个数据文件后，可以在 SPSS Statistics 数据编辑器窗口中进行比率分析。

（1）在菜单栏中选择"分析"|"描述统计"|"比率"命令，打开如图 3-44 所示的"比率统计"对话框。

（2）选择变量。该对话框右侧有 3 个文本框，分别介绍如下：

- "分子"文本框：该文本框中的变量为比率分析中需要计算比率统计量的分子部分，分子变量的度量标准一般为度量变量（刻度变量），且必须取正值。

图 3-44　"比率统计"对话框

- "分母"文本框：该文本框中的变量为比率分析中需要计算比率统计量的分母部分，分母变量的度量标准也是度量变量（或者说刻度变量），且必须取正值。
- "组变量"文本框：该文本框中的变量为比率分析中进行分组的变量，一般是名义或序数度量，使用数值代码或字符串可以对分组变量进行编码。

从源变量列表框中选择相应的"分子""分母"及"组变量"，以图 3-44 中的变量为例，如图 3-45 所示。

（3）进行相应的设置。

1."统计"设置

单击右下角的"统计"按钮，弹出如图 3-46 所示的"比率统计：统计"对话框。该对话框主要用于设置需要输出的统计量，包括 3 个选项组。

图 3-45　"比率统计"对话框

图 3-46　"比率统计：统计"对话框

① "集中趋势"选项组：该选项组用于描述比率分布的集中趋势，包含4个复选框：

- "中位数"复选框：表示小于该值的比率数与大于该值的比率数相等。
- "平均值"复选框：表示比率的总和除以比率的总数所得到的结果。
- "加权平均值"复选框：表示分子的均值除以分母的均值所得到的结果，也是比率按分母加权之后的均值。
- "置信区间"复选框：表示用于显示均值、中位数和加权均值的置信区间，取值范围为0~100。

② "离散"选项组：该选项组中的统计量主要用于测量观察值中的变差量或分散量，包含9个统计量：

- "AAD"复选框：即平均绝对偏差，表示中位数比率的绝对离差求和并用值除以比率总数所得的值。
- "COD"复选框：即离差系数，将平均绝对偏差表示为中位数的百分比的值。
- "PRD"复选框：即价格相关微分，也称为回归指数，表示均值除以加权均值所得到的值。
- "中位数居中 COV"复选框：即中位数居中的方差系数，将与中位数偏差的均方根表示为中位数百分比的值。
- "平均值居中 COV"复选框：即均值居中的方差系数，将标准差表示为均值百分比的值。
- "标准差"复选框：表示比率与比率均值间偏差的平方之和，再除以比率总数减一，取正的平方根所得到的值。
- "范围"复选框：表示数据中最大的比率减去最小的比率所得的值。
- "最小值"复选框：即最小的比率。
- "最大值"复选框：即最大的比率。

③ "集中指标"选项组：该选项组用于度量落在某个区间中的比率的百分比，包括两个文本框：

- 低比例：表示指定度量区间的最低比率值，一般指定小于1。
- 高比例：表示指定度量区间的最高比率值，一般指定大于1。

如果设置了低比例和高比例的值，再单击"添加"按钮，则将计算这一对集中指数。

④ "中位数百分比之内"选项组：该选项组通过指定中位数的百分比而隐式定义区间大小，取值范围为0~100，计算区间下界为（1-0.01*值）*中位数，上界为（1+0.01*值）*中位数。

2. 按组变量排序

选中该复选框，表示输出结果将按照组变量的顺序排序。"升序"表示按组变量升序排序；"降序"表示按组变量降序排序。

3. 显示结果

选中该复选框，表示仅在 SPSS Statistics 查看器窗口得到比率分析的结果。"将结果保存到外部文件"复选框，表示可以将比率分析的结果以其他文件形式保存，可以单击该复选框下方的

“文件”按钮进行保存，如图 3-47 所示。设置完毕后，单击“确定”按钮，即可在 SPSS Statistics 查看器窗口得到比率分析的结果。

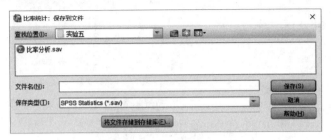

图 3-47　将分析结果保存到外部文件

3.5.3　实验操作

下面以数据文件“3-5”为例，说明比率分析的具体操作过程并对结果进行说明解释。

1. 实验数据描述

数据文件“3-5”来源于 SPSS 26.0 自带的数据文件 property_assess.sav，该假设数据文件涉及某县资产评估员资产价值评估方面的记录，下面将利用比率分析来评估该县 5 个地点相比上次资产评估后资产价值的变化。个案对应过去一年中县里所出售的资产。数据文件中的每个个案记录资产所在的镇、最后评估资产的评估员、该次评估距今的时间、当时的估价及资产的出售价格。原始 Excel 数据文件如图 3-48 所示。

编号	城镇编号	评估员编号	资产的出售价格（万）	上次估价（万）	该次评估距今的时间（月）
1	4	16	110.6	107	1
2	3	11	171.4	104.8	4
3	1	7	276.5	209	3
4	3	10	273.6	179.5	2
5	1	27	175.1	156.4	3
6	3	16	258.6	146.6	5
7	4	6	95	86.4	4
8	4	16	98.8	87.9	2
9	2	1	195.1	167	2
10	5	11	141.3	127.8	2
11	5	8	116	116.8	5
12	3	12	251.5	95.2	15
13	1	4	277.4	225.7	3
14	2	28	223.2	226.6	1
15	5	6	168.9	164.9	2
16	5	12	115.5	104.4	5

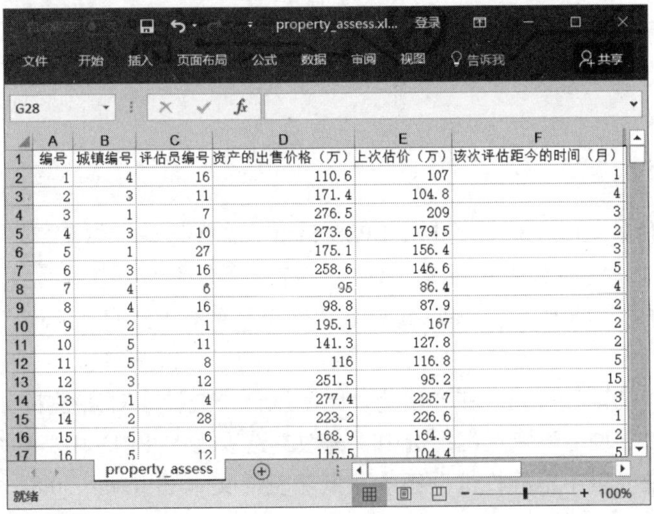

图 3-48　数据文件“3-5”的原始数据

在 SPSS 变量视图中建立变量“propid”“town”“assessor”“saleval”“lastval”“time”，分别表示记录的资产、资产所在的镇、最后评估资产的评估员、当时的估价及资产的出售价格、该次评估距今的时间，如图 3-49 所示。

然后在 SPSS 活动数据文件的数据视图中，把搜集的数据输入到各个变量中，输入完毕后部分数据如图 3-50 所示。

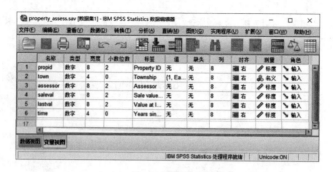

图 3-49 数据文件"3-5"的变量视图

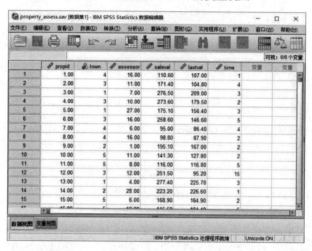

图 3-50 数据文件"3-5"的数据视图

2. 实验操作步骤

具体操作步骤如下：

步骤 01 打开数据文件"3-5"，进入 SPSS Statistics 数据编辑器窗口，在菜单栏中选择"分析"|"描述统计"|"比率"命令，打开"比率统计"对话框。然后将 lastval 选入"分子"列表框，将 saleval 选入"分母"列表框，将"town"选入"组变量"列表框。

步骤 02 单击"统计"按钮，在弹出的"比率统计：统计"对话框中选中"集中趋势"选项组的"平均值"复选框；选中"离散"选项组的 PRD 和"平均值居中 COV"复选框；在"集中指标"选项组的"低比例"文本框中输入 0.8，在"高比例"文本框中输入 1.2，并单击"添加"按钮，最后单击"继续"按钮，保存设置结果。

步骤 03 单击"确定"按钮，执行比率分析。

3. 实验结果及分析

单击"确定"按钮，SPSS Statistics 查看器窗口的输出结果如图 3-51 和图 3-52 所示。

图 3-51 给出了数据文件"3-5"的个案处理摘要，从中可以看出该县 5 个地点资产的数目和相应的百分比情况。

图 3-52 给出了 lastval/saleval 的各个比率统计量数值，从中可以得到每个地点资产价值上次评估值与售价之间比率的均值、价格相关微分、均值居中的方差系数和百分比介于 0.8 和 1.2 之间的集中系数。具体而言，可以发现每个地点的比率均值都小于 1，可见售价都小于资产价值的上次评估价值；价格相关微分都略大于 1，表示资产价值的比率均值与比率权重均值相差不大；南部的均值居中方差系数最大，表示南部的资产价格评估值与售价之间的比率变动最大；北部的集中系数最大，说明北部的资产评估值与售价比率最为集中。

个案处理摘要

		计数	百分比
Township	Eastern	177	17.7%
	Central	187	18.7%
	Southern	205	20.5%
	Northern	220	22.0%
	Western	211	21.1%
总体		1000	100.0%
排除		0	
总计		1000	

图 3-51 个案处理摘要

Value at last appraisal/Sale value of house 的比率统计

分组	均值	价格相关差	差异系数 中位数居中	集中系数 百分比介于 0.8 且 1.2 之间（含首尾值）
Eastern	.860	1.013	16.4%	67.2%
Central	.899	1.010	15.8%	75.9%
Southern	.759	1.027	26.2%	36.1%
Northern	.959	1.004	9.0%	95.9%
Western	.805	1.002	15.1%	55.5%
总体	.857	1.025	18.2%	66.3%

图 3-52 lastval/saleval 的比率统计量

3.6 上 机 题

3.1 某劳动人事机构统计了某地成年人体重的抽样调查数据，其中"性别"中"0"和"1"分别表示"女生"和"男生"。部分相关数据如下表所示。（数据路径：sample\上机题\chap03\习题\第 3 章第一题.sav）

观测编号	体重（kg）	性别	观测编号	体重（kg）	性别
1	64	0	9	71	0
2	66	1	10	72	1
3	67	1	11	72	0
4	68	0	12	73	0
5	68	0	13	73	0
6	69	1	14	73	1
7	70	1	15	73	1
8	70	1			

（1）试给出体重的均值、标准差、四分位点。
（2）统计并绘制频数分布直方图。

3.2 现有我国 31 个省、市、自治区的 GDP 的统计数据。下表列出了部分数据。（数据路径：sample\上机题\chap03\习题\第 3 章第二题.sav）

省份	GDP（亿）	省份	GDP（亿）
上海	5400	辽宁	4600
北京	3130	新疆	1600
天津	1900	湖北	5000
浙江	7400	河北	5500
江苏	10000	吉林	2100
广东	11000	海南	600
福建	4100	湖南	4200
山东	10500		

试给出 GDP 的平均值、中位数、标准差、偏态和峰度。

3.3 为分析学生理科学习的情况，调查者观察了两个班级学生的数学和物理成绩。试先对学生的成绩按照五级制划分等级并做出等级的交叉分析表，分析数学和物理成绩之间是否存在关联。（数据路径：sample\上机题\chap03\习题\第 3 章第三题.sav）

班级	数学	物理	性别	班级	数学	物理	性别
1	85	89	男	2	62	63	男
1	87	88	男	2	63	76	男
1	88	90	男	2	64	58	男
1	88	87	男	2	66	47	男
1	89	92	男	2	68	68	男
1	90	87	男	2	71	70	男
1	96	97	男	2	72	78	男
2	53	53	男				

（1）试用 SPSS 对学生的成绩按照五级制划分等级。

（2）试做出等级的交叉分析表分析数学和物理成绩之间是否存在关联。

3.4 某地对小学生的身体发育状况进行了抽样调查，得到了 106 名小学生的肺活量数据。部分相关数据如下表所示。（数据路径：sample\上机题\chap03\习题\第 3 章第四题.sav）

学号	肺活量（mL）	学号	肺活量（mL）
30130	800	30064	700
30087	1100	40016	552
30088	1000	30125	700
30057	900	40107	520
40041	700	40040	700
40114	600	30030	900
30077	900	30092	750
40010	700		

试采用探索性分析方法，分析小学生的肺活量是否呈正态分布。

第 4 章 基本统计分析报表的制作

在统计分析的过程中,有时我们会需要包含多个统计量的分析报表,以获得变量的相关信息,为进一步的数据分析打下基础。SPSS 的报告功能可以按照一定的要求,以列表的形式输出数据的相关统计量。

4.1 在线分析处理报告

4.1.1 OLAP 简介

OLAP(联机分析处理)立方过程可以计算一个或多个分类分组变量类别中连续摘要变量的总和、均值和其他单变量统计量。其可以为每个分组变量的每个类别创建单独的层,表中的每一个层是依据一个分组变量的结果输出。

4.1.2 在 SPSS 中建立在线分析处理报告

打开相应的数据文件或者建立一个数据文件后,就可以在 SPSS Statistics 数据编辑器窗口中建立在线分析处理报告。

(1)在菜单栏中依次选择"分析"|"报告"|"OLAP 立方体"命令,打开如图 4-1 所示的"OLAP 立方体"对话框。

(2)选择变量。在"OLAP 立方体"对话框中间有两个空白列表框,介绍如下:

- 摘要变量。该列表框中的变量为需要进行摘要分析的目标变量,变量要求为数值型变量。
- 分组变量。该列表框中的变量为"摘要变量"中目标变量的分组变量,该变量的属性可以是字符型或者取有限值的数值型变量。

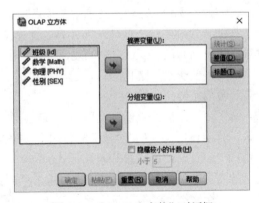

图 4-1 "OLAP 立方体"对话框

我们可以在"隐藏较小的计数"复选框下设置生成的表格中最小的计数值。若某一个计数小于指定的正整数(如 5),则该计数将不显示于表格中。

(3)进行相应的设置。

1. "统计"设置

单击"统计"按钮,弹出如图 4-2 所示的"OLAP 立方体:统计"对话框。该对话框由"统计"和"单元格统计"两个列表框组成。"统计"列表框列出了 SPSS 在线处理分析报告中可以计算的统计量,包括中位数、方差、峰度、偏度等;"单元格统计"列表框中的统计量将显示在最终输出的表格里。

2. "差值"设置

单击"差值"按钮,弹出如图 4-3 所示的"OLAP 立方体:差值"对话框。该对话框用于设置差异统计方式,主要包括以下 4 个选项组:

图 4-2 "OLAP 立方体:统计"对话框　　　　图 4-3 "OLAP 立方体:差值"对话框

① "摘要统计的差值"选项组:该选项组包括"无""变量之间的差值"和"组间差值" 3 个单选按钮,分别表示不进行差异计算、计算变量之间的差异和计算分组之间的差异。若选择后面两项,将分别激活"变量之间的差值"和"个案组间差值"选项组。

② "差值类型"选项组:该选项组包括"百分比差值"与"算术差值"两个复选框,用于选择要计算的差异统计量。

③ "变量之间的差值"选项组:该选项组设置关于变量之间差异的选项,需要至少两个汇总变量。其中包括"变量""减变量"两个下拉列表框和"百分比标签""算术标签"两个文本框,分别用于设置对比的变量和差异形式。同时,SPSS 支持多对变量比较,设置完成后单击 按钮使之选入"对"列表框中即可,也可单击"删除对"按钮取消该变量对的比较。

④ "个案组间差值"选项组:该选项组用于设置关于组之间差异的选项,需要至少一个分组变量。其中包括一个"分组变量"下拉列表框和"类别""减类别""百分比标签"和"算术标签" 4 个文本框,分别用于设置分组变量、比较的各类别取值和差异方式。

3. "标题"设置

单击"标题"按钮,弹出如图 4-4 所示的"OLAP 立方:标题"对话框。该对话框用于设置输出表格标题,包括"标题"和"文字说明"两个文本框,分别用于输入表格标题和表格脚注。

设置完毕后,单击"确定"按钮,即可在 SPSS Statistics 查看器窗口得到在线分析处理报告。

在线分析处理报告最大的特点就是其交互性操作,双击如图 4-5 所示的表格,便可以对表格进行交互式编辑。

第 4 章 基本统计分析报表的制作　93

图 4-4 "OLAP 立方：标题"对话框

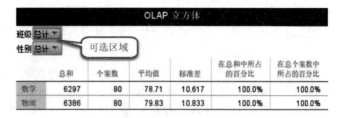

图 4-5 "OLAP 立方体"交互式数据表

4.1.3 实验操作

下面以数据文件"4-1"为例，来制作一个在线分析处理报告。

1. 实验数据描述

数据文件"4-1"是两个班级学生的数学与物理成绩，本实验以该数据文件为例，绘制在线分析处理报告（OLAP），原始 Excel 数据文件如图 4-6 所示。

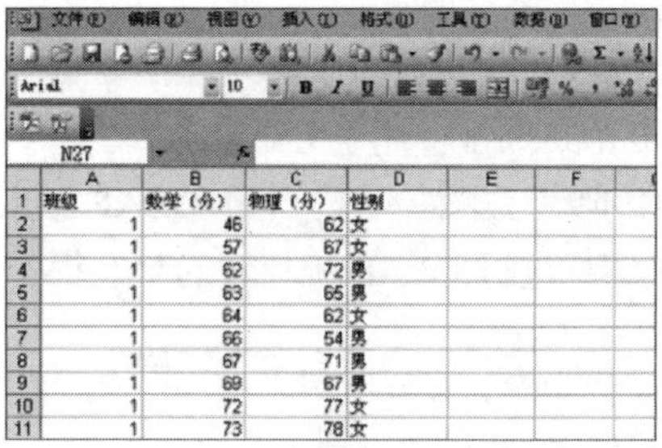

在 SPSS 的变量视图中建立变量"id""Math""PHY"和"SEX"，分别表示学生班级、数学成绩、物理成绩和性别，其中，性别变量中分别用"0，1"代表"女、男"，如图 4-7 所示。

在 SPSS 活动数据文件中的数据视图中，把相关数据输入到各个变量中，输入完毕后部分数据如图 4-8 所示。

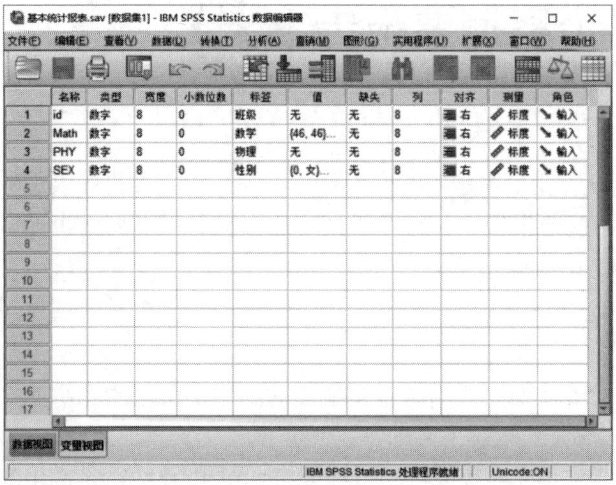

图 4-6 数据文件"4-1"的原始数据

图 4-7 数据文件"4-1"的变量视图

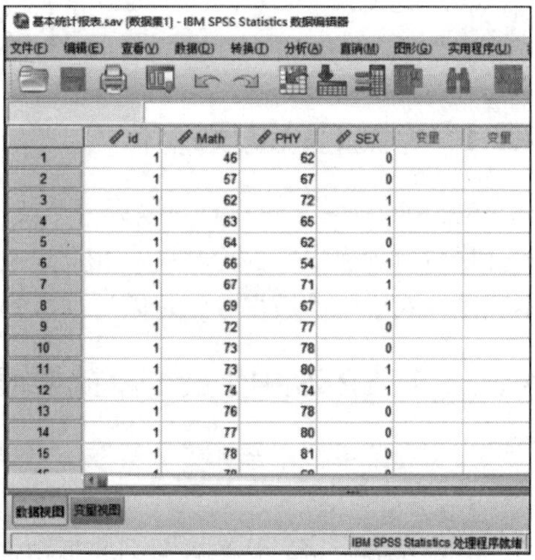

图 4-8 数据文件"4-1"的数据视图

2. 实验操作步骤

实验的具体操作步骤如下：

步骤01 在菜单栏中选择"分析"|"报告"|"OLAP立方体"命令，打开"OLAP立方体"对话框。

步骤02 从源变量列表框中选择"数学"和"物理"变量，单击 按钮将其选入"摘要变量"列表框中；再从源变量列表框中选择"班级"和"性别"变量，单击 按钮将其选入"分组变量"列表框中。

步骤03 单击"统计"按钮，弹出"OLAP立方体：统计"对话框，将"个案数""平均值""标准差""峰度"和"偏度"选入"单元格统计"列表框中，单击"继续"按钮。

步骤04 单击"标题"按钮，弹出"OLAP立方体：标题"对话框，在"标题"文本框中输入"学生成绩表"，单击"继续"按钮。

步骤05 单击"确定"按钮，即可输出在线处理分析报告。

3. 实验结果分析

图 4-9（左图）为个案处理摘要信息，它给出了分析中用到的案例个数和比例。可以看出，所有 80 个案例都被用于分析。

图 4-9（右图）是输出的 OLAP 统计表，可以从中看出相关统计量的取值。此外，还可以通过双击表格进行 OLAP 统计表的交互操作。

个案处理摘要

	个案					
	包括		排除		总计	
	个案数	百分比	个案数	百分比	个案数	百分比
数学 * 班级 * 性别	80	100.0%	0	0.0%	80	100.0%
物理 * 班级 * 性别	80	100.0%	0	0.0%	80	100.0%

学生成绩表

班级：总计
性别：总计

	个案数	平均值	标准差	峰度	偏度
数学	80	78.71	10.617	.228	-.539
物理	80	79.82	10.833	.405	-.726

图 4-9 在线处理分析报告输出结果

4.2 个案摘要报告

4.2.1 个案汇总过程简介

SPSS 的个案汇总过程可以为一个或多个分组变量类别中的变量计算子组统计量并将各级别的统计量进行列表以形成个案摘要报告。在个案摘要报告中，每个类别中的数据值可以列出也可以不列出，对于大型数据集，可以选择只列出部分个案。

4.2.2 在 SPSS 中生成个案摘要报告

（1）在菜单栏中选择"分析"|"报告"|"个案摘要"命令，打开如图 4-10 所示的"个案摘要"对话框。

（2）选择变量。从源变量列表框中选择需要进行摘要分析的目标变量，单击 按钮将选中的变量选入"变量"列表框中；再选择分组变量，将其选入"分组变量"列表框中，如图 4-11 所示。

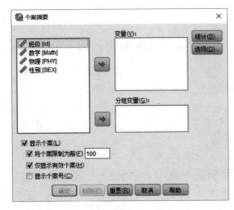
图 4-10 "个案摘要"对话框

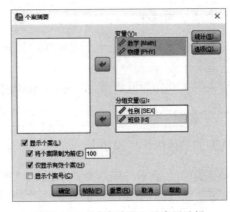
图 4-11 "个案摘要"的变量选择

（3）进行相应的设置。

1. "统计"设置

单击"统计"按钮，弹出如图 4-12 所示的"摘要报告：统计"对话框。该对话框与"OLAP 立方体：统计"对话框中所含统计量和设置方式基本相同，在此不再赘述。

2. "选项"设置

单击"选项"按钮，弹出如图 4-13 所示的"选项"对话框。

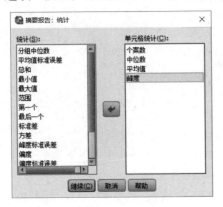
图 4-12 "摘要报告：统计"对话框

图 4-13 "选项"对话框

该对话框中的"标题"和"文字说明"文本框，分别用于输入表格标题和表格脚注。

- "总计副标题"复选框：表示把统计量的名称作为子标题显示在单元格内。
- "成列排除具有缺失值的个案"复选框：表示只要分析中有一个变量取值缺失，就把这条记录从分析中删除。
- "缺失统计显示方式"文本框：用于设置代表缺失值的符号。

设置完毕后，单击"确定"按钮，即可在 SPSS Statistics 查看器窗口得到个案摘要报告。

4.2.3 实验操作

下面同样以数据文件"4-1"为例，讲解个案摘要报告的制作。

1. 实验数据描述

数据文件"4-1"是两个班级学生的数学与物理成绩。本实验以该数据文件为例，绘制个案摘要报告。

变量的建立和数据的输入与4.1.3节相同，在此不再赘述。

2. 实验操作步骤

实验的具体操作步骤如下：

步骤01 在菜单栏中选择"分析"|"报告"|"个案摘要"命令，弹出"个案摘要"对话框。

步骤02 从源变量列表框中选择"数学"和"物理"变量，单击 ▶ 按钮选入"变量"列表框中；再选择"班级"和"性别"变量，选入"分组变量"列表框中。

步骤03 单击"统计"按钮，弹出"摘要报告：统计"对话框，将"个案数""平均值""标准差""峰度"和"偏度"选入"单元格统计"列表框中，单击"继续"按钮。

步骤04 单击"选项"按钮，弹出"选项"对话框，在"标题"文本框中输入"学生成绩表个案汇总表"，单击"继续"按钮。

步骤05 单击"确定"按钮，输出个案汇总表。

3. 实验结果分析

图 4-14（左图）为案例处理摘要信息，它给出了分析中用到的案例个数和比例，我们可以看出，所有 80 个案例都用了分析。图 4-14（右图）输出的个案摘要报告统计表，由于本书篇幅所限，只取一班女生部分进行分析，我们可以从中看出所有符合分类条件的变量和相关统计量的取值及分组情况。

图 4-14 个案摘要报告输出结果

4.3 行形式摘要报告

与个案摘要报告相比，行形式的摘要报告可以生成更复杂的报告形式。下面就来介绍 SPSS 的行形式摘要报告过程。

4.3.1 行形式摘要报告简介

行形式的摘要分析报告可以将数据重新组织，并按用户的要求列表在"输出查看器窗口"输出。此外，行形式的摘要报告还可以进行相关的统计分析并给出相应的统计量。

4.3.2 行形式摘要报告的 SPSS 操作

打开相应的数据文件或者建立一个数据文件后，可以在 SPSS Statistics 数据编辑器窗口中建立行形式摘要报告。

（1）在菜单栏中选择"分析"|"报告"|"按行报告摘要"命令，打开如图 4-15 所示的"报告：行摘要"对话框。

（2）选择变量。从源变量列表框中选择需要摘要分析的目标变量，单击 按钮选入"数据列变量"列表框中；从源变量列表框中选择分组变量，单击 按钮选入"分界列变量"列表框中，如图 4-16 所示。

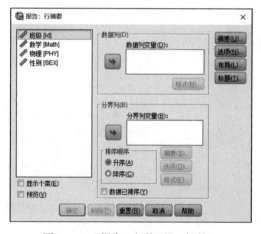

图 4-15 "报告：行摘要"对话框

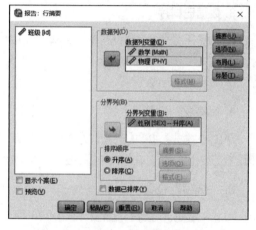

图 4-16 "报告：行摘要"的变量选择

（3）对指定变量的参数进行设置。对于被选入"数据列变量"列表框中的变量，可以单击"格式"按钮打开"报告：PHY 的数据列格式"对话框来设置变量的显示格式，如图 4-17 所示。在对话框中，可以输入并调整列标题，调整列中位数的位置和列的内容及列宽。而对于被选入"分界列变量"列表框中的变量，除了可以设置其格式外，还可以设置统计量、排列顺序和页面参数。

1．"摘要"设置

图 4-17 "报告：PHY 的数据列格式"对话框

单击"分组列变量"列表框下的"摘要"按钮，弹出如图 4-18 所示的"报告：SEX 的摘要行"对话框。

可选的统计量包括值的总和、值的平均值、最小值、最大值、标准差、峰度、方差、偏度、个案数、上方百分比、下方百分比和区间内百分比（临界值在后面的文本框中输入）。

2．"选项"设置

单击"选项"按钮，弹出如图 4-19 所示的"报告：SEX 的分界选项"对话框。该对话框中包括"页面控制"选项组与"摘要前的空行数"文本框。"页面控制"选项组用于设置分组类别输出的页面参数,有 3 种选择:"分界前跳过的行数""开始下一页"和"开始新页并重置页码"。

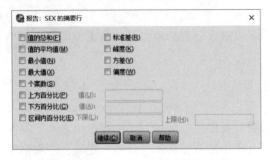

图 4-18 "报告:SEX 的摘要行"对话框

图 4-19 "报告:SEX 的分界选项"对话框

3. 数据已排序

如果使用分组变量分析前,数据已经按分组变量值进行排序,则可选中该复选框以节省运行时间。

全部数据的参数设置。

1. "摘要"设置

单击"摘要"按钮,弹出的界面与分界列下相同,参数选项和设置方法也一致,在此不再赘述。

2. "选项"设置

单击"选项"按钮,弹出如图 4-20 所示的"报告:选项"

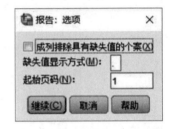

图 4-20 "报告:选项"对话框

对话框。该对话框中包括"成列排除具有缺失值的个案"复选框以及"缺失值显示方式"和"起始页码"两个文本框。选中"成列排除具有缺失值的个案"复选框,表示只要分析中有一个变量取值缺失,就把这条记录从分析中删除;"缺失值显示方式"文本框用于设置代表缺失值的符号;"起始页码"文本框用于指定输出结果的起始页码。

3. "布局"设置

单击"布局"按钮,弹出如图 4-21 所示的"报告:布局"对话框。该对话框主要用于设置输出结果的格式,包括以下 5 个选项组:

① "页面布局"选项组:该选项组用于设置每页的行数和每行的列数及对齐方式,设置时只需要在相应的文本框或下拉列表框中进行输入或选择即可。

② "页面标题和页脚"选项组:该选项组用于设置标题后面和页脚前面的行,设置时只需要在相应的文本框中进行输入。

③ "列标题"选项组:该选项组用于设置列标题的相关参数。

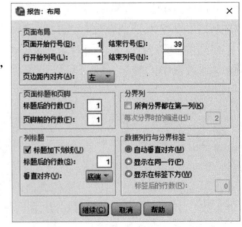

图 4-21 "报告:布局"对话框

④ "分界列"选项组：该选项组用于设置分组变量的输出位置，选中"所有分界都在第一列"复选框，表示所有分组变量都在第一列给出；"每次分界时的缩进"文本框用于设置每一级分组向右缩进的字数。

⑤ "数据列行与分界标签"选项组：该选项组用于设置数据列与分组标注的对齐方式，共有"自动垂直对齐""显示在同一行"和"显示在标签下方"3种方式可供选择。

4. "标题"设置

单击"标题"按钮，弹出如图4-22所示的"报告：标题"对话框。该对话框包括变量列表框及"页面标题"与"页面脚注"两个选项组。

① "页面标题"选项组：在"左""中心""右"文本框中可以分别输入显示内容，最多可以指定十页的标题，各页的设置通过"上一页"和"下一页"按钮调节。

② "页面脚注"选项组：该选项组用于设置页脚，设置方法同"页面标题"选项组。

③ "特殊变量"列表框中给出了两个系统变量："DATE"和"PAGE"，选中后单击 按钮即可将其选入相应的显示位置。

图 4-22 "报告：标题"对话框

5. 显示个案

选中该复选框，表示在结果中显示所有的单个记录行。

6. 预览

选中该复选框后，SPSS将只输出第一页的显示结果作为预览，如果用户满意输出格式，只需取消该复选框便可输出全部的显示结果。

设置完毕后，单击"确定"按钮，即可在SPSS Statistics查看器窗口得到行形式摘要报告。

4.3.3 实验操作

下面同样以数据文件"4-1"为例，讲解行形式摘要报告的制作。

1. 实验数据描述

数据文件"4-1"是两个班级学生的数学与物理成绩。本实验以该数据文件为例，绘制行形式摘要报告。

变量的建立和数据的输入与4.1.3节相同，在此不再赘述。

2. 实验操作步骤

实验的具体操作步骤如下：

步骤01 在菜单栏中选择"分析"|"报告"|"按行报告摘要"命令，打开"报告：行摘要"

对话框。

步骤02 从源变量列表框中选择"数学"和"物理"变量，单击 ➡ 按钮将其选入"数据列变量"列表框中；再从源变量列表框中选择"性别"变量，单击 ➡ 按钮将其选入"分界列变量"列表框中。

步骤03 单击"分界列"下方选项组中的"摘要"按钮，弹出"报告：SEX 的摘要行"对话框，选中"个案数""值的平均值""标准差""峰度"和"偏度"复选框，单击"继续"按钮。

步骤04 单击对话框右侧的"摘要"按钮，弹出"报告：最终摘要行"对话框，选中"值的平均值"和"标准差"复选框，单击"继续"按钮。

步骤05 单击"确定"按钮，即可输出行形式摘要报告，如图 4-23 所示。

性别	数学（分）	物理（分）
女		
均值(M)	79	81
N	33	33
StdDev	11	10
峰度	1.32	-.45
偏度	-.77	-.14
男		
均值(M)	79	79
N	47	47
StdDev	10	12
峰度	-.53	.49
偏度	-.37	-.93

图 4-23　行形式摘要报告输出信息

通过行形式的摘要报告我们可以看出，SPSS 对数学和物理成绩按性别进行了汇总。此外，我们还可以得到相关统计量的取值。

4.4　列形式摘要报告

与行形式摘要报告对应的还有列形式摘要报告，下面对其操作进行详细介绍。

4.4.1　列形式摘要报告简介

列形式摘要报告与行形式摘要报告功能基本相同，只是在输出格式上略有差异。

4.4.2　列形式摘要报告的 SPSS 操作

列形式摘要报告的生成操作与行形式摘要报告类似，本节重点介绍其独特的特点。

（1）在菜单栏中依次选择"分析"|"报告"|"按列报告摘要"命令，弹出如图 4-24 所示的"报告：列摘要"对话框。

（2）选择变量。从源变量列表框中选中需要摘要分析的目标变量，选入"数据列变量"列表框中；再选择分组变量，选入"分界列变量"列表框中。

（3）对汇总变量的参数进行设置。对选入"数据列变量"列表框中的变量，可以设置输出统计量和输出格式。

1."摘要"设置

选中相关的变量，单击"摘要"按钮，弹出如图 4-25 所示的"报告：PHY 的摘要行"对话框。该对话框可以为每个汇总变量分别设置输出的统计量，这里可以输出的统计量与行形式摘要报告中相同，只不过为单选项。

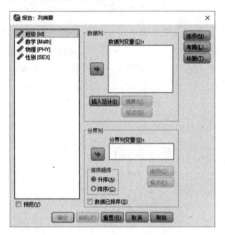

图 4-24　"报告：列摘要"对话框

图 4-25　"报告：PHY 的摘要行"对话框

2. 插入总计

单击该按钮，SPSS 会将一个名为"总计"的变量加入"数据列变量"列表框，在结果中以列的形式对其他列的数据进行汇总。

"分界列"选项组中包括"选项"和"格式"按钮、"排列顺序"及"数据已排序"复选框。对分类变量的参数设置与行形式摘要报告一致，在此不再赘述。

3. "选项"设置

单击"选项"按钮，弹出如图 4-26 所示的"报告：选项"对话框。选中"显示总计"复选框，表示在输出结果的最后增加对所有行进行汇总的新行；"标签"文本框用于指定这个汇总行的行标签。其他选项的设置与行形式摘要报告中相同。

设置完毕后，单击"确定"按钮，即可在 SPSS Statistics 查看器窗口得到列形式摘要报告。

图 4-26　"报告：选项"对话框

4.4.3　实验操作

下面同样以数据文件"4-1"为例，讲解列形式摘要报告的制作。

1. 实验数据描述

数据文件"4-1"内容包括变量的建立和数据输入都已在 4.1.3 节介绍，在此不再赘述。

2. 实验操作步骤

实验的具体操作步骤如下：

步骤 01　在菜单栏中选择"分析"|"报告"|"按列报告摘要"命令，打开"报告：列摘要"对话框。

步骤 02　从源变量列表框中选择"数学"和"物理"变量，单击 按钮将其选入"数据列变量"列表框中；再选择"性别"变量，单击 按钮将其选入"分界列变量"列表框中。

步骤 03 选中"数学"变量，单击"摘要"按钮，在"报告：Math 的摘要行"对话框中选中"标准差"单选按钮；选中"物理"变量，单击"摘要"按钮，在"报告：PHY 的摘要行"对话框中选中"值的平均值"单选按钮，单击"继续"按钮。

步骤 04 单击"选项"按钮，打开"报告：选项"对话框，选中"显示总计"复选框，在"标签"文本框中输入"汇总"，单击"继续"按钮。

步骤 05 单击"确定"按钮，即可输出列形式摘要报告，如图 4-27 所示。

性别	物理 均值(M)	数学 StdDev
男	79	10
女	81	11
总计	80	11

图 4-27 列形式摘要报告的输出结果

图 4-27 中给出了数学与物理成绩的不同组的均值，以及汇总数据。

4.5 上 机 题

4.1 数据文件给出了两个地区不同销售小组销售电视和空调的相关统计数据，两个地区的地区名称用数字"1"和"2"代替，部分数据如下表所示。（数据路径：sample\上机题\chap04\习题\第 4 章第一题.sav）

地区	电视（台）	空调（台）	销售组	地区	电视（台）	空调（台）	销售组
1	62	72	1	1	84	80	2
1	63	65	1	1	84	86	2
1	66	54	1	1	84	78	2
1	67	71	1	1	85	89	2
1	69	67	1	1	87	88	3
1	73	80	1	1	88	90	3
1	74	74	1	1	88	87	3
1	78	78	1	1	89	92	3
1	79	83	2	1	90	87	3
1	81	86	2	1	96	97	3
1	81	78	2	2	53	53	1
1	82	85	2				

（1）试根据上表中的数据，制作在线处理分析报告（OLAP）。
（2）试根据上表中的数据，制作个案摘要报告。

4.2 某农业大学对 3 种化肥的缓释施肥效果进行试验，样本作物采用双季稻，我们观测了产量和施肥类型两个变量，部分数据如下表所示。（数据路径：sample\上机题\chap04\习题\第 4 章第二题.sav）

试验田	第一季产量（吨）	第二季产量（吨）	化肥
1	197	100	1
1	207	90	1
1	210	75	1
1	213	99	1
1	219	93	1
1	232	111	1
1	235	103	1
1	248	108	1
1	251	115	2
1	258	120	2
1	258	108	2
1	261	118	2
1	267	111	2
1	267	120	2
1	267	108	2
1	270	124	2
1	277	122	3
1	280	125	3
1	280	121	3
1	283	128	3
1	286	121	3

（1）试根据上表中的数据，制作行形式的摘要报告。
（2）试根据上表中的数据，制作列形式的摘要报告。

第 5 章　均值比较和 T 检验

在统计分析中，经常遇到这样的问题：要对抽取的样本按照某个类别分别计算相应的统计量，如平均数、标准差等；或者检验两个相关的样本是否来自具有相同均值的总体；或者检验两个有联系的正态总体的均值是否有显著差异等。本章介绍的均值比较过程及 T 检验过程可以解决此类统计分析问题。如果样本数据只有一组，通常用到均值比较过程和单样本 T 检验；如果样本数据有两组且两组样本是随机独立的，则通常用到独立样本 T 检验；如果样本数据有两组且两组样本不是随机独立的，则通常用到成对样本 T 检验；如果样本数据有两组以上，则需要用到方差分析的方法。

5.1　均值过程

5.1.1　均值过程的简介

与第 4 章中描述性统计分析相比，若仅仅计算单一组别的均数和标准差，均值过程并无特别之处。但若用户要求按指定条件分组计算均数和标准差，如分班级同时分性别计算各组的均数和标准差等，则用均值过程更显简单快捷。另外，均值过程中可以执行单因素方差分析，查看均值是否不同。

5.1.2　均值过程的 SPSS 操作

（1）在菜单栏中选择"分析"|"比较平均值"|"平均值"命令，打开如图 5-1 所示的"平均值"对话框。

（2）选择变量。将变量分别选入"因变量列表"和"自变量列表"两个列表框中。

①"因变量"列表框：该列表框中的变量为要进行均值比较的目标变量，又称为因变量，且因变量一般为度量变量。如要比较两个班的数学成绩的均值是否一致，则数学成绩变量就是因变量，班级就是自变量。

②"自变量"列表框：该列表框中的变量为分组变量，又称为自变量。自变量为分类变量，其取值可以为数字，也可以为字符串。一旦指定了一个自变量，"下一个"按钮就会被激活，此时单击该按钮可以在原分层基础上进一步再细分层次，也可以利用"上一个"回到上一个层次。如果在原分层基础上进一步再细分层次，结果就显示为一个交叉的表，而不是对每个自变量显示一个独立的表。

（3）进行相应的设置。单击"选项"按钮，弹出如图 5-2 所示的"平均值：选项"对话框。该对话框主要用于设置输出统计量。

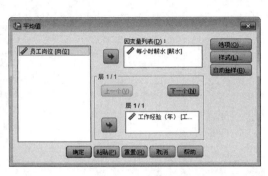
图 5-1 "平均值"对话框

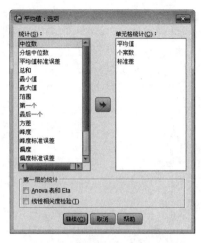
图 5-2 "平均值：选项"对话框

① "统计"列表框：该列表框用于存放可供输出的常用统计量，主要包括"中位数""分组中位数""平均值标准误差""总和""最小值""最大值""范围""第一个""最后一个""方差""峰度""偏度"等，这些统计量在"描述性分析"中均有介绍。

② "单元格统计"列表框：该列表框用于存放用户指定要输出的统计量，主要来源于左侧的统计量列表框。其中，系统默认输出的是"平均值""个案数""标准差"，用户可以选择需要输出的统计量，然后单击 按钮将其选入"单元格统计"列表框。

③ "第一层的统计"选项组：该选项组用于检验第一层自变量对因变量的影响是否显著，包括两个复选框：

- Anova 表和 Eta：表示对第一层自变量和因变量进行单因素方差分析，然后输出 Anova 表和 Eta 的值。
- 线性相关度检验：表示对各组平均数进行线性趋势检验，实际上是对因变量的平均值对自变量进行线性回归，并计算该回归的判决系数和相关系数，该检验仅在自变量有 3 个以上层次时才能进行。

设置完毕后，单击"继续"按钮，返回"平均值"对话框。单击"确定"按钮，即可在 SPSS Statistics 查看器窗口得到平均值过程的结果。

5.1.3 实验操作

下面以数据文件"5-1"为例，讲解平均值过程的具体操作并对结果进行说明。

1. 实验数据描述

数据文件"5-1"展示的是某公司 600 名技术和管理岗位员工的工作经验和工资情况，下面将利用平均值过程来分析不同的工作经验是否导致薪水的不同，原始 Excel 数据文件如图 5-3 所示。

在 SPSS 变量视图中建立变量"岗位""工作经验"和"薪水"，分别表示员工岗位、工作经验和每小时薪水。在"值"中对变量取值进行设置："岗位"变量将"管理岗位"和"技术岗位"分别赋值为"1"和"0"；"工作经验"变量将工作经验在 1~5、6~10、11~15、16~20、21~35 及大于 35 年段的分别赋值为"1""2""3""4""5"和"6"，如图 5-4 所示。

图 5-3 数据文件"5-1"的原始数据　　　　图 5-4 数据文件"5-1"的变量视图

在 SPSS 活动数据文件的数据视图中,把搜集的数据输入到各个变量中,输入完毕后部分数据如图 5-5 所示。

图 5-5 数据文件"5-1"的数据视图

2. 实验操作步骤

具体操作步骤如下:

步骤01 打开数据文件"5-1",进入 SPSS Statistics 数据编辑器窗口,在菜单栏中选择"分析"|"比较平均值"|"平均值"命令,在弹出的"平均值"对话框中,将"每小时薪水"选入"因变量列表"列表框中,将"工作经验"选入"自变量列表"列表框中。

步骤02 单击"选项"按钮,弹出"平均值:选项"对话框,将"平均值""个案数""标准差"选入"单元格统计"列表框中,单击"继续"按钮,保存设置结果。

3. 实验结果及分析

单击"确定"按钮,SPSS Statistics 查看器窗口的输出结果如图 5-6 和图 5-7 所示。图 5-6 给出了平均值过程的个案处理摘要。该图显示了平均值过程中的个案数、已经排除的个案数及总计的个案数和相应的百分比，可以看出，在此次平均值过程共涉及了 96.3%的个案。图 5-7 给出了平均值比较报告。该图中列出了所有工作经验级别（共 6 个级别）的员工每小时薪水的平均值情况和相应的个案数、标准偏差，可以发现随着工作经验的增长，员工的每小时薪水的平均值呈稳定上升趋势，但这种差异是否显著需要进一步借助方差分析的方法才能确定。

图 5-6　个案处理摘要　　　　　　图 5-7　平均值比较报告

5.2　单样本 T 检验

5.2.1　单样本 T 检验的简介

"单样本 T 检验"过程将单个变量的样本平均值与假定的常数相比较，通过检验得出预先的假设是否正确的结论。例如：利用"单样本 T 检验"可以检验某班级的某次期末考试数学成绩平均分是否等于去年考试的平均成绩。对于每个检验变量将输出平均值、标准差和平均值标准误差，每个数据值和假设的检验值之间的平均差、检验此差为 0 的 T 检验，以及此差的置信区间。

5.2.2　单样本 T 检验的 SPSS 操作

（1）在菜单栏中选择"分析"|"比较平均值"|"单样本 T 检验"命令，打开如图 5-8 所示的"单样本 T 检验"对话框。

（2）选择变量。从源变量列表框中选择需要检验的变量，然后单击 按钮将其选入"检验变量"列表框中，可以同时选择多个检验变量。其中，"检验变量"的度量标准为度量变量，数据类型为数值型。

（3）进行相应的设置。

1．"选项"设置

单击"选项"按钮，弹出如图 5-9 所示的"单样本 T 检验：选项"对话框。该对话框主要对置信区间和缺失值进行设置。

① "置信区间百分比"文本框。该文本框用于指定输出结果中的平均值置信区间，输入范围为 1~99，默认为 95。

② "缺失值"选项组：该选项组用于当检验多个变量，有一个或多个变量的数据缺失时，可以指定 T 检验剔除哪些个案，主要包含两个选项：

- "按具体分析排除个案(A)"单选按钮：表示每个 T 检验均使用对于检验的变量具有有效

数据的全部个案，此时样本大小可能随 T 检验的不同而不同。
- "成列排除个案(L)"单选按钮：表示每个 T 检验只使用对于在任何请求的 T 检验中使用的所有变量都具有有效数据的个案，此时样本大小在各个 T 检验之间恒定。

图 5-8　"单样本 T 检验"对话框　　　　　　图 5-9　"单样本 T 检验：选项"对话框

2. 检验值

"单样本 T 检验"对话框中的"检验值"文本框用来输入一个假设的检验值，如果要检验一个高中所有男生的平均身高是否与去年全国高中男生的平均身高一致，那么此处应该输入的检验值就是去年全国高中男生的平均身高数。

设置完毕后，单击"确定"按钮，即可在 SPSS Statistics 查看器窗口得到单样本 T 检验的结果。

5.2.3　实验操作

下面以数据文件"5-2"为例，讲解单样本 T 检验的具体操作过程并对结果进行说明。

1. 实验数据描述

数据文件"5-2"显示的是某饮料三月份在 80 个销售网点的销售量，根据市场预测模型的分析，该饮料在各销售网点的平均销量为 80 箱。下面将利用单样本 T 检验来分析该饮料的实际销量与市场预测模型的预测是否一致。原始 Excel 数据文件如图 5-10 所示。

在 SPSS 变量视图中建立变量"网点编号"和"销售量"，分别表示销售网点和销售数量，如图 5-11 所示。

在 SPSS 活动数据文件的数据视图中，把搜集的数据输入到各个变量中，输入完毕后部分数据如图 5-12 所示。

图 5-10　数据文件"5-2"的原始数据

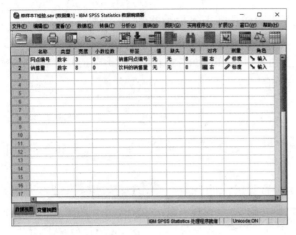
图 5-11 数据文件"5-2"的变量视图

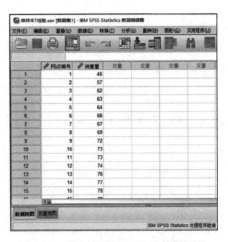
图 5-12 数据文件"5-2"的数据视图

2. 实验操作步骤

步骤 01 打开数据文件"5-2",进入 SPSS Statistics 数据编辑器窗口,在菜单栏中选择"分析"|"比较平均值"|"单样本 T 检验",弹出"单样本 T 检验"对话框,将"销售量"选入"检验变量"列表框中,在"检验值"文本框中输入预测销量 80。

步骤 02 单击"选项"按钮,弹出"单样本 T 检验:选项"对话框,在"置信区间百分比"输入框中输入 95,单击"继续"按钮,保存设置结果。

3. 实验结果及分析

单击"确定"按钮,SPSS Statistics 查看器窗口的输出结果如图 5-13 和图 5-14 所示。

图 5-13 给出了关于销售量的单个样本统计量情况,从图中可以看出,参与统计的样本个数为 80,平均销售量为 78.71 箱。

图 5-14 给出了饮料销售数量的单个样本 T 检验结果,从图中可以看出,T 检验的 Sig.(双尾)为 0.281,大于显著性水平 0.05,不能拒绝原假设。因此此次实际销售数量与销售模型的预测无显著差异。

单样本统计

	个案数	平均值	标准 偏差	标准 误差平均值
饮料的销售量	80	78.71	10.617	1.187

图 5-13 单样本统计量

单样本检验

检验值 = 80

	t	自由度	Sig.(双尾)	平均值差值	差值 95% 置信区间 下限	上限
饮料的销售量	-1.085	79	.281	-1.287	-3.65	1.08

图 5-14 单样本 T 检验

5.3 独立样本 T 检验

5.3.1 独立样本 T 检验的简介

"独立样本 T 检验"的过程是比较两个样本或者两个分组个案的平均值是否相同。例如:糖尿病病人随机地分配到旧药组和新药组,旧药组病人主要接受原有的药丸,而新药组病人主要接受一种新药。在主体经过一段时间的治疗之后，使用独立样本T检验比较两组的平均血压。

另外，个案样本应随机地分配到两个组中，从而使两组中的任何差别是源自实验处理而非其他因素。但是很多情况下却不然，例如：比较男性和女性的平均教育年龄则不能应用"独立样本T检验"过程，因为人不是随机指定为男性或女性的。

5.3.2 独立样本T检验的SPSS操作

（1）在菜单栏中选择"分析"|"比较平均值"|"独立样本T检验"命令，打开如图5-15所示的"独立样本T检验"对话框。

（2）选择变量。从左侧源变量列表框中选择需要检验的变量，单击 按钮将其选入右侧的"检验变量"列表框中；再从左侧源变量列表框中选择分组变量，单击 按钮将其变量选入右侧的"分组变量"列表框中。

① "检验变量"列表框：该列表框中的变量为要进行T检验的目标变量，一般为度量变量，变量属性为数值型。

② "分组变量"列表框：该列表框中的变量为分组变量，主要用于对检验变量进行分组。分组变量为分类变量，其取值可以为数字，也可以为字符串。一旦指定分组变量后，"定义组"按钮就会被激活，弹出"定义组"对话框，如图5-16所示，其用于对分组变量进行设置。

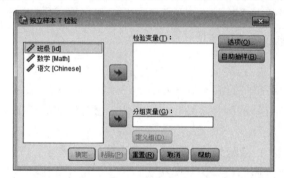

图5-15 "独立样本T检验"对话框　　　　图5-16 "定义组"对话框

- ❑ 如果分组变量是名义变量，可使用"使用指定的值"进行分组定制，对于短字符串分组变量，在"组1"中输入一个字符串，在"组2"中输入另一个字符串，具有其他字符串的个案将从分析中排除。
- ❑ 如果分组变量是连续的度量变量，也可使用"使用指定的值"进行分组定制，在"组1"中输入一个值，在"组2"中输入另一个值，具有任何其他值的个案将从分析中排除，若使用"分割点"设置分割点，输入一个将分组变量的值分成两组的数字，值小于割点的所有个案组成一个组，值大于等于割点的个案组成另一个组。

设置完毕后，单击"继续"按钮，返回"独立样本T检验"对话框，如图5-17所示。

（3）进行相应的设置。单击"选项"按钮，弹出"独立样本T检验：选项"对话框，如图5-18所示。该对话框包含一个文本框和一个选项组，选项与含义同单样本T检验相同，在此不再赘述。

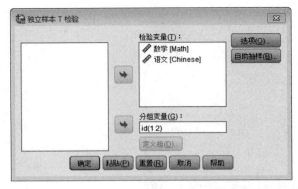

图 5-17　“独立样本 T 检验”对话框

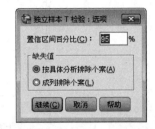

图 5-18　“独立样本 T 检验：选项”对话框

设置完毕后，单击“确定”按钮，即可在 SPSS Statistics 查看器窗口得到独立样本 T 检验的结果。

5.3.3　实验操作

下面以数据文件“5-3”为例，讲解独立样本 T 检验的具体操作过程并对结果进行说明。

1. 实验数据描述

数据文件“5-3”记录了两个班级学生的数学成绩、语文成绩信息，以此数据文件为例，利用描述性统计分析分析该数据文件中的一些基本统计量。原始 Excel 数据文件如图 5-19 所示。

在 SPSS 变量视图中建立变量“id”“Math”和“Chinese”，分别表示班级、数学成绩和语文成绩，3 个变量的度量标准都为“度量”，如图 5-20 所示。

	A	B	C
1	班级	数学（分）	语文（分）
2	一班	46	62
3	二班	53	53
4	一班	57	67
5	一班	62	72
6	二班	62	63
7	一班	63	65
8	二班	63	76
9	一班	64	62
10	二班	64	58
11	一班	66	54
12	二班	66	47
13	二班	66	77
14	一班	67	71
15	二班	67	73
16	二班	68	66

图 5-19　数据文件“5-3”的原始数据

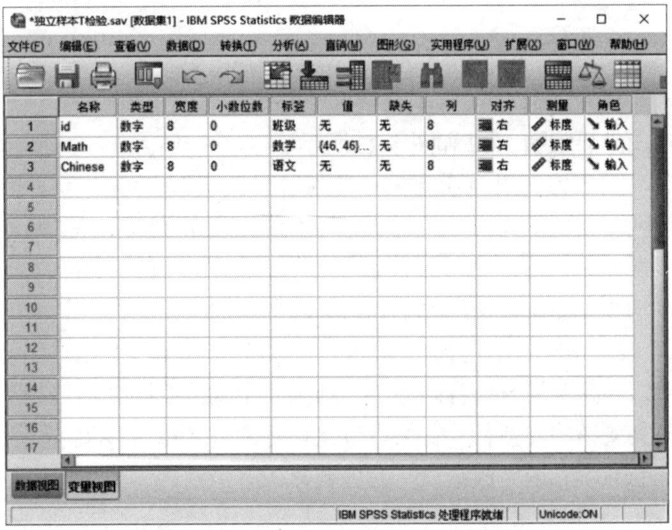

图 5-20　数据文件“5-3”的变量视图

在 SPSS 数据视图中，把相关数据输入到各个变量中。其中，“id”变量中“1”表示“一班”，“2”表示“二班”。输入完毕后部分数据如图 5-21 所示。

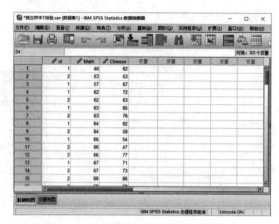

图 5-21 数据文件 "5-3" 的数据视图

2. 实验操作步骤

具体操作步骤如下：

步骤 01 打开数据文件 "5-3"，进入 SPSS Statistics 数据编辑器窗口，在菜单栏中选择 "分析" | "比较平均值" | "独立样本 T 检验"，打开 "独立样本 T 检验" 对话框。将 "数学" "语文" 选入 "检验变量" 列表框中，将 "班级" 选入 "分组变量" 列表框中，并单击 "定义组" 按钮，在弹出的 "定义组" 对话框的 "组 1" 中输入 1，"组 2" 中输入 2，单击 "继续" 按钮。

步骤 02 单击 "选项" 按钮，弹出 "独立样本 T 检验：选项" 对话框，在 "置信区间百分比" 文本框中输入 95，然后单击 "继续" 按钮，保存设置结果。

3. 实验结果及分析

单击 "确定" 按钮，SPSS Statistics 查看器窗口的输出结果如图 5-22 和图 5-23 所示。

图 5-22 给出了分组的一些统计量，从图中可以看出两个班的数学和语文成绩的平均值、标准偏差和标准误差平均值等统计量。例如，1 班的数学和语文的平均成绩要大于 2 班数学和语文的平均成绩。

组统计

班级		个案数	平均值	标准 偏差	标准 误差平均值
数学	1	39	78.92	11.212	1.795
	2	41	78.51	10.154	1.586
语文	1	39	80.59	10.492	1.680
	2	41	79.10	11.229	1.754

图 5-22 组统计

图 5-23 给出了对本实验的独立样本 T 检验的结果，包括莱文方差等同性检验结果和平均值等同性 T 检验结果，从图中可以看出两个班的数学和语文成绩的方差相等；假设方差相等的 T 检验结果即显著性都大于显著水平 0.05，可以判断两个班的数学和语文成绩没有显著差异。

独立样本检验

		莱文方差等同性检验		平均值等同性 t 检验					差值 95% 置信区间	
		F	显著性	t	自由度	Sig.(双尾)	平均值差值	标准误差差值	下限	上限
数学	假定等方差	.059	.808	.172	78	.864	.411	2.389	-4.346	5.168
	不假定等方差			.172	76.303	.864	.411	2.395	-4.360	5.181
语文	假定等方差	.041	.839	.613	78	.541	1.492	2.433	-3.351	6.335
	不假定等方差			.614	77.977	.541	1.492	2.429	-3.343	6.327

图 5-23 独立样本检验

5.4 成对样本 T 检验

5.4.1 成对样本 T 检验的简介

"成对样本 T 检验"过程可以检验两个相关的样本是否来自具有相同平均值的总体，或者检验两个有联系的正态总体的平均值是否有显著差异。"成对样本 T 检验"可以检验两种类型的配对样本。第一种是对同一组测试对象进行测试前后的配对比较，例如：在对糖尿病病人的研究中，对同一组病人在使用新治疗方法前测量血液含糖量，在治疗之后再次测量血液含糖量，此时对于该组病人就会形成两组测量数据样本；第二种是对测试对象按照属性相同的两个个体进行配对，然后对配对后的个体分布施加不同的处理。例如：对糖尿病病人按照年龄进行配对（60 岁的两个病人配对，65 岁的两个病人配对……），然后对配对的病人分别采用不同的治疗方法，这样就会形成两组不同的测量数据。另外，每对的观察值应在相同的条件下得到，得到的平均值差应是正态分布的，而每个变量的方差可以相等也可以不等。

5.4.2 成对样本 T 检验的 SPSS 操作

（1）在菜单栏中选择"分析"|"比较平均值"|"成对样本 T 检验"命令，打开如图 5-24 所示的"成对样本 T 检验"对话框。

（2）选择变量。从左侧源变量列表框中选择需要检验的成对变量，然后单击 按钮将其选入右侧的"配对变量"列表框中，对于每个配对检验，指定两个定量变量（定距测量级别或定比测量级别）。对于配对或个案控制研究，每个检验主体的响应及其匹配的控制主体的响应必须在数据文件的相同个案中。选择一组成对变量后，可以继续选择下一组要分析的成对变量，如图 5-25 所示。

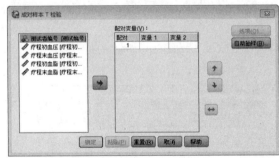

图 5-24 "成对样本 T 检验"对话框

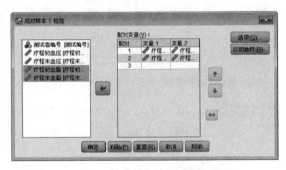

图 5-25 选择要分析的成对变量

如果选择两组或两组以上的成对变量，可以通过 或 按钮进行成对变量之间顺序的调换。另外，可以通过 按钮调换成对变量中的两个变量之间的顺序。

（3）"选项"设置。单击对话框右侧的"选项"按钮，弹出"成对样本 T 检验：选项"对话框（见图 5-26）。该对话框中的选项及含义与单样本和独立样本的 T 检验相同，在此不再赘述。

图 5-26 "成对样本 T 检验：选项"对话

（4）设置完毕后，单击"确定"按钮，即可在 SPSS Statistics 查看器窗口得到成对样本 T 检验的结果。

5.4.3 实验操作

下面以数据文件"5-4"为例，讲解成对样本 T 检验的具体操作过程并对结果进行说明。

1. 实验数据描述

数据文件"5-4"是一种保健食品的效果测试。16 名高血压和高血脂患者服用了一个疗程的该保健食品，测试人员测量了疗程前和疗程后患者的相关数据。下面将利用成对样本 T 检验来检测该保健食品对高血压和高血脂的治疗是否有辅助作用。原始 Excel 数据文件如图 5-27 所示。

首先在 SPSS 变量视图中建立变量"测试编号""疗程初血压""疗程末血压""疗程初血脂"和"疗程末血脂"，分别表示测试者的编号以及疗程初与疗程末的情况，如图 5-28 所示。

然后在 SPSS 数据视图中，把相关数据输入到各个变量中，输入完毕后部分数据如图 5-29 所示。

图 5-27 数据文件"5-4"的原始数据 　　图 5-28 数据文件"5-4"的变量视图

2. 实验操作步骤

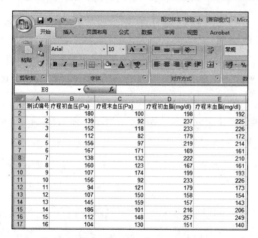

步骤 01 打开数据文件"5-4"，进入 SPSS Statistics 数据编辑器窗口，在菜单栏中选择"分析"|"比较平均值"|"成对样本 T 检验"，弹出"成对样本 T 检验"对话框，将"疗程初血压"和"疗程末血压"作为一对选入"配对变量"列表框，再将"疗程初血脂"和"疗程末血脂"作为一对选入"配对变量"列表框。

图 5-29 数据文件"5-4"的数据视图

步骤02 单击"选项"按钮,弹出"成对样本 T 检验:选项"对话框,在"置信区间百分比"文本框中输入 95,单击"继续"按钮,保存设置结果。

3. 实验结果及分析

单击"确定"按钮,SPSS Statistics 查看器窗口的输出结果如图 5-30~图 5-32 所示。

图 5-30 给出了本实验配对样本的一些统计量。从该图可以看出病人血压和血脂在疗程前后的平均值、标准偏差和标准误差平均值等统计量。从直观上看,病人在疗程前后的血压和血脂有着显著的差别。

图 5-31 给出了本实验配对样本的相关系数,从图中可以看出疗程前后血压的相关系数为负值,但相应的概率值为 0.283,表示这个相关系数并不可靠;而治疗前后血脂的相关系数为正,相应的概率值为 0.000,血脂相关系数十分显著。

配对样本统计

		平均值	个案数	标准 偏差	标准 误差平均值
配对 1	疗程初血压	138.44	16	29.040	7.260
	疗程末血压	124.38	16	29.412	7.353
配对 2	疗程初血脂	198.38	16	33.472	8.368
	疗程末血脂	190.31	16	33.508	8.377

图 5-30 配对样本统计

配对样本相关性

		个案数	相关性	显著性
配对 1	疗程初血压 & 疗程末血压	16	-.286	.283
配对 2	疗程初血脂 & 疗程末血脂	16	.996	.000

图 5-31 配对样本相关性

图 5-32 给出了本实验配对样本的配对样本 T 检验结果,从图中可以看到疗程前后的血压和血脂之差的平均值、标准偏差、标准误差平均值、95%的置信区间及 T 检验的值、自由度等。由于治疗前后的血压 T 检验的显著性为 0.249,大于 0.05 的显著水平,所以可以认为这种保健食品对病人血压状况的改善并没有多大作用;而治疗前后的血脂 T 检验的显著性为 0.000,小于 0.05 的显著水平,所以可认为这种保健食品可以有效地改善病人的血脂状况。

配对样本检验

		配对差值					t	自由度	Sig. (双尾)
		平均值	标准 偏差	标准 误差平均值	差值 95% 置信区间 下限	上限			
配对 1	疗程初血压 - 疗程末血压	14.063	46.875	11.719	-10.915	39.040	1.200	15	.249
配对 2	疗程初血脂 - 疗程末血脂	8.063	2.886	.722	6.525	9.600	11.175	15	.000

图 5-32 配对样本检验

5.5 上 机 题

5.1 为了比较两种新材料的抗拉伸性能,分别对两种材料在不同情况下进行了 15 次实验,观测数据如下表所示。(数据路径:sample\上机题\chap05\习题\第 5 章第一题.sav)

测试编号	材料 a (N)	材料 b (N)	测试编号	材料 a (N)	材料 b (N)
1	7.6	8.0	9	7.8	7.0
2	7.0	6.4	10	7.5	6.5
3	8.3	8.8	11	6.1	4.4
4	8.2	7.9	12	8.9	7.7

（续表）

测试编号	材料a（N）	材料b（N）	测试编号	材料a（N）	材料b（N）
5	5.2	6.8	13	6.1	4.2
6	9.3	9.1	14	9.4	9.4
7	7.9	6.3	15	9.1	9.1
8	8.5	7.5			

（1）分别计算两种材料的平均值、标准偏差和标准误差平均值等统计量。

（2）试在 5%的显著性水平下，对两种材料进行独立样本 T 检验，检验两种材料的抗拉伸性能是否有显著差异。

5.2 已知某地区水样中某种元素的含量为 72 毫克/升，现从某化工厂下游水域中抽取了 20 个水样，观测数据如下表所示。（数据路径：sample\上机题\chap05\习题\第 5 章第二题.sav）

测试标号	水质元素含量（mg/L）	测试标号	水质元素含量（mg/L）
1	75	11	70
2	74	12	73
3	72	13	76
4	74	14	71
5	79	15	78
6	78	16	77
7	76	17	76
8	69	18	74
9	77	19	79
10	76	20	77

对样本数据进行单样本 T 检验，判断化工厂是否造成了下游水域水质的变化。

5.3 为验证某种药物的疗效，对 35 位患者进行了观察。首先记录了治疗前的测试数据，然后记录了治疗后的测试数据。部分观测数据如下表所示。（数据路径：sample\上机题\chap05\习题\第 5 章第三题.sav）

测试编号	服药前（mmHg）	服药后（mmHg）
1	75.00	71.50
2	95.00	90.00
3	82.00	80.30
4	91.00	87.00
5	100.00	93.60
6	87.00	75.40
7	91.00	67.00

（1）计算测试前后的成对样本的相关系数及各组的描述统计量。

（2）采用成对样本 T 检验，在 5%的显著性水平下，分析该药品是否具有显著的疗效。

5.4 已知某金融单位所有员工的工龄和年终奖金的数据，某人力咨询机构需要统计分析该单位人员工作工龄和年终奖金的关系，试分析单位员工工龄和奖金的关系。部分观测数据如下表所示。（数据路径：sample\上机题\chap05\习题\第 5 章第四题.sav）

测试编号	工龄（年）	奖金（千元）
1	2.00	13.74
2	2.00	16.44
3	3.00	21.39
4	1.00	11.38
5	3.00	21.56
6	1.00	18.12
7	3.00	13.14
8	1.00	24.73

试利用平均值过程来分析该单位员工工龄和奖金的关系。

第 6 章　非参数检验

前面章节所介绍的参数检验，是在已知或假设总体分布情况下对总体的相关参数进行估计和检验。但是在许多情况下，我们无法获得总体分布情况的相关信息，于是出现了许多通过样本检验关于总体的相关假设的建议方法，非参数检验就是主要的方法之一。非参数检验是相对于参数检验而言的，非参数检验由于一般不涉及总体参数而针对总体的某些一般性假设而得名，又称为分布自由检验。在统计分析和实际工作中非参数检验具有广泛的应用。

6.1　非参数检验简介

非参数检验具有检验条件宽松、对样本数据要求较低、计算相对简单等优点。SPSS 的非参数检验过程提供了卡方检验、二项检验、双独立样本检验、多独立样本检验、两配对样本检验、多配对样本检验、游程检验和单样本 K-S 检验 8 种检验方法，下面将对各种方法进行详细介绍。

6.2　卡方检验

6.2.1　卡方检验的基本原理

卡方检验的零假设为：样本所属总体的分布与理论分布无显著差异。卡方检验的检验统计量如公式（6-1）所示：

$$\chi^2 = \sum_{i=1}^{k} \frac{(N_{oi} - N_{ei})^2}{N_{ei}} \tag{6-1}$$

其中 N_{oi} 表示观测频数，N_{ei} 表示理论频数。χ^2 值越小，表示观测频数与理论频数越接近，该 χ^2 统计量在大样本条件下渐进服从于自由度为 k-1 的卡方分布。如果该 χ^2 统计量小于由显著性水平和自由度确定的临界值，则认为样本所属的总体分布与理论分布无显著差异。

6.2.2　卡方检验的 SPSS 操作

建立或打开相应的数据文件后，可以在 SPSS Statistics 数据编辑器窗口中进行卡方检验。

（1）在菜单栏中选择"分析"|"非参数检验"|"旧对话框"|"卡方"命令，打开如图 6-1 所示的"卡方检验"对话框。

（2）选择变量。从源变量列表框中选择要进行卡方检验的变量，单击 按钮将其选入"检验变量列表"列表框中，如图 6-2 所示。检验变量可以选择多个，SPSS 会分别对各个变量进行卡方检验。

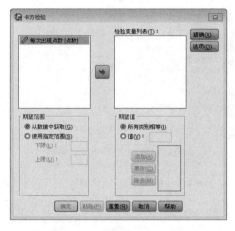
图 6-1 "卡方检验"对话框

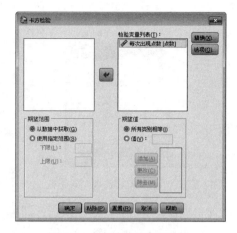
图 6-2 卡方检验的变量选择

（3）设置相应的选项。在该对话框中有两个选项组及"精确"和"选项"按钮。

①"期望范围"选项组：该选项组用于确定进行卡方检验的数据范围。如选中"从数据中获取"单选按钮，SPSS 将使用数据中的最大值和最小值作为检验范围，用户也可以选中"使用指定范围"单选按钮并在"上限"和"下限"文本框中输入定制的范围。

②"期望值"选项组：该选项组用于设置总体中各分类所占的比例，包括"所有类别相等"和"值"两个单选按钮。系统默认选中"所有类别相等"单选按钮，即检验总体是否服从均匀分布，用户也可以选中"值"单选按钮并在其后的文本框中输入指定分组的期望概率值。注意：值输入的顺序要与检验变量递增的顺序相同。

1. "选项"按钮

单击"选项"按钮，打开如图 6-3 所示的"卡方检验：选项"对话框，该对话框中包含"统计"和"缺失值"两个选项组。

①"统计"选项组：该选项组用于设置输出的统计量，包含"描述"和"四分位数"两个复选框，分别用于输出描述性统计量和四分位数。

②"缺失值"选项组：该选项组用于设置缺失值的处理方式，包含两个单选按钮："按检验排除个案"表示如果指定多个检验，将分别独立计算每个检验中的缺失值；"成列排除个案"表示从所有分析中排除任何变量具有缺失值的个案。

2. "精确"按钮

单击"精确"按钮，打开如图 6-4 所示的"精确检验"对话框。
该对话框用于设置计算显著性水平的方法，有以下 3 种方法：

❏ 仅渐进法：此为 SPSS 默认设置，表示显著性水平的计算基于渐进分布假设。渐进方法要求足够大的样本容量，如果样本容量偏小，该方法将会失效。

❏ 蒙特卡洛法：表示使用 Monte Carlo 模拟方法计算显著性水平。一般应用于不满足渐进分布假设的大量数据。使用时，在该单选按钮后的文本框中输入相应的置信度级别和样本数。

❏ 精确：该方法可以得到精确的显著性水平，但是其缺点是计算量过大。用户可以设置相应的计算时间，如果超过该时间，SPSS 将自动停止计算并输出结果。

图 6-3　"卡方检验：选项"对话框

图 6-4　"精确检验"对话框

设置完毕后，单击"确定"按钮，即可在 SPSS Statistics 输出查看器窗口得到卡方检验的结果。

6.2.3　实验操作

下面以数据文件"6-1"为例，讲解卡方检验的操作。

1. 实验数据描述

数据文件"6-1"是将一骰子投掷 300 次所得到的各种点数的情况。以该数据文件为例，进行卡方检验，检验骰子的投掷结果是否服从均匀分布。原始 Excel 数据文件如图 6-5 所示。

在 SPSS 变量视图中建立变量"点数"，表示投掷骰子所得到的点数，如图 6-6 所示。

在 SPSS 活动数据文件的数据视图中，把相关数据输入到各个变量中，输入完毕后的部分数据如图 6-7 所示。

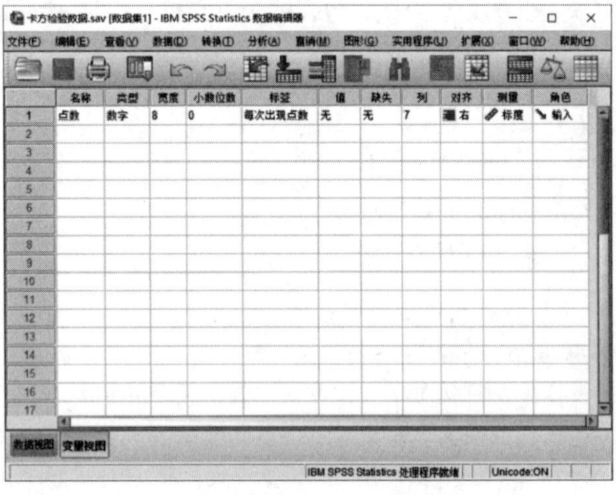

图 6-5　数据文件"6-1"的原始数据

图 6-6　数据文件"6-1"的变量视图

图 6-7　数据文件"6-1"的数据视图

2. 实验操作步骤

实验的具体操作步骤如下：

步骤01 在菜单栏中选择"分析"|"非参数检验"|"旧对话框"|"卡方"命令，打开"卡方检验"对话框。

步骤02 从源变量列表框中选择"点数"变量，单击 ➡ 按钮将其选入"检验变量列表"列表框中。

步骤03 单击"选项"按钮，打开"卡方检验：选项"对话框，选中"描述"复选框，单击"继续"按钮，保存设置结果。

3. 实验结果分析

单击"确定"按钮，SPSS Statistics 查看器窗口的输出结果如图 6-8~图 6-10 所示。

图 6-8 给出了"个案数""平均值""标准偏差""最小值"和"最大值"描述性统计量，以表格形式列出。

图 6-8 描述性统计量

图 6-9 给出了各种结果的实测个案数、期望个案数和残差。

图 6-10 给出了相关的检验统计，从图中可以看出，渐近显著性为 0.111，我们不能拒绝原假设，故认为投掷骰子的结果服从均匀分布。

图 6-9 每次出现点数

图 6-10 检验统计

6.3 二项检验

6.3.1 二项检验的基本原理

卡方检验的零假设为：样本所属的总体分布与所指定的某个二项分布无显著差异。二项检验的检验统计量计算如公式（6-2）所示：

$$p_1 = \frac{n_1 - np}{\sqrt{np(1-p)}} \tag{6-2}$$

其中，n_1 表示第一个类别的样本个数，p 表示指定二项分布中第一个类别个体在总体中所占的比重。统计量在大样本条件下渐进服从于正态分布。如果该统计量小于临界值，则认为样本所属的总体分布与所指定的某个二项分布无显著差异。

6.3.2 二项检验的 SPSS 操作

（1）在菜单栏中选择"分析"|"非参数检验"|"旧对话框"|"二项"命令，打开如图 6-11 所示的"二项检验"对话框。

（2）选择变量。从源变量列表框中选择要进行二项检验的变量，单击按钮将其选入"检验变量列表"列表框中，如图 6-12 所示。检验变量可以选择多个，SPSS 会分别对各个变量进行二项检验。

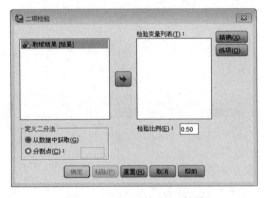

图 6-11 "二项检验"对话框

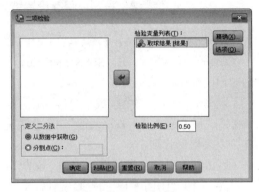

图 6-12 二项检验的变量选择

（3）进行相应的设置。

① "定义二分法"选项组：该选项组用于定制将数据分类的方式。系统默认选中"从数据中获取"单选按钮，这种方式适用于按照二分类方式录入的数据；"分割点"可以设置一个分类临界值，大于此值的数据将作为第一组，小于此值的作为第二组。

② "检验比例"文本框：该文本框用于设置检验概率，系统默认为 0.5，即均匀分布。

③ "精确"与"选项"按钮：单击"精确"与"选项"按钮，打开"精确检验"与"二项检验：选项"对话框。对话框的内容与设置方式与卡方检验相同，读者可以参考 6.2 节的内容，在此不再赘述。

设置完毕后，单击"确定"按钮，即可在 SPSS Statistics 查看器窗口得到二项检验的结果。

6.3.3 实验操作

下面以数据文件"6-2"为例，讲解二项检验的操作。

1. 实验数据描述

袋中有黑白球若干，从袋中取球。数据文件"6-2"是取 1000 次小球所得到的黑白球的次数。以该数据文件为例进行二项检验，求黑白球出现的概率是否服从二项分布。原始 Excel 数据文件如图 6-13 所示。

在 SPSS 变量视图中建立变量"结果"，表示取球所得的结果，用"0、1"分别代替"黑球、白球"，如图 6-14 所示。

第 6 章 非参数检验 123

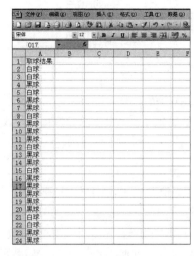

图 6-13 数据文件"6-2"的原始数据

图 6-14 数据文件"6-2"的变量视图

在 SPSS 活动数据文件的数据视图中，把相关数据输入到各个变量中，输入完毕后的部分数据如图 6-15 所示。

2. 实验的的操作步骤

实验的具体操作步骤如下：

步骤 01 在菜单栏中选择"分析"|"非参数检验"|"旧对话框"|"二项"命令，打开"二项检验"对话框。

步骤 02 从源变量列表框中选择"结果"变量，单击 按钮将其选入"检验变量列表"列表框中。

步骤 03 单击"选项"按钮，打开"二项检验：选项"对话框，选中"描述"复选框，单击"继续"按钮，保存设置结果。

3. 实验结果分析

单击"确定"按钮，SPSS Statistics 查看器窗口的输出结果如图 6-16 和图 6-17 所示。

图 6-16 给出的是"个案数""平均值""标准差""最小值"和"最大值"描述性统计量。

图 6-17 给出了二项检验统计量，从图中可以看出，精确显著性（双尾）为 0.000，故拒绝原假设，认为取球的结果不服从二项分布。

图 6-15 数据文件"6-2"的数据视图

描述统计

	个案数	平均值	标准差	最小值	最大值
取球结果	1000	.27	.446	0	1

图 6-16 描述性统计量

二项检验

		类别	个案数	实测比例	检验比例	精确显著性（双尾）
取球结果	组 1	白球	274	.27	.50	.000
	组 2	黑球	726	.73		
	总计		1000	1.00		

图 6-17 二项检验统计量

6.4 双独立样本检验

6.4.1 双独立样本检验的基本原理

双独立样本检验主要通过对两个独立样本的集中趋势、离中趋势、偏度等指标进行差异性检验，而分析这两个独立样本是否来自于相同分布的总体。SPSS 提供了曼-惠特尼 U、柯尔莫戈洛夫-斯米诺夫 Z、莫斯极端反应和瓦尔德-沃尔福威茨游程 4 种方法进行两独立样本检验。在进行检验前，先来了解一下这几种检验方法的基本思想。

（1）曼-惠特尼 U 检验法的思想是检验两个样本的总体在某些位置上是否相同，其基于对平均等级的分析实现推断。检验思路是，首先对两个样本合并并按升序排列得出每个数据的等级，然后对这两个样本求平均等级，并计算第一组样本的每个等级优于第二组样本的每个等级的个数 N_1 和第二组样本的每个等级优于第一组样本的每个等级的个数 N_2。如果平均等级和 N_1、N_2 之间的差距过大，则认为两个样本来自于不同的总体。

（2）柯尔莫戈洛夫-斯米诺夫 Z 检验法的检验思路是，首先对两个样本合并并按升序排列得出每个数据的等级，然后得出样本等级的累积频率与样本点的累积频率的差值序列并计算该序列的 K-S 统计量，如果该统计量的相伴概率显著性小于显著性水平则认为两个样本的总体分布具有显著性差异。

（3）莫斯极端反应检验法是将一个样本作为实验样本，另一个样本作为控制样本，再将两个样本合并按升序排列得出每个数据的等级并计算控制组的跨度（即控制组样本中最大等级和最小等级之间包含的样本个数），然后忽略取值极高和极低的各 5%数据后计算截头跨度。如果跨度和截头跨度相差较大，则认为两个样本存在极限反应，其总体分布具有显著性差异。

（4）瓦尔德-沃尔福威茨游程检验法的思想是检验两个样本是否被随机赋等级。检验思路是，首先对两个样本合并并按升序排列，然后对样本标志值序列求游程，如果得到的游程数较小，则认为两个样本的总体分布具有显著性差异。

6.4.2 双独立样本检验的 SPSS 操作

（1）在菜单栏中选择"分析"|"非参数检验"|"旧对话框"|"2 个独立样本"命令，打开如图 6-18 所示"双独立样本检验"对话框。

（2）选择变量。从源变量列表框中选择要进行双独立样本检验的变量，单击 按钮将其选入"检验变量列表"列表框中，同时选择分组变量，单击 按钮将其选入"分组变量"列表框中，此时"定义组"按钮被激活，如图 6-19 所示。

单击"定义组"按钮，弹出如图 6-20 所示的"双独立样本：定义组"对话框。"组 1"文本框输入代表第一组变量的数值；"组 2"文本框输入代表第二组变量的数值。输入完毕后，单击"继续"按

图 6-18 "双独立样本检验"对话框

钮返回主对话框。

（3）进行相应的设置。

①“检验类型”设置。设置所进行的检验方法。

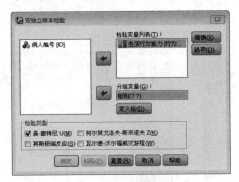

图 6-19　选择变量

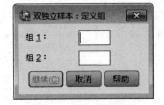

图 6-20　“双独立样本：定义组”对话框

②“精确”和“选项”设置。内容和设置方式同样与卡方检验相同，可参考 6.2 节的内容，在此不再赘述。

设置完毕后，单击“确定”按钮，即可在 SPSS Statistics 查看器窗口得到双独立样本检验的结果。

6.4.3　实验操作

下面以数据文件“6-3”为例，讲解双独立样本检验的操作。

1. 实验数据描述

数据文件“6-3”是两组中风患者治疗结果的数据。其中，第一组患者接受标准的药物治疗，第二组患者接受附加物理治疗，分析两种治疗方法的结果是否有显著差异。实验的原始数据如图 6-21 所示。

	A	B	C
1	病人ID	治疗方案	行为能力
2	4	物理治疗	卧床
3	5	药物治疗	部分肢体可以自主活动
4	6	物理治疗	可以自主活动
5	7	物理治疗	可以自主活动
6	8	药物治疗	正常
7	9	物理治疗	卧床
8	10	物理治疗	可以自主活动
9	11	药物治疗	卧床
10	12	物理治疗	部分肢体可以自主活动
11	13	药物治疗	可以自主活动
12	14	物理治疗	无行为能力
13	15	药物治疗	卧床
14	16	物理治疗	可以自主活动
15	17	药物治疗	可以自主活动
16	18	物理治疗	部分肢体可以自主活动
17	19	物理治疗	可以自主活动
18	20	物理治疗	部分肢体可以自主活动
19	21	药物治疗	卧床
20	22	物理治疗	部分肢体可以自主活动
21	23	药物治疗	卧床
22	24	物理治疗	卧床
23	25	药物治疗	卧床
24	26	物理治疗	部分肢体可以自主活动
25	27	物理治疗	正常
26	28	物理治疗	部分肢体可以自主活动
27	29	物理治疗	可以自主活动

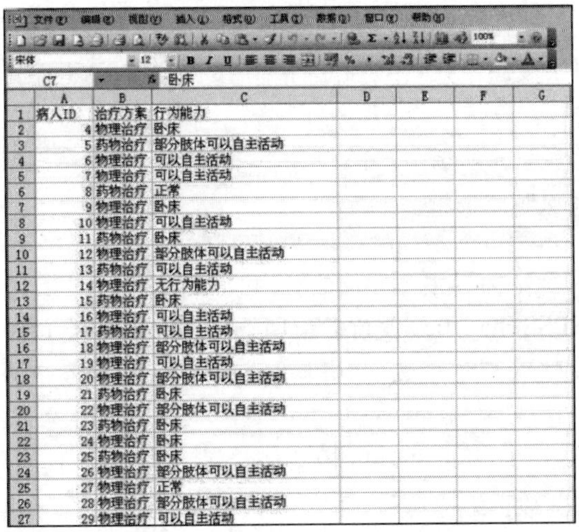

图 6-21　数据文件“6-3”的原始数据

在 SPSS 变量视图中建立变量"ID""组别"和"行为能力",分别表示病人编号、所属治疗组和行为能力,其中用"0、1"分别代替"药物治疗、物理治疗",用"0、1、2、3、4"分别表示"正常、可以自主活动、部分肢体可以自主活动、卧床、无行为能力",如图 6-22 所示。

在 SPSS 活动数据文件的数据视图中,把相关数据输入到各个变量中,输入完毕后的部分数据如图 6-23 所示。

图 6-22 数据文件"6-3"的变量视图

图 6-23 数据文件"6-3"的数据视图

2. 实验的的操作步骤

实验的具体操作步骤如下:

步骤 01 在菜单栏中选择"分析"|"非参数检验"|"旧对话框"|"2 个独立样本"命令,打开"双独立样本检验"对话框。

步骤 02 从源变量列表框中选择"行为能力"变量,单击 ➡ 按钮将其选入"检验变量列表"列表框中;选择"组别"变量,单击 ➡ 按钮将其选入"分组变量"列表框中,单击"定义组"按钮,弹出"双独立样本:定义组"对话框,输入两组的组标记值。

步骤 03 单击"选项"按钮,在"双独立样本:选项"对话框中选中"描述"复选框,单击"继续"按钮。

步骤 04 在"检验类型"选项组中,选中"曼-惠特尼 U""莫斯极端反应"和"柯尔莫戈洛夫-斯米诺夫 Z"复选框。

3. 实验结果分析

单击"确定"按钮,SPSS Statistics 查看器窗口的输出结果如图 6-24~图 6-26 所示。

图 6-24 给出了两个变量的"个案数""平均值""标准差""最小值"和"最大值"描述性统计量。

图 6-25 给出了曼-惠特尼 U 检验相关的检验统计量,从图中可以看出,渐近显著性(双尾)为 0.030,小于显著性水平。故拒绝原假设,认为两种治疗方法的结果具有显著性差异。

描述统计					
	个案数	平均值	标准差	最小值	最大值
生活行为能力	100	2.31	1.134	0	4
治疗组	100	.54	.501	0	1

图 6-24　描述性统计量

检验统计^a	
	生活行为能力
曼-惠特尼 U	940.000
威尔科克森 W	2425.000
Z	-2.165
渐近显著性（双尾）	.030
a. 分组变量：治疗组	

图 6-25　曼-惠特尼 U 检验统计量

图 6-26 给出了莫斯极端反应检验相关的检验统计量，从图中可以看出，在排除极端值后，显著性（单尾）为 0.011，小于显著性水平。故拒绝原假设，认为两种治疗方法的结果具有显著性差异。

图 6-27 给出了柯尔莫戈洛夫-斯米诺夫 Z 检验的相关统计量，从图中可以看出，渐近显著性（双尾）为 0.302，大于显著性水平。故不能拒绝原假设，认为两种治疗方法的结果无显著性差异。

检验统计^{a,b}		
		生活行为能力
实测控制组范围		90
	显著性（单尾）	.008
剪除后控制组跨度		79
	显著性（单尾）	.011
在两端剪除了离群值		2
a. 莫斯检验		
b. 分组变量：治疗组		

图 6-26　莫斯极端反应检验统计量

检验统计^a		
		生活行为能力
最极端差值	绝对	.195
	正	.195
	负	.000
柯尔莫戈洛夫-斯米诺夫 Z		.971
渐近显著性（双尾）		.302
a. 分组变量：治疗组		

图 6-27　柯尔莫戈洛夫-斯米诺夫 Z 检验统计量

从本例的分析对比中可以看出，不同的检验方法会导致不同的结论，这提示我们一定要根据数据的性质和各检验方法的侧重点合理地选择，建议在检验前进行探索性分析获取相关信息。

"曼-惠特尼 U"检验法常用于判别双独立样本所属的总体是否具有相同的分布，"莫斯极端反应"和"柯尔莫戈洛夫-斯米诺夫 Z"检验法主要用于检验两个样本是否来自于相同总体的假设。因此在本例中，建议选择"曼-惠特尼 U"检验法。

6.5　多独立样本检验

6.5.1　多独立样本检验的基本原理

多独立样本检验的基本原理与双独立样本相同，双独立样本检验是多独立样本检验的特殊情况。SPSS 提供了克鲁斯卡尔-沃利斯 H、约克海尔-塔帕斯特拉和中位数 3 种检验法方法进行多独立样本检验。

（1）克鲁斯卡尔-沃利斯 H 检验法：克鲁斯卡尔-沃利斯 H 是曼-惠特尼 U 检验法的扩展，是一种推广的评价值检验。其基本思路是，首先对所有样本合并并按升序排列得出每个数据的等级，然后对各组样本求平均等级。如果平均等级相差很大，则认为两组样本所属的总体有显著差异。

（2）约克海尔-塔帕斯特拉检验法：约克海尔-塔帕斯特拉检验法是在总体-排序的前提下具有较高的检验效率。其检验思路与两独立样本下的曼-惠特尼 U 检验法相似，计算某组样本的每个等级优于其他组样本的每个等级的个数。如果这些数据差距过大，则认为两组样本所属的总体有显著差异。

（3）中位数检验法：中位数检验法的基本思路是，首先将所有样本合并并计算中位数，然后计算各组样本中大于或小于这个中位数的样本的个数。如果这些数据差距过大，则认为两组样本所属的总体有显著差异。

6.5.2 多独立样本的 SPSS 操作

建立或打开相应的数据文件后，便可以在 SPSS 中进行多独立样本检验。

（1）在菜单栏中选择"分析"|"非参数检验"|"旧对话框"|"K 个独立样本"命令，打开如图 6-28 所示的"针对多个独立样本的检验"对话框。

（2）选择变量。从源变量列表框中选择要进行多独立样本检验的变量，单击 按钮将其选入"检验变量列表"列表框中，选择要进行分组的变量，单击 按钮将其选入分组变量，如图 6-29 所示。

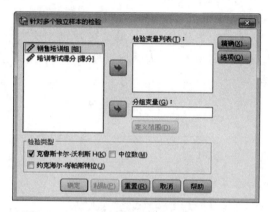

图 6-28 "针对多个独立样本的检验"对话框

单击"定义范围"按钮，弹出如图 6-30 所示的"多个独立样本：定义范围"对话框。该对话框中包含两个文本框，即"最小值"和"最大值"，用于设置分组变量的范围。

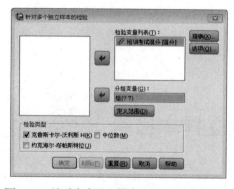

图 6-29 针对多个独立样本的检验变量选择

图 6-30 "多个独立样本：定义范围"对话框

（3）进行相应的设置。与双独立样本检验相同，选择所要进行检验的类型和其他设置。

（4）分析结果输出。设置完毕后，单击"确定"按钮，即可在 SPSS Statistics 查看器窗口得到多独立样本检验的结果。

6.5.3 实验操作

下面以数据文件"6-4"为例，讲解多独立样本检验的操作。

1. 实验数据描述

数据文件"6-4"是三组采用不同销售人员的培训得分的数据，利用多独立样本检验分析三组销售人员的培训得分是否有显著差异。本实验的原始数据如图 6-31 所示。

在 SPSS 变量视图中建立变量"组"和"得分"，分别表示销售培训组和考试得分，如图 6-32 所示。

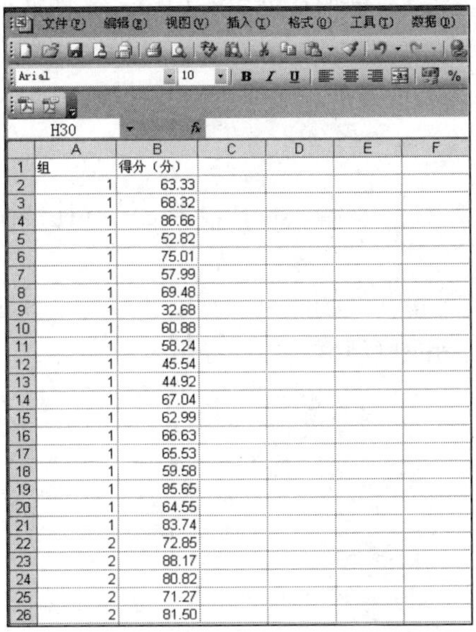

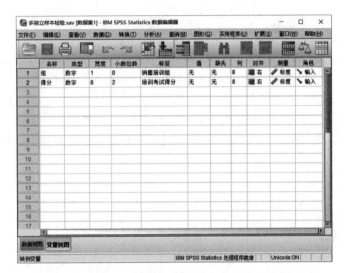

图 6-31　数据文件"6-4"的原始数据　　　　图 6-32　数据文件"6-4"的变量视图

在 SPSS 活动数据文件的数据视图中，把相关数据输入到各个变量中，输入完毕后的部分数据如图 6-33 所示。

图 6-33　数据文件"6-4"的数据视图

2. 实验操作步骤

实验的具体操作步骤如下：

步骤01 在菜单栏中选择"分析"|"非参数检验"|"旧对话框"|"K 个独立样本"命令，打开"针对多个独立样本的检验"对话框。

步骤02 从源变量列表框中选择"得分"变量，单击 ▶ 按钮将其选入"检验变量列表"列表框中，选择"组"变量，单击 ▶ 按钮将其选入"分组变量"列表框中，单击"定义范围"按钮，在"多个独立样本：定义范围"对话框中输入分组变量的范围。

步骤03 单击"选项"按钮，打开"多个独立样本：选项"对话框，选中"描述"复选框，单击"继续"按钮。

步骤04 在"检验类型"选项组中选中全部选项。

3. 实验结果分析

图 6-34 给出了两个变量的"个案数""平均值""标准差""最小值"和"最大值"描述性统计量。

图 6-35 给出了克鲁斯卡尔-沃利斯 H 检验相关的检验统计量，从图中可以看出，渐近显著性为 0.000，小于显著性水平。故拒绝原假设，认为三组销售人员的培训得分存在显著差异。

描述统计

	个案数	平均值	标准差	最小值	最大值
培训考试得分	60	72.1422	12.00312	32.68	89.69
销售培训组	60	2.00	.823	1	3

图 6-34 描述性统计量

检验统计[a,b]

	培训考试得分
卡方	15.783
自由度	2
渐近显著性	.000

a. 克鲁斯卡尔-沃利斯检验
b. 分组变量：销售培训组

图 6-35 克鲁斯卡尔-沃利斯 H 检验统计量

图 6-36 给出了中位数检验相关的检验统计量，从图中可以看出，渐近显著性为 0.002，小于显著性水平。故拒绝原假设，认为三组销售人员的培训得分存在显著差异。

图 6-37 给出了约克海尔-塔帕斯特拉检验相关的检验统计量，从图中可以看出，渐近显著性（双尾）为 0.000，小于显著性水平。故拒绝原假设，认为三组销售人员的培训得分存在显著差异。

一般来说，克鲁斯卡尔-沃利斯 H 检验用于检验多个独立样本是否来自于同一个总体，而约克海尔-塔帕斯特拉和中位数检验用于检验多个独立样本来自的不同总体是否具有相同的分布。本例建议选择约克海尔-塔帕斯特拉或中位数检验方法。

检验统计[a]

	培训考试得分
个案数	60
中位数	74.9330
卡方	12.400[b]
自由度	2
渐近显著性	.002

a. 分组变量：销售培训组
b. 0 个单元格 (0.0%) 的期望频率低于 5。期望的最低单元格频率为 10.0

图 6-36 中位数检验统计量

约克海尔-塔帕斯特拉检验[a]

	培训考试得分
销售培训组 中的级别数	3
个案数	60
实测 J-T 统计	898.000
平均值 J-T 统计	600.000
J-T 统计的标准差	73.711
标准 J-T 统计	4.043
渐近显著性（双尾）	.000

a. 分组变量：销售培训组

图 6-37 约克海尔-塔帕斯特拉检验统计量

6.6 两配对样本检验

6.6.1 两配对样本检验的基本原理

两配对样本的非参数检验一般用于对配对研究对象给予不同处理并进行处理前后是否具有显著性差异的分析。SPSS 提供了符号、威尔科克森、麦克尼马尔和边际齐性 4 种检验方法进行两配对样本的检验。

（1）符号检验：符号检验是一种利用正、负号的数目对某种假设作出判定的非参数检验方法。符号检验的基本思路是，将第二组样本的每个观测值减去第一个样本的对应观测值，观测所得到的差值的符号。如果差值中正数的个数和负数的个数差距较大，则认为两样本来自的两相关配对总体具有显著差异。

（2）威尔科克森检验：威尔科克森检验是一种扩展的符号检验。其基本思路是，如果两样本来自的两相关配对总体没有显著差异的话，不但差值中正数的个数和负数的个数应大致相等，而且正值和负值的秩和也大致相等。

（3）麦克尼马尔检验：麦克尼马尔检验的思想是以其自身为对照，进行二项分布检验。其通过初始的观测比率和事后的观测比率的变化计算二项分布的概率值，麦克尼马尔变化显著性检验要求数据必须为两分类数据。

（4）边际齐性检验：边际齐性检验是麦克尼马尔变化显著性检验从两分类数据向多分类数据的推广，通过卡方分布检验的观测比率和事后的观测比率的变化来计算。

6.6.2 两配对样本检验的 SPSS 操作

（1）在菜单栏中选择"分析"|"非参数检验"|"旧对话框"|"2 个相关样本"命令，打开如图 6-38 所示的"双关联样本检验"对话框。

（2）选择变量。从源变量列表框中选择要进行双关联样本检验的变量，单击 按钮将其选入"检验对"列表框中，如图 6-39 所示。变量必须成对引入，SPSS 允许引入多对变量，系统会分别进行分析。

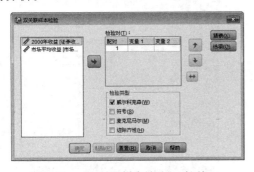

图 6-38 "双关联样本检验"对话框　　　　图 6-39 双关联样本检验的变量选择

（3）选择检验类型并进行精确和选项的设置。读者可以参考前几节的内容，在此不再赘述。

（4）设置完毕后，单击"确定"按钮，即可在 SPSS Statistics 查看器窗口得到双关联样本检验的结果。

6.6.3 实验操作

下面以数据文件"6-5"为例,讲解双关联样本检验的操作。

1. 实验数据描述

数据文件"6-5"涉及在标准普尔 500 指数上列出的各支技术股 2000 年的股票行情,利用数据分析个股的收益与市场收益是否存在系统性差异。本实验的原始数据如图 6-40 所示。

在 SPSS 变量视图中建立变量"证券名称""证券收益"和"市场收益",分别表示证券代码、2000 年收益和市场平均收益,如图 6-41 所示。

图 6-40 数据文件"6-5"的原始数据　　　图 6-41 数据文件"6-5"的变量视图

在 SPSS 活动数据文件的数据视图中,把相关数据输入到各个变量中,输入完毕后部分数据如图 6-42 所示。

2. 实验的的操作步骤

实验的具体操作步骤如下:

步骤01 在菜单栏中选择"分析"|"非参数检验"|"旧对话框|"2 个相关样本"命令,打开"双关联样本检验"对话框。

步骤02 从源变量列表框中选择"证券收益"和"市场收益"变量,单击 按钮将其选入"检验对"列表框中。

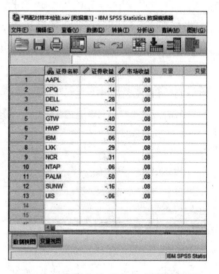

图 6-42 数据文件"6-5"的数据视图

步骤03 单击"选项"按钮,打开"双关联样本:选项"对话框,选中"描述"复选框,单击"继续"按钮。

步骤 04 在"检验类型"选项组中选中"威尔科克森"和"符号"复选框。

3. 实验结果分析

单击"确定"按钮，SPSS Statistics 查看器窗口的输出结果如图 6-43~图 6-45 所示。

图 6-43 给出了两个变量的"个案数""平均值""标准差""最小值"和"最大值"描述性统计量。

图 6-43 描述性统计量

图 6-44 给出了威尔科克森检验相关的检验统计量，从图中可以看出，渐近显著性（双尾）为 0.311，大于显著性水平。故不能拒绝原假设，认为个股收益率与市场收益率无系统性差异。

图 6-45 给出符号检验相关的检验统计量，从图中可以看出，精确显著性（双尾）为 0.581，大于显著性水平。故不能拒绝原假设，认为个股收益率与市场收益率无系统性差异。

一般来说，威尔科克森检验和符号检验用于检验两个配对样本是否来自于相同的总体，麦克尼马尔检验用于二分变量的检验，边际齐性检验用于定序变量的检验。本例中，由于样本数量的限制，系统无法进行边际齐性检验和麦克尼马尔检验，根据数据类型，使用威尔科克森检验和符号检验。

图 6-44 威尔科克森检验统计量

图 6-45 符号检验统计量

6.7 多配对样本检验

6.7.1 多配对样本检验的基本原理

多配对样本检验的基本原理与两配对样本相同，两配对样本检验是多配对样本检验的特殊情况。SPSS 提供了傅莱德曼、肯德尔 W 和柯克兰 Q 3 种检验方法进行多配对样本的检验。

（1）傅莱德曼检验：傅莱德曼检验与克鲁斯卡尔-沃利斯 H 检验的思路相似，傅莱德曼检验还考虑到区组的影响。其首先对所有样本合并并按升序排列，然后求各观测量在各自行中的等级，并对各组样本求平均等级及等级和。如果平均等级或等级和相差很大，则认为两组样本所属的总体有显著差异。

（2）肯德尔 W 检验：肯德尔 W 检验的思路是考察多次评价中的排序是否随机。肯德尔 W 检验反映了各行数据的相关程度。如果其取值接近于 1，则认为评价中的排序不是随机的，即样本来自多个配对总体的分布存在显著差异。

（3）柯克兰 Q 检验：柯克兰 Q 检验用于处理二值数据，柯克兰 Q 统计量的计算如公式（6-3）所示：

$$Q = \frac{k(k-1)\sum_{j=1}^{k}(N_j - \overline{N})^2}{k\sum_{i=1}^{n}M_i - \sum_{i=1}^{n}M_i^2} \tag{6-3}$$

其中，N_j 表示第 j 列中取值为 1 的个数，M_i 表示第 i 行中取值为 1 的个数，Q 统计量近似服从于卡方分布。

6.7.2 多配对样本检验的 SPSS 操作

（1）在菜单栏中选择"分析"|"非参数检验"|"旧对话框"|"K 个相关样本"命令，打开如图 6-46 所示的"针对多个相关样本的检验"对话框。

（2）选择变量。从源变量列表框中选择要进行多配对样本检验的变量，单击 按钮将其选入"检验变量"列表框中，这里选择"数学""物理"和"生物"。

（3）进行相应的设置。设置所进行的检验与计算显著水平的方法。单击"统计"按钮，打开如图 6-47 所示的"多个相关样本：统计"对话框。该对话框用于设置是否输出描述性统计量和四分位数。与前几节中不同，多配对样本检验中无须处理缺失值。

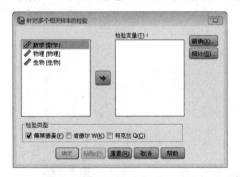

图 6-46　"针对多个相关样本的检验"对话框　　　图 6-47　"多个相关样本：统计"对话框

（4）设置完毕后，单击"确定"按钮，即可在 SPSS Statistics 查看器窗口得到多配对样本检验的结果。

6.7.3 实验操作

下面以数据文件"6-6"为例，讲解多配对样本检验的操作。

1. 实验数据描述

数据文件"6-6"是三门不同课程学生得分的数据，利用多配对样本检验分析三门课程得分是否存在显著性差异，本实验的原始数据如图 6-48 所示。

在 SPSS 的变量视图中，建立"数学""生物"和"物理"变量，变量的内容分别为各门不同课程的得分，如图 6-49 所示。

在 SPSS 活动数据文件的数据视图中，把相关数据输入到各个变量中，输入完毕后的部分数据如图 6-50 所示。

图 6-48 数据文件"6-6"的原始数据　　图 6-49 数据文件"6-6"的变量视图

图 6-50 数据文件"6-6"的数据视图

2. 实验操作步骤

实验的具体操作步骤如下：

步骤01 在菜单栏中选择"分析"|"非参数检验"|"旧对话框"|"K 个相关样本"命令，打开"针对多个相关样本的检验"对话框。

步骤02 从源变量列表框中选择"数学""物理"和"生物"变量，单击 ➡ 按钮将其选入"检验变量"列表框中。

步骤03 单击"统计"按钮，打开"多个相关样本：统计"对话框，选中"描述"复选框，单击"继续"按钮。

步骤04 在"检验类型"选项组中,选中"肯德尔 W"和"傅莱德曼"复选框。

3. 实验结果分析

单击"确定"按钮,SPSS Statistics 查看器窗口的输出结果如图 6-51~图 6-53 所示。

图 6-51 给出了 3 个变量的"个案数""平均值""标准偏差""最小值"和"最大值"描述性统计量。

图 6-52 给出了傅莱德曼检验相关的检验统计量,从图中可以看出,渐近显著性为 0.002,小于显著性水平 0.05。故拒绝原假设,认为三门课的成绩具有系统性差异。

图 6-53 给出了肯德尔 W 检验相关的检验统计量,从图中可以看出,渐近显著性同样为 0.002,小于显著性水平 0.05。故拒绝原假设,认为三门课的成绩具有系统性差异。

描述统计					
	个案数	平均值	标准偏差	最小值	最大值
数学	80	78.71	10.617	46	99
物理	80	79.82	10.833	47	99
生物	80	83.16	5.903	68	98

检验统计[a]	
个案数	80
卡方	12.088
自由度	2
渐近显著性	.002

a. 傅莱德曼检验

检验统计	
个案数	80
肯德尔 W[a]	.076
卡方	12.088
自由度	2
渐近显著性	.002

a. 肯德尔协同系数

图 6-51 描述性统计量　　图 6-52 傅莱德曼检验统计量　图 6-53 肯德尔 W 检验统计量

一般来说,傅莱德曼检验用于检验样本是否来自于同一总体,肯德尔 W 检验用于检验配对样本的总体是否具有相同的分布,柯克兰 Q 检验用于二分变量的检验。本例中,由于变量不全是具有相同取值的二分变量,故系统无法进行柯克兰 Q 检验,结合本例的研究,建议使用傅莱德曼检验。

6.8 游程检验

6.8.1 游程检验简介

游程检验的思路是将连续的相同取值的记录作为一个游程。如果序列是随机序列,那么游程的总数应当不太多也不太少,过多或过少游程的出现均可以认为相应变量值的出现并不是随机的。

6.8.2 游程检验的 SPSS 操作

(1)在菜单栏中选择"分析"|"非参数检验"|"旧对话框"|"游程"命令,打开如图 6-54 所示的"游程检验"对话框。

(2)选择变量。从源变量列表框中选择要进行游程检验的变量,单击 按钮将其选入"检验变量列表"列表框中。

(3)进行相应的设置。

① "分割点"设置。设置分类的标准。"中位数""众数"和"平均值"3 个复选框分别表示使用变量的中位

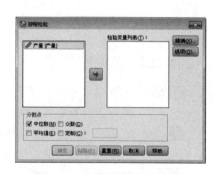

图 6-54 "游程检验"对话框

数、众数和平均值作为分类的标准，此外用户也可以选择"定制"并在其后的文本框中自定义分类标准。

②"精确"与"选项"设置。内容与选项含义可参考 6.2 节的卡方检验，在此不再赘述。

（4）设置完毕后，单击"确定"按钮，即可在 SPSS Statistics 查看器窗口得到游程检验的结果。

6.8.3 实验操作

下面以数据文件"6-7"为例，讲解游程检验的操作。

1. 实验数据描述

数据文件"6-7"是某农场不同地块某种农作物产量的数据，我们抽取了 20 块地并观察其产量，利用游程检验该农场观察地块的抽取检查是否是随机的，本实验的原始数据如图 6-55 所示。

在 SPSS 的变量视图中建立"产量"变量，表示各地块该农作物的产量，如图 6-56 所示。

图 6-55　数据文件"6-7"的原始数据　　　图 6-56　数据文件"6-7"的变量视图

在 SPSS 活动数据文件的数据视图中，把相关数据输入到各个变量中，输入完毕后的部分数据如图 6-57 所示。

2. 实验操作步骤

实验的具体操作步骤如下：

步骤01　在菜单栏中选择"分析"|"非参数检验"|"旧对话框"|"游程"命令，打开"游程检验"对话框。

步骤02　从源变量列表框中选择"产量"变量，单击 ➡ 按钮将其选入"检验变量列表"列表框中。

图 6-57　数据文件"6-7"的数据视图

步骤03 单击“选项”按钮，在“游程：选项”对话框中选中“描述”复选框，单击“继续”按钮。

步骤04 在“割点”选项组中选中“平均值”复选框。

3. 实验结果分析

单击“确定”按钮，SPSS Statistics 查看器窗口的输出结果如图 6-58 和图 6-59 所示。图 6-58 给出了变量的“个案数”“平均值”“标准偏差”“最小值”和“最大值”描述性统计量。图 6-59 给出了相关的检验统计量，从图中可以看出，渐进显著性（双尾）为 0.962，大于显著性水平 0.05。故接受原假设，认为从该农场查看产量的地块抽取是随机的。

游程检验

	产量
检验值[a]	75.95
个案数 < 检验值	8
个案数 >= 检验值	12
总个案数	20
游程数	10
Z	-.048
渐近显著性（双尾）	.962

a. 平均值

图 6-59 检验统计量

描述统计

	个案数	平均值	标准 偏差	最小值	最大值
产量	20	75.95	11.095	55	92

图 6-58 描述性统计量

6.9 单样本 K-S 检验

6.9.1 单样本 K-S 检验简介

单样本 K-S 检验的思路是将样本观察值的分布和定制的理论分布进行比较，求出它们之间的最大偏离并检验这种偏离是否是偶然的。如果这种偏离是偶然的，则认为样本的观察结果来自所定制的理论分布总体。

6.9.2 单样本 K-S 检验的 SPSS 操作

（1）在菜单栏中选择“分析”|“非参数检验”|“旧对话框”|“单样本 K-S”命令，打开如图 6-60 所示的“单样本柯尔莫戈洛夫-斯米诺夫检验”对话框。

（2）选择变量。从源变量列表框中选择要进行单样本 K-S 检验的变量，单击➡按钮将其选入“检验变量列表”列表框中。

（3）进行相应的设置。“检验分布”设置选项组用于设置指定检验的分布类型的标准，系统可以检验正态分布、均匀分布、泊松分布和指数分布。

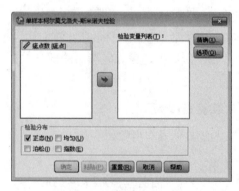

图 6-60 “单样本柯尔莫戈洛夫-斯米诺夫检验”对话框

（4）设置完毕后，单击“确定”按钮，即可在 SPSS Statistics 查看器窗口得到单样本 K-S 检验的结果。

6.9.3 实验操作

下面以数据文件"6-8"为例,讲解单样本 K-S 检验的操作。

1. 实验数据描述

数据文件"6-8"是某工艺品上出现疵点的数量,我们抽取了 50 件产品进行观察,利用单样本 K-S 检验疵点的分布是否服从泊松分布,本实验的原始数据如图 6-61 所示。

在 SPSS 的变量视图中建立"疵点"变量,表示工艺品上疵点的数量,如图 6-62 所示。

在 SPSS 活动数据文件的数据视图中,把相关数据输入到各个变量中,输入完毕后的部分数据如图 6-63 所示。

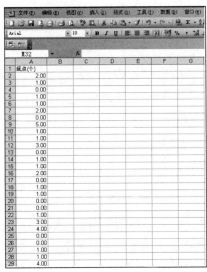

图 6-61 数据文件"6-8"的原始数据

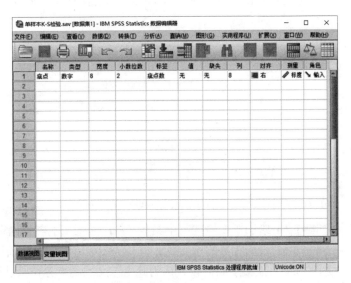

图 6-62 数据文件"6-8"的变量视图

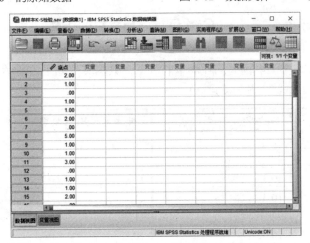

图 6-63 数据文件"6-8"的数据视图

2. 实验操作步骤

实验的具体操作步骤如下:

步骤 01　在菜单栏中选择"分析"|"非参数检验"|"旧对话框"|"单样本 K-S"命令，打开"单样本柯尔莫戈洛夫-斯米诺夫检验"对话框。

步骤 02　从源变量列表框中选择"疵点"变量，单击 ▶ 按钮将其选入"检验变量列表"列表框中。

步骤 03　单击"选项"按钮，打开"单样本 K-S：选项"对话框，选中"描述"复选框，单击"继续"按钮。

步骤 04　在"检验分布"选项组中选中"泊松"复选框。

3. 实验结果分析

SPSS Statistics 查看器窗口的输出结果如图 6-64 和图 6-65 所示。

描述统计

	个案数	平均值	标准偏差	最小值	最大值
疵点数	50	1.6800	1.54444	.00	6.00

图 6-64　描述性统计量

单样本柯尔莫戈洛夫-斯米诺夫检验

		疵点数
个案数		50
泊松参数[a,b]	平均值	1.6800
最极端差值	绝对	.081
	正	.081
	负	-.052
柯尔莫戈洛夫-斯米诺夫 Z		.569
渐近显著性（双尾）		.902

a. 检验分布为泊松分布
b. 根据数据计算

图 6-65　检验统计量

图 6-64 给出了变量的"个案数""平均值""标准偏差""最小值"和"最大值"描述性统计量。图 6-65 给出相关的检验统计量，从图中可以看出，渐进显著性（双尾）为 0.902，大于显著性水平 0.05。故接受原假设，认为此工艺品的疵点分布服从泊松分布。

6.10　上 机 题

6.1　本题调查了某车型 24 辆车的耗油量的数据，数据文件如下表所示。（数据路径：sample\上机题\chap06\习题\第 6 章第一题.sav）

耗油量（升/百公里）	耗油量（升/百公里）	耗油量（升/百公里）	耗油量（升/百公里）
9.8	9.7	9.8	9.6
10.9	9.7	10.7	10.1
9.9	10.3	10.4	10.3
10.5	10.5	11.1	9.9
9.6	9.9	11.2	9.6
10.2	10.6	10.1	10.1

试在 5%显著性水平下，检验该车型的耗油量是否服从正态分布。

6.2　本题给出了某种产品装箱重量的数据，调查者抽查了 20 件商品，建立"编号"和"重量"两个变量，数据文件如下表所示。（数据路径：sample\上机题\chap06\习题\第 6 章第二题.sav）

编号	重量（kg）	编号	重量（kg）	编号	重量（kg）
1	3.6	8	4	15	4.1
2	3.9	9	3.8	16	3.7
3	4.1	10	4.1	17	3.8
4	3.6	11	3.9	18	3.6
5	3.8	12	4	19	4
6	3.7	13	3.8	20	4.1
7	3.4	14	4.2		

试在 5%显著性水平下，检验该产品的包装重量差异是否是随机的。

6.3 某工厂使用两台机床加工零件，调查者调查了两台机床加工的零件直径，数据文件如下表所示。（数据路径：sample\上机题\chap06\习题\第 6 章第三题.sav）

机床 A（cm）	机床 B（cm）	机床 A（cm）	机床 B（cm）
1.04	1.08	1.14	1.2
1.15	1	1.65	1.7
1.86	1.9	1.92	1.86
1.75	1.9	1.87	1.85
1.82	1.8	1.76	1.78

试在 5%显著性水平下，检验两台机床加工出来的零件是否存在显著差异。

6.4 某工厂改进了技术，调查者随机抽取了 15 名工人，调查他们在工艺改进前后生产 100 件产品的时间，数据文件如下表所示。（数据路径：sample\上机题\chap06\习题\第 6 章第四题.sav）

改进前（小时/百件）	改进后（小时/百件）	改进前（小时/百件）	改进后（小时/百件）
70	48	65	51
76	54	65	48
58	60	75	56
63	64	66	48
63	48	56	64
56	55	59	50
58	54	70	54
60	45		

试在 5%显著性水平下，检验零件加工时间是否显著减少。

6.5 随机抛一枚硬币，记录正反面出现的顺序，出现正面时我们记作"1"，出现反面时我们记作"0"，数据文件如下表所示。（数据路径：sample\上机题\chap06\习题\第 6 章第五题.sav）

序号	结果	序号	结果	序号	结果
1	1	21	0	41	1
2	1	22	1	42	0
3	0	23	0	43	1
4	0	24	0	44	0

（续表）

序号	结果	序号	结果	序号	结果
5	1	25	1	45	1
6	0	26	0	46	0
7	0	27	0	47	1
8	1	28	1	48	0
9	0	29	1	49	1
10	0	30	0	50	0
11	0	31	0	51	0
12	1	32	0	52	1
13	1	33	1	53	1
14	0	34	1	54	0
15	1	35	1	55	1
16	1	36	1	56	0
17	1	37	0	57	0
18	0	38	0	58	1
19	0	39	0	59	0
20	0	40	1	60	1

试在5%显著性水平下，检验硬币正反面的出现是否服从二项分布。

6.6 某市环保局负责对十个监测点的空气质量进行检测，现在采用新方法对总悬浮颗粒物进行测量，空气中总悬浮颗粒物的含量分布未知。（数据路径：sample\上机题\chap06\习题\第 6 章第六题.sav）

序号	老方法（%）	新方法（%）	序号	老方法（%）	新方法（%）
1	3.46	3.47	6	51.34	50.28
2	2.18	2.29	7	21.3	22.59
3	5.34	5.04	8	4.35	4.08
4	9.15	9.35	9	0.02	0.01
5	1.13	0.98	10	5.62	5.28

试在5%显著性水平下，检验新旧方法是否存在显著差异。

6.7 某社区医院在查体中对 40 名居民的血清总胆固醇含量进行了测量，测量数据如下表所示。（数据路径：sample\上机题\chap06\习题\第 6 章第七题.sav）

序号	血清总胆固醇（mmol/L）	序号	血清总胆固醇（mmol/L）	序号	血清总胆固醇（mmol/L）
1	4.76	15	7.21	29	4.88
2	3.36	16	5.53	30	6.24
3	6.13	17	3.92	31	5.31
4	3.94	18	5.20	32	4.49
5	3.55	19	5.17	33	4.62
6	4.22	20	5.76	34	3.60

(续表)

序号	血清总胆固醇（mmol/L）	序号	血清总胆固醇（mmol/L）	序号	血清总胆固醇（mmol/L）
7	4.30	21	4.78	35	4.44
8	4.70	22	5.12	36	4.42
9	5.68	23	5.19	37	4.03
10	4.55	24	5.09	38	5.84
11	4.37	25	4.69	39	4.08
12	5.38	26	4.73	40	3.34
13	6.29	27	3.50		
14	5.20	28	4.37		

试在 5%显著性水平下，检验该社区居民的血清胆固醇含量是否服从指数分布。

6.8 某市进行公务员公开招考，面试的考试分为三个组，由不同的面试组专家进行面试，各组考生的面试得分如下表所示（数据路径：sample\上机题\chap06\习题\第6章第八题.sav）。

组一	组二	组三
4.76	6.29	4.73
3.36	5.20	3.50
6.13	7.21	4.37
3.94	5.53	4.88
3.55	3.92	6.24
4.22	5.20	5.31
4.30	5.17	4.49
4.70	5.76	4.62
5.68	4.78	3.60
4.55	5.12	4.44
4.37	5.19	4.42
5.38	5.09	4.03
4.08	4.69	5.84

试在 5%显著性水平下，检验该三组面试专家的打分有无显著差异。

第 7 章　方差分析

方差分析是一种假设检验,它把观测总变异的平方和与自由度分解为对应不同变异来源的平方和与自由度,将某种控制性因素所导致的系统性误差和其他随机性误差进行对比,从而推断各组样本之间是否存在显著性差异,以分析该因素是否对总体存在显著性影响。方差分析法采用离差平方和对变差进行度量,从总离差平方和分解出可追溯到指定来源的部分离差平方和。方差分析在经济学、管理学、医学、心理学和生物学等方面具有广泛的应用,SPSS 也提供了强大的方差分析功能,本章将对几种常用的方差分析的 SPSS 实现过程进行介绍。

7.1　单因素方差分析

7.1.1　单因素方差分析的基本原理

单因素方差分析也称为一维方差分析,用于分析单个控制因素取不同水平时因变量的均值是否存在显著性差异。单因素方差分析基于各观测量来自于相互独立的正态样本和控制变量不同水平的分组之间的方差相等的假设。单因素方差分析将所有的方差划分为可以由该因素解释的系统性偏差部分和无法由该因素解释的随机性偏差,如果系统性偏差明显超过随机性偏差,则认为该控制因素取不同水平时因变量的均值存在显著性差异。

7.1.2　单因素方差分析的 SPSS 操作

(1)在菜单栏中选择"分析"|"比较平均值"|"单因素 ANOVA 检验"命令,打开如图 7-1 所示的"单因素 ANOVA 检验"对话框。

(2)选择变量。从源变量列表框中选择需要进行方差分析的因变量,单击 ▶ 按钮将其选入"因变量列表"列表框中;选择因子变量,并将其选入"因子"列表框中。

- "因变量列表"列表框:该列表框中的变量为要进行方差分析的目标变量,称为因变量,因变量一般为度量变量,类型为数值型。
- "因子"列表框:该列表框中的变量为因子变量,又称自变量,主要用来分组。如果要比较两种教学方法下学生的数学成绩是否一致,则数学成绩变量就是因变量,教学方法就是因子变量。自变量为分类变量,其取值可以为数字,也可以为字符串。因子变量值应为整数,并且为有限个类别。

"亩产量"应选入"因变量列表"列表框中,"施肥类型"为因子,选入"因子"列表框中,如图 7-2 所示。

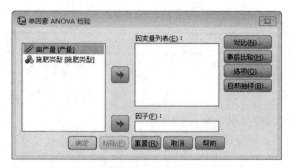
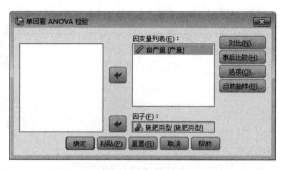

图 7-1 "单因素 ANOVA 检验"对话框　　　图 7-2 单因素方差分析的变量选择

（3）进行相应的设置。

1．"对比"设置

单击"对比"按钮，弹出如图 7-3 所示的"单因素 ANOVA 检验：对比"对话框。

① "多项式"复选框：该复选框用于对组间平方和划分成趋势成分，或者指定先验对比，按因子顺序进行趋势分析。一旦用户选中"多项式"复选框，则"等级"下拉列表框就会被激活，然后就可以对趋势分析指定多项式的形式，如"线性""二次项""立方""四次项""五次项"。

② "系数"文本框：该文本框用于对组间平均数进行比较定制，即指定的用 t 统计量检验的先验对比。为因子变量的每个组（类别）输入一个系数，每次输入后单击"添加"按钮，每个新值都添加到系数列表框的底部。要指定其他对比组，可单击"下一页"按钮。利用"下一页"和"上一页"按钮在各组对比间移动。系数的顺序很重要，因为该顺序与因子变量类别值的升序相对应。列表框中的第一个系数与因子变量的最低组值相对应，而最后一个系数与最高组值相对应。

2．"事后比较"设置

单击"事后比较"按钮，弹出如图 7-4 所示的"单因素 ANOVA 检验：事后多重比较"对话框。

① "假定等方差"选项组：该选项组主要用于在假定等方差下进行两两范围检验和成对多重比较，共有 14 种检验方法，如表 7-1 所示。

图 7-3 "单因素 ANOVA 检验：对比"对话框　　　图 7-4 "单因素 ANOVA 检验：事后多重比较"对话框

表 7-1 假定等方差下的检验方法

方　法	简　介
LSD	最小显著性差异法，主要使用 t 检验对组均值之间的所有成对比较，检验敏感度较高，对多个比较的误差率不做调整
邦弗伦尼	修正 LSD 方法，同样是使用 t 检验在组均值之间进行成对比较，但通过将每次检验的错误率设置为实验性质的错误率除以检验总数来控制总体误差率
斯达克	基于 t 统计量的成对多重比较检验，可以调整多重比较的显著性水平，相对于修正 LSD 方法提供更严密的边界
雪费	使用 F 取样分布，为均值所有可能的成对组合进行并发的联合成对比较，可用来检查组均值的所有可能的线性组合，而非仅限于成对组合，但该方法敏感度不高
R-E-G-W F	基于 F 检验的 Ryan-Einot-Gabriel-Welsch 多步进过程
R-E-G-W Q	基于 T 极差的 Ryan-Einot-Gabriel-Welsch 多步进过程
S-N-K	使用 T 范围分布在均值之间进行所有成对比较，同时使用步进式过程比较具有相同样本大小的同类子集内的均值对。均值按从高到低排序，首先检验极端的差分值
图基	使用 T 范围统计量进行组间所有成对比较，并将实验误差率设置为所有成对比较的集合误差率
图基 s-b	使用 T 范围分布在组之间进行成对比较
邓肯	用与 Student-Newman-Keuls 检验所使用的完全一样的逐步顺序成对比较，但为单个检验的错误率设置保护水平
霍赫伯格 GT2	使用学生化最大模数的多重比较和范围检验，与图基真实显著性差异检验相似
加布里埃尔	使用学生化最大模数的成对比较检验，并且当单元格大小不相等时，它通常比霍赫伯格 GT2 更为强大，但当单元大小变化过大时，加布里埃尔检验可能会变得随意
沃勒-邓肯	基于 t 统计的多比较检验，使用 Bayesian 方法，需要在输入框中指定类型 I 与类型 II 的误差比
邓尼特	将一组处理与单个控制均值进行比较的成对多重比较 t 检验，在"检验"中选择检验方法："双侧"检验任何水平（除了控制类别外）的因子的均值是否不等于控制类别的均值；"<控制"检验任何水平的因子的均值是否小于控制类别的均值；">控制"检验任何水平的因子的均值是否大于控制类别的均值

这 14 种假定等方差下的两两范围检验和成对多重比较检验方法中，比较常用的是邦弗伦尼、图基和雪费方法。

② "不假定等方差"选项组：该选项组主要用于在不假定等方差下进行两两范围检验和成对多重比较，选项组中含有 4 个复选框：

- "塔姆黑尼 T2"复选框：选中该复选框，表示输出基于 t 检验的保守成对比较结果。
- "邓尼特 T3"复选框：选中该复选框，表示执行学生化最大值模数的成对比较检验。
- "盖姆斯-豪厄尔"复选框：选中该复选框，表示执行方差不齐的成对比较检验，且该方法比较常用。
- "邓尼特 C"复选框：选中该复选框，表示执行基于学生化范围的成对比较检验。

③ "显著性水平"文本框。该文本框用于指定两两范围检验和成对多重比较检验的显著水平，输入范围是 0.01～0.99，系统默认为 0.05。

3. "选项"设置

单击"选项"按钮,弹出如图 7-5 所示的"单因素 ANOVA 检验:选项"对话框。

① "统计"选项组:该选项组主要用于指定输出的统计量,包括:

- 描述:表示要输出每个因变量的个案数、平均值、标准差、均值标准误差、最小值、最大值和 95%置信区间。
- 固定和随机效应:表示把数据看作面板数据进行回归,以计算固定效应模型的标准差、标准误差和 95%置信区间,以及随机效应模型的标准误差、95%置信区间和成分间方差估计。
- 方差齐性检验:即莱文方差齐性检验。
- 布朗-福塞斯:表示计算布朗-福塞斯统计量以检验组均值是否相等,特别是当莱文方差齐性检验显示方差不等时,该统计量优于 F 统计量。
- 韦尔奇:计算 Welch 统计量以检验组均值是否相等,与布朗-福塞斯类似,当莱文方差齐性检验显示方差不等时,该统计量优于 F 统计量。

图 7-5 "单因素 ANOVA 检验:选项"对话框

② "缺失值"选项组:该选项组主要用于当检验多个变量,有一个或多个变量的数据缺失时,可以指定检验剔除哪些个案,有两种方法:

- 按具体分析排除个案:表示给定分析中的因变量或因子变量有缺失值的个案不用于该分析,也不使用超出因子变量指定范围的个案。
- 成列排除个案:表示因子变量有缺失值的个案,或者在主对话框"因变量列表"列表框中缺失的个案都排除在所有分析之外。如果尚未指定多个因变量,那么这个选项不起作用。

③ "平均值图"复选框:该复选框用于绘制每组的因变量平均值分布图,组别是根据因子变量控制的。

设置完毕后,单击"继续"按钮,返回"单因素 ANOVA 检验"对话框。单击"确定"按钮,即可在 SPSS Statistics 查看器窗口得到单因素方差分析的结果。

7.1.3 实验操作

下面以数据文件"7-1"为例,讲解单因素方差分析的具体操作过程并对结果进行说明。

1. 实验数据描述

数据文件"7-1"是某农业大学对使用不同肥料的实验对比数据,对同一种作物的不同实验田分别施用普通钾肥、控释肥和复合肥并观测产量。下面将利用单因素方差分析来分析不同的施肥量对亩产量的影响,本实验的原始数据如图 7-6 所示。

在 SPSS 的变量视图中建立变量"产量"和"施肥类型",分别表示实验田产量和实验田的施肥类型。"施肥类型"变量中分别用"1、2、3"代表普通钾肥、控释肥、复合肥，如图7-7所示。

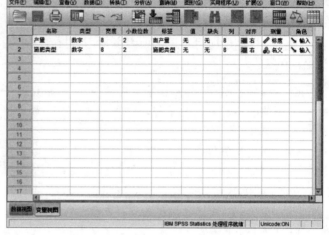

图7-6 数据文件"7-1"的原始数据　　　　图7-7 数据文件"7-1"的变量视图

在 SPSS 活动数据文件的数据视图中，把相关数据输入到各个变量中，输入完毕后的部分数据如图7-8所示。

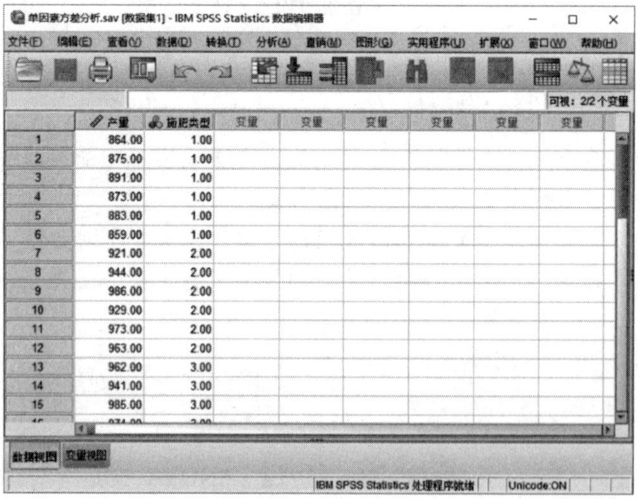

图7-8 数据文件"7-1"的数据视图

2. 实验操作步骤

实验的具体操作步骤如下：

步骤01 在菜单栏中选择"分析"|"比较平均值"|"单因素 ANOVA 检验"命令，打开"单因素 ANOVA 检验"对话框。

步骤02 将"亩产量"选入"因变量列表"列表框中；将"施肥类型"选入"因子"列表框中。

步骤03 单击"选项"按钮，打开"单因素 ANOVA 检验：选项"对话框，选中"方差齐性检验”“平均值图”复选框，然后单击“继续”按钮，保存设置结果。

步骤 04 单击“事后比较”按钮，打开“单因素 ANOVA 检验：事后多重比较”对话框，选中“邦弗伦尼”复选框，单击“继续”按钮。

步骤 05 单击“对比”按钮，打开“单因素 ANOVA 检验：对比”对话框，选中“多项式”复选框，并将“等级”设为“线性”，单击“继续”按钮。

步骤 06 单击“确定”按钮，输出分析结果。

3. 实验结果及分析

SPSS Statistics 查看器窗口的输出结果如图 7-9~图 7-12 所示。

图 7-9 给出了方差齐性检验的结果，从图中可以看出，莱文方差齐性检验的显著性为 0.080，大于显著水平 0.05，因此可以认为样本数据之间的方差是齐次的。

图 7-10 给出了单因素方差分析的结果，从图中可以看出，组间平方和是 28254.778，组内平方和是 5877.000，其中组间平方和的 F 值为 36.058，显著性是 0.000，小于显著水平 0.05，因此我们认为不同的施肥类型对亩产量有显著的影响。另外，图中也给出了线性形式的趋势检验结果，组间变异被施肥类型所能解释（对比）的部分是 23585.333，被其他因素解释（偏差）的有 4669.444，并且组间变异被施肥类型所能解释的部分是非常显著的。

方差齐性检验

		莱文统计	自由度 1	自由度 2	显著性
亩产量	基于平均值	3.009	2	15	.080
	基于中位数	2.639	2	15	.104
	基于中位数并具有调整后自由度	2.639	2	13.403	.108
	基于剪除后平均值	3.008	2	15	.080

图 7-9　等方差检验

ANOVA

亩产量

			平方和	自由度	均方	F	显著性
组间	（组合）		28254.778	2	14127.389	36.058	.000
	线性项	对比	23585.333	1	23585.333	60.197	.000
		偏差	4669.444	1	4669.444	11.918	.004
组内			5877.000	15	391.800		
总计			34131.778	17			

图 7-10　单因素方差分析

图 7-11 给出了多重比较的结果，*表示该组均值差是显著的。因此，从图中可以看出，第一组和第二组、第三组的亩产量均值差是非常明显的，但是第二组与第三组的亩产量均值差却不是很明显。另外，还可以得到每组之间均值差的标准误差、置信区间等信息。

多重比较

因变量：亩产量
邦弗伦尼

(I) 施肥类型	(J) 施肥类型	平均值差值 (I-J)	标准误差	显著性	95% 置信区间 下限	95% 置信区间 上限
1.00	2.00	-78.50000*	11.42804	.000	-109.2841	-47.7159
	3.00	-88.66667*	11.42804	.000	-119.4508	-57.8825
2.00	1.00	78.50000*	11.42804	.000	47.7159	109.2841
	3.00	-10.16667	11.42804	1.000	-40.9508	20.6175
3.00	1.00	88.66667*	11.42804	.000	57.8825	119.4508
	2.00	10.16667	11.42804	1.000	-20.6175	40.9508

*. 平均值差值的显著性水平为 0.05。

图 7-11　多重比较结果

图 7-12 给出了各组的平均值图。从图中可以清楚地看到，不同的施肥类型对应的不同的亩产量均值。可见，第一组的亩产最低，且与其他两组的亩产均值相差较大，而第二组和第三组之间的亩产均值差异不大，这个结果和多重比较的结果非常一致。

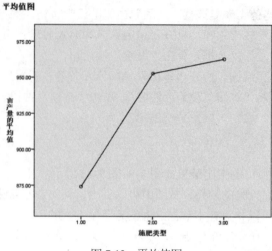

图 7-12 平均值图

7.2 多因素方差分析

7.2.1 多因素方差分析的基本原理

多因素方差分析用于分析两个或两个以上控制变量影响下的多组样本的均值是否存在显著性差异。多因素方差分析不但可以分析单个因素对因变量的影响，也可以对因素之间的交互作用进行分析，还可以进行协方差分析。

7.2.2 多因素方差分析的 SPSS 操作

打开相应的数据文件或者建立一个数据文件后，就可以在 SPSS Statistics 数据编辑器窗口中进行单因变量的多因素方差分析。

（1）在菜单栏中选择"分析"|"一般线性模型"|"单变量"命令，打开如图 7-13 所示的"单变量"对话框。

（2）选择变量。对话框中有 5 个列表框，具体如下（协变量的分析此处不做深入介绍，将在本章第 4 节中讨论）：

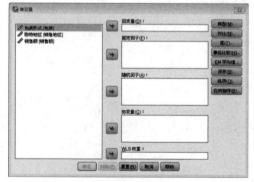

图 7-13 "单变量"对话框

- 因变量：该列表框中的变量为要进行方差分析的目标变量。"因变量"列表框中只能选择唯——个变量。

- 固定因子：该列表框中的变量为固定控制变量，主要用来分组。固定控制变量的各个水平一般是可以人为控制的，如实验的温度、水分等。因子自变量为分类变量，其取值可以为数字，也可以为字符串。因子变量值应为整数，并且为有限个类别。

- 随机因子：该列表框中的变量为随机控制变量，也用来分组。与固定控制变量不同的是，随机控制变量的各个水平一般是不可以人为控制的，如体重、身高等。
- 协变量：该列表框中的变量是与因变量相关的定量变量，用来控制与因子变量有关且影响方差分析的目标变量的其他干扰因素，类似于回归分析中的控制变量。
- WLS 权重：该列表框为加权最小二乘分析指定权重变量。如果加权变量的值为 0、负数或缺失，则将该个案从分析中排除。已用在模型中的变量不能用作加权变量。

将图 7-13 中的变量选入上述列表框中，结果如图 7-14 所示。

（3）进行相应的设置。

1. "模型"设置

单击"模型"按钮，弹出如图 7-15 所示的"单变量：模型"对话框。

图 7-14 多因素方差分析变量选择

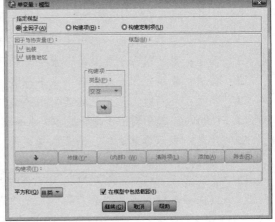

图 7-15 "单变量：模型"对话框

① "指定模型"选项组：在该选项组中为单因变量多因素分析指定方差分析的模型，有三种：一是"全因子"，即全因子模型，包含所有因子主效应、所有协变量主效应及所有因子间交互，不包含协变量交互；二是"构建项"，表示可以仅指定其中一部分的交互或指定因子协变量交互，必须指定要包含在模型中的所有项；三是构建定制项，如果要包含嵌套项，或者想要按变量显式构建任何项，才使用该选项。

一旦选中"定制"单选按钮，下方的"因子与协变量""构建项""模型"项均被激活。"因子与协变量"列表框中列出了所有参与分析的因子与协变量。"构建项"的"类型"下拉列表框中有 5 种模型形式可供选择：

- 交互：表示模型中含有所选变量的交互项。
- 主效应：表示模型中仅考虑各个控制变量的主效应而不考虑变量之间的交互项。
- "所有二阶""所有三阶""所有四阶"：表示模型中要考虑所有二维、三维、四维的交互效应。

② "平方和"下拉列表框：该下拉列表框用于指定计算平方和的方法，主要有 4 种类型：

- I 类：表示分层处理平方和，仅处理主效应项。
- II 类：表示处理所有其他效应。

- □ III 类：表示可以处理 I 类和 II 类中的所有效应。
- □ IV 类：表示对任何效应都处理，但对于没有缺失单元的平衡或非平衡模型，III 类平方和方法最常用，也是系统默认的。

③ "在模型中包括截距" 复选框：该复选框用于决定是否在模型中包括截距，如果认为数据回归线可以经过坐标轴原点的话，就可以在模型中不含截距，但是一般系统默认含有截距项。

2. "对比"设置

单击"对比"按钮，弹出如图 7-16 所示的"单变量：对比"对话框。

① "因子"列表框：该列表框用于存放多因素方差分析中的因子变量，选择需要对比的因子就可以激活"更改对比"选项组，可对要进行对比的因子设置对比方式。

② "更改对比"选项组：该选项组主要用于检验因子水平之间的差值，可以为模型中的每个因子指定对比，包括 7 种对比方法：

- □ 无：表示不进行因子各个水平间的任何对比。
- □ 偏差：表示对因子变量每个水平与总平均值进行对比。
- □ 简单：表示对因子变量各个水平与第一个水平和最后一个水平的均值进行对比。
- □ 差值：表示对因子变量的各个水平都与前一个水平进行做差比较，第一个水平除外。
- □ Helmert：表示对因子变量的各个水平都与后面的水平进行做差比较，最后一个水平除外。
- □ 重复：表示重复比较，除第一类之外，因素变量的每个分类都与后面所有分类的平均效应进行比较。
- □ 多项式：表示对每个水平按因子顺序进行趋势分析。对于"偏差"和"简单"对比，可以选择参照水平是"最后一个"或"第一个"。

3. "图"设置

单击"图"按钮，弹出如图 7-17 所示的"单变量：轮廓图"对话框。

图 7-16 "单变量：对比"对话框

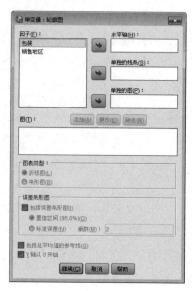

图 7-17 "单变量：轮廓图"对话框

- "因子"列表框：该列表框中主要存放各个因子变量。
- "水平轴"列表框：从"因子"列表框中选入，"水平轴"列表框中的变量是均数轮廓图中的横坐标。
- "单独的线条"列表框：从"因子"列表框中选入，用来绘制分离线的。
- "单独的图"列表框：从"因子"列表框中选入，用来创建分离图。

当"水平轴""单独的线条"或"单独的图"列表框中有变量时，下方的"添加""更改""除去"按钮就会被激活，单击"添加"按钮即可将选择的变量加入"图"列表框。

4. "事后比较"设置

单击"事后比较"按钮，弹出如图 7-18 所示的"单变量：实测平均值的事后多重比较"对话框。该对话框的作用在于一旦确定均值间存在差值，两两范围检验和成对多重比较就可以确定哪些均值存在差值，同样包含假定等方差和不假定等方差两种，与单因素方差分析中的"假定等方差"和"不假定等方差"选项组相同，此处不再重复。

5. "保存"设置

单击"保存"按钮，弹出如图 7-19 所示的"单变量：保存"对话框。该对话框主要用于在数据编辑器中将模型预测的值、残差和相关测量另存为新变量，包括 4 个选项组。

① "预测值"选项组：该选项组用于保存模型为每个个案预测的值，含有 3 个复选框：

- 未标准化：表示模型为因变量预测的值。
- 加权：表示加权未标准化预测值，仅在已经选择了 WLS 变量的情况下可用。
- 标准误差：表示对于自变量具有相同值的个案所对应的因变量均值标准差的估计。

图 7-18 "单变量：实测平均值的事后多重比较"对话框   图 7-19 "单变量：保存"对话框

② "残差"选项组：该选项组用于保存模型的残差，含有 5 个复选框：

- 未标准化：表示因变量的实际值减去由模型预测的值。

- 加权：表示在选择了 WLS 变量时提供加权的未标准化残差。
- 标准化：表示对残差进行标准化的值。
- 学生化：表示 Student 化的残差。
- 删除后：表示剔除残差。

③ "诊断"选项组：该选项组用于标识自变量的值具有不寻常组合的个案和可能对模型产生很大影响的个案的测量，包括两个复选框：

- 库克距离：表示在特定个案从回归系数的计算中排除的情况下，所有个案残差变化幅度的测量，较大的库克距离表明从回归统计量的计算中排除个案之后，系数会发生根本变化。
- 杠杆值：表示未居中的杠杆值，每个观察值对模型拟合的相对影响。

④ "系数统计"选项组：该选项组用于保存模型中的参数估计值的协方差矩阵，一旦选中"创建系数统计"复选框，下面两个单选按钮就会被激活：

- 创建新数据集：表示将参数估计值的协方差矩阵写入当前会话中的新数据集。
- 写入新数据文件：表示将参数估计值的协方差矩阵写入外部 SPSS Statistics 数据文件。其中，对于每个因变量，都有一行参数估计值、一行与参数估计值对应的 t 统计量的显著性值及一行残差自由度。

6. "选项"设置

单击"选项"按钮，弹出如图 7-20 所示的"单变量：选项"对话框。

该对话框中提供一些基于固定效应模型计算的统计量，包括：

① "因子与因子交互"列表框：该列表框中是所有因子变量和"OVERALL"变量，从中选择变量并单击 按钮就可以将其选入"显示下列各项的平均值"列表框中。

② "显示下列各项的平均值"列表框：该列表框中的变量用来输出该变量的估算边际均值、标准误差等统计量。当该列表框中含有变量时，下方"比较主效应"复选框就会被激活，该复选框表示为模型中的任何主效应提供估计边际均值未修正的成对比较，但必须在"显示下列各项的平均值"列表框中含有主效应变量。

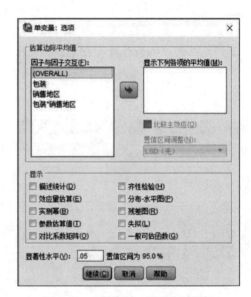

图 7-20　"单变量：选项"对话框

③ "显示"选项组：该选项组主要用于指定输出的统计量，有 10 个复选框，其功能如表 7-2 所示。

表7-2 "显示"选项组中各复选框的功能

选项	功能
描述统计	因变量的平均值、标准差和计数
齐性检验	输出进行方差齐性的莱文检验
效应量估算	输出每个功效和参数估计值的偏eta方值
分布-水平图	输出不同水平因变量均值对标准差和方差的图
实测幂	输出功效显著的Alpha值，系统默认的显著水平为0.05
残差图	输出模型残差图
参数估算值	输出参数估计值、标准误差、t检验、置信区间和检验效能
失拟	检查因变量和自变量之间的关系是否能由模型充分地描述
对比系数矩阵	输出对比系数L矩阵
一般可估函数	进行基于常规可估计函数构造定制的假设检验

④ "显著性水平"文本框：该文本框主要用于指定上述统计量的显著水平。

设置完毕后，单击"确定"按钮，即可在 SPSS Statistics 查看器窗口得到单因变量多因素方差分析的结果。

7.2.3 实验操作

下面以数据文件"7-2"为例，讲解多因素方差分析的具体操作过程并对结果进行说明。

1. 实验数据的描述

数据文件"7-2"是某种果汁在不同地区的销售数据，调查人员统计了易拉罐包装和玻璃瓶包装的饮料在三个地区的销售金额。下面利用多因素方差分析方法分析销售地区和包装方式对销售金额的影响，本实验的原始数据如图7-21所示。

在 SPSS 的变量视图中建立变量"包装""销售地区"和"销售额"，分别表示饮料的包装、不同的销售地区和销售额。其中，"销售地区"变量中分别用"1、2、3"代表"地区A、地区B、地区C"，"包装"变量中分别用"0、1"代表"易拉罐、玻璃瓶"，如图7-22所示。

图7-21 数据文件"7-2"的原始数据　　图7-22 数据文件"7-2"的变量视图

在 SPSS 活动数据文件的数据视图中，把相关数据输入到各个变量中，输入完毕后的部分数据如图 7-23 所示。

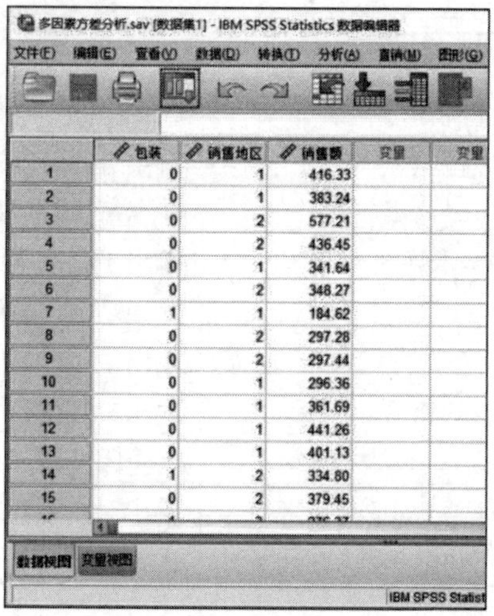

2. 实验操作步骤

实验的具体操作步骤如下：

步骤01 在菜单栏中选择"分析"|"一般线性模型"|"单变量"命令，打开"单变量"对话框。

步骤02 将"销售额"选入"因变量"列表框；将"包装形式"和"销售地区"变量选入"固定因子"列表框。

步骤03 单击"模型"按钮，弹出"单变量：模型"对话框，选中"全因子"单选按钮，其他为默认，然后单击"继续"按钮保存设置结果。

图 7-23 数据文件"7-2"的数据视图

步骤04 单击"选项"按钮，弹出"单变量：选项"对话框，选中"齐性检验""描述统计""分布-水平图"复选框，单击"继续"按钮。

步骤05 单击"确定"按钮，输出分析结果。

3. 实验结果及分析

SPSS Statistics 查看器窗口的输出结果如图 7-24~图 7-29 所示。

图 7-24 给出了主要的因子列表，从图中可以看出，两个因子变量的各个水平及每个水平上的观测值数目。

图 7-25 给出了因变量在各个因素下的一些描述性统计量，从图中可以看出，不同包装形式和销售地区的销售额的平均值、标准偏差及个案数。

图 7-26 给出了因变量在各个因素水平下的误差方差的莱文检验结果，从图中可以看出，检验的零假设是：在所有组中因变量的误差方差均相等，显著性是 0.330，大于显著性水平 0.05 或 0.10，因此可以认为因变量在各个因素水平下的误差方差相等。

主体间因子

		值标签	个案数
包装形式	0	易拉罐	185
	1	玻璃瓶	166
购物地区	1	地区A	70
	2	地区B	222
	3	地区C	59

图 7-24 主体间因子

描述统计

因变量：销售额

包装形式	购物地区	平均值	标准偏差	个案数
易拉罐	地区A	413.0657	90.86574	35
	地区B	440.9647	98.23860	120
	地区C	407.7747	69.33334	30
	总计	430.3043	93.47877	185
玻璃瓶	地区A	343.9763	100.47207	35
	地区B	361.7205	90.46076	102
	地区C	405.7269	80.57058	29
	总计	365.6671	92.64058	166
总计	地区A	378.5210	101.25839	70
	地区B	404.5552	102.48440	222
	地区C	406.7681	74.42114	59
	总计	399.7352	98.40821	351

图 7-25 描述性统计量

图 7-27 给出了主体间效应检验结果，从图中可以看出，整个模型的 F 统计量为 11.092，显著性是 0.000，可见此方差分析模型是非常显著的，但是 R 方只有 0.138，说明销售额的变异能被“包装”“销售地区”及两者的交互效应解释的部分仅有 13.8%。其中，“包装”“包装*销售地区”对销售额有显著的影响（相应的显著性都小于 0.05），但“销售地区”对销售额却没有显著的影响。

误差方差的莱文等同性检验[a,b]

		莱文统计	自由度 1	自由度 2	显著性
销售额	基于平均值	1.157	5	345	.330
	基于中位数	.927	5	345	.463
	基于中位数并具有调整后自由度	.927	5	325.629	.463
	基于剪除后平均值	1.091	5	345	.365

检验“各个组中的因变量误差方差相等”这一原假设。

a. 因变量：销售额

b. 设计：截距 + 包装 + 销售地区 + 包装 * 销售地区

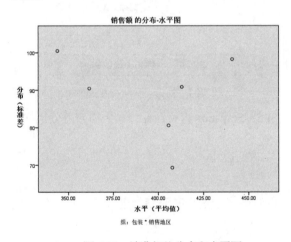

图 7-26　误差方差的莱文等同性检验

主体间效应检验

因变量:　销售额

源	III 类平方和	自由度	均方	F	显著性
修正模型	469402.996[a]	5	93880.599	11.092	.000
截距	39359636.39	1	39359636.39	4650.274	.000
包装	158037.442	1	158037.442	18.672	.000
销售地区	33506.210	2	16753.105	1.979	.140
包装 * 销售地区	69858.325	2	34929.163	4.127	.017
误差	2920058.824	345	8463.939		
总计	59475118.44	351			
修正后总计	3389461.820	350			

a. R 方 = .138（调整后 R 方 = .126）

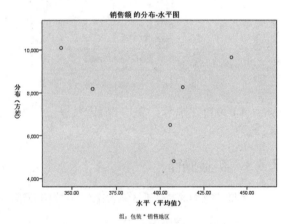

图 7-27　主体间效应检验

图 7-28 给出了销售额关于标准差额的分布和水平图。该图绘制了标准差对各个水平上均值的分布图，来源于图 7-25 中描述性统计量的平均值和标准偏差。从图中可以看出，各个水平均值下的标准差并没有递增或递减的趋势，进一步验证了图 7-26 误差方差的莱文检验结果。

图 7-29 给出了销售额在各个因素水平下的估算边际均值，该图是以包装方式为分线对销售地区的边际均值，并根据图 7-25 中的平均值所绘制。从图中可以看出，易拉罐和玻璃瓶两个水平并没有交叉，说明包装方式对销售额的影响十分显著，这与图 7-27 中对“包装”的分析结果具有一致性。

图 7-28　消费额的分布和水平图

图 7-29　消费额的估算边际均值

7.3　协方差分析

7.3.1　协方差分析的基本原理

协方差分析的基本思想是将难以人为控制的因素作为协变量，首先通过线性回归方法消除干扰因素的影响，然后进行方差分析。协方差分析中认为因变量的变化受 4 个因素的影响，即控制变量的独立与交互作用、协变量的作用和随机因素的作用，协方差分析在消除了协变量的影响后再分析控制变量对观测变量的作用。

7.3.2 协方差分析的 SPSS 操作

（1）在菜单栏中选择"分析"|"一般线性模型"|"单变量"命令，打开如图 7-30 所示的"单变量"对话框。

（2）选择变量。从源变量列表框中选择需要进行协方差分析的因变量，单击 按钮将选中的变量选入"因变量"列表框中；然后依次选入"固定因子"变量、"随机因子"变量、"协变量"变量，如图 7-31 所示。

"因变量""固定因子""随机因子""协变量""WLS 权重"列表框的功能和用法与多因素方差分析相同，此处不再赘述，读者可以参考相关章节。

（3）进行相应的设置。"单变量"对话框中的"模型""对比""图""事后比较""保存""选项"的具体设置方法与多因素方差分析相同，此处不再赘述。

图 7-30　"单变量"对话框

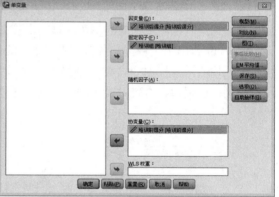
图 7-31　协方差分析变量选择

（4）设置完毕后，单击"确定"按钮，即可在 SPSS Statistics 查看器窗口得到协方差分析的结果。

7.3.3 实验操作

下面以数据文件"7-3"为例，讲解协方差分析的具体操作过程并对结果进行说明。

1. 实验数据描述

数据文件"7-3"是对 3 个小组采用不同的培训方法进行培训前后的测试得分数据。尽管研究的是 3 种培训方法对学员成绩的影响，但是学员培训后的成绩不仅与相应的培训方法有关，而且受到自身条件的影响，因此必须考虑培训前学员的得分情况。下面将利用协方差分析方法对该数据文件进行分析，本实验的原始数据如图 7-32 所示。

在 SPSS 的变量视图中建立变量"培训组""培训后得分"和"培训前得分"，分别表示销售人员所在的培训组和培训前后的得分，如图 7-33 所示。

第 7 章 方差分析   159

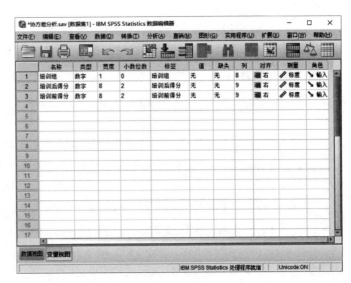

图 7-32 数据文件"7-3"的原始数据　　　图 7-33 数据文件"7-3"的变量视图

在 SPSS 活动数据文件的数据视图中，把相关数据输入到各个变量中，输入完毕后的部分数据如图 7-34 所示。

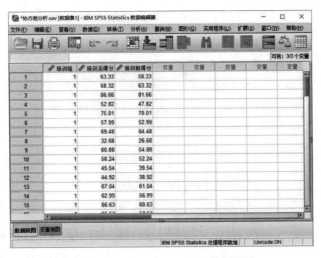

图 7-34 数据文件"7-3"的数据视图

2. 实验操作步骤

实验的具体操作步骤如下：

步骤 01 在菜单栏中选择"分析"|"一般线性模型"|"单变量"命令，打开"单变量"对话框。

步骤 02 将"培训后得分"选入"因变量"列表框；将"培训组"选入"固定因子"列表框；将"培训前得分"选入"协变量"列表框。

步骤 03 单击"模型"按钮，弹出"单变量：模型"对话框，选中"全因子"单选按钮，其他为默认，单击"继续"按钮。

步骤 04 单击"选项"按钮，弹出"单变量：选项"对话框，选中"描述统计"复选框，然后单击“继续”按钮，保存设置结果。

步骤05 单击“确定”按钮，输出分析结果。

3. 实验结果及分析

SPSS Statistics 查看器窗口的输出结果如图 7-35 和图 7-36所示。

图 7-35 给出了本实验的一些基本描述性统计量，从图中可以看到三个培训组经过培训后的平均值、标准偏差和个案数。

描述统计

因变量：培训后得分

培训组	平均值	标准偏差	个案数
1	63.5798	13.50858	20
2	73.5677	10.60901	20
3	79.2792	4.40754	20
总计	72.1422	12.00312	60

图 7-35　描述性统计量

图 7-36 给出了本实验的协方差分析结果。同时为了对比研究，图 7-36 也给出了没有协变量的方差分析结果。从图中可以看出，整个模型的 F 值是 1355.643，显著性是 0.000，可见此方差分析模型是非常显著的，并且调整后 R 方是 0.986，说明培训后得分的变异能被“培训前得分”“培训组”解释的部分有 98.6%，而若不考虑，协变量“培训前得分”的方差分析模型的判决系数只有 29.3%。协变量“培训前得分”的显著性只有 0.000，小于显著水平 0.05，可见是非常显著的，并且能被协变量“培训前得分”解释的离差平方和有 5859.267，而被“培训组”解释的只有 441.026，因此忽略协变量“培训前得分”是不合适的。

主体间效应检验

因变量：培训后得分

源	III 类平方和	自由度	均方	F	显著性
修正模型	8384.958[a]	3	2794.986	1355.643	.000
截距	174.744	1	174.744	84.755	.000
培训前得分	5859.267	1	5859.267	2841.902	.000
培训组	441.026	2	220.513	106.955	.000
误差	115.458	56	2.062		
总计	320770.453	60			
修正后总计	8500.415	59			

a. R 方 = .986（调整后 R 方 = .986）

主体间效应检验

因变量：培训后得分

源	III 类平方和	自由度	均方	F	显著性
修正模型	2525.691[a]	2	1262.846	12.048	.000
截距	312270.037	1	312270.037	2979.115	.000
培训组	2525.691	2	1262.846	12.048	.000
误差	5974.724	57	104.820		
总计	320770.453	60			
修正后总计	8500.415	59			

a. R 方 = .297（调整后 R 方 = .272）

图 7-36　协方差分析结果

7.4　多因变量方差分析

7.4.1　多因变量方差分析的基本原理

多因变量方差分析的基本原理与单因变量方差分析的原理相似，用于分析控制因素取不同水平时因变量的均值是否存在显著差异。但是，多因变量方差分析在分析过程中还利用了各因变量协方差的相关信息。

7.4.2　多因变量方差分析的 SPSS 操作

（1）在菜单栏中选择“分析”|“一般线性模型”|“多变量”命令，打开“多变量”对话框，如图 7-37 所示。

（2）选择变量。从源变量列表框中选择需要进行方差分析的因变量、固定因子、协变量和

WLS 权重。此处的"因变量"列表框可以选择多个因变量,如图 7-38 所示。

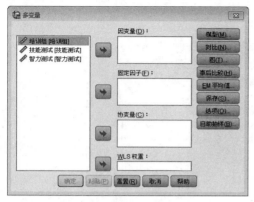

图 7-37 "多变量"对话框

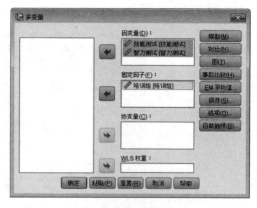

图 7-38 进行变量选择

(3)进行相应的设置。"多变量"对话框中的"模型""对比""图""事后比较""EM 平均值""保存""选项""自助抽样"的具体设置方法与单变量多因素方差分析相同,此处不再赘述。

(4)设置完毕后,单击"确定"按钮,即可在 SPSS Statistics 查看器窗口得到多因变量方差分析的结果。

7.4.3 实验操作

下面以数据文件"7-4"为例,讲解多因变量方差分析的具体操作过程并对结果进行说明。

1. 实验数据描述

数据文件"7-4"是某培训机构对 3 个小组采用不同的培训方法进行培训后的技能测试和智力测试得分数据。下面将利用多因变量方差分析方法分析 3 种培训方法对学员的技能和智力两个因变量的影响,本实验的原始数据如图 7-39 所示。

在 SPSS 的变量视图中建立变量"培训组""技能测试"和"智力测试",分别表示培训组别、技能及智力测试的得分,如图 7-40 所示。

图 7-39 数据文件"7-4"的原始数据

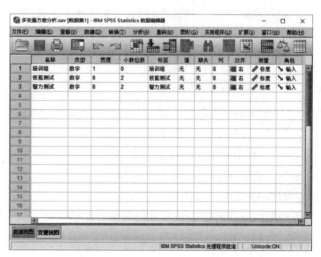

图 7-40 数据文件"7-4"的变量视图

在 SPSS 活动数据文件的数据视图中，把相关数据输入到各个变量中，输入完毕后的部分数据如图 7-41 所示。

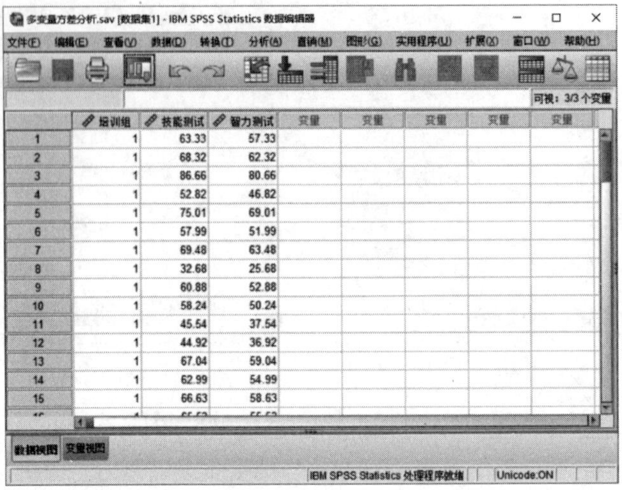

图 7-41　数据文件"7-4"的数据视图

2. 实验操作步骤

步骤 01　在菜单栏中选择"分析"|"一般线性模型"|"多变量"命令，打开"多变量"对话框。

步骤 02　将"技能测试"和"智力测试"选入"因变量"列表框中，将"培训组"选入"固定因子"列表框中。

步骤 03　单击"模型"按钮，弹出"多变量：模型"对话框，选中"全因子"单选按钮，其他为默认，单击"继续"按钮。

步骤 04　单击"事后比较"按钮，弹出"多变量：实测平均值的事后多重比较"对话框，将"培训组"选入"下列各项的事后检验"列表框中，并选中"LSD"复选框，单击"继续"按钮保存设置结果。

步骤 05　单击"选项"按钮，弹出"多变量：选项"对话框，选中"描述统计"复选框，然后单击"继续"按钮。

步骤 06　单击"确定"按钮，输出分析结果。

3. 实验结果及分析

SPSS Statistics 查看器窗口的输出结果如图 7-42~图 7-45 所示。

图 7-42 给出了本实验数据文件的一些描述性统计量，从图中可以看出，两个因变量"技能测试"和"智力测试"中各个小组的平均值、标准偏差和个案数。如第一组的技能测试平均值为 63.5798，智力测试平均值为 55.6290。

图 7-43 给出了多变量检验的一些结果，从图中可以看出，各个检验的显著性都小于 0.05，因此各种培训方法的影响是非常显著的。比较"培训组"中的比莱轨迹值和霍特林轨迹值，可见两者的值分别是 0.905 和 8.822，其差距较大，说明各组对模型的影响较大。

描述统计

	培训组	平均值	标准偏差	个案数
技能测试	1	63.5798	13.50858	20
	2	73.5677	10.60901	20
	3	79.2792	4.40754	20
	总计	72.1422	12.00312	60
智力测试	1	55.6290	13.27082	20
	2	59.5680	10.88796	20
	3	59.6300	5.40158	20
	总计	58.2757	10.38507	60

图 7-42　描述性统计量

多变量检验[a]

效应		值	F	假设自由度	误差自由度	显著性
截距	比莱轨迹	.992	3463.964[b]	2.000	56.000	.000
	威尔克 Lambda	.008	3463.964[b]	2.000	56.000	.000
	霍特林轨迹	123.713	3463.964[b]	2.000	56.000	.000
	罗伊最大根	123.713	3463.964[b]	2.000	56.000	.000
培训组	比莱轨迹	.905	23.577	4.000	114.000	.000
	威尔克 Lambda	.101	60.043[b]	4.000	112.000	.000
	霍特林轨迹	8.822	121.300	4.000	110.000	.000
	罗伊最大根	8.814	251.210[c]	2.000	57.000	.000

a. 设计：截距 + 培训组

b. 精确统计

c. 此统计是生成显著性水平下限的 F 的上限

图 7-43　多变量检验结果

图 7-44 给出了多因变量方差分析的结果，从图中可以看到，在 0.05 的显著水平下，这 3 种培训方法对技能测试的影响非常显著，但该培训方法对智力测试的影响却并不显著，因为相应的显著性是 0.384，大于显著水平 0.05。

图 7-45 给出了多重比较结果，*表示该组均值差是显著的。从图中可以看出，对技能的培训上，3 种培训方法之间有显著的差别和影响能力，但是这些培训方法对智力的影响既不显著也没有明显的差别。

主体间效应检验

源	因变量	III 类平方和	自由度	均方	F	显著性
修正模型	技能测试	2525.691[a]	2	1262.846	12.048	.000
	智力测试	210.184[b]	2	105.092	.974	.384
截距	技能测试	312270.037	1	312270.037	2979.115	.000
	智力测试	203763.200	1	203763.200	1887.633	.000
培训组	技能测试	2525.691	2	1262.846	12.048	.000
	智力测试	210.184	2	105.092	.974	.384
误差	技能测试	5974.724	57	104.820		
	智力测试	6152.946	57	107.946		
总计	技能测试	320770.453	60			
	智力测试	210126.330	60			
修正后总计	技能测试	8500.415	59			
	智力测试	6363.130	59			

a. R 方 = .297（调整后 R 方 = .272）

b. R 方 = .033（调整后 R 方 = -.001）

图 7-44　多因变量方差分析的结果

多重比较

LSD

因变量	(I) 培训组	(J) 培训组	平均值差值 (I-J)	标准误差	显著性	95% 置信区间 下限	95% 置信区间 上限
技能测试	1	2	-9.9879*	3.23759	.003	-16.4711	-3.5047
		3	-15.6995*	3.23759	.000	-22.1826	-9.2163
	2	1	9.9879*	3.23759	.003	3.5047	16.4711
		3	-5.7116	3.23759	.083	-12.1947	.7716
	3	1	15.6995*	3.23759	.000	9.2163	22.1826
		2	5.7116	3.23759	.083	-.7716	12.1947
智力测试	1	2	-3.9390	3.28552	.236	-10.5181	2.6401
		3	-4.0010	3.28552	.228	-10.5801	2.5781
	2	1	3.9390	3.28552	.236	-2.6401	10.5181
		3	-.0620	3.28552	.985	-6.6411	6.5171
	3	1	4.0010	3.28552	.228	-2.5781	10.5801
		2	.0620	3.28552	.985	-6.5171	6.6411

基于实测平均值。
误差项是均方（误差）= 107.946

*. 平均值差值的显著性水平为 .05

图 7-45　多重比较结果

7.5　上　机　题

7.1　有甲、乙、丙三个工厂分别生产某种零件，现在从每个厂家生产的产品中各抽取 12 个零件检验其寿命。试在 5%的显著性水平下，检验三个厂家的产品寿命是否具有显著差异。部分相关数据如下表所示。（数据路径：sample\上机题\chap07\习题\第 7 章第一题.sav）

观测编号	寿命（月）	企业编号	观测编号	寿命（月）	企业编号
1	40	1	5	45	1
2	48	1	6	43	1
3	38	1	7	42	1
4	42	1	8	39	1

（1）试采用莱文方差齐性检验对该数据进行方差齐次检验。
（2）对三个厂家的数据进行单因素方差分析，分析三个厂家产品寿命的差异。
（3）对三个厂家数据进行多重比较，结合方差分析的结果判断产品寿命差异。

7.2 某农场进行农药喷洒实验，分别在不同的浓度情况下采用不同的方式进行喷洒，其中"检测效果"为农药喷洒 24 小时后农作物叶子表面农药含量，喷洒方式分别为人工（1）、大型农机作业（2）、飞机作业（3）。试在 5%的显著性水平下，检验不同的浓度和喷洒方式的效果是否相同，以及交互作用的效应是否显著。部分数据如下表所示。（数据路径：sample\上机题\chap07\习题\第 7 章第二题.sav）

检测结果	百分比（%）	喷洒方式	检测结果	百分比（%）	喷洒方式
14	1	1	10	2	2
10	1	1	8	2	2
9	2	1	13	3	2
7	2	1	14	3	2
5	3	1	13	1	3
11	3	1	9	1	3
11	1	2	7	2	3
11	1	2			

（1）试计算因变量在各个因素下的描述性统计量及在各个因素水平下的误差方差的莱文检验。
（2）对数据进行多因素方差分析，分析不同的浓度和喷洒方式的效果是否相同，以及交互作用的效应是否显著。

7.3 某研究所为测试三种不同的饲料对生猪体重增加的影响，将生猪随机分为三组，使用这不同的饲料喂养。理论上认为，生猪体重的增加受到原始体重的影响，试采用协方差分析方法，以生猪原始体重作为协变量，分析三种饲料的作用是否存在显著差异。部分数据如下表所示。（数据路径：sample\上机题\chap07\习题\第 7 章第三题.sav）

测试前体重（kg）	测试后后体重（kg）	饲料	测试前体重（kg）	测试后后体重（kg）	饲料
15.00	85.00	1.00	17.00	97.00	2.00
13.00	83.00	1.00	16.00	90.00	2.00
11.00	65.00	1.00	18.00	100.00	2.00
12.00	76.00	1.00	18.00	95.00	2.00
12.00	80.00	1.00	21.00	103.00	2.00
16.00	91.00	1.00	22.00	106.00	2.00
14.00	84.00	1.00	19.00	99.00	2.00
17.00	90.00	1.00			

（1）区分该数据分析的自变量和协变量，判断协变量对因变量的影响。
（2）对生猪测试后体重的数据进行协方差分析，判断不同饲养方式对体重的影响。

7.4 某集团对旗下三个子公司采用不同的绩效评估方法评估绩效后的产值和利润的数据。下面将利用多因变量方差分析方法分析三种绩效评估方法对子公司的产值和利润是否有显著影响。

部分数据如下表所示。(数据路径:sample\上机题\chap07\习题\第 7 章第四题.sav)

评估方法	产值(百万)	利润(百万)
1	65.53	55.53
1	59.58	48.58
1	85.65	74.65
1	64.55	53.55
1	83.74	72.74
2	72.85	59.85
2	88.17	75.17
2	80.82	67.82
2	71.27	58.27
2	81.50	67.50
2	47.56	33.56
2	81.04	67.04
2	81.38	67.38
2	82.96	69.96
2	75.98	62.98

(1)对三种绩效评估方法进行多因素方差分析,分析评估方法是否显著影响子公司的产值和利润。

(2)计算并生成多重比较结果,结合多因素方差分析的结果判断哪种培训方法对子公司的产值和利润影响最大。

第 8 章 相关分析

相关分析研究现象之间是否存在某种依存关系，并对具体有依存关系的现象探讨其相关方向及相关程度，是研究随机变量之间相关关系的一种统计方法。本章将结合大量实例说明如何利用 SPSS 26.0 对数据文件进行相关分析。

8.1 相关分析的基本原理

在相关分析中，常用的相关系数主要有皮尔逊简单相关系数、斯皮尔曼等级相关系数、肯德尔等级相关系数和偏相关系数。皮尔逊简单相关系数适用于等间隔测度，而斯皮尔曼等级相关系数和肯德尔等级相关系数都是非参测度。一般用 ρ 和 r 分别表示总体相关系数和样本相关系数。

（1）皮尔逊简单相关系数。若随机变量 X、Y 的联合分布是二维正态分布，x_i 和 y_i 分别为 n 次独立观测值，则计算 ρ 和 r 的公式分别定义为公式（8-1）和公式（8-2）。

$$\rho = \frac{E[X - E(X)][Y - E(Y)]}{\sqrt{D(X)}\sqrt{D(Y)}} \tag{8-1}$$

$$r = \frac{\sum_{i=1}^{n}(x_i - \bar{x})(y_i - \bar{y})}{\sqrt{\sum_{i=1}^{n}(x_i - \bar{x})^2}\sqrt{\sum_{i=1}^{n}(y_i - \bar{y})^2}} \tag{8-2}$$

$$\bar{x} = \frac{1}{n}\sum_{i=1}^{n}x_i, \quad \bar{y} = \frac{1}{n}\sum_{i=1}^{n}y_i$$

其中可以证明，样本相关系数 r 为总体相关系数 ρ 的最大似然估计量。

简单相关系数 r 有如下性质：

① $-1 \leqslant r \leqslant 1$，$r$ 绝对值越大，表示两个变量之间的相关程度越强。
② $0 < r \leqslant 1$，表示两个变量之间存在正相关。若 $r=1$，则表示变量间存在着完全正相关的关系。
③ $-1 \leqslant r < 0$，表示两个变量之间存在负相关。$r=-1$ 表示变量间存在着完全负相关的关系。
④ $r = 0$，表示两个变量之间无线性相关。

注意，简单相关系数所反映的并不是任何一种确定关系，而仅仅是线性关系。另外，相关系数所反映的线性关系并不一定是因果关系。

（2）斯皮尔曼等级相关系数。等级相关用来考察两个变量中至少有一个为定序变量时的相关系数，例如，学历与收入之间的关系。它的计算如公式（8-3）所示：

$$r = 1 - \frac{6\sum_{i=1}^{n} d_i^2}{n(n^2-1)} \tag{8-3}$$

式中，d_i 表示 y_i 的等级和 x_i 的等级之差，n 为样本容量。

（3）肯德尔等级相关系数。肯德尔等级相关系数利用变量等级计算一致对数目 U 和非一致对数目 V，采用非参数检验的方法度量定序变量之间的线性相关关系。其计算如公式（8-4）所示：

$$\tau = (U-V)\frac{2}{n(n-1)} \tag{8-4}$$

8.2 双变量相关分析

8.2.1 双变量相关分析的 SPSS 操作

（1）在菜单栏中选择"分析"|"相关"|"双变量"命令，打开如图 8-1 所示的"双变量相关性"对话框。

（2）选择变量。从源变量列表框中选择需要相关分析的变量，然后单击 按钮将选中的变量选入"变量"列表框中，如图 8-2 所示。

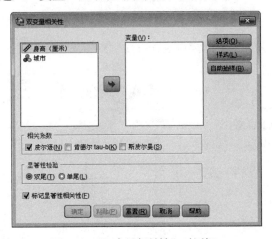

图 8-1 "双变量相关性"对话框

图 8-2 选择相关分析的变量

（3）设置相应的选项。

① "相关系数"选项组：该选项组提供了三种相关系数的复选框，分别为"皮尔逊(N)""肯德尔 tau-b(K)"和"斯皮尔曼(S)"复选框，可以计算皮尔逊简单相关系数、肯德尔等级相关系数和斯皮尔曼等级相关系数。

② "显著性检验"选项组：包括"双尾"和"单尾"单选按钮。如果了解变量间是正相关或负相关，应选中"双尾"单选按钮；否则选中"单尾"单选按钮。

③“标记显著性相关性”复选框：如果选中该复选框，则在输出结果中标出有显著意义的相关系数。

④“选项”按钮：单击“选项”按钮，弹出如图 8-3 所示的“双变量相关性：选项”对话框。该对话框同样提供了两个选项组。

图 8-3　“双变量相关性：选项”对话框

- “统计”选项组：该选项组用于选择输出的统计量。
  - “平均值和标准差”复选框：表示为每个变量计算并显示其平均值和标准差，并且显示具有非缺失值的个案数。
  - “叉积偏差和协方差”复选框：表示计算变量叉积偏差和协方差，即为每对变量显示叉积偏差和协方差，偏差的叉积等于校正均值变量的乘积之和。这是皮尔逊相关系数的分子。协方差是有关两个变量之间关系的一种非标准化度量，等于叉积偏差除以 N－1。
- “缺失值”选项组：该选项组用于选择处理默认值的方法。
  - “成对排除个案”单选按钮：表示在计算某个统计量时，在这一对变量中排除有默认值的观测，为系统默认选项。
  - “成列排除个案”单选按钮：表示对于任何分析，排除所有含默认值的观测个案。

（4）所有设置完毕后，单击“确定”按钮，即可在 SPSS Statistics 查看器窗口得到相关分析的结果。

8.2.2　实验操作

下面以“8-1”数据文件为例，讲解双变量相关分析的具体操作过程并对输出结果进行说明。

1. 实验数据描述

数据文件“8-1”记录了北京和上海两个城市共 21 个周岁儿童的身高调查数据，其中北京市共有 9 个样本数据，下面将介绍如何利用双变量分析方法对周岁儿童身高和所在城市间的相关性进行分析。数据文件“8-1”的原始 Excel 数据文件如图 8-4 所示，身高的单位是厘米。

首先在 SPSS 变量视图中建立“身高（厘米）”和“城市”两个变量，分别表示“周岁儿童身高”和“城市标记”，两个变量的度量标准均为度量，变量定义视图如图 8-5 所示。

其次，在 SPSS 数据视图中，把相关数据输入到变量中，其中“身高”变量单位是厘米，“城市”变量中用数字 1 和 2 分别代表北京和上海两个城市，输入完毕后的部分数据如图 8-6 所示。

	A	B
1	身高（厘米）	城市
2	73	北京
3	79	北京
4	68	北京
5	71	北京
6	76	北京
7	71	北京
8	78	北京
9	80	北京
10	74	北京
11	75	上海
12	71	上海
13	70	上海
14	70	上海
15	64	上海
16	69	上海
17	68	上海
18	68	上海
19	71	上海
20	71	上海
21	72	上海
22	70	上海

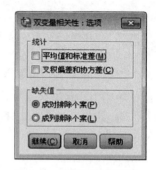

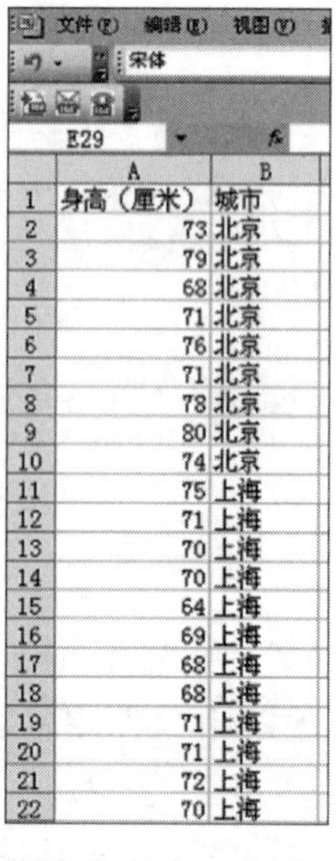

图 8-4　数据文件“8-1”的原始数据

第 8 章 相关分析 169

图 8-5 数据文件"8-1"的变量视图

图 8-6 数据文件"8-1"的数据视图

2. 实验操作步骤

步骤01 打开数据文件"8-1",进入 SPSS Statistics 数据编辑器窗口,在菜单栏中选择"分析"|"相关"|"双变量"命令,打开"双变量相关性"对话框。

步骤02 将"身高(厘米)"和"城市"选入"变量"列表框中,由于变量"城市"显然不符合正态分布,本实验在"相关系数"选项组中选择"斯皮尔曼"复选框。

步骤03 单击"选项"按钮,打开"双变量相关性:选项"对话框。选中"平均值和标准差""叉积偏差和协方差"两个复选框,并选中"成对排除个案"单选按钮,然后单击"继续"按钮,保存设置结果。

3. 实验结果及分析

在主对话框中单击"确定"按钮,SPSS Statistics 查看器窗口的输出结果如图 8-7 和图 8-8 所示。

描述统计

	平均值	标准差	个案数
身高(厘米)	71.86	3.979	21
城市	1.57	.507	21

图 8-7 描述性统计量

相关性

			身高(厘米)	城市
斯皮尔曼 Rho	身高(厘米)	相关系数	1.000	-.561**
		显著性(双尾)	.	.008
		个案数	21	21
	城市	相关系数	-.561**	1.000
		显著性(双尾)	.008	.
		个案数	21	21

**. 在 0.01 级别(双尾),相关性显著。

图 8-8 相关分析结果

图 8-7 为描述性统计量的结果,包括平均值、标准差和个案数。

图 8-8 表示相关分析输出结果,城市标记和周岁儿童身高之间的斯皮尔曼相关系数为 -0.561,表示二者之间存在不完全相关且为负相关。两者之间不相关的显著性(双尾)值为 0.008<0.01,表示在 0.01 的显著性水平上否定了二者不相关的假设。所以由图 8-7 可以得出结论:周岁儿童身高与城市存在显著相关关系。

8.3 偏相关分析

8.3.1 偏相关分析的基本原理

偏相关分析也称净相关分析，它是在控制其他变量的线性影响下分析两变量间的线性相关，所采用的工具是偏相关系数。假如有 g 个控制变量，则称为 g 阶偏相关。一般来说，假设有 n（$n>2$）个变量 $X_1, X_2, \cdots, X_n$，则任意两个变量 X_i 和 X_j 的 g 阶样本偏相关系数如公式（8-5）所示：

$$r_{ij-l_1l_2\cdots l_g} = \frac{r_{ij-l_1l_2\cdots l_{g-1}} - r_{il_g-l_1l_2\cdots l_{g-1}} r_{jl_g-l_1l_2\cdots l_{g-1}}}{\sqrt{(1-r^2_{il_g-l_1l_2\cdots l_{g-1}})(1-r^2_{jl_g-l_1l_2\cdots l_{g-1}})}} \tag{8-5}$$

公式中右边均为 $g-1$ 阶的偏相关系数，其中 $l_1, l_2, \cdots, l_g$ 为自然数从 1 到 n 除去 i 和 j 的不同组合。

本节中，我们主要研究一阶偏相关。如分析变量 X_1 和 X_2 之间的净相关时，控制 X_3 的线性关系，X_1 和 X_2 之间的一阶偏相关系数如公式（8-6）所示：

$$r_{123} = \frac{r_{12} - r_{13}r_{23}}{\sqrt{(1-r^2_{13})(1-r^2_{23})}} \tag{8-6}$$

其假设检验过程如下：

（1）提出原假设和备择假设：

$$H_0: \rho = 0$$
$$H_1: \rho \neq 0$$

（2）构造并计算统计量。偏相关用到的统计量为 t 统计量，其数学定义如公式（8-7）所示：

$$t = r\sqrt{\frac{n-g-2}{1-r^2}} \sim t(n-g-2) \tag{8-7}$$

公式中，r 为偏相关系数，n 为样本数，g 为阶数。

（3）选取恰当的显著性水平，做出统计决策。

若 p 值小于显著性水平，则拒绝原假设，即认为两个变量之间的偏相关关系显著；否则，接受原假设，即认为两变量之间的偏相关系数与零无显著差异。

8.3.2 偏相关分析的 SPSS 操作

在 SPSS Statistics 数据编辑器窗口中进行偏相关分析的操作步骤如下：

（1）在菜单栏中选择"分析"|"相关"|"偏相关"命令，打开如图 8-9 所示的"偏相关性"对话框。

（2）选择变量。从源变量列表框中选择需要进行偏相关分析的变量，然后单击 按钮将选中的变量选入“变量”列表框中；从源变量列表框中选择控制变量，单击 按钮将选中的变量选入“控制”列表框中。

- “变量”列表框：该列表框中的变量是需要进行偏相关分析的，因此，至少应包含两个以上的变量名，当其中变量个数大于等于三个时，输出结果为两两变量间偏相关分析的结果。
- “控制”列表框：该列表框中显示的是应该剔除其影响的变量名，如果不选择控制变量，则进行的是简单相关分析。

变量选择完成后，设置结果如图 8-10 所示。

（3）进行相应的设置。“偏相关性”对话框的设置选项与“双变量分析”对话框的设置选项相同，用户可以参照双变量分析的相关部分自主学习。

（4）输出分析结果。设置完毕后，单击“确定”按钮，即可在 SPSS Statistics 查看器窗口得到偏相关分析的结果。

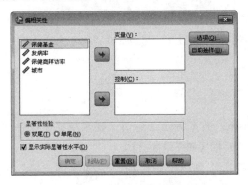

图 8-9　“偏相关性”对话框

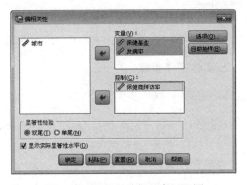

图 8-10　偏相关分析的变量设置

8.3.3　实验操作

下面以数据文件“8-2”为例，讲解偏相关分析的具体操作过程并对结果进行说明。

1. 实验数据描述

数据文件“8-2”记录了美国纽约、芝加哥、加利福尼亚及洛杉矶 4 个城市的每 100 人的平均保健基金、每 1000 人发病率及保健提供商拜访率的数据，每个个案代表不同的城市，下面将介绍如何利用偏相关分析过程得到在控制保健商拜访率的情况下，保险基金数量和病人发病率之间的相关系数。数据文件“8-2”的 Excel 原始数据文件如图 8-11 所示。

	A	B	C	D
1	保健基金(百万)	发病率（人/千人）	保健商拜访率（人/千人）	城市
2	155.33	158.34	152.13	纽约
3	177.34	157.23	167.84	纽约
4	165.09	162.92	162.21	纽约
5	154.28	130.59	146.69	纽约
6	185.56	202.81	186.93	纽约
7	186.96	221.43	188.16	纽约
8	198.63	189.22	195.39	纽约
9	172.14	166.42	175.5	纽约
10	198.25	203.07	197.04	纽约
11	193.9	198.57	190.16	纽约
12	157.03	161.79	156.47	芝加哥
13	158.07	168.82	159.21	芝加哥

图 8-11　数据文件“8-2”的原始数据（部分）

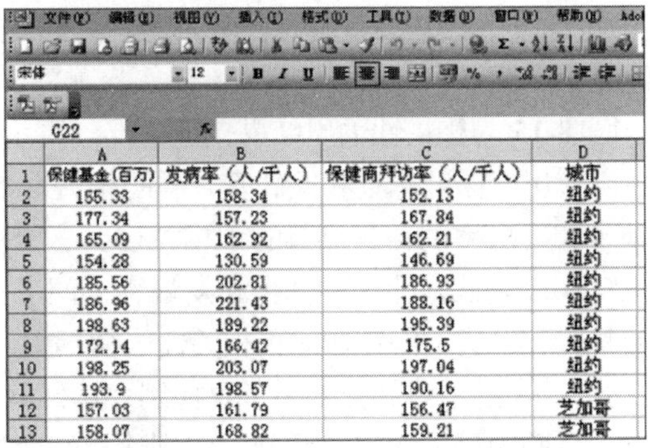

在 SPSS 变量视图中建立“保健基金”“发病率”“保健商拜访率”和“城市”4

个变量，4个变量的度量标准均为"度量"，如图 8-12 所示。

在 SPSS 数据视图中，把相关数据输入到变量中，数字 1~4 分别表示纽约、芝加哥、加利福尼亚和洛杉矶 4 个城市，输入完毕后的部分数据如图 8-13 所示。

图 8-12　数据文件"8-2"的变量视图　　　　图 8-13　数据文件"8-2"的数据视图

2. 实验操作步骤

实验的具体操作步骤如下：

步骤 01 打开数据文件"8-2"，进入 SPSS Statistics 数据编辑器窗口，在菜单栏中选择"分析"|"相关"|"偏相关"命令，打开"偏相关性"对话框。

步骤 02 将"保险基金"和"发病率"选入"变量"列表框中；将"保健商拜访率"选入"控制"列表框中。

步骤 03 单击"选项"按钮，打开"偏相关性：选项"对话框。选中"统计"选项组中的"平均值和标准差"和"零阶相关性"两个复选框，并选中"缺失值"选项组中的"成对排除个案"单选按钮，最后单击"继续"按钮返回主对话框，保存设置结果。

3. 实验结果及分析

单击"确定"按钮，SPSS Statistics 查看器窗口的输出结果如图 8-14 和图 8-15 所示。

图 8-14 为描述性统计量，分别统计了保健基金、发病率和保健商拜访率三个变量的平均值、标准差和个案数。

图 8-15 为相关性输出结果，上半部分表示没有控制变量时三个变量两两间的相关关系，从图中可以看出，保健基金和发病率之间的相关系数为 0.737，且其在显著性（双尾）上显著，因此保健基金和发病率间存在显著的正相关性。这显然有违常理，从经济学上讲，保障基金越多，发病率应该相应越低，即保健基金和发病率之间应存在负相关关系，因此，在没有控制变量时得到的保健基金和发病率间存在的正相关性为伪相关。

图 8-15 的下半部分给出了含控制变量保健提供商拜访率时保健基金和发病率间的偏相关分析结果。从图中可以明显地看到，在剔除控制变量保健提供商拜访率的影响后，保健基金和发病率间的偏相关系数为 0.013，显著性（双尾）为 0.927，因此我们可以认为保健基金和发病率间几乎

不存在相关关系。

描述统计

	平均值	标准差	个案数
保健基金	175.5182	14.52842	50
发病率	175.1712	22.35946	50
保健商拜访率	174.7488	16.26137	50

图 8-14　描述性统计量

相关性

控制变量			保健基金	发病率	保健商拜访率
-无-[a]	保健基金	相关性	1.000	.737	.964
		显著性（双尾）	.	.000	.000
		自由度	0	48	48
	发病率	相关性	.737	1.000	.762
		显著性（双尾）	.000	.	.000
		自由度	48	0	48
	保健商拜访率	相关性	.964	.762	1.000
		显著性（双尾）	.000	.000	.
		自由度	48	48	0
保健商拜访率	保健基金	相关性	1.000	.013	
		显著性（双尾）	.	.927	
		自由度	0	47	
	发病率	相关性	.013	1.000	
		显著性（双尾）	.927	.	
		自由度	47	0	

a. 单元格包含零阶（皮尔逊）相关性。

图 8-15　相关性输出结果

8.4　距离分析

8.4.1　距离分析的基本原理

距离是对观测量之间或变量之间的相似或不相似程度的一种测度，通过计算一对观测量或变量间的广义距离，将距离较小的变量或观测量归为一类，距离较大的变量或观测量归为其他类，从而为聚类分析、因子分析等复杂数据集的分析打下基础。

与距离分析相关的统计量分为非相似性测度和相似性测度两大类。

（1）非相似性测度：主要通过分析变量间的不相似程度对变量进行分类，主要包括：

- 定距数据：包括欧氏距离、平方欧氏距离、Chebychev、块、Minkowski 或定制等方法。
- 计数数据：包括卡方测量和 phi 平方测量两种测度方法。
- 二分类数据：包括欧氏距离、平方欧氏距离、尺度差分、模式差分、方差、形状或 Lance 和 Williams 等测度方法。

（2）相似性测度：与非相似性测度相反，相似性测度通过计算变量之间的相似系数从而将变量进行分类，主要包括：

- 定距数据：包括皮尔逊相关和余弦两种测度方法。
- 二分类数据：包括 Russell 和 Rao、简单匹配、Jaccard、切块、Rogers 和 Tanimoto、Sokal 和 Sneath 1、Sokal 和 Sneath 2、Sokal 和 Sneath 3、Kulczynski 1、Kulczynski 2、Sokal 和 Sneath 4、Hamann、Lambda、Anderberg 的 D、Yule 的 Y、Yule 的 Q、Ochiai、Sokal 和 Sneath 5、phi 4 点相关或离差等 20 多种测度方法。

相似性测度及非相似性测度方法的详细介绍如表 8-1 和表 8-2 所示。SPSS 软件可以用来进行距离分析，距离分析不会给出常用的显著性，而只是给出各变量间的距离大小，由用户自行判断其相似的程度。

8.4.2 距离分析的 SPSS 操作

（1）在菜单栏中选择"分析"|"相关"|"距离"命令，打开"距离"对话框，如图 8-16 所示。

（2）选择变量。从源变量列表框中选择需要进行距离分析的变量，然后单击 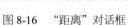 按钮将选中的变量选入"变量"或"个案标注依据"列表框中，如图 8-17 所示。

图 8-16 "距离"对话框

图 8-17 选择距离分析的变量

- "变量"列表框：该列表框用于选入距离分析的变量，至少包含两个变量，可以为连续变量或分类变量。
- "个案标注依据"列表框：该列表框用于选入个案标注变量，只有在"计算距离"选项组中选中"个案间"单选按钮，此列表框才可使用。

（3）进行简单的设置。

① "计算距离"选项组：该选项组包括"个案间"和"变量间"两个单选按钮，分别表示输出结果是个案间或变量间的距离分析值。

② "测量"选项组：该选项组包括"非相似性"和"相似性"两个单选按钮和一个"测量"按钮。

- "非相似性"单选按钮：表示所用测度方法为非相似性测度。此时单击"测量"按钮，将弹出"距离：非相似性测量"对话框，如图 8-18 所示。
  - "测量"选项组：该选项组用于选择测量标准，根据数据类型分为区间、计数和二元 3 种。各选项的详细介绍如表 8-1 所示。

图 8-18 "距离：非相似性测量"对话框

表 8-1 "测量"选项组内容及含义

测量标准	测度方法	含义
区间	欧氏距离	各项值之间平方差之和的平方根,这是定距数据的默认选项
	平方欧氏距离	各项值之间平方差之和
	Chebychev	各项值之间的最大绝对差
	块	各项值之间绝对差之和,又称为 Manhattan 距离
	Minkowski	各项值之间p次幂绝对差之和的p次根。选择此项还需要在"幂"和"根"下拉列表框中选择显著性和r值,其取值范围为1~4
	定制	各项值之间p次幂绝对差之和的r次根。选择此项还需要在"幂"和"根下拉列表框中选择显著性和r值,其取值范围为1~4
计数	卡方测量	此测量基于对两组频率等同性的卡方检验,是计数数据的默认值
	phi 平方测量	此测量等于由组合频率的平方根标准化的卡方测量
二元	欧氏距离	根据四重表计算SQRT(b+c)得到,其中b和c代表对应于在一项上存在但在另一项上不存在的个案的对角单元
	平方欧氏距离	计算非协调的个案的数目。它的最小值为0,没有上限
	尺度差分	非对称性指数,其范围为0到1
	模式差分	用于二分类数据的非相似性测量,其范围为0~1。根据四重表计算bc/(n**2) 得到,其中b和c代表对应于在一项上存在但在另一项上不存在的个案的对角单元,n为观察值的总数
	方差	根据四重表计算(b+c)/4n得到,其中b和c代表对应于在一项上存在但在另一项上不存在的个案的对角单元,n为观察值的总数。其范围为0~1
	形状	此距离测量的范围为0~1,它对不匹配项的非对称性加以惩罚
	Lance 和 Williams	又称为Bray-Curtis非量度系数,根据四重表计算(b+c)/(2a+b+c)得到,其中a代表对应于两项上都存在的个案的单元,b和c 代表对应于在一项上存在但在另一项上不存在的个案的对角单元。此度量的范围为0~1

此外,若选中"二元"单选按钮,用户可以更改"存在"和"不存在"字段以指定可指示某个特征存在或不存在的值,存在的默认值为 1,不存在的默认值为 0。该过程将忽略所有其他值。

> "转换值"选项组:在此设置计算距离之前对观测量或变量进行标准化的方法,但是要注意对二元变量不能进行标准化。在"标准化"下拉列表框中,除"无"外,可选的标准化方法如表 8-2 所示。

表 8-2 标准化方法及其含义

标准化方法	含义
Z 得分	将值标准化到均值为 0 且标准差为1的Z得分
范围-1到1	要进行标准化的项的每个值均除以值范围
范围0到1	该过程从要进行标准化的每个项中抽取最小值,然后除以范围
1的最大量级	该过程将要进行标准化的项的每个值除以这些值中的最大值
1的均值	该过程将要进行标准化的项的每个值除以这些值的均值
使标准差为1	该过程将要进行标准化的变量或个案的每个值除以这些值的标准差

以上各标准化方法均需要指定标准化的对象。若选中"按变量"单选按钮,表示对变量进行标准化;若选中"按个案"单选按钮,则表示对每个观测量进行标准化。

> "转换测量"选项组:在此设置对距离测度的结果进行转换的方法,可用的选项有绝对值、变化量符号和重新标度到 0~1 范围。相关性的方向可用符号来表示,当仅对相关性的大小感兴趣时,则可选中"绝对值"复选框;若选中"变化量符号"复选框,则表示改变距离的符号,如此可以把非相似性测度转换成相似性测度,反之亦然;若选中"重新标度到 0-1 范围"复选框,则表示转换后的取值范围是 0~1,对已经在"转换值"选项组中进行相关设置后的测度一般不再使用此方法。

❑ "相似性"单选按钮:若选中,表示所用测度方法为相似性测度。此时单击"测量"按钮,将弹出如图 8-19 所示的"距离:相似性测量"对话框。"距离:相似性测量"对话框与"距离:非相似性度量"对话框大体相似,仅在度量标准中有所差别,"距离:相似性测量"对话框中没有"计数"这一项。"区间"及"二元"单选按钮的"度量"下拉列表框也只是稍有不同,此处不再赘述。

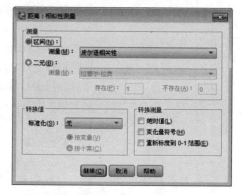

图 8-19 "距离:相似性测量"对话框

8.4.3 实验操作

下面以数据文件"8-3"为例,讲解距离分析的操作过程并对输出结果进行说明。

1. 实验数据描述

数据文件"8-3"描述了我国 31 省市各类农产品种植面积,下面我们将利用该数据说明如何通过距离分析得到各类农作物产品间的相似系数。该数据文件的原始 Excel 数据如图 8-20 所示。

	A	B	C	D	E	F	G	H
1	地区	粮食(万公顷)	瓜果(万公顷)	蔬菜(万公顷)	棉花(万公顷)	烟叶(万公顷)	油料(万公顷)	糖料(万公顷)
2	北京	66.6	2.6	24.7	0.6	0	2.2	0
3	天津	57.5	1.7	23.4	15.3	0	0.9	0
4	河北	70.6	1.2	12.8	7.1	0	6.1	0.2
5	山西	81.7	1	6.4	2.9	0.1	5.9	0.1
6	内蒙古	70.9	0.8	4	0	0.1	10.5	0.8
7	辽宁	83.8	0.9	9.5	0	0	4.2	0
8	吉林	86.8	1	4.3	0	0.5	5.8	0
9	黑龙江	86.2	1.2	3.2	0	0.3	4.1	1.1
10	上海	41.2	5.5	33.9	0	0	6	0.4
11	江苏	65.5	1.7	15.3	4.7	0	10.7	0
12	浙江	53.5	4	23.6	0.6	0.1	8.3	0.5
13	安徽	71	1.9	7.7	4.3	0	12.6	0.1

图 8-20 数据文件"8-3"的原始数据

在 SPSS 的变量视图中,建立"地区"变量,表示各个省市;建立"粮食""瓜果""蔬菜""棉花""烟叶""油料"和"糖料"变量,分别表示各种农作物的种植面积,如图 8-21 所示。

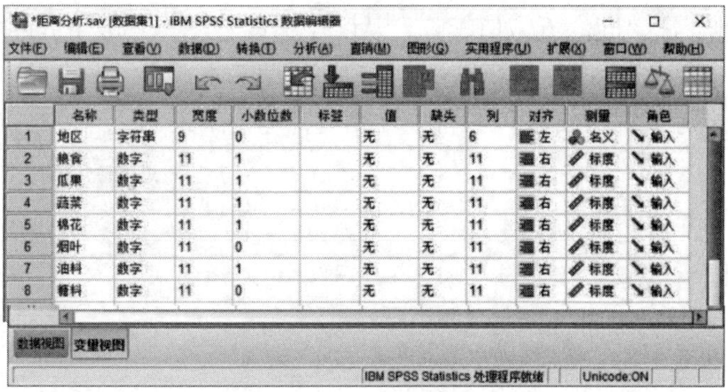

	名称	类型	宽度	小数位数	标签	值	缺失	列	对齐	测量	角色
1	地区	字符串	9	0		无	无	6	左	名义	输入
2	粮食	数字	11	1		无	无	11	右	标度	输入
3	瓜果	数字	11	1		无	无	11	右	标度	输入
4	蔬菜	数字	11	1		无	无	11	右	标度	输入
5	棉花	数字	11	1		无	无	11	右	标度	输入
6	烟叶	数字	11	0		无	无	11	右	标度	输入
7	油料	数字	11	1		无	无	11	右	标度	输入
8	糖料	数字	11	0		无	无	11	右	标度	输入

图 8-21　数据文件“8-3”的变量视图

在 SPSS 活动数据文件的数据视图中，把相关数据输入到各个变量中，输入完毕后的部分数据如图 8-22 所示。

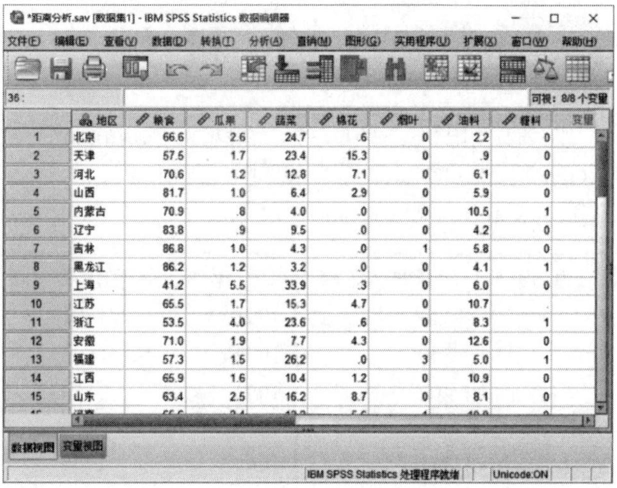

	地区	粮食	瓜果	蔬菜	棉花	烟叶	油料	糖料
1	北京	66.6	2.6	24.7	.6	0	2.2	0
2	天津	57.5	1.7	23.4	15.3	0	.9	0
3	河北	70.6	1.2	12.8	7.1	0	6.1	0
4	山西	81.7	1.0	6.4	2.9	0	5.9	0
5	内蒙古	70.9	.8	4.0	.0	0	10.5	1
6	辽宁	83.8	.9	9.5	.0	0	4.2	0
7	吉林	86.8	1.0	4.3	.0	1	5.8	0
8	黑龙江	86.2	1.2	3.2	.0	0	4.1	1
9	上海	41.2	5.5	33.9	.3	0	6.0	0
10	江苏	65.5	1.7	15.3	4.7	0	10.7	.
11	浙江	53.5	4.0	23.6	.6	0	8.3	1
12	安徽	71.0	1.9	7.7	4.3	0	12.6	0
13	福建	57.3	1.5	26.2	.0	3	5.0	1
14	江西	65.9	1.6	10.4	1.2	0	10.9	0
15	山东	63.4	2.5	16.2	8.7	0	8.1	0

图 8-22　数据文件“8-3”的数据视图

2. 实验操作步骤

步骤 01　打开数据文件“8-3”，进入 SPSS Statistics 数据编辑器窗口，在菜单栏中选择“分析”|“相关”|“距离”命令，打开“距离”对话框。

步骤 02　选中所有变量，单击按钮将除“地区”之外的所有变量选入“变量”列表框中；分别选中“变量间”和“相似性”单选按钮。

步骤 03　单击“测量”按钮，弹出“距离：相似性测量”对话框，在“区间”的“测量”下拉列表框中选择“皮尔逊相关性”选项，在“转换值”选项组中的“标准化”下拉列表框中选择“Z 分数”，其他设置均选择默认值。

3. 实验结果及分析

单击“确定”按钮，实验输出结果如图 8-23 和图 8-24 所示。

图 8-23 给出了距离分析个案处理摘要，由结果可以明显看出，数据文件“8-3”总计有 31 个个案，其中 30 个省市的数据完整，有 1 个省市的数据中存在缺失值。

图 8-24 给出了各变量之间的近似值矩阵，从图中可以看出，各变量间的相关系数极低，说明各种农作物种植面积之间的相关性不高，这与我们的预期基本符合。

另外，本例也可以考虑对变量进行非相似性测度，输出结果为所有变量的不相似矩阵。

近似值矩阵

值 的向量之间的相关性

	粮食	瓜果	蔬菜	棉花	烟叶	油料	糖料
粮食	1.000	-.429	-.583	-.404	.044	-.166	-.334
瓜果	-.429	1.000	.562	.083	-.331	-.258	-.001
蔬菜	-.583	.562	1.000	-.091	-.041	-.285	.200
棉花	-.404	.083	-.091	1.000	-.193	-.172	-.048
烟叶	.044	-.331	-.041	-.193	1.000	-.074	.121
油料	-.166	-.258	-.285	-.172	-.074	1.000	-.236
糖料	-.334	-.001	.200	-.048	.121	-.236	1.000

这是相似性矩阵

个案处理摘要

个案					
有效		缺失		总计	
个案数	百分比	个案数	百分比	个案数	百分比
30	96.8%	1	3.2%	31	100.0%

图 8-23 距离分析个案处理摘要　　　　图 8-24 距离分析近似值矩阵

8.5 上 机 题

8.1 下面的数据表给出了某省 1978 年~2003 年的 GDP 与城镇居民消费额的全部数据，经济理论认为，居民消费额与 GDP 呈正向相关关系。试利用相关分析，验证这一结论。（数据路径：sample\上机题\chap08\习题\第 8 章第一题.sav）

年份	消费额（百万）	GDP（亿）	年份	消费额（百万）	GDP（亿）
1978	529	316	1991	1501	2122
1979	544	350	1992	1893	2556
1980	632	402	1993	2150	3222
1981	662	472	1994	3079	4473
1982	642	531	1995	3788	5758
1983	633	611	1996	4376	6834
1984	642	765	1997	5124	7590
1985	737	887	1998	5450	8128
1986	795	956	1999	6060	8673
1987	933	1131	2000	6572	9555
1988	1160	1395	2001	6923	10465
1989	1277	1595	2002	7145	11645
1990	1310	1815	2003	7740	13361

8.2 某调查者想考察果汁饮料销售量的影响因素，为此调查者观察了碳酸饮料销售量、茶饮料销售量、固体冲泡饮料销售量和咖啡类饮料的销售量，单位均为万升，全部数据如下表所示。（数据路径：sample\上机题\chap08\习题\第 8 章第二题.sav）

年份	果汁	碳酸饮料	茶饮料	固体冲泡饮料	咖啡类饮料
1994	23.69	25.68	23.6	10.1	4.18
1995	24.1	25.77	23.42	13.31	2.43

(续表)

年份	果汁	碳酸饮料	茶饮料	固体冲泡饮料	咖啡类饮料
1996	22.74	25.88	22.09	9.49	6.5
1997	17.84	27.43	21.43	11.09	25.78
1998	18.27	29.95	24.96	14.48	28.16
1999	20.29	33.53	28.37	16.97	24.26
2000	22.61	37.31	42.57	20.16	30.18
2001	26.71	41.16	45.16	26.39	17.08
2002	31.19	45.73	52.46	27.04	7.39
2003	30.5	50.59	45.3	23.08	3.88
2004	29.63	58.82	46.8	24.46	10.53
2005	29.69	65.28	51.11	33.82	20.09
2006	29.25	71.25	53.29	33.57	21.22
2007	31.05	73.37	55.36	39.59	12.63
2008	32.28	76.68	54	48.49	11.17

试求果汁饮料销售量与碳酸饮料销售量的偏相关系数。

8.3 三名评委 A、B、C 分别为 20 件美术特长生的考试作品给出了不同的评级（1~10 级），评级如下表所示。（数据路径：sample\上机题\chap08\习题\第 8 章第三题.sav）

NO	A	B	C	NO	A	B	C
1	6	8	5	11	6	9	5
2	4	5	6	12	8	5	7
3	7	4	3	13	4	2	4
4	8	7	5	14	3	3	6
5	2	3	3	15	6	8	3
6	7	4	6	16	9	10	8
7	9	9	8	17	9	8	6
8	7	8	5	18	4	6	7
9	2	5	7	19	4	3	4
10	4	3	2	20	5	3	6

试计算三名评委所给等级的距离，判断三名评委的评判标准的相似性。

第 9 章　回归分析

回归分析是研究一个因变量与一个或多个自变量之间的线性或非线性关系的一种统计分析方法。回归分析通过规定因变量和自变量来确定变量之间的因果关系，建立回归模型，并根据实测数据来估计模型的各个参数，然后评价回归模型是否能够很好地拟合实测数据；并可以根据自变量作进一步预测。回归分析方法理论成熟，它可以确定变量之间的定量关系并进行相应的预测，反映统计变量之间的数量变化规律，为研究者准确把握自变量对因变量的影响程度和方向提供有效的方法，在经济、金融和社会科学方面具有广泛的应用。SPSS 26.0 提供强大的回归分析功能，可以进行线性回归、曲线回归、Logistic 回归、非线性回归等多种分析，下面将详细介绍。

9.1　线性回归分析

9.1.1　线性回归分析的基本原理

线性回归分析法是基本的回归分析方法，其假设自变量和因变量之间存在线性关系，线性回归的数学模型如公式（9-1）所示：

$$y = \alpha + \beta x + \beta x + \cdots + \beta x + \varepsilon \qquad (9\text{-}1)$$

用矩阵形式表示如公式（9-2）所示：

$$y = \alpha + X\beta + \varepsilon \qquad (9\text{-}2)$$

其中：$y = \begin{pmatrix} y_1 \\ y_2 \\ \vdots \\ y_n \end{pmatrix}$ 为被解释变量；$\alpha = \begin{pmatrix} \alpha_1 \\ \alpha_2 \\ \vdots \\ \alpha_n \end{pmatrix}$ 为模型的截距项；$\beta = \begin{pmatrix} \beta_1 \\ \beta_2 \\ \vdots \\ \beta_n \end{pmatrix}$ 为待估计参数；$X = \begin{pmatrix} x_{11} & x_{12} & \cdots & x_{1k} \\ x_{21} & x_{22} & \cdots & x_{2k} \\ \vdots & \vdots & \ddots & \vdots \\ x_{n1} & x_{n2} & \cdots & x_{nk} \end{pmatrix}$ 为解释变量；$\varepsilon = \begin{pmatrix} \varepsilon_1 \\ \varepsilon_2 \\ \vdots \\ \varepsilon_n \end{pmatrix}$ 为误差项。

被解释变量的变化可以由 $\alpha + X\beta$ 组成的线性部分和随机误差项 ε_i 两部分解释。对于线性模型，一般采用最小二乘估计法来估计相关的参数。以一元线性回归为例，满足公式（9-3）的未知参数 α 和 β 的估计值称为未知参数 α 和 β 的最小二乘估计。估计相关的参数是回归分析的核心，也是预测的基础。

$$\min \sum_{i=1}^{n} e_i^2 = \sum_{i=1}^{n}(y - \hat{\alpha} - \hat{\beta}) \tag{9-3}$$

9.1.2 线性回归分析的 SPSS 操作

（1）在菜单栏中选择"分析"|"回归"|"线性"命令，打开如图 9-1 所示的"线性回归"对话框。

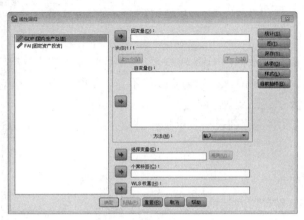

图 9-1 "线性回归"对话框

（2）选择变量。从源变量列表框中选择需要进行线性回归分析的被解释变量，然后单击 按钮将选中的变量选入"因变量"列表框中；从源变量列表框中选择需要进行线性回归分析的解释变量，单击 按钮将选中的变量选入"自变量"列表框中。

① "因变量"列表框：该列表框中的变量为线性回归模型中的被解释变量，数值类型为数值型。如果被解释变量为分类变量，则可以用二元或者多元 logistic 模型等进行建模分析。

② "自变量"列表框：该列表框中的变量为线性回归模型的解释变量或控制变量，数值类型一般为数值型。如果解释变量为分类变量或定性变量，可以用虚拟变量（哑变量）表示。如果选择多个自变量，则可以将自变量分组成块，通过"上一个"和"下一个"按钮对不同的变量子集指定不同的输入方法。如可以使用"逐步"式选择将一个变量块输入到回归模型中，而使用"前进"式选择输入第二个变量块。要将第二个变量块添加到回归模型，可单击"下一个"按钮。

③ "方法"列表框：该下拉列表框用于选择线性回归中变量的输入和剔除方法，以建立多个回归模型，包括：

❑ 输入，选择该方法表示所有的"自变量"列表框中的变量都输入回归模型。

❑ 逐步，选择该方法表示不在方程中的具有 F 统计量的概率最小的自变量被选入，对于已在回归方程中的变量，如果它们的 F 统计量的概率变得足够大，则移去这些变量，如果不再有变量符合包含或移去的条件，则该方法终止。

❑ 删除，选择该方法表示建立回归模型前定制一定条件，然后根据条件删除自变量。

❑ 后退，选择该方法表示首先将所有变量选入到模型中，然后按顺序移去，最先删除与因变量之间的部分相关性最小的变量第一个。移去第一个变量之后，会考虑将下一个方程的剩余变量中具有最小的部分相关性的变量移去，直到方程中没有满足消除条件的变量,过程才结束。
- 前进,该方法与"后退"恰好相反,是将自变量按顺序选入到回归模型中,首先选入到方程中的变量是与因变量之间具有最大相关性的变量,同时必须满足选入条件时才将它选入到方程中,然后考虑下一个变量,直到没有满足条件的变量为止。

④ "选择变量"列表框:该列表框主要用于指定分析个案的选择规则,当回归分析中包含由选择规则定义的个案时,可以将选择变量选入"选择变量"列表框中,然后单击"规则"按钮,弹出如图 9-2 所示的"线性回归:设置规则"对话框。在该对话框中的下拉列表框用于选择关系,可用的关系有"等于""不等于""小于""小于等于""大于"及"大于等于",对于字符串变量,可用关系为"等于"。"值"文本框用于输入选择按个案的具体数值或字符串。如:选择"不等于",并在"值"中输入"100",则只有那些选定变量值不等于 100 的个案才会包含在回归分析中。

⑤ "个案标签"列表框:该列表框主要用于指定个案标签的变量。

⑥ "WLS 权重"列表框:该列表框表示加权最小二乘法,当判断回归模型的残差存在异方差时,才选用加权最小二乘法,指定加权变量。

(3)进行相应的设置。

1. 设置"线性回归:统计"对话框

单击"统计"按钮,弹出如图 9-3 所示的"线性回归:统计"对话框。

图 9-2 "线性回归:设置规则"对话框

图 9-3 "线性回归:统计"对话框

"线性回归:统计"对话框主要用于指定线性回归模型输出的一些统计量。

① "回归系数"选项组:该选项组用于对回归系数进行定制。

- "估算值"复选框:选中该复选框表示输出回归系数、标准误、标准化系数 beta、t 值及 t 的双尾显著性水平。
- "置信区间"复选框:选中该复选框表示输出每个回归系数或协方差矩阵指定置信度的置信区间,在"级别"中输入范围。
- "协方差矩阵"复选框:选中该复选框表示输出回归系数的方差-协方差矩阵,其对角线以外为协方差,对角线上为方差,同时还显示相关系数矩阵。

② "残差"选项组:该选项组用于指定对回归残差进行检验的方法。

- "德宾-沃森"复选框:选中该复选框表示输出用于检验残差序列自相关的 D-W 检验统

计量。
- "个案诊断"复选框：选中该复选框表示对个案进行诊断并输出个案，其中：
  - "离群值"单选按钮：表示输出满足条件的个案离群值。
  - "所有个案"单选按钮：表示可以输出所有个案的残差。

③ "模型拟合"复选框：该复选框表示显示输入模型的变量和从模型删去的变量，并显示复相关系数、R方和调整R方、估计的标准误及方差分析表等拟合优度统计量。

④ "R方变化量"复选框：该复选框表示输出由于添加或删除自变量而产生的R方统计量的更改。如果与某个变量相关联的R方变化很大，则意味着该变量是因变量的一个良好的预测变量。

⑤ "描述"复选框：该复选框表示输出回归分析中的有效个案数、均值及每个变量的标准差，同时输出具有单尾显著性水平的相关矩阵以及每个相关系数的个案数。

⑥ "部分相关性和偏相关性"复选框：该复选框表示输出部分相关和偏相关统计量。其中，
- "部分相关"指对于因变量与某个自变量，当已移去模型中的其他自变量对该自变量的线性效应之后，因变量与该自变量之间的相关性。当变量添加到方程时，它与R方的更改有关。
- "偏相关"指对于两个变量，在移去由于它们与其他变量之间的相互关联引起的相关之后，这两个变量之间剩余的相关性。对于因变量与某个自变量，当已移去模型中的其他自变量对上述两者的线性效应之后，这两者之间的相关性。

⑦ "共线性诊断"复选框：选中该复选框表示将对模型进行共线性诊断。

2. 设置"线性回归：图"对话框

单击"图"按钮，弹出如图9-4所示的"线性回归：图"对话框。该对话框主要用于帮助验证正态性、线性和方差相等的假设，还可以检测离群值、异常观察值和有影响的个案。在源变量列表框中列出了因变量DEPENDNT及以下预测变量和残差变量：标准化预测值（*ZPRED）、标准化残差（*ZRESID）、剔除残差（*DRESID）、调整的预测值（*ADJPRED）、学生化的残差（*SRESID）以及学生化的已删除残差（*SDRESID）。

① "散点图1/1的1"选项组：该选项组可以利用源变量列表框中的任意两个来绘制散点图，在"Y"中选入Y轴的变量，在"X"中选入X轴的变量。单击"下一个"按钮，可以再绘制下一张图；单击"上一个"按钮，可以回到刚刚定制的上一张图进行修改。另外，针对标准化预测值绘制标准化残差，可以检查线性关系和等方差性。

② "标准化残差图"选项组：该选项组用于绘制标准化残差图，主要可以指定两种图："直方图"和"正态概率图"，将标准化残差的分布与正态分布进行比较。

③ "生成所有局部图"复选框：该复选框表示当根据其余自变量分别对两个变量进行回归时，显示每个自变量残差和因变量残差的散点图。但是要求方程中必须至少有两个自变量。

3. 设置"线性回归：保存"对话框

单击"保存"按钮，弹出如图9-5所示的"线性回归：保存"对话框。

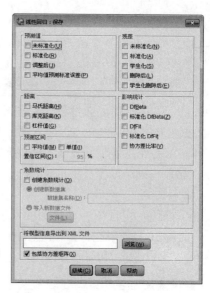

图9-4 "线性回归：图"对话框　　　　图9-5 "线性回归：保存"对话框

"线性回归：保存"对话框主要用于在活动数据文件中保存预测值、残差和其他对于诊断有用的统计量，包括：

① "预测值"选项组：该选项组用于保存回归模型对每个个案预测的值。

- "未标准化"复选框：选中该复选框表示保存回归模型对因变量的预测值。
- "标准化"复选框：选中该复选框表示保存标准化后的预测值。
- "调整后"复选框：选中该复选框表示保存当某个案从回归系数的计算中排除时个案的预测值。
- "平均值预测标准误差"复选框：选中该复选框表示保存预测值的标准误。

② "残差"选项组：该选项组用于保存回归模型的残差。

- "未标准化"复选框：选中该复选框表示保存观察值与模型预测值之间的原始残差。
- "标准化"复选框：选中该复选框表示保存标准化后的残差，即皮尔逊残差。
- "学生化"复选框：选中该复选框表示保存学生化的残差，即残差除以其随个案变化的标准差的估计，这取决于每个个案的自变量值与自变量均值之间的距离。
- "删除后"复选框：选中该复选框表示保存当某个案从回归系数的计算中排除时该个案的残差，它是因变量的值和调整预测值之间的差。
- "学生化删除后"复选框：选中该复选框表示保存学生化的删除残差，即个案的剔除残差除以其标准误。

③ "距离"选项组：该选项组用于标识自变量的值具有异常组合的个案及可能对回归模型产生很大影响的个案的测量。

- "马氏距离"复选框：表示自变量上个案的值与所有个案的平均值相异程度的测量，大的马氏距离表示个案在一个或多个自变量上具有极值。
- "库克距离"复选框：选中该复选框表示保存库克距离值，较大的库克距离表明从回归统计量的计算中排除个案之后，系数会发生很大变化。
- "杠杆值"复选框：选中该复选框即表示保存杠杆值，杠杆值是度量某个点对回归拟合的影响，范围从 0 到 $(N-1)/N$，其中 0 表示对回归拟合无影响。

④ "影响统计"选项组：该选项组用于测度由于排除了特定个案而导致的回归系数（DfBeta）和预测值（DfFit）的变化。
- DfBeta：即计算 beta 值的差分，表示由于排除了某个特定个案而导致的回归系数的改变。
- 标准化 DfBeta：该复选框表示计算 beta 值的标准化差分。
- DfFit：表示计算拟合值的差分，即由于排除了某个特定个案而产生的预测变量的更改。
- 标准化 DfFit：该复选框表示计算拟合值的标准化差分。
- 协方差比率：该复选框表示从回归系数计算中排除特定个案的协方差矩阵的行列式与包含所有个案的协方差矩阵的行列式的比率，如果比率接近 1，则说明被排除的个案不能显著改变协方差矩阵。

⑤ "预测区间"选项组：该选项组主要用于设置均值和个别预测区间的上限和下限。
- "平均值"复选框：该复选框表示保存平均预测响应的预测区间的下限和上限。
- "单值"复选框：该复选框表示保存单个个案的因变量预测区间的下限和上限。
- "置信区间"复选框：该文本框用于指定预测区间的范围，取值为 1～99.99。

4. 设置"线性回归：选项"对话框

单击"选项"按钮，弹出如图 9-6 所示的"线性回归：选项"对话框。

"线性回归：选项"对话框主要用于对步进回归方法和缺失值进行设置，各选项含义如下：

① "步进法条件"选项组：该选项组在已指定向前、向后或逐步式变量选择法的情况下适用。变量可以输入到模型中，或者从模型中移去，这取决于 F 值的显著性（概率）或者 F 值本身。

- "使用 F 的概率"单选按钮：表示如果变量的 F 值的显著性水平小于"进入"值，则将该变量选入到模型中，如果该显著性水平大于"除去"值，则将该变量从模型中移去。其中，"进入"值必须小于"除去"值，且两者均必须为正数。

图 9-6　"线性回归：选项"对话框

- "使用 F 值"单选按钮：表示如果变量的 F 值大于"进入"值，则该变量输入模型，如果 F 值小于"除去"值，则该变量从模型中移去。"进入"值必须大于"除去"值，且两者均必须为正数。要将更多的变量选入到模型中，请降低"进入"值。要将更多的变量从模型中移去，请增大"除去"的值。

② "在方程中包括常量"复选框：该复选框表示回归模型中包含常数项。取消选择该复选框，可强制使回归模型通过原点，但是某些通过原点的回归结果无法与包含常数的回归结果相比较，

如不能以通常的方式解释 R 方。

③ "缺失值"选项组：该选项组用于对回归中缺失值的定制，有 3 个可选项。

- □ "成列排除个案"单选按钮：选中该单选按钮表示只有所有变量均取有效值的个案才包含在分析中。
- □ "成对排除个案"单选按钮：选中该单选按钮表示使用正被相关的变量对具有完整数据的个案来计算回归分析所基于的相关系数。
- □ "替换为平均值"单选按钮：选中该单选按钮表示用变量的均值来替换默认值。

设置完毕后，单击"继续"按钮，就可以返回到"线性回归"对话框。如果只进行系统默认设置，可以单击"取消"按钮，也可以返回到"线性回归"对话框，进行其他设置。

所有设置完毕后，单击"确定"按钮，即可在 SPSS Statistics 查看器窗口得到线性回归分析的结果。

9.1.3 实验操作

下面以数据文件"9-1"为例，讲解线性回归分析的具体操作过程并对结果进行说明。

1. 实验数据描述

数据文件"9-1"选取了从 1978 年～2008 年山东省国民生产总值与固定资产投资的年度数据，数据来源于《山东省统计年鉴》。下面将利用山东省国民生产总值作为被解释变量、固定资产投资作为解释变量来建立线性回归模型，分析固定资产投资与国民生产总值的关系。该数据文件的原始数据如图 9-7 所示。

首先在 SPSS 变量视图中建立变量"国内生产总值"和"固定资产投资"，如图 9-8 所示。

图 9-7 数据文件"9-1"的原始数据　　　　图 9-8 数据文件"9-1"的变量视图

然后在 SPSS 活动数据文件的数据视图中，把相关数据输入到各个变量中，输入完毕后的部分数据如图 9-9 所示。

2. 实验操作步骤

具体操作步骤如下：

步骤 01 打开数据文件"9-1",进入 SPSS Statistics 数据编辑器窗口,在菜单栏中选择"分析"|"回归"|"线性"命令,打开"线性回归"对话框,然后将"GDP"选入"因变量"列表框中,将"FAI"选入"自变量"列表框中。

步骤 02 单击"统计"按钮,打开"线性回归:统计"对话框,选中"估计值""模型拟合"和"德宾-沃森"复选框,然后单击"继续"按钮,保存设置。

步骤 03 单击"图"按钮,打开"线性回归:图"对话框,选中"直方图"和"正态概率图"复选框,然后单击"继续"按钮,保存设置。

步骤 04 单击"选项"按钮,打开"线性回归:选项"对话框,选中"在方程中包含常量"复选框,然后单击"继续"按钮,保存设置。

步骤 05 单击"确定"按钮,便可以得到线性回归结果。

图 9-9 数据文件"9-1"的数据视图

3. 实验结果及分析

在 SPSS Statistics 查看器窗口的输出结果如图 9-10~图 9-16 所示。

图 9-10 给出了输入/除去的变量情况。可以看出在本实验中采用"输入"方法选择变量,输入的变量是"FAI",而没有变量被除去。

图 9-11 给出了评价模型的检验统计量。从该图可以得到 R、R 平方、调整后 R 平方、标准估计的误差及德宾-沃森统计量。本实验中回归模型调整后的 R 方是 0.960,说明回归的拟合度非常高,但是德宾-沃森却只有 0.338,说明模型残差存在比较严重的正自相关。

输入/除去的变量[a]

模型	输入的变量	除去的变量	方法
1	FAI[b]	.	输入

a. 因变量: GDP
b. 已输入所请求的所有变量

图 9-10 输入/除去的变量

模型摘要[b]

模型	R	R 方	调整后 R 方	标准估算的错误	德宾-沃森
1	.980[a]	.961	.960	1385.02216	.338

a. 预测变量: (常量), FAI
b. 因变量: GDP

图 9-11 模型摘要

图 9-12 给出了方差分析的结果。由该图可以得到回归部分的 F 值为 693.222,相应的显著性值为 0.000,小于显著水平 0.05,因此可以判断由 FAI 对 GDP 解释的部分非常显著。

图 9-13 给出了线性回归模型的回归系数及相应的一些统计量。从该图可以得到线性回归模型中的常数和 FAI 的系数分别为 1253.705 和 1.921，说明一元钱的固定资产投资可以带来近两元钱的 GDP 的增加，投资乘数比较大。另外，线性回归模型中的常数和 FAI 的 t 值分别为 4.107 和 26.329，相应的显著性值为 0.000，说明系数非常显著，这与图 9-12 方差分析的结果十分一致。

ANOVA[a]

模型		平方和	自由度	均方	F	显著性
1	回归	1329799070	1	1329799070	693.222	.000[b]
	残差	53712019.07	28	1918286.396		
	总计	1383511089	29			

a. 因变量: GDP
b. 预测变量: (常量), FAI

图 9-12 ANOVA

系数[a]

模型		未标准化系数		标准化系数	t	显著性
		B	标准误差	Beta		
1	(常量)	1253.705	305.269		4.107	.000
	FAI	1.921	.073	.980	26.329	.000

a. 因变量: GDP

图 9-13 系数

图 9-14 给出了一些残差的统计量。从该图可以看到预测值、残差、标准预测值和标准残差的极小值、极大值等统计量。如残差的最大值为 2548.12353，最小值为 -2985.68970，平均值为 0。

残差统计[a]

	最小值	最大值	平均值	标准偏差	个案数
预测值	1334.1292	25334.8106	5756.3797	6771.64237	30
残差	-2985.68970	2548.12353	.00000	1360.93299	30
标准预测值	-.653	2.891	.000	1.000	30
标准残差	-2.156	1.840	.000	.983	30

a. 因变量: GDP

图 9-14 残差统计

图 9-15 给出了标准化残差的直方图。该图是标准化残差的频率分布直方图，从图中可以看出，尽管标准化后的残差出现了右侧厚尾现象，但还是基本满足正态分布。

图 9-16 给出了标准化残差的标准 P-P 图。该 P-P 图是以实际观察值的累计概率为横轴，以正态分布的累计概率为纵轴，如果样本数据来自正态分布的话，则所有散点都应该分布在对角线附近。从图中可以看出，分布结果也正是如此，因此可以判断标准化的残差基本服从正态分布，与图 9-15 给出的直方图结果一致。

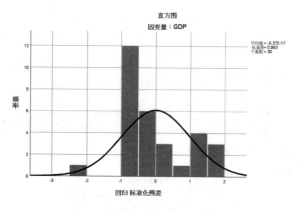

图 9-15 标准化残差的直方图

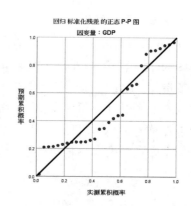

图 9-16 标准化残差的标准 P-P 图

9.2 曲线回归分析

9.2.1 曲线回归分析的基本原理

许多情况下，变量之间的关系并非线性关系，我们无法建立线性回归模型。但是许多模型可以通过变量的转化而转化为线性关系。曲线回归分析方法被统计学家发展出来拟合变量之间的关系。曲线估算的思想就是通过变量替换的方法将不满足线性关系的数据转化为符合线性回归模型的数据，再利用线性回归进行估计。

9.2.2 曲线回归分析的 SPSS 操作

（1）在菜单栏中选择"分析"|"回归"|"曲线估算"命令，打开如图 9-17 所示的"曲线估算"对话框。

（2）选择变量。从源变量列表框中选择需要进行曲线回归分析的被解释变量，然后单击 按钮将选中的变量选入"因变量"列表框中；从源变量列表框中选择需要进行曲线回归分析的解释变量，单击 按钮将选中的变量选入"变量"列表框中。

① "因变量"列表框：该列表框中的变量为曲线回归模型中的被解释变量，数值类型为数值型。

② "变量"单选按钮：选中该单选按钮后，选择选入列表框中的变量为线性回归模型的解释变量或控制变量，数值类型一般为数值型。如果解释变量为分类变量或定性变量，则可以用虚拟变量（哑变量）表示。此项为系统默认选项。

③ "时间"单选按钮：选中该单选按钮后，则时间作为解释变量选入曲线回归模型。

④ "个案标签"列表框：该列表框主要用于指定个案标签的变量，作为散点图中点的标记。

⑤ "模型"选项组：该选项组用于指定用于回归的曲线模型，SPSS 26.0 提供了 11 种曲线回归模型，分别是线性、二次、复合、增长、对数、三次、S、指数、逆、幂和 Logistic。其中，如果选中 Logistic 复选框，则在"上限"文本框中指定模型上限。

⑥ "显示 ANOVA 表"复选框：选中该复选框表示输出方差分析的结果。

（3）设置保存。单击"保存"按钮，弹出如图 9-18 所示的"曲线估算：保存"对话框。该对话框主要用于设置保存残差及预测个案。

① "保存变量"选项组：该选项组用于对保存残差和预测值的设置。

- "预测值"复选框：表示保存曲线模型对因变量的预测值。
- "残差"复选框：表示保存曲线模型回归的原始残差。
- "预测区间"复选框：表示保存预测区间的上下界，在"置信区间"下拉列表框中选择置信区间的范围。

② "预测个案"选项组：该选项组只有在"曲线估算"对话框（见图 9-17）中选中了"时间"单选按钮才会被激活，主要用于对个案进行预测，有两个单选按钮可供选择。

- "从估算期到最后一个个案的预测"单选按钮：选中该单选按钮表示保存所有因变量个案的预测值。
- "预测范围"单选按钮：选中该单选按钮表示保存用户指定的预测范围的预测值，在"观测值"文本框中输入要预测的观测值。

（4）设置完毕后，单击"确定"按钮，即可在 SPSS Statistics 查看器窗口得到曲线回归分析的结果。

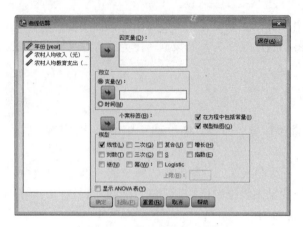
图 9-17 "曲线估算"对话框

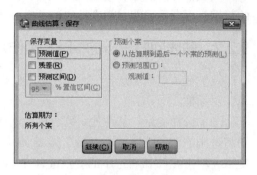
图 9-18 "曲线估算：保存"对话框

9.2.3 实验操作

下面以数据文件"9-2"为例，讲解曲线回归分析的具体操作过程并对结果进行说明。

1．实验数据描述

数据文件"9-2"搜集了我国从 1995 年~2007 年农村人均收入与农村人均教育支出的数据，数据来源于《中国农村统计年鉴》，利用曲线回归分析方法，分析农村人均教育支出与农村人均收入之间的关系。本实验的原始数据如图 9-19 所示。

年份	农村人均收入(元)	农村人均教育支出（元）
1995	1627.64	38.24
1996	1854.22	47.91
1997	2203.6	57.56
1998	3138.56	71
1999	4442.09	153.98
2000	5565.68	194.62
2001	6544.73	307.95
2002	7188.71	419.19
2003	7911.94	542.78
2004	7493.31	556.93
2005	7997.37	656.28
2006	9463.07	1091.85
2007	9396.45	1062.13

图 9-19 数据文件"9-2"的原始数据

首先在 SPSS 变量视图中建立变量 year、x 和 y，分别用来表示年份、农村人均收入和农村人均教育支出，如图 9-20 所示。其中，农村人均收入和农村人均教育支出的单位为元。

在 SPSS 活动数据文件的数据视图中，把相关数据输入到各个变量中，输入完毕后的部分数据如图 9-21 所示。

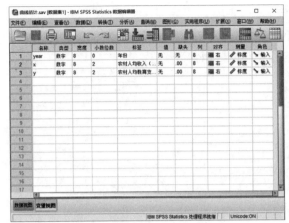

图 9-20　数据文件“9-2”的变量视图

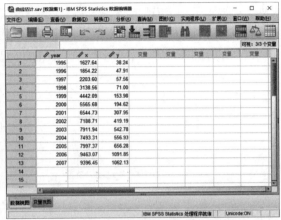

图 9-21　数据文件“9-2”的数据视图

2. 实验操作步骤

实验具体操作步骤如下：

步骤 01 打开数据文件“9-2”，进入 SPSS Statistics 数据编辑器窗口，在菜单栏中选择“分析”|“回归”|“曲线估算”命令，打开“曲线估算”对话框，然后将 y 选入“因变量”列表框中，将 x 选入“变量”列表框中。

步骤 02 在“曲线估算”对话框中选中“线性”“对数”和“二次”复选框，然后单击“继续”按钮，保存设置。

步骤 03 单击“确定”按钮，便可以得到曲线回归结果。

3. 实验结果及分析

在 SPSS Statistics 查看器窗口的输出结果如图 9-22~图 9-26 所示。

图 9-22 给出了模型基本情况的描述。从该图中可以看到模型的因变量和自变量名称。

图 9-23 给出了个案处理摘要。从该图可以看到参与曲线回归的总个案数共有 15 个，其中有两个由于带有缺失值，所以被排除。

图 9-24 给出了变量处理摘要。从图中可以看到，因变量和自变量的正负值情况，如因变量和自变量都含有正值 13 个，没有零和负值，系统缺失值有两个。

模型描述

模型名称		MOD_1
因变量	1	农村人均教育支出（元）
方程	1	线性
	2	对数
	3	二次
自变量		农村人均收入（元）
常量		包括
值用于在图中标注观测值的变量		未指定
有关在方程中输入项的容差		.0001

图 9-22　模型描述

个案处理摘要

	个案数
总个案数	15
排除个案数^a	2
预测的个案	0
新创建的个案	0

a. 在分析中，将排除那些在任何变量中具有缺失值的个案。

图 9-23　个案处理摘要

变量处理摘要

		变量	
		因变量	自变量
		农村人均教育支出（元）	农村人均收入（元）
正值的数目		13	13
零的数目		0	0
负值的数目		0	0
缺失值的数目	用户缺失值	0	0
	系统缺失值	2	2

图 9-24　变量处理摘要

图 9-25 给出了模型汇总情况和参数估计值及相应的检验统计量。从图中可以看出，三个回归曲线模型中，拟合度最好的是二次项模型（R 方为 0.987），以 F 值来看，三个模型都比较显著。

另外，还得到了每个模型中常数和系数的估计结果。

图 9-26 给出了三个曲线模型拟合曲线及观测值的散点图。从图中可以很直观地看出，在三条曲线模型拟合的曲线中，二次项模型拟合的曲线与原始观测值拟合得最好。

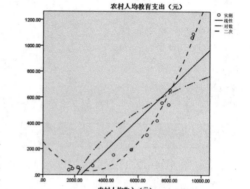

模型摘要和参数估算值

因变量：农村人均教育支出（元）

方程	模型摘要					参数估算值		
	R 方	F	自由度1	自由度2	显著性	常量	b1	b2
线性	.836	56.029	1	11	.000	-284.012	.119	
对数	.678	23.210	1	11	.001	-3686.132	480.519	
二次	.987	382.641	2	10	.000	252.698	-.148	2.460E-5

自变量为 农村人均收入（元）。

图 9-25　模型摘要和参数估算值　　　　　　图 9-26　农村人均收入拟合图

所以我们可以得出农村人均收入与农村人均教育支出之间的关系为：

$$Y=252.698-0.148X+2.460E-5X*X$$

9.3　加权回归分析

9.3.1　加权回归分析的基本原理

随机误差项具有相同的方差是加权回归估算的重要假定之一。而对于回归模型：

$$y = \alpha + X\beta + \varepsilon$$

若出现 $Var(\varepsilon_i) = \delta_i^2$ 的情况，即对于不同的样本点，随机误差项的方差不再是常量，而互不相同，则认为出现了异方差。

异方差性会导致参数估算量为非有效、变量的显著性检验失去意义、模型的预测失效等后果。模型存在异方差性，可用加权最小二乘法（WLS）进行估计。加权最小二乘法是对原模型，非线性模型假设条件较少，加权，使之变成一个新的不存在异方差性的模型，然后采用加权回归方法估算其参数。

9.3.2　加权回归分析的 SPSS 操作

（1）在菜单栏中选择"分析"|"回归"|"权重估算"命令，打开如图 9-27 所示的"权重估算"对话框。

（2）选择变量。从源变量列表框中选择需要进行加权回归分析的因变量，然后单击 按钮将选中的变量选入"因变量"列表框中；从源变量列表框中选择需要进行加权回归分析的自变量，然后单击 按钮将选中的变量选入"自变量"列表框中，如图 9-28 所示。

图 9-27 "权重估算"对话框

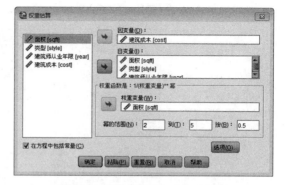

图 9-28 选择加权回归分析的变量

（3）设置加权权重。从源变量列表框中选择需要进行加权回归分析的因变量，然后单击 按钮将选中的变量选入"权重变量"列表框中，然后在"幂的范围"文本框中输入加权指数的初始值与结束值，在"按"文本框中输入加权指数的步长。系统要求加权指数范围为-6.5～7.5，且满足"（结束值-初始值）/步长<=150"的条件，权重函数为"1/（加权变量）"加权指数。

（4）其他相应选项的设置。

① "选项"按钮：单击该按钮，弹出如图 9-29 所示的"权重估算：选项"对话框。

图 9-29 "权重估算：选项"对话框

- "将最佳权重保存为新变量"复选框：选中该复选框，系统将得到的最佳权重作为一个新变量保存在数据文件中。
- "显示 ANOVA 和估算值"选项组：该选项组用于设置方差与估算值的输出方式。选中"对于最佳幂"单选按钮，系统将只输出最终的估算值与方差分析表；选中"对于每个幂值"单选按钮，系统将输出定制的加权指数范围内的所有权重的估算值与方差分析表。

② "在方程中包含常量"复选框：选中该复选框，表示在模型中包含常量。

（5）分析结果输出。单击"确定"按钮，得到加权回归分析的结果。

9.3.3 实验操作

1. 实验数据描述

数据文件"9-7"来源于 SPSS 自带的数据文件"Mallcost"，该数据文件记录了商业街的建筑成本和一些相关的影响因素。本实验利用加权回归分析方法来分析影响商业街建设成本的因素。本数据文件的原始数据如图 9-30 所示。

首先在 SPSS 变量视图中建立变量"sqft""style""year"和"cost"，分别用来表示面积、类型、建筑师从业年限和建筑成本。其中，"style"变量用"1、0"分别表示"室内"和"室外"，如图 9-31 所示。

然后在 SPSS 活动数据文件的数据视图中，把相关数据输入到各个变量中，输入完毕后的部分数据如图 9-32 所示。

图 9-30 数据文件 "9-3" 的原始数据

图 9-31 数据文件 "9-7" 的变量视图　　　　图 9-32 数据文件 "9-7" 的数据视图

2. 实验操作步骤

本实验的具体操作步骤如下：

步骤01 在菜单栏中选择"分析"|"回归"|"权重估算"命令，打开"权重估算"对话框。

步骤02 从源变量列表框中选择"sqft""style"和"year"变量，单击 按钮将其选入"自变量"列表框中，从源变量列表框中选择"cost"变量，单击 按钮将其选入"因变量"列表框中。

步骤03 从源变量列表框中选择"sqft"变量，单击 按钮将其选入"权重变量"列表框中，在"幂的范围"文本框中输入加权指数的初始值与结束值 2 和 5，在"按"文本框中输入加权指数的步长 0.5。

步骤04 单击"确定"按钮，便可以得到加权回归分析的结果。

3. 实验结果及分析

SPSS Statistics 查看器窗口的输出结果如图 9-33~图 9-35 所示。

图 9-33 给出了权重的相关信息，从图中可以看出加权指数为 3.500 时，对数似然函数值最大，即 3.5 是最优权重。

图 9-34 给出了标准化后和未标准化系数、t 统计量和模型的拟合优度等信息，我们可以看出模型拟合优度较高且各系数均显著，这也证明了前面对加权指数的选择是正确的。

对数似然值b

幂	2.000	-208.251
	2.500	-206.606
	3.000	-205.529
	3.500	-205.143a
	4.000	-205.563
	4.500	-206.869
	5.000	-209.085

a. 选择了相应的幂进行进一步分析，这是因为，它使对数似然函数最大化

b. 因变量：cost，源变量：sqft

模型描述

因变量		cost
自变量	1	sqft
	2	style
	3	year
权重	源	sqft
	幂值	3.500

模型：MOD_1

图 9-33 权重的输出

模型摘要

复 R	.863
R 方	.745
调整后 R 方	.724
估算标准误差	46.730
对数似然函数值	-205.143

系数

	未标准化系数		标准化系数			
	B	标准误差	Beta	标准误差	t	显著性
(常量)	53.438	16.988			3.146	.003
sqft	149.273	15.425	.864	.089	9.678	.000
style	-26.533	11.086	-.218	.091	-2.393	.022
year	-2.209	.941	-.205	.087	-2.348	.024

图 9-34 模型的估计结果

图 9-35 给出了模型的方差分析表，从图中可以得到残差平方和、回归平方和和 F 统计量等信息。

通过实验，我们可以得出影响建筑成本的因素与建筑成本之间的关系，具体为：

ANOVA

	平方和	自由度	均方	F	显著性
回归	229428.003	3	76476.001	35.022	.000
残差	78612.250	36	2183.674		
总计	308040.252	39			

图 9-35 模型的方差分析表

$$\hat{y} = 53.438 + 149.273\text{sqft} - 26.533\text{style} - 2.209\text{year}$$

方程的估计信息均是经过加权后得到的信息，消除了模型中存在的异方差性，保证了参数检验的有效性。

9.4 Logistic 回归分析

9.4.1 Logistic 回归分析的基本原理及模型

在许多领域的分析中，我们都会遇到因变量只能取二值的情形，如是与否、有效与无效等。对于这种问题建立回归模型时，通常先将取值在实数范围内的值通过 Logit 变换转化为目标概率值，然后进行回归分析，这就是 Logistic 回归。Logistic 模型的数学表达如公式（9-4）所示：

$$\ln \frac{p}{1-p} = \alpha + X\beta + \varepsilon \tag{9-4}$$

其中，p 为事件发生的概率；$\alpha = \begin{pmatrix} \alpha_1 \\ \alpha_2 \\ \vdots \\ \alpha_n \end{pmatrix}$ 为模型的截距项；$\beta = \begin{pmatrix} \beta_1 \\ \beta_2 \\ \vdots \\ \beta_n \end{pmatrix}$ 为待估计参数；$X = \begin{pmatrix} x_{11} & x_{12} & \cdots & x_{1k} \\ x_{21} & x_{22} & \cdots & x_{2k} \\ \vdots & \vdots & \ddots & \vdots \\ x_{n1} & x_{n2} & \cdots & x_{nk} \end{pmatrix}$ 为解释变量；$\varepsilon = \begin{pmatrix} \varepsilon_1 \\ \varepsilon_2 \\ \vdots \\ \varepsilon_n \end{pmatrix}$ 为误差项。通过公式（9-2）可以看出，Logistic 模型建立了事件发生的概率和解释变量之间的关系。

9.4.2 Logistic 回归分析的 SPSS 操作

打开相应的数据文件或者建立一个数据文件后，就可以在 SPSS Statistics 数据编辑器窗口中进行 Logistic 回归分析。

（1）在菜单栏中选择"分析"|"回归"|"二元 Logistic"命令，打开如图 9-36 所示的"Logistic 回归"对话框。

（2）选择变量。从源变量列表框中选择需要进行 Logistic 回归分析的被解释变量，单击 按钮将选中的变量选入"因变量"列表框中；然后从源变量列表框中选择需要进行 Logistic 回归分析的解释变量，单击 按钮将选中的变量选入"协变量"列表框中。

图 9-36 "Logistic 回归"对话框

① "因变量"列表框：该列表框中的变量为 Logistic 回归模型中的被解释变量，数值类型为数值型，且必须是二值变量。

② "协变量"列表框：该列表框中的变量为线性回归模型的解释变量或控制变量，数值类型一般为数值型。如果解释变量为分类变量或定性变量，则可以用虚拟变量（哑变量）表示。如果选择多个自变量，则可以将自变量分组成"模块"，通过"上一个"和"下一个"按钮对不同的变量子集指定不同的回归模型。

③ "方法"下拉列表框：用于选择线性回归模型中变量的输入和除去方法，包括：

- 输入：选中该方法表示所有的"协变量"列表框中的变量都选入回归模型。
- 向前：有条件的，该方法采用步进方式选择协变量，协变量选入回归模型的标准是条件参数估算的似然比统计量概率值是否小于给定的显著水平。
- 向前：LR，该方法也是采用步进方式选择协变量，协变量选入回归模型的标准是极大偏似然估算的似然比统计量概率值是否小于给定的显著水平。
- 向前：瓦尔德，该方法也是采用步进方式选择协变量，协变量选入回归模型的标准是瓦尔德统计量概率值是否小于给定的显著水平。
- 向后：有条件的，该方法首先将所有协变量加入模型，然后根据条件参数估算的似然比统计量概率值是否大于给定的显著水平来删除变量。
- 向后：LR，该方法首先将所有协变量加入模型，然后根据极大偏似然估算的似然比统计量概率值是否大于给定的显著水平来删除变量。

- 向后：LR，该方法首先将所有协变量加入模型，然后根据极大偏似然估算的似然比统计量概率值是否大于给定的显著水平来删除变量。
- 向后：瓦尔德，该方法首先将所有协变量加入模型，然后根据瓦尔德统计量概率值是否大于给定的显著水平来删除变量。

④ "选择变量"列表框：该列表框主要用于指定分析个案的选择规则，所有功能及用法与线性回归分析中的"选择变量"相同，这里不再赘述。

（3）进行相应的设置。

1. "分类"设置

一旦选定协变量，"分类"按钮就会被激活。单击"分类"按钮，弹出如图 9-37 所示的"Logistic 回归：定义分类变量"对话框。

"Logistic 回归：定义分类变量"对话框主要是对分类变量进行定制。在"协变量"列表框中选择所需要的分类变量，然后单击 按钮将选中的变量选入"分类协变量"列表框中。一旦选定分类协变量，"更改对比"选项组就会被激活，该选项组用于选择对比的方法。单击"对比"下拉列表框，可以选择对比的方法：

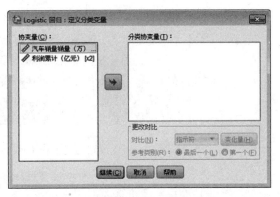

图 9-37　"Logistic 回归：定义分类变量"对话框

- 指示灯：该选项为系统默认选项，表示与分类变量的指数符对照。在"参考类别"中选择"最后一个"或"第一个"作为对比的基准。
- 简单：该选项表示对分类变量各个水平与第一个水平或最后一个水平的均值进行对比。在"参考类别"中选择对比的基准。
- 差值：该选项表示对分类变量的各个水平都与前一个水平进行做差比较，当然第一个水平除外。
- 赫尔默特：该选项表示对分类变量的各个水平都与后面的水平进行做差比较，当然最后一个水平除外。
- 重复：该选项表示对分类变量的各个水平进行重复对比。
- 多项式：该选项表示对每个水平按分类变量顺序进行趋势分析。常用的趋势分析方法有线性、二次式等。
- 偏差：该选项表示分类变量每个水平与总平均值进行对比。在"参考类别"中选择"最后一个"或"第一个"作为对比的基准。

2. "保存"设置

单击"保存"按钮，将弹出如图 9-38 所示的"Logistic 回归：保存"对话框。

图 9-38　"Logistic 回归：保存"对话框

"Logistic 回归：保存"对话框主要用于在活动数据文件中保存预测值、残差和其他对于诊断有用的统计量，包括：

① "预测值"选项组：该选项组用于保存回归模型对每个个案预测的值。

- "概率"复选框：选中该复选框表示保存每个观察值的预测概率。
- "组成员"复选框：选中该复选框表示保存根据每个观察值的预测概率所确定的组群体。

② "残差"选项组：该选项组用于保存回归模型的残差。

- "未标准化"复选框：选中该复选框表示保存观察值与模型预测值之间的原始残差。
- "分对数"复选框：选中该复选框表示保存 Logit 度量的残差。
- "学生化"复选框：选中该复选框表示保存学生化的残差，即残差除以其随个案变化的标准差的估算，这取决于每个个案的自变量值与自变量均值之间的距离。
- "标准化"复选框：选中该复选框表示保存标准化后的残差，即皮尔逊残差。
- "偏差"复选框：选中该复选框表示保存偏差值。

③ "影响"选项组：该选项组用于保存可能对回归模型产生很大影响的个案度量。

- "库克距离"复选框：选中该复选框表示保存库克距离值，较大的库克距离表明从回归统计量的计算中排除个案之后，系数会发生很大变化。
- "杠杆值"复选框：选中该复选框表示保存杠杆值，杠杆值是度量某个点对回归拟合的影响，杠杆值范围从 0 到 $(N-1)/N$，其中 0 表示对回归拟合无影响。
- "DfBeta"复选框：选中该复选框表示计算 beta 值的差分，表示由于排除了某个特定个案而导致的回归系数的改变。

3. "选项"设置

单击"选项"按钮，弹出如图 9-39 所示的"Logistic 回归：选项"对话框。

"Logistic 回归：选项"对话框主要对统计和图、显示及步进概率进行设置，包括：

① "统计和图"选项组：该选项组可以对输出的统计和图进行相应定制。

- "分类图"复选框：选中该复选框表示输出因变量的观测值和预测值的概率直方图。
- "估算值的相关性"复选框：选中该复选框表示输出回归参数估算值的相关系数矩阵。
- "霍斯默-莱梅肖拟合优度"复选框：选中该复选框表示输出衡量回归模型拟合度的霍斯默-莱梅肖拟合优度指标。

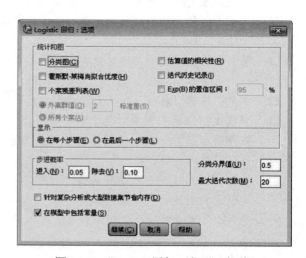

图 9-39 "Logistic 回归：选项"对话框

- ➢ "外离群值"表示输出满足条件的个案离群值,"标准差"用于指定离群值满足几倍标准差的条件。
- ➢ "所有个案"指可以输出所有个案的残差。
- ❏ "Exp(B)的置信区间"复选框:选中该复选框表示输出指数的变动范围,输出范围是从 1~99,系统默认为 95。

② "显示"选项组:该选项组用于定制上述统计和图显示的时间。
- ❏ "在每个步骤"单选按钮:选中该单选按钮表示每一步都要输出选定的统计和图。
- ❏ "在最后一个步骤"单选按钮:选中该单选按钮表示最后一步要输出选定的统计和图。

③ "步进概率"选项组:该选项组用于定制选择变量进入或移出回归模型的进入或除去标准。
- ❏ 进入,该文本框中的数值表示变量输入回归模型的最低显著水平。
- ❏ 除去,该文本框中的数值表示变量移出回归模型的最高显著水平。

④ "分类分界值"文本框。该输入值表示对预测概率定制分界点来产生分类表,系统默认为 0.5。

⑤ "最大迭代次数"文本框。该输入值表示对回归模型系数进行的最大似然估算的迭代次数,系统默认为 50 次。

⑥ "在模型中包括常量"复选框:回归模型中包含常量。取消选择该复选框可强制使回归模型通过原点,但是某些通过原点的回归结果无法与包含常量的回归结果相比较。

设置完毕后,单击"确定"按钮,即可在 SPSS Statistics 查看器窗口得到 Logistic 回归分析的结果。

9.4.3 实验操作

下面以数据文件"9-4"为例,讲解 Logistic 回归分析的具体操作过程并对结果进行说明。

1. 实验数据描述

数据文件"9-4"记录了某汽车销售公司 15 年的年度销售量、累积利润额与年终奖金的发放情况。其中,年终奖金的发放情况仅仅记录发放与不发放两种情况。本实验将利用 Logistic 回归分析方法,分析影响该汽车销售公司奖金发放的因素。本实验的原始数据如图 9-40 所示。

在 SPSS 变量视图中建立变量"y""x1"和"x2",分别用来表示年终奖、汽车销量、利润累计(亿元),如图 9-41 所示。其中,"年终奖金的发放"变量为二值变量,如果该年度公司发放年终奖金则取值为 1,不发放则取值为 0。

在 SPSS 活动数据文件的数据视图中,把相关数据输入到各个变量中,输入完毕后的部分数据如图 9-42 所示。

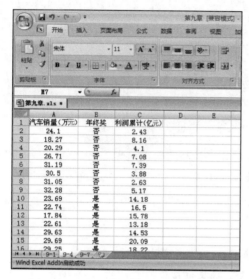

图 9-40　数据文件"9-4"的原始数据

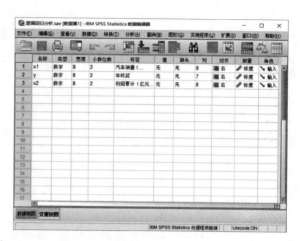

图 9-41　数据文件"9-4"的变量视图

图 9-42　数据文件"9-4"的数据视图

2. 实验操作步骤

具体操作步骤如下：

步骤 01　打开数据文件"9-4"，进入 SPSS Statistics 数据编辑器窗口，在菜单栏中选择"分析"|"回归"|"二元 Logistic"命令，打开"Logistic 回归"对话框，然后将"y"选入"因变量"列表框，将"x1"和"x2"选入"协变量"列表框。

步骤 02　单击"选项"按钮，打开"Logistic 回归：选项"对话框，选中"分类图"复选框，然后单击"继续"按钮，保存设置。

步骤 03　单击"确定"按钮，便可以得到 Logistic 回归结果。

3. 实验结果及分析

SPSS Statistics 查看器窗口的输出结果如图 9-43~图 9-51 所示。

图 9-43 给出了个案处理摘要,从图中可以看到,参与回归分析的样本数据共有 15 个,没有缺失案例,参与率为 100%。

图 9-44 给出了因变量在迭代运算中的编码,从图中可以看出因变量的内部编码是 0 和 1。

个案处理摘要

未加权个案数[a]		个案数	百分比
选定的个案	包括在分析中的个案数	15	100.0
	缺失个案数	0	.0
	总计	15	100.0
未选定的个案		0	.0
总计		15	100.0

a. 如果权重处于生效状态,请参阅分类表以了解个案总数。

图 9-43 个案处理摘要

因变量编码

原值	内部值
.00	0
1.00	1

图 9-44 因变量编码

图 9-45~图 9-47 给出了"步骤 0"的预测和运算结果,包括分类表、方程中的变量和不在方程中的变量。"步骤 0"是指在对因变量回归中的协变量仅含有截距项,而不含其他解释变量,因此方程中的变量只有常量没有 x1 和 x2 两个解释变量。其中,常数的瓦尔德值只有 0.067,相应的显著性为 0.796,可见非常不显著。另外,从图 9-48 分类表的预测情况可以看出,基于"步骤 0"建立的 Logistic 回归模型对不发放年终奖的预测准确率是 100%,而对发放年终奖的准确率是 0%。因此基于"步骤 0"的回归模型是不可靠的。

分类表[a,b]

实测		预测		
		年终奖		正确百分比
		.00	1.00	
步骤 0	年终奖 .00	8	0	100.0
	1.00	7	0	.0
	总体百分比			53.3

a. 常量包括在模型中
b. 分界值为 .500

图 9-45 分类表

方程中的变量

		B	标准误差	瓦尔德	自由度	显著性	Exp(B)
步骤 0	常量	-.134	.518	.067	1	.796	.875

图 9-46 方程中的变量

未包括在方程中的变量

			得分	自由度	显著性
步骤 0	变量	汽车销量(万)	.496	1	.481
		利润累计(亿元)	12.986	1	.000
	总体统计		13.034	2	.001

图 9-47 不在方程中的变量

从图 9-48~图 9-51 给出了"步骤 1"的预测和运算结果,包括模型系数的综合检验、模型摘要、分类表与方程中的变量内容。"步骤 1"是指在对因变量回归中的协变量含有常量及 x1、x2 两个解释变量。从图 9-48 模型系数的综合检验可以看出,"步骤 1"和基于该模块建立的模型的卡方值为 20.728,显著性值为 0.000,小于 0.05 的显著水平,可见步骤 1 和基于该模块建立的模型非常显著。从图 9-49 模型摘要可以得到 Logistic 回归模型的考克斯-斯奈尔 R 方和内戈尔科 R 方的值分别为 0.749 和 1.000,可见模型的拟合度非常好。

模型系数的 Omnibus 检验

		卡方	自由度	显著性
步骤 1	步骤	20.728	2	.000
	块	20.728	2	.000
	模型	20.728	2	.000

图 9-48　模型系数的综合检验

模型摘要

步骤	-2 对数似然	考克斯-斯奈尔 R 方	内戈尔科 R 方
1	.000[a]	.749	1.000

a. 由于已达到最大迭代次数，因此估算在第 20 次迭代时终止。找不到最终解。

图 9-49　模型摘要

分类表[a]

实测		预测		
		年终奖		正确百分比
		.00	1.00	
步骤 1	年终奖　.00	8	0	100.0
	1.00	0	7	100.0
	总体百分比			100.0

a. 分界值为 .500

图 9-50　分类表

方程中的变量

		B	标准误差	瓦尔德	自由度	显著性	Exp(B)
步骤 1[a]	汽车销量（万）	.378	1317.989	.000	1	1.000	1.459
	利润累计（亿元）	6.946	2180.887	.000	1	.997	1038.603
	常量	-82.092	41452.056	.000	1	.998	.000

a. 在步骤 1 输入的变量：汽车销量（万），利润累计（亿元）

图 9-51　方程中的变量

Logistic 回归模型建立了工资发放概率与影响因素之间的关系，即：

$$\ln \frac{p}{1-p} = -82.092 + 0.378x_1 + 6.946x_2$$

进行指数变换，得：

$$\frac{p}{1-p} = e^{-82.092 + 0.378x_1 + 6.946x_2}$$

即可对工资发放的概率进行预测。

9.5　有序回归分析（Ordinal）

9.5.1　有序回归分析的基本原理

很多情况下我们会遇到回归分析中因变量有序的情况，如成绩的等级（优、良、中、差）、贷款的违约情况（正常、关注、风险、已违约）等。有序因变量和离散因变量不同，在这些离散值之间存在着内在的等级关系。如果直接使用 OLS 估算法的话，将会失去因变量序数方面的信息而导致估算的错误。因此，统计学家研究出有序回归分析这种分析方法，我们可以通过 SPSS 方便地实现有序回归分析的操作。

9.5.2 有序回归分析的 SPSS 操作

打开相应的数据文件或者建立一个数据文件后,就可以在 SPSS Statistics 数据编辑器窗口中进行有序回归分析。

(1) 在菜单栏中选择"分析"|"回归"|"有序"命令,打开如图 9-52 所示的"有序回归"对话框。

(2) 选择变量。从源变量列表框中选择需要进行有序回归分析的被解释变量,单击 按钮将选中的变量选入"因变量"列表框中;从源变量列表框中选择分类变量,单击 按钮将选中的变量选入"因子"列表框中;从源变量列表框中选择需要进行 Ordinal 回归分析的解释变量,然后单击 按钮将选中的变量选入"协变量"列表框中。

- "因变量"列表框:该列表框中的变量为 Ordinal 回归模型中的被解释变量,一般选定一个有序变量作为因变量,可以是字符串型或数值型,但必须对其取值进行升序排列,并指定最小值为第一个类别。
- "因子"列表框:该列表框中的变量为分类变量,因子变量可以是字符型,但必须用连续整数进行赋值。
- "协变量"列表框:该列表框的变量为 Ordinal 回归模型的解释变量或控制变量,数值类型一般为数值型。如果解释变量为分类变量或定性变量,则可以用虚拟变量(哑变量)表示。

(3) 进行相应的设置。

1. "选项"设置

单击"选项"按钮,弹出如图 9-53 所示的"有序回归:选项"对话框。该对话框主要用于对有序回归的迭代、置信区间、奇异性容差进行设置。

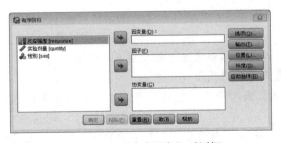

图 9-52 "有序回归"对话框

图 9-53 "有序回归:选项"对话框

① "迭代"选项组:该选项组用于设置有序回归的迭代估算的参数。

- 最大迭代次数,该文本框用于指定最大迭代步骤数目,必须为整数;若输入 0,则仅输出初始值。
- 最大逐步二分次数,该文本框用于指定最大步骤等分值,且必须为整数。

- 对数似然收敛，该下拉列表框用于指定对数似然收敛值，共有 6 个不同的指定值；如果对数似然估算中的绝对或相对变化小于该值，则迭代会停止。
- 参数收敛，该下拉列表框用于指定参数估算值的收敛依据，共有 6 个不同的指定值；如果参数估算的绝对或相对变化小于该值，则迭代会停止。

② "置信区间" 文本框。该文本框用于指定参数估算的置信区间，输入范围是 0~99。

③ "Delta" 文本框。该文本框用于指定添加到零单元格频率的值，防止出现加大的估计偏误，输入范围小于 1 的非负值。

④ "奇异性容差" 下拉列表框：该下拉列表框用于指定奇异性容许误差值，共有 6 个值。

⑤ "联接" 下拉列表框：该下拉列表框用于指定对模型累积概率转换的链接函数，共有 5 种函数选择：

- 逆柯西，该函数适用于潜变量含有较多极端值的情况。
- 互补双对数，该函数适用于被解释变量值与概率值一同增加的情况。
- 分对数，该函数适用于因变量为均匀分布的情况。
- 负双对数，该函数适用于因变量取值与概率值相反方向运动的情况。
- 概率，该函数适用于因变量为正态分布的情况。

2. "输出" 设置

单击 "输出" 按钮，弹出如图 9-54 所示的 "有序回归：输出" 对话框。

"有序回归：输出" 对话框主要用于设置输出的统计量和表及保存变量信息，各选项组的含义介绍如下：

① "显示" 选项组：该选项组用于指定要输出的统计摘要表，有 8 个选项：

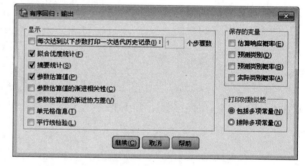

图 9-54　"有序回归：输出" 对话框

- "每次达到以下步数打印一次迭代历史记录" 复选框：选中该复选框表示打印迭代历史记录，在 "步" 中输入正整数值，表示输出每隔该值的迭代历史记录，同时输出第一步和最后一步的迭代记录。
- "拟合优度统计" 复选框：选中该复选框表示输出皮尔逊和卡方统计量。
- "摘要统计" 复选框：选中该复选框表示输出摘要统计表。
- "参数估算值" 复选框：选中该复选框表示输出参数估算表，该表中包括参数估算值、标准误差和置信区间等。
- "参数估算值的渐近相关性" 复选框：选中该复选框表示输出参数估算值的相关系数矩阵。
- "参数估算值的渐近协方差" 复选框：选中该复选框表示输出参数估算值的方差-协方差矩阵。
- "单元格信息" 复选框：选中该复选框表示输出观察值和期望值的频率和累积频率、频率和累积频率的皮尔逊残差、观察到的和期望的概率及以协变量模式表示的观察到的和期望的每个响应类别的累积概率。

- "平行线检验"复选框：选中该复选框表示输出平行线检验统计量，该检验的原假设是位置参数在多个因变量水平上都相等，但该项仅仅适用于位置模型。

② "保存的变量"选项组：该选项组主要用于设置保存变量的信息。

- "估算响应概率"复选框：选中该复选框表示保存将观察值按因子变量分类成响应类别的模型估算概率，概率与响应类别的数量相等。
- "预测类别"复选框：选中该复选框表示保存模型的预测响应分类。
- "预测类别概率"复选框：选中该复选框表示保存模型最大的预测响应分类概率。
- "实际类别概率"复选框：选中该复选框表示保存实际类别的响应概率。

③ "打印对数似然"选项组：该选项组用于设置输出似然对数统计量。其中包含两个单选按钮。"包含多项常量"单选按钮表示输出包含常量的似然对数统计量；"排除多项常量"单选按钮则表示输出不包含常量的似然对数统计量。

3. "位置"设置

单击"位置"按钮，弹出如图 9-55 所示的"有序回归：位置"对话框。该对话框用于指定回归模型中的效应。包括：

① "主效应"单选按钮：选中该单选按钮表示采用包含协变量和因子的主效应，但不包含交互效应。

② "定制"单选按钮：表示采用用户自定义的模型。如果选中"定制"单选按钮，则"因子/协变量""构建项"和"位置模型"都会被激活。

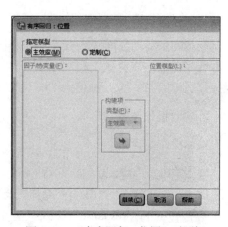

- "因子/协变量"列表框：该列表框用于存放已经选定的因子变量和协变量。
- "构建项"选项组：选项组用于选择模型效应，有"主效应""交互""所有二阶""所有三阶""所有四阶"及"所有五阶"。选中所要指定的模型效应，单击 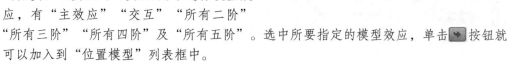 按钮就可以加入到"位置模型"列表框中。

图 9-55 "有序回归：位置"对话框

- "位置模型"列表框：该列表框用于存放用户选定的模型效应。

设置完毕后，单击"确定"按钮，即可在 SPSS Statistics 查看器窗口得到有序回归分析的结果。

9.5.3 实验操作

下面以数据文件"9-5"为例，讲解有序回归分析的具体操作过程并对结果进行说明。

1. 实验数据描述

数据文件"9-5"记录了某医院在开发一种新型抗流感药品过程中对 18 位志愿者给予的服用剂量数据及其反应强度和性别信息，本实验将利用 Ordinal 回归来分析该药品剂量与反应强度之间的关系。本数据文件的原始 Excel 数据文件如图 9-56 所示。

首先在 SPSS 变量视图中建立变量"response""quntity"和"sex",分别用来表示 18 位志愿者反应强度、实验剂量和性别,如图 9-57 所示。

反应强度	实验剂量(毫克)	性别
无	23	男
无	31	男
无	45	女
无	26	男
无	28	男
轻度	34	女
轻度	43	女
轻度	42	男
轻度	38	男
轻度	46	女
轻度	42	女
重度	49	男
重度	62	男
重度	54	女
重度	57	女
重度	58	男
重度	55	男

图 9-56 数据文件"9-5"的原始数据

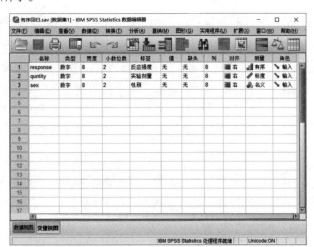

图 9-57 数据文件"9-5"的变量视图

在 SPSS 活动数据文件的数据视图中,把相关数据输入到各个变量中。其中,"反应强度"变量为有序变量,分别将"无""轻度"和"重度"赋值为"0""1"和"2"。"性别"变量为名义变量,分别将"男""女"赋值为"0"和"1"。输入完毕后的部分数据如图 9-61 所示。

2. 实验操作步骤

具体操作步骤如下:

步骤01 打开数据文件"9-5",进入 SPSS Statistics 数据编辑器窗口,在菜单栏中选择"分析"|"回归"|"有序"命令,打开"有序回归"对话框。

步骤02 将"response"选入"因变量"列表框中,将"quntity"选入"因子"列表框中,将"sex"选入"协变量"列表框中。

步骤03 单击"确定"按钮,便可以得到有序回归的分析结果。

3. 实验结果及分析

在 SPSS Statistics 查看器窗口的输出结果如图 9-58~图 9-62 所示。

图 9-58 给出了个案处理摘要结果,从图中可以看出,参与回归分析的个案数、按"实验剂量"分类的个案比例及按"反应强度"分类的个案比例。

图 9-59 给出了模型拟合信息,从图中可以看到仅截距项的对数似然值为 37.233,最终模型的卡方值为 37.233,显著性为 0.002,可见最终模型更为显著。

图 9-60 给出了两个拟合优度统计量值,皮尔逊卡方统计量和偏差卡方统计量的显著性均为 1.000,因此接受模型拟合情况良好的原假设。

图 9-61 给出了伪 R 方的三个统计量结果,从图中可以看出考克斯-斯奈尔和内戈尔科及麦克法登统计量值分别为 0.888、1.000 和 1.000,3 个 R 方统计量的值都比较接近 1,可见模型的拟合程度比较好。

个案处理摘要

		个案数	边际百分比
反应强度	.00	5	29.4%
	1.00	6	35.3%
	2.00	6	35.3%
实验剂量	23.00	1	5.9%
	26.00	1	5.9%
	28.00	1	5.9%
	31.00	1	5.9%
	34.00	1	5.9%
	38.00	1	5.9%
	42.00	2	11.8%
	43.00	1	5.9%
	45.00	1	5.9%
	46.00	1	5.9%
	49.00	1	5.9%
	54.00	1	5.9%
	55.00	1	5.9%
	57.00	1	5.9%
	58.00	1	5.9%
	62.00	1	5.9%
有效		17	100.0%
缺失		0	
总计		17	

图 9-58　个案处理摘要

模型拟合信息

模型	-2 对数似然	卡方	自由度	显著性
仅截距	37.233			
最终	.000	37.233	16	.002

关联函数：分对数

图 9-59　模型拟合信息

拟合优度

	卡方	自由度	显著性
皮尔逊	.000	16	1.000
偏差	.000	16	1.000

关联函数：分对数

图 9-60　拟合优度

伪 R 方

考克斯-斯奈尔	.888
内戈尔科	1.000
麦克法登	1.000

关联函数：分对数

图 9-61　伪 R 方

图 9-62 给出了参数估算值。从该图得到的瓦尔德统计量及显著性水平可以看出本实验中的 "quntity" 变量在模型中不显著，因子变量 "sex" 也不显著，说明实验剂量对志愿者的反应强度影响不显著，并且 "quntity" 变量的估计系数为正，说明给予的剂量越多，志愿者的反应强度越大。但是由于对被解释变量进行了 Logit 链接函数的转换，所以很难直接对自变量系数估算值进行严格的数量解释，只能进行符号的解释。

参数估算值

		估算	标准 错误	瓦尔德	自由度	显著性	95% 置信区间 下限	上限
阈值	[response = .00]	-39.593	1226.351	.001	1	.974	-2443.196	2364.010
	[response = 1.00]	-13.782	1170.357	.000	1	.991	-2307.639	2280.075
位置	sex	3.676E-14	634.493	.000	1	1.000	-1243.584	1243.584
	[quntity=23.00]	-53.318	1419.199	.001	1	.970	-2834.896	2728.261
	[quntity=26.00]	-53.318	1419.199	.001	1	.970	-2834.896	2728.261
	[quntity=28.00]	-53.318	1419.199	.001	1	.970	-2834.896	2728.261
	[quntity=31.00]	-53.318	1419.199	.001	1	.970	-2834.896	2728.261
	[quntity=34.00]	-26.695	1266.923	.000	1	.983	-2509.819	2456.428
	[quntity=38.00]	-26.695	1096.591	.001	1	.981	-2175.975	2122.584
	[quntity=42.00]	-26.695	1096.591	.001	1	.981	-2175.975	2122.584
	[quntity=43.00]	-26.695	1266.923	.000	1	.983	-2509.819	2456.428
	[quntity=45.00]	-53.318	1554.576	.001	1	.973	-3100.231	2993.595
	[quntity=46.00]	-26.695	1266.923	.000	1	.983	-2509.819	2456.428
	[quntity=49.00]	1.144E-13	1390.793	.000	1	1.000	-2725.905	2725.905
	[quntity=54.00]	1.241E-13	1528.688	.000	1	1.000	-2996.174	2996.174
	[quntity=55.00]	9.970E-14	1390.793	.000	1	1.000	-2725.905	2725.905
	[quntity=57.00]	1.552E-13	1528.688	.000	1	1.000	-2996.174	2996.174
	[quntity=58.00]	1.172E-13	1390.793	.000	1	1.000	-2725.905	2725.905
	[quntity=62.00]	0ª	.	.	0	.	.	.

关联函数：分对数。
a. 此参数冗余，因此设置为零。

图 9-62　参数估算值

9.6 概率回归分析（Probit）

9.6.1 概率回归分析的基本原理及模型

概率回归分析主要用于对刺激与对该刺激的反应强度的分析，概率回归分析属于 SPSS 中的专业统计分析过程。与有序回归一样，概率回归也要求将取值在实数范围内的值累计概率函数变换转化为目标概率值，然后进行回归分析。常见的累积概率分布函数有分对数概率函数和标准正态累积概率函数，如公式（9-5）、公式（9-6）所示。

logit 概率函数：

$$\pi = \frac{1}{1+e^{-(\beta_1 X_1 + \cdots + \beta_P X_P)}} \tag{9-5}$$

标准正态累积概率函数：

$$\pi = \int e^{-t^2/2} dx \tag{9-6}$$

一般情况下，有序回归更适用于从有计划的实验中获得的数据。

9.6.2 概率回归分析的 SPSS 操作

打开相应的数据文件或者建立一个数据文件后，就可以在 SPSS Statistics 数据编辑器窗口中进行概率回归分析。

（1）在菜单栏中选择"分析"|"回归"|"概率"命令，打开如图 9-63 所示的"概率分析"对话框。

（2）选择变量。

① "响应频率"列表框：该列表框中的变量为 Probit 回归模型中的响应变量，数值类型为数值型。对于协变量的每个值，响应变量频率具有显示相应响应值的个案数。

② "实测值总数"列表框：该列表框中的变量为总观测变量，该变量的样本个案数应为协变量具有这些值的个案的总数。

图 9-63 "概率分析"对话框

③ "因子"列表框：该列表框中的变量为分类变量，因子变量可以是字符型，但必须用连续整数进行赋值。一旦选定因子变量后，"定义范围"按钮会被激活。单击"定义范围"按钮，弹出如图 9-64 所示的"概率分析：定义范围"对话框，在"最小值"文本框中输入因子变量的最小整数值，在"最大值"文本框中输入因子变量中的最大整数值。

④ "协变量"列表框：该列表框中的变量为概率回归模型的解释变量或控制变量，数值类型一般为数值型。如果解释变量为分类变量或定性变量，则可以用虚拟变量（哑变量）表示。

⑤ 转换：该下拉列表框中的选项用于对协变量进行函数形式的转换。

- 无，该选项表示不进行任何形式的转换，在回归中用协变量的原始形式。
- 对数底为10，该选项表示对协变量取对数转换，其中对数底为10。
- 自然对数，也是表示对协变量取对数进行转换，但对数底为e。

⑥ "模型"选项组：该选项组用于定制Probit回归模型的响应概率算法。

- "概率"单选按钮：选中该单选按钮表示用标准正态累积概率函数来计算响应概率。
- "分对数"单选按钮：选中该单选按钮表示利用分对数模型计算响应概率。

（3）进行"选项"设置。单击"选项"按钮，弹出如图9-65所示的"概率分析：选项"对话框。

图9-64　"概率分析：定义范围"对话框

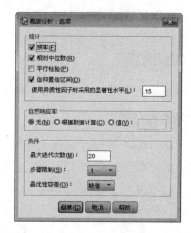

图9-65　"概率分析：选项"对话框

"概率分析：选项"对话框主要用于对Probit分析中的统计量、自然响应频率和迭代标准进行设置。

① "统计"选项组：该选项组用于设置输出的模型统计量。

- "频率"复选框：选中该复选框表示输出实测值的频数、残差等信息。
- "相对中位数"复选框：选中该复选框表示输出因子变量各个水平的中位数强度比值，以及95%置信区间和对数转换的95%置信区间，如果在"概率分析"对话框中没有指定因子变量，则该复选框不可用。
- "平行检验"复选框：选中该复选框表示输出平行检验的结果，该检验的原假设是因子变量的所有水平具有相同的斜率，如果在"概率分析"对话框中没有指定因子变量，则该复选框不可用。
- "信仰置信区间"复选框：选中该复选框表示输出响应概率所需的协变量取值的置信区间，在"使用异质性因子时采用的显著性水平"文本框中指定显著水平。

② "自然响应率"选项组：该选项组用于设置自然响应频率，其表示在没有任何试验剂量下得到一个响应的概率（如果自然响应概率为0，表示响应的发生全部归功于外生的刺激或试验的剂量）。

- ❑ "无"单选按钮：选中该单选按钮表示不定义任何自然响应频率。
- ❑ "根据数据计算"单选按钮：选中该单选按钮表示从样本数据中估算自然响应概率。
- ❑ "值"单选按钮：选中该单选按钮表示用户可以自行在文本框中输入指定的自然响应概率值，但取值范围必须小于1。

③ "条件"选项组：该选项组用于设置概率回归的最大似然迭代估算的参数。

- ❑ 最大迭代次数：该文本框用于输入最大迭代次数。
- ❑ 步骤限制：该下拉列表框用于选择迭代的步长，可供选择的有".1"".01"和".001"。
- ❑ 最优性容差：该下拉列表框用于选择最优容差。

设置完毕后，单击"确定"按钮，即可在 SPSS Statistics 查看器窗口得到概率回归分析的结果。

9.6.3 实验操作

下面以数据文件"9-6"为例，讲解概率回归分析的具体操作过程并对结果进行说明。

1. 实验数据描述

数据文件"9-6"记录了某种农药在不同的季节采用不同的浓度进行使用，然后分别记录了各个季节不同的药物浓度和该浓度下的有效实验地块数量（即响应），本实验将利用概率回归分析方法，分析药物浓度与反馈响应概率的关系。本数据文件的原始数据文件如图 9-66 所示。

首先在 SPSS 变量视图中建立变量"季节""浓度""实验地块数"和"响应"，分别用来表示浓药喷施季节、药物浓度、实验地块数量和响应数。其中，"季节"变量为分类变量，分别将"春季""夏季"和"秋季"赋值为"1""2"和"3"，如图 9-67 所示。

图 9-66　数据文件"9-6"的原始数据

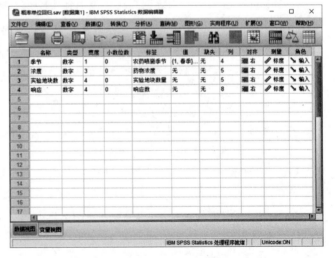

图 9-67　数据文件"9-6"的变量视图

在 SPSS 活动数据文件的数据视图中，把相关数据输入到各个变量中，输入完毕后的部分数据如图 9-68 所示。

	季节	浓度	实验地块数	响应
1	1	15	36	2
2	1	20	37	2
3	1	25	39	7
4	1	33	36	9
5	1	50	33	19
6	1	66	45	34
7	1	75	48	41
8	2	15	45	1
9	2	20	37	3
10	2	25	38	2
11	2	33	40	10
12	2	50	44	20
13	2	66	33	16
14	2	75	37	27
15	3	15	43	2

图 9-68　数据文件“9-6”的数据视图

2. 实验操作步骤

具体操作步骤如下：

步骤 01 打开数据文件“9-6”，进入 SPSS Statistics 数据编辑器窗口，在菜单栏中选择“分析”|“回归”|“概率”命令，打开“概率分析”对话框。

步骤 02 将“响应”变量选入“响应频率”列表框中，将“季节”选入“因子”列表框中，将“实验地块数”选入“实测值总数”列表框中，将“浓度”选入“协变量”列表框中，然后单击“定义范围”按钮，打开“概率分析：定义范围”对话框，在该对话框的“最小值”文本框中输入 1，在“最大值”文本框中输入 3，在“转换”下拉列表框中选择“自然对数”选项。

步骤 03 单击“选项”按钮，打开“概率分析：选项”对话框，选中“平行检验”复选框和“根据数据计算”单选按钮，然后单击“继续”按钮，保存设置。

步骤 04 单击“确定”按钮，便可以得到概率回归分析的结果。

3. 实验结果及分析

SPSS Statistics 查看器窗口的输出结果如图 9-69~图 9-76 所示。图 9-69 给出了模型的数据信息，从图中可以看到，参与回归分析的数据有 21 个个案数，有三个季节，每个季节的个案数都是 7。图 9-70 给出了回归模型的收敛信息，从图中可以看到迭代次数为 13 次，并找到了模型的最佳解。

数据信息

		个案数
有效		21
已拒绝	超出范围[a]	0
	缺失	0
	无法执行对数转换	0
	响应数 > 主体数	0
控制组		0
季节	春季	7
	夏季	7
	秋季	7

a. 由于组值超出范围，因此个案被拒绝。

图 9-69　数据信息

收敛信息

	迭代次数	找到的最佳解
PROBIT	13	是

图 9-70　收敛信息

图 9-71 和图 9-72 分别给出了参数估算值和自然响应率估算值的信息。通过概率分析得到了关于药物浓度对数的估算值为 1.880，共同的自然响应概率估算值为 0.041 和对于各个因子水平的 3 个不同截距分别为：−7.219、−7.631 和−7.982。共同的斜率意味着在各个季节增加药物浓度对响应概率的影响是相同的。

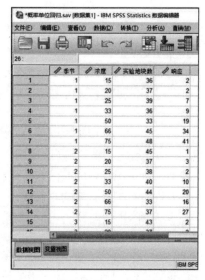

参数估算值

参数		估算	标准误差	Z	显著性	95% 置信区间	
						下限	上限
PROBIT[a]	药物浓度	1.880	.216	8.719	.000	1.457	2.303
	截距 春季	-7.219	.861	-8.384	.000	-8.081	-6.358
	夏季	-7.631	.888	-8.590	.000	-8.520	-6.743
	秋季	-7.982	.928	-8.601	.000	-8.910	-7.054

a. PROBIT 模型：PROBIT(p) = 截距 + BX（协变量 X 使用底数为 2.718 的对数进行转换。）
b. 对应于分组变量 季节。

图 9-71　参数估算值

自然响应率估算值[a]

	估算	标准误差
PROBIT	.041	.019

a. 未提供控制组。

图 9-72　自然响应率估算值

图 9-73 给出了模型回归的两个卡方检验统计量值。皮尔逊拟合优度检验的显著性为 0.916，接受模型拟合情况良好的原假设。平行检验的显著性为 0.357，因此接受因子变量各个水平下的概率回归方程具有相同斜率的原假设。

图 9-74 给出了单元格计数和残差的信息。"数字"表示对个案进行编号，"主体数"表示因子变量的各个水平分组，"实测响应"表示原始的响应数值，"期望响应"表示根据回归得到的概率模型进行预测的响应结果，"残差"表示原始的响应数值与根据回归得到的概率模型进行预测的响应结果之差，"概率"表示该响应值在给定剂量下发生的概率值。

单元格计数和残差

	数字	季节	药物浓度	主体数	实测响应	期望响应	残差	概率
PROBIT	1	1	2.708	36	2	2.048	-.048	.057
	2	1	2.996	37	2	3.509	-1.509	.095
	3	1	3.219	39	7	6.139	.861	.157
	4	1	3.497	36	9	10.425	-1.425	.290
	5	1	3.912	33	19	18.883	.117	.572
	6	1	4.190	45	34	33.978	.022	.755
	7	1	4.317	48	41	39.502	1.498	.823
	8	2	2.708	45	1	2.079	-1.079	.046
	9	2	2.996	37	3	2.323	.677	.063
	10	2	3.219	38	2	3.637	-1.637	.096
	11	2	3.497	40	10	7.206	2.794	.180
	12	2	3.912	44	20	18.312	1.688	.416
	13	2	4.190	33	16	20.250	-4.250	.614
	14	2	4.317	37	27	25.880	1.120	.699
	15	3	2.708	43	2	1.837	.163	.043
	16	3	2.996	37	2	1.846	.154	.050
	17	3	3.219	48	5	3.195	1.805	.067
	18	3	3.497	45	5	5.271	-.271	.117
	19	3	3.912	33	10	9.745	.255	.295
	20	3	4.190	51	22	24.493	-2.493	.480
	21	3	4.317	38	23	21.735	1.265	.572

卡方检验

		卡方	自由度[b]	显著性
PROBIT	皮尔逊拟合优度检验	8.934	16	.916[a]
	平行检验	2.060	2	.357

a. 由于显著性水平大于 .150，因此在置信限度的计算中未使用任何异质性因子。
b. 基于单个个案的统计与基于汇总个案的统计不同。

图 9-73　卡方检验

图 9-74　单元格计数和残差

图 9-75 给出了相对中位数强度估算值及 95% 的置信限度，从图中可以看到，因子变量各个水平间的相对中位数强度对比值及 95% 的置信区间。如春季与夏季的相对中位数强度对比值为 0.803，置信限度为 0.660～0.942，没有超过 1。因此，可以判断春季与夏季的喷施效果有显著的差异，其中，春季能以较小的浓度达到中位响应概率。另外，在三个季节中，春季喷施最具有效力。值得注意的是，图中置信限度提供的概率范围并没有将自然响应概率计算在内。

相对中位数强度估算值

	(I) 农药喷施季节	(J) 农药喷施季节	估算	95% 置信限度		进行对数转换情况下的 95% 置信限度[a]		
				下限	上限	估算	下限	上限
PROBIT	1	2	.803	.660	.942	-.219	-.415	-.059
		3	.666	.508	.811	-.406	-.678	-.209
	2	1	1.245	1.061	1.514	.219	.059	.415
		3	.830	.673	.983	-.187	-.396	-.017
	3	2	1.205	1.017	1.485	.187	.017	.396
		1	1.500	1.233	1.969	.406	.209	.678

a. 对数底数 = 2.718。

图 9-75　相对中位数强度估算值

图 9-76 给出了转换后的概率响应的散点图。从该图可以直观地看到经过对数转换的药物浓度与概率响应之间呈线性关系,且春季散点大多在夏季散点之上,因此可以判断在相同的浓度下,春季喷施要比夏季喷施效果好。另外,从该图还可以得到在相同的剂量下夏季喷施要比秋季喷施效果好的结论。

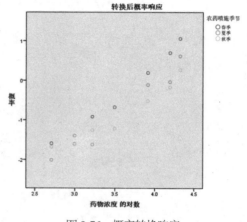

图 9-76 概率转换响应

9.7 分位数回归[1]

9.7.1 分位数回归的基本原理及模型

分位数回归是定量建模一种统计方法,最早由 Roger Koenker 和 Gilbert Bassett 于 1978 年提出,广泛应用于经济社会研究、医学保健等行业研究领域。前面介绍的多重线性回归是基本 OLS 估计,是一种标准分析方法,研究的是自变量与因变量的条件期望之间的关系,而分位数回归研究的是自变量与因变量的特定百分位数之间的关系。

9.7.2 分位数回归分析的 SPSS 操作

打开相应的数据文件或者建立一个数据文件后,就可以在 SPSS Statistics 数据编辑器窗口中进行分位数回归分析。

(1)在菜单栏中选择"分析 | 回归 | 分位数"命令,打开如图 9-77 所示的"分位数回归"对话框。

(2)选择变量。在"分位数回归"对话框左侧的列表中,选中因变量并单击 按钮将其选入"目标变量"列表框中,选中自变量并单击 按钮将其选入"协变量"列表框中,如图 9-78 所示。

(3)设置条件。单击"条件"按钮,弹出"分位数回归:条件"对话框,如图 9-79 所示。该对话框主要用于设置分位数回归的条件。

- "分位数值"文本框:添加用于分位数回归的分位数值,至少需要一个值才能运行分析,默认为 0.5。
- "估算方法"选项组:用户选择模型估算的方法。

---

[1] SPSS 26.0 新增功能。

- "估算后"选项组:该选项组中包括"假设个案是 IID"复选框以及"带宽类型"选项组。
- "缺失值"选项组:用于指定如何处理缺失值。
- "置信区间%"文本框:用于指定显著性水平,默认为 95。

(4)设置显示。单击"显示"按钮,弹出"分位数回归:显示"对话框,如图 9-80 所示。

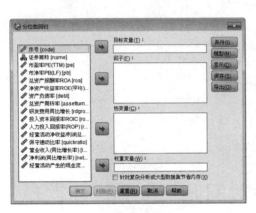

图 9-77 "分位数回归"对话框

图 9-78 添加"目标变量"和"协变量"

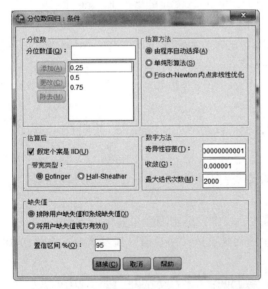

图 9-79 "分位数回归:条件"对话框

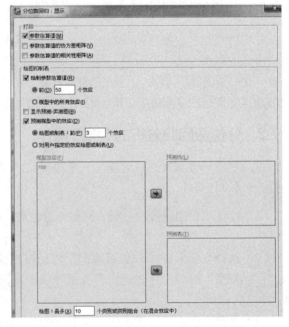

图 9-80 "分位数回归:显示"对话框

① "打印"选项组:选中"参数估算值"复选框,则系统将输出参数估算值、相应的检验统计和置信区间。

② "绘图和制表"选项组:选中"绘制参数估算值"复选框,则系统将绘制指定数量的效应或模型中所有效应的参数估计。选中"显示预测-实测图"复选框,将创建包含点(用不同颜色的点表示不同的分位数)的单个图。选中"预测模型中的效应"复选框,可以在"绘图或制表:前_

个效应”中输入具体数值，将针对前_个效应创建其预测图或预测表。如果选中“对用户指定的效应绘图或制表”单选按钮，则可以针对用户定制的具体效应绘图或制表。

（5）设置完毕后，单击“确定”按钮，即可在 SPSS Statistics 查看器窗口得到分位数回归分析的结果。

9.7.3　实验操作

下面以数据文件“9-7”为例，讲解分位数回归分析的具体操作过程并对结果进行说明。

1. 实验数据描述

数据文件“9-7”来源于万得资讯发布的，依据证监会行业分类的 CSRC 软件和信息技术服务业上市公司 2019 年年末财务指标横截面数据（不含 ST 类公司数据）。本数据文件的原始 Excel 数据文件如图 9-81 所示。

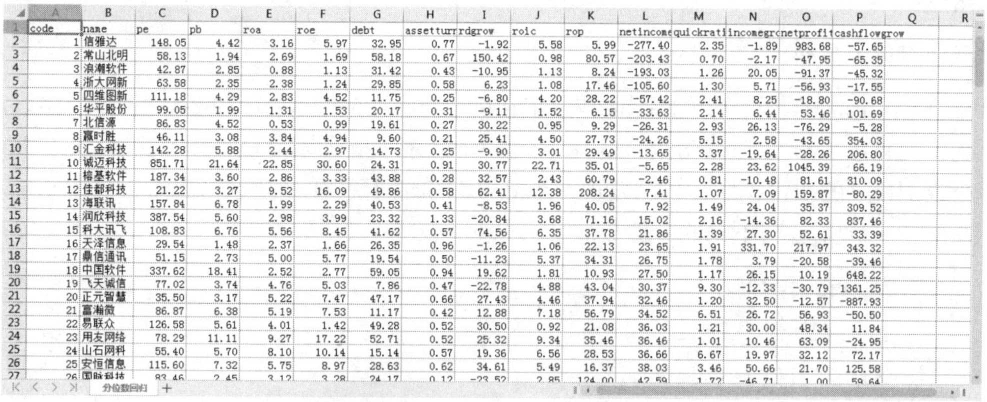

code	name	pe	pb	roa	roe	debt	assetturr	rdgrow	roic	rop	netincome	quickrati	incomegrc	netprofit	cashflowgrow
1	信雅达	148.05	4.42	3.16	5.97	32.95	0.77	-1.92	5.58	5.99	-277.40	2.35	-1.89	983.68	-57.65
2	常山北明	58.13	1.94	2.69	1.69	58.18	0.67	150.42	0.98	80.57	-203.43	0.70	-2.17	-47.95	-65.35
3	浪潮软件	42.87	2.85	0.88	1.13	31.42	0.43	-10.95	1.13	8.24	-193.03	1.26	20.05	-91.37	-45.32
4	浙大网新	63.58	2.35	2.38	1.24	29.85	0.58	6.23	1.08	17.46	-105.60	1.30	5.71	-56.93	-17.55
5	四维图新	111.18	4.29	2.83	4.52	11.75	0.25	-6.80	4.20	28.22	-57.42	2.41	8.25	-18.80	-90.68
6	华平股份	99.05	1.99	1.31	1.53	20.17	0.31	-9.11	1.52	6.15	-33.63	2.14	6.44	53.46	101.69
7	北信源	86.83	4.52	0.53	0.99	19.61	0.27	30.22	0.95	9.29	-26.31	2.93	26.13	-76.29	-5.28
8	赢时胜	46.11	3.08	3.84	4.94	9.60	0.21	25.41	4.50	27.73	-24.26	5.15	2.58	-43.65	354.03
9	汇金科技	142.28	5.88	2.44	2.97	14.73	0.25	-9.90	3.01	29.49	-13.65	3.37	-19.64	-28.26	206.80
10	诚迈科技	851.71	21.64	22.85	30.60	24.31	0.91	30.77	22.71	35.01	-5.65	2.28	23.62	1045.39	66.19
11	榕基软件	187.34	3.60	2.86	3.33	43.88	0.28	32.57	2.43	60.79	-2.46	0.81	-10.48	81.61	310.09
12	佳都科技	21.22	3.27	9.52	16.09	49.86	0.58	62.41	12.38	208.24	7.41	1.07	7.09	159.87	-80.29
13	海联讯	157.84	6.78	1.99	2.29	40.53	0.41	-8.53	1.96	40.05	7.92	1.49	24.04	35.37	309.52
14	润欣科技	387.54	5.60	2.98	3.99	23.32	1.33	-20.84	3.68	71.16	15.02	2.16	-14.36	82.33	837.46
15	科大讯飞	108.83	6.76	5.56	8.45	41.62	0.57	74.56	6.35	37.78	21.86	1.39	27.30	52.61	33.39
16	天泽信息	29.54	1.48	2.37	1.66	26.35	0.96	-1.26	1.06	22.13	23.65	1.91	331.70	217.97	343.32
17	鼎信通讯	51.15	2.73	5.00	5.77	19.54	0.50	-11.23	5.37	34.31	26.75	1.78	3.79	-20.58	-39.46
18	中国软件	337.62	18.41	2.52	2.77	59.05	0.94	19.62	1.81	10.93	27.50	1.17	26.15	10.19	648.22
19	飞天诚信	77.02	3.74	4.76	5.03	7.86	0.47	-22.78	4.88	43.04	30.37	9.30	-12.33	-30.79	1361.25
20	正元智慧	35.50	3.17	5.22	7.47	47.17	0.66	27.43	4.46	37.94	32.46	1.20	32.50	-12.57	-887.93
21	富瀚微	86.87	6.38	5.19	7.53	11.17	0.42	12.88	7.18	56.79	34.52	6.51	26.72	56.93	-50.50
22	易联众	126.58	5.61	4.01	1.42	49.28	0.52	30.50	0.92	21.08	36.03	1.21	30.00	48.34	11.84
23	用友网络	78.29	11.11	9.27	17.22	52.71	0.52	25.32	9.34	35.46	36.46	1.01	10.46	63.09	-24.95
24	山石网科	55.40	5.70	8.10	10.14	15.14	0.57	19.36	6.56	28.53	36.66	6.67	19.97	32.12	72.17
25	安恒信息	115.60	7.32	5.75	8.97	28.63	0.62	34.61	5.49	16.37	38.03	3.46	50.66	21.70	125.58
26	国脉科技	83.46	2.45	3.12	3.28	24.17	0.12	-23.52	2.85	124.00	42.59	1.72	-46.71	1.00	59.64

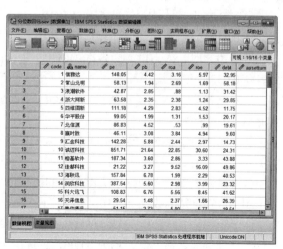

图 9-81　数据文件“9-7”的原始数据

首先在 SPSS 变量视图中建立变量相应的变量，如图 9-82 所示。

在 SPSS 活动数据文件的数据视图中，把相关数据输入到各个变量中，输入完毕后的部分数据如图 9-83 所示。

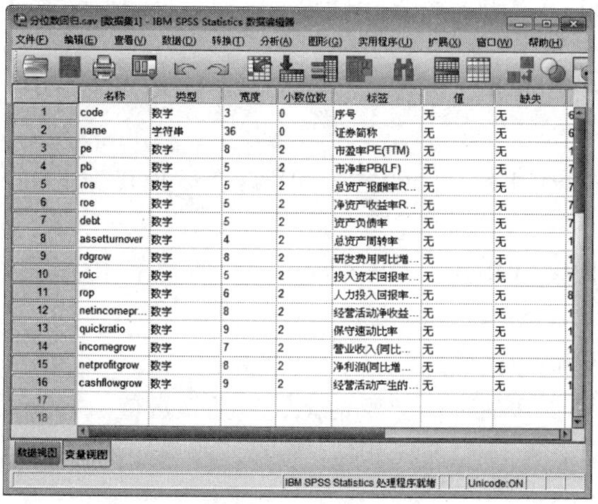

图 9-82　数据文件“9-7”的变量视图

图 9-83　数据文件“9-7”的数据视图

2. 实验操作步骤

下面我们以"净资产收益率 ROE（平均）"为因变量，"人力投入回报率（ROP）"为自变量，开展分位数回归分析。

具体操作步骤如下：

步骤01 打开数据文件"9-7"，进入 SPSS Statistics 数据编辑器窗口，在菜单栏中选择"分析"｜"回归"｜"分位数"命令，弹出"分位数回归"对话框，然后选中"净资产收益率 ROE（平均）"并单击 按钮将其选入"目标变量"列表框中，将"人力投入回报率（ROP）"选入"协变量"列表框中。

步骤02 单击"条件"按钮，弹出"分位数回归：条件"对话框，在"分位数"区域的"分位数值"文本框中分别添加三个四分位数，也就是 0.25、0.5、0.75 三个百分位数，保存设置。

步骤03 单击"确定"按钮，便可以得到分位数回归分析结果。

3. 实验结果及分析

SPSS Statistics 查看器窗口的输出结果如图 9-84~图 9-86 所示。图 9-84 为模型质量，用伪 R 方和平均绝对误差（MAE）来衡量，伪 R 方越大说明模型的质量越好，平均绝对误差（MAE）的值越小说明模型的质量越好，可以发现，当 q=0.5 的时候模型的质量是最好的。

图 9-85 为参数估计与不同的分位数。

模型质量[a,b,c]

	q=0.25	q=0.5	q=0.75
伪 R 方	.097	.103	.097
平均绝对误差(MAE)	4.5070	3.8586	4.4232

a. 因变量：净资产收益率ROE(平均)
b. 模型：(截距)，人力投入回报率(ROP)
c. 方法：单纯形算法

图 9-84 模型质量

参数估计与不同的分位数[a,b]

参数	q=0.25	q=0.5	q=0.75
(截距)	3.744	6.826	9.409
人力投入回报率(ROP)	.040	.038	.034

a. 因变量：净资产收益率ROE(平均)
b. 模型：(截距)，人力投入回报率(ROP)

图 9-85 参数估计与不同的分位数

从图中可以发现，当 q=0.25、q=0.5、q=0.75 时的参数估计值是完全不一样的。

当 q=0.25 时，人力投入回报率（ROP）每提高一个单位，因变量净资产收益率 ROE（平均）会提高 0.040 个单位。

当 q=0.5 时，人力投入回报率（ROP）每提高一个单位，因变量净资产收益率 ROE（平均）会提高 0.038 个单位。

当 q=0.75 时，人力投入回报率（ROP）每提高一个单位，因变量净资产收益率 ROE（平均）会提高 0.034 个单位。

从 q=0.25 到 q=0.5 再到 q=0.75，人力投入回报率（ROP）对因变量净资产收益率 ROE（平均）的提高是不断下降的。

也就是说人力投入回报率（ROP）的提高作用是边际递减的。

图 9-86 为分位数 q=0.25、0.5、0.75 时的参数估计的完整信息，包括系数值、标准误差、t、自由度、显著性、95%置信区间。由图中可以看到，三个回归方程都是非常显著的（"显著性"一列为显著性 P 值，均为 0.000，远远小于 0.05）。

分位数 = 0.25

参数估计[a,b]

参数	系数	标准误差	t	自由度	显著性	95% 置信区间 下限	上限
（截距）	3.744	.7192	5.205	156	.000	2.323	5.164
人力投入回报率(ROP)	.040	.0075	5.318	156	.000	.025	.055

a. 因变量：净资产收益率ROE(平均)
b. 模型：(截距)，人力投入回报率(ROP)

分位数 = 0.5

参数估计[a,b]

参数	系数	标准误差	t	自由度	显著性	95% 置信区间 下限	上限
（截距）	6.826	.6326	10.791	156	.000	5.577	8.076
人力投入回报率(ROP)	.038	.0066	5.662	156	.000	.024	.051

a. 因变量：净资产收益率ROE(平均)
b. 模型：(截距)，人力投入回报率(ROP)

分位数 = 0.75

参数估计[a,b]

参数	系数	标准误差	t	自由度	显著性	95% 置信区间 下限	上限
（截距）	9.409	.8843	10.640	156	.000	7.663	11.156
人力投入回报率(ROP)	.034	.0093	3.644	156	.000	.015	.052

a. 因变量：净资产收益率ROE(平均)
b. 模型：(截距)，人力投入回报率(ROP)

图 9-86　参数估计值

9.8　对数线性模型

9.8.1　对数线性模型的基本原理及模型

对数线性模型是分析列联表资料的一种多变量统计模型，把列联表中某一单元格的观察频数看作某些变量特殊组合下随机产生的理论概率的随机体现，因此对数线性模型的目的是识别各变量之间的关系，以便对单元格中的概率产生来源加以合理的解释。

对数线性分析过程可以分析列联表中的交叉分类中对象的频数，表格中每个分叉分类构成一个单元格，每个分类变量称为因子，因变量为列联表中的单元格的频数，这个分析过程可以估计分层最大似然参数及非分层的对数线性模型。

9.8.2　对数线性模型的 SPSS 操作

打开相应的数据文件或者建立一个数据文件后，就可以在 SPSS Statistics 数据编辑器窗口中进行对数线性模型分析。

（1）在菜单栏中选择"分析"｜"对数线性模型"｜"常规"命令，弹出"常规对数线性分析"对话框，如图 9-87 所示。

（2）选择变量。在左侧变量框中选择变量，单击 按钮后将其选入"因子"列表框中，这就定义了交叉表的分类变量。

"单元格协变量"列表框中可以选择作为控制变量的连续性变量,这里为在列联表的单元格中,个案的平均协变量值可用于模型中的单元格计数。

"单元格结构"列表框中可以指定单元格的加权变量,这里我们不选择加权变量而直接分析原始变量。

"对比变量"列表框中可以指定一系列检验模型效应差异的对照变量。最下方的"单元格计数分布"选项组中可以选择两种分布。

- 泊松:选择泊松分布将使模型推理不依赖于样本大小,特别是单元格间的频数相对独立。
- 多项:选择该分布将使模型推理依赖于样本大小,且各单元格间的频数相互影响。

(3)进行相应设置。

1. "保存"设置

单击"保存"按钮,打开"常规对数线性分析:保存"对话框,如图9-88所示。

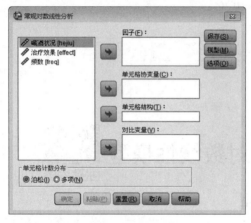

图9-87 "常规对数线性分析"对话框　　图9-88 "常规对数线性分析:保存"对话框

- 残差:又称简单残差或者原始残差,是单元格观察数与期望数之差。
- 标准化残差:是原始残差除以其估计值的标准误。
- 调整后残差:是标准化残差除以其估计值的标准误,若模型设置正确,调整残差是渐进正态分布的,这可以用来检验正态性。
- 偏差残差:是似然比卡方统计量独立影响的平方根,其符号为残差的符号,偏差残差为渐进标准正态分布。
- 预测值:可以保存模型的预测结果。

设置完毕后单击"继续"按钮,回到"常规对数线性分析"对话框。

2. "模型"设置

单击"模型"按钮,弹出"常规对数线性分析:模型"对话框,如图9-89所示。

①"饱和"单选按钮:为系统默认的,该单选按钮表示为选择建立饱和模型,饱和模型包括所有因素变量的主效应、所有协变量主效应、所有因素与因素的交互效应,不包括协变量与其他

因素的交互效应，选择此按钮后无须进行进一步的操作。单独效应是在其他因素固定在某一水平时，因变量在某一因素不同水平间的差异，而因素的主效应就是因变量在一个因素各水平间的平均差异，当一个因素的单独效应随另一个因素的变化而变化时，称两个因素间存在交互效应。

② "构建项"单选按钮，表示建立自定义的模型。此按钮的选择将激活下面各选项。在"因子与协变量"列表框中自动列出可以作为因素变量的变量名，固定因素后用（F）标明，协变量后用（C）标明，随机因素后用（R）标明，这些变量都是由用户在主对话框中定义过的。

③ 交互：选中此项可以指定任意的交互效应。另外还有所有二阶、所有三阶、所有四阶、所有五阶分别可以指定所有二维交互效应、所有三维交互效应、所有四维交互效应、所有五维交互效应。

设置完毕后单击"继续"按钮，回到"常规对数线性分析"对话框。

3. "选项"设置

单击"选项"按钮，弹出"常规对数线性分析：选项"对话框，如图 9-90 所示。

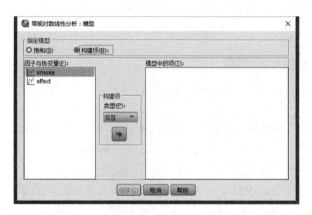

图 9-89　"常规对数线性分析：模型"对话框　　图 9-90　"常规对数线性分析：选项"对话框

① "显示"选项组：该选项组设置要在结果中显示的统计量和计算结果。

- "频率"复选框：给出单元格观察数及预测数。
- "残差"复选框：显示原始残差、调整后的残差和偏差残差。
- "设计矩阵"复选框：显示模型的设计矩阵。
- "估算值"复选框：显示模型估计出来的参数。
- "迭代历史记录"复选框：显示迭代过程的信息。

② "图"选项组：该选项组可以设置在结果中显示的图。

- "调整后残差"复选框：给出调整残差与单元格观察数及预测数的散点图。
- "调整后残差的正态概率"复选框：是标准化残差除以其估计值的标准误，若模型设置正确，调整残差是渐进正态分布的，这可以用来检验正态性。
- "偏差残差"复选框：偏差残差与单元格观察数及预测数的散点图。
- "偏差残差的正态概率"复选框：如果选择此选项，则系统将输出偏差残差的正态概率图。

③“置信区间”可以设置参数估计的置信区间，“条件”下可以设置最大迭代次数、收敛和Delta（饱和模型的Delta值）。

设置完毕后单击“继续”按钮，回到“常规对数线性分析”对话框。再次单击“确定”按钮，即可在SPSS Statistics查看器窗口得到对数线性模型分析的结果。

9.8.3 实验操作

下面以数据文件“9-8”为例，讲解对数线性模型分析的具体操作过程并对结果进行说明。

1. 实验数据描述

数据文件“9-8”记录了对202名胃炎患者进行疗效分析后得到的数据，如图9-91所示。把202名患者分别按喝酒状况（喝酒、不喝酒）和治疗效果（有效、无效）分类，变量hejiu表示喝酒状况，1表示喝酒，0表示不喝酒；变量effect表示治疗效果，1表示有效，0表示无效；变量freq表示频数，比如患者喝酒，治疗也有效果，这种患者共有69名。我们将根据病人的喝酒状况和治疗状况，分析喝酒状况对治疗效果是否有显著影响。

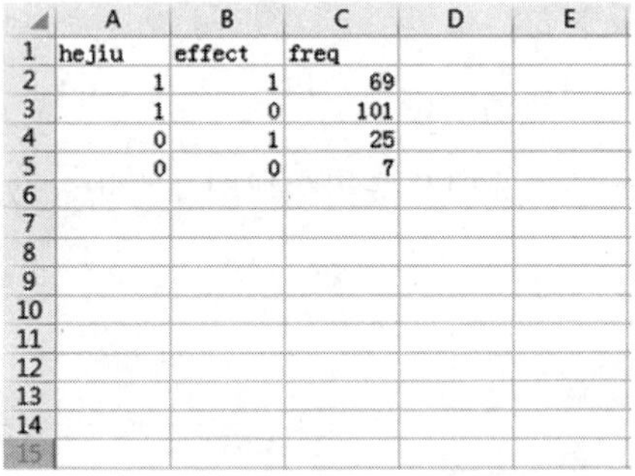

	A	B	C	D	E
1	hejiu	effect	freq		
2	1	1	69		
3	1	0	101		
4	0	1	25		
5	0	0	7		

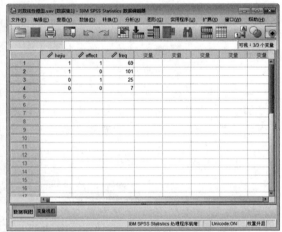

图9-91 数据文件“9-8”的原始数据

首先在SPSS变量视图中建立变量“hejiu”“effect”“freq”，分别用来表示喝酒状况、治疗效果、频数。其中，“hejiu”变量为分类变量，分别将“不喝酒”“喝酒”赋值为“0”“1”；“effect”变量为分类变量，分别将“无效”“有效”赋值为“0”“1”，如图9-92所示。

在SPSS活动数据文件的数据视图中，把相关数据输入到各个变量中，输入完毕后的数据如图9-93所示。

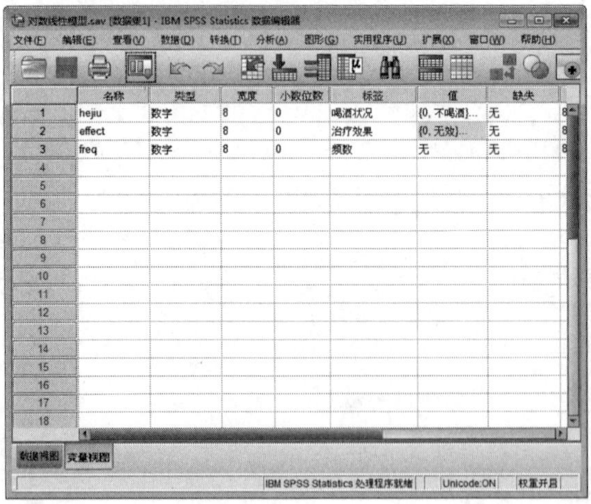

	名称	类型	宽度	小数位数	标签	值	缺失
1	hejiu	数字	8	0	喝酒状况	{0, 不喝酒}...	无
2	effect	数字	8	0	治疗效果	{0, 无效}...	无
3	freq	数字	8	0	频数	无	无

图9-92 数据文件“9-8”的变量视图

	hejiu	effect	freq
1	1	1	69
2	1	0	101
3	0	1	25
4	0	0	7

图9-93 数据文件“9-8”的数据视图

2. 实验操作步骤

下面我们将根据病人的喝酒状况和治疗状况，分析喝酒状况对治疗效果是否有显著影响。具体操作步骤如下：

步骤 01 打开数据文件"9-8"，进入 SPSS Statistics 数据编辑器窗口，在菜单栏中选择"分析"|"对数线性模型"|"常规"命令，弹出"常规对数线性分析"对话框。在左侧变量框中选择"喝酒状况"和"治疗效果"变量，单击 ➡ 按钮将其选入"因子"列表框中，这就定义了交叉表的分类变量。

步骤 02 单击"继续"按钮，回到"常规对数线性分析"对话框，单击"模型"按钮，弹出"常规对数线性分析：模型"对话框，这里我们在左侧的"因子与协变量"中选择"hejiu"和"effect"变量，单击 ➡ 按钮将其选入"模型中的项"中。单击"构建项"下拉列表框中选择"主效应"。

步骤 03 单击"继续"按钮，回到"常规对数线性分析"对话框，单击"选项"按钮，弹出"常规对数线性分析：选项"对话框，选择"显示"选项组中的所有选项。在"图"选项组中选择输出"调整后残差"和"调整后残差的正态概率"，单击"继续"按钮，回到"常规对数线性分析"对话框，单击"确定"按钮，便可以得到常规对数线性分析结果。

3. 实验结果及分析

SPSS Statistics 查看器窗口的输出结果如图 9-94~图 9-105 所示。

图 9-94 给出了我们分析数据的一些基本特征，如样本的有效值的个数、缺失值的个数、喝酒状况的类别、治疗效果等。

图 9-95 给出了模型估计过程中算法收敛的信息，如最大迭代次数、收敛容差等，从图中可以看到，模型估计过程中共迭代了 5 次。

图 9-94 数据信息

图 9-95 收敛信息

图 9-96 给出了迭代过程的信息，包括每一次迭代的参数值。

图 9-97 给出了拟合优度检验结果，表中的显著性均小于 0.09，说明喝酒与不喝酒组的差异在统计上是显著的。

迭代历史记录[b,c]

迭代	对数似然	常量	参数 [hejiu = 0]	[effect = 0]
0	590.239	3.9220	.0000	.0000
1	635.882	4.5358	-1.3663	.1386
2	642.297	4.3837	-1.5885	.1388
3	642.459	4.3709	-1.6658	.1388
4	642.459	4.3708	-1.6701	.1388
5	642.459[a]	4.3708	-1.6701	.1388

未显示冗余参数。在所有迭代中，它们的值始终为零。

a. 由于参数估算值的最大绝对变化量小于指定的收敛准则，因此迭代已收敛。
b. 模型：泊松
c. 设计：常量 + hejiu + effect

图 9-96 迭代历史

拟合优度检验[a,b]

	值	自由度	显著性
似然比	15.829	1	.000
皮尔逊卡方	15.251	1	.000

a. 模型：泊松
b. 设计：常量 + hejiu + effect

图 9-97 拟合优度检验

图 9-98 给出了设计矩阵，矩阵中给出的信息其实是数据中信息的重述，只是把原始数据重新组织了一下，改变了一种表示方法。

图 9-99 给出了单元格计数和残差，不喝酒组的治疗有效率为 12.4%，喝酒组的治疗有效率为 34.2%，说明喝酒组的治疗有效率比不喝酒组的高。

图 9-100 给出了参数估算值的结果，这些参数的估算值在迭代信息表中已经给出，但这里还给出了

设计矩阵[a,b]

	喝酒状况			
	不喝酒		喝酒	
	治疗效果		治疗效果	
参数	无效	有效	无效	有效
单元格结构	1	1	1	1
常量	1	1	1	1
[hejiu = 0]	1	1	0	0
[effect = 0]	1	0	1	0

设计矩阵的缺省显示已转置。未显示冗余参数

a. 模型：泊松
b. 设计：常量 + hejiu + effect

图 9-98 设计矩阵

各个参数的显著性检验，从图中我们可以看出，治疗效果等于 0 的变量的系数检验的显著性水平为 0.325，远远大于 0.09，这说明治疗效果为 0 的变量的系数是不显著的，注意喝酒情况为 1 的变量系数和治疗效果为 1 的变量系数都被设为了 0，这是因为喝酒状况为 1 的变量与喝酒状况为 0 的变量是完全相关的（治疗效果这个变量也是一样的），因此只要估计其中一个的系数即可，另一个是多余的。

图 9-101 给出了参数估算值的相关系数矩阵，需要注意的是，治疗效果变量的系数和喝酒情况的变量系数的相关性为 0，也就是说两者完全不存在线性相关关系。

单元格计数和残差[a,b]

喝酒状况	治疗效果	实测		期望		残差	标准化残差	调整后残差	偏差
		计数	%	计数	%				
不喝酒	无效	7	3.5%	17.109	8.5%	-10.109	-2.444	-3.905	-2.776
	有效	25	12.4%	14.891	7.4%	10.109	2.620	3.905	2.385
喝酒	无效	101	50.0%	90.891	45.0%	10.109	1.060	3.905	1.042
	有效	69	34.2%	79.109	39.2%	-10.109	-1.137	-3.905	-1.162

a. 模型：泊松
b. 设计：常量 + hejiu + effect

图 9-99 单元格计数和残差

图 9-102 给出了模型参数估算值的协方差矩阵，由于协方差和相关系数所含的信息是完全相同的，因此我们从这个矩阵中能得到与上面一样的结论。

参数估算值[b,c]						
					95% 置信区间	
参数	估算	标准 错误	Z	显著性	下限	上限
常量	4.371	.108	40.634	.000	4.160	4.582
[hejiu = 0]	-1.670	.193	-8.667	.000	-2.048	-1.292
[hejiu = 1]	0[a]	.	.	.	.	.
[effect = 0]	.139	.141	.984	.325	-.138	.415
[effect = 1]	0[a]	.	.	.	.	.

a. 此参数冗余，因此设置为零
b. 模型：泊松
c. 设计：常量 + hejiu + effect

图 9-100　参数估计的结果

参数估算值相关性[a,b,c]			
	常量	[hejiu = 0]	[effect = 0]
常量	1	-.284	-.701
[hejiu = 0]	-.284	1	.000
[effect = 0]	-.701	.000	1

a. 模型：泊松
b. 设计：常量 + hejiu + effect
c. 未显示冗余参数

图 9-101　参数估算值的相关系数矩阵

图 9-103、图 9-104 和图 9-105 分别给出了模型的调整残差散点图、调整后残差的正态 Q-Q 图和调整后残差的去趋势正态 Q-Q 图，由于样本观测点太少，这三个图中的数据特征不是很明显，但我们结合前面的结果可以认为模型的残差是符合假设的，因此我们的模型在统计学上是有意义的，另外综合前面的分析结果，我们可以知道，喝酒不仅没有和治疗效果存在反向的关系，反而喝酒的人治疗效果要比不喝酒的治疗效果好。

参数估算值协方差[a,b,c]			
	常量	[hejiu = 0]	[effect = 0]
常量	.012	-.006	-.011
[hejiu = 0]	-.006	.037	.000
[effect = 0]	-.011	.000	.020

a. 模型：泊松
b. 设计：常量 + hejiu + effect
c. 未显示冗余参数

图 9-102　参数估算值的协方差矩阵

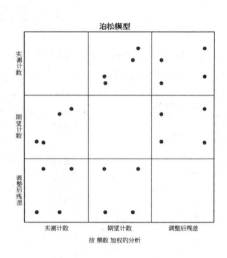

图 9-103　调整残差的散点图

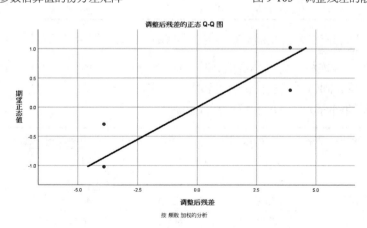

图 9-104　调整后残差的正态 Q-Q 图

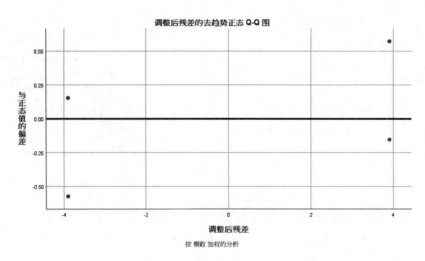

图 9-105　调整后残差的去趋势正态 Q-Q 图

9.9　上 机 题

9.1　题目给出了 X 省交通客运量与人均 GDP 的数据，该数据记录了从 1980 年~2003 年的客运量情况。部分相关数据如下表所示。（数据路径：sample\上机题\chap09\习题\第 9 章第一题.sav）

年份	人均 GDP（元）	客运量（千人次）
1980	402	12208
1981	472	12682
1982	531	13109
1983	611	14839
1984	765	17309
1985	887	19772
1986	956	26459
1987	1131	25209
1988	1395	29035

试采用曲线回归的方法，为交通运输量与人均 GDP 的关系拟合一条合适的曲线。

9.2　为了考察果汁饮料销售量是否受到其他类型饮料销售的影响，调查者调查了碳酸饮料销售量、茶饮料销售量、固体冲泡饮料销售量和咖啡类饮料的销售量。实测数据如下表所示。（数据路径：sample\上机题\chap09\习题\第 9 章第二题.sav）

年份	果汁饮料销量	碳酸饮料销量	茶饮料销量	冲泡饮料销量	咖啡饮料销量
1994	23.69	25.68	23.6	10.1	4.18
1995	24.1	25.77	23.42	13.31	2.43
1996	22.74	25.88	22.09	9.49	6.5
1997	17.84	27.43	21.43	11.09	25.78

(续表)

年份	果汁饮料销量	碳酸饮料销量	茶饮料销量	冲泡饮料销量	咖啡饮料销量
1998	18.27	29.95	24.96	14.48	28.16
1999	20.29	33.53	28.37	16.97	24.26
2000	22.61	37.31	42.57	20.16	30.18
2001	26.71	41.16	45.16	26.39	17.08
2002	31.19	45.73	52.46	27.04	7.39
2003	30.5	50.59	45.3	23.08	3.88
2004	29.63	58.82	46.8	24.46	10.53
2005	29.69	65.28	51.11	33.82	20.09
2006	29.25	71.25	53.29	33.57	21.22
2007	31.05	73.37	55.36	39.59	12.63
2008	32.28	76.68	54	48.49	11.17

利用线性回归分析方法分析其他饮料的销售对果汁饮料销售的影响。

9.3 某实验室培养一种菌群研究其活性,菌群活性和培养天数的部分实测数据如下表所示。(数据路径:sample\上机题\chap09\习题\第9章第三题.sav)

观测编号	培养天数(天)	活性
1	2	54
2	5	50
3	7	45
4	10	37
5	14	35
6	19	25
7	26	20
8	31	16
9	34	18
10	38	13

(1)试采用曲线回归方法,估算参数估算值及相应的检验统计量。

(2)试绘制曲线模型拟合曲线及实测值的散点图,分析菌群活性与培养天数之间的关系。

9.4 布朗教授研究了前列腺癌是否转移到附近淋巴结的问题,他观察了53名病例并给出了相关的影响因素,包括X射线下能否发现(0表示无法发现,1表示可以发现)、病情级别(0表示平稳,1表示危重)、病情阶段(0表示早期,1表示中晚期)、淋巴结肿大(0表示不肿大,1表示肿大)和淋巴液酸度。部分实测数据如下表所示。(数据路径:sample\上机题\chap09\习题\第9章第四题.sav)

编号	X射线发现否	病情级别	病情阶段	年龄(岁)	淋巴液酸度	淋巴结肿大
1	0	1	1	64	40	0
2	0	0	1	63	40	0

（续表）

编号	X射线发现否	病情级别	病情阶段	年龄（岁）	淋巴液酸度	淋巴结肿大
3	1	0	0	65	46	0
4	0	1	0	67	47	0
5	0	0	0	66	48	0
6	0	1	1	65	48	0
7	0	0	0	60	49	0
8	0	0	0	51	49	0
9	0	0	0	66	50	0
10	0	0	0	58	50	0
11	0	0	0	56	50	0
12	0	0	1	61	50	0
13	0	1	1	64	50	0
14	0	0	0	56	52	0

（1）试采用有序回归，估算参数估算值及相应的检验统计量。

（2）试根据有序回归分析结果，分析前列腺癌是否转移与其影响因素之间的关系。

9.5 某医院就一种新药进行了一系列测试，发现患者的反应共有三种：无、轻度和重度，分别用"0""1""2"表示。收集的样本资料中还包括用药量及患者的性别。相关数据如下表所示。（数据路径：sample\上机题\chap09\习题\第9章第五题.sav）

反应	用药量（g）	性别	反应	用药量（g）	性别
0.00	23.00	1.00	1.00	38.00	1.00
0.00	31.00	1.00	1.00	46.00	0.00
0.00	45.00	0.00	1.00	42.00	0.00
0.00	26.00	1.00	2.00	49.00	1.00
0.00	28.00	1.00	2.00	62.00	1.00
1.00	34.00	0.00	2.00	54.00	0.00
1.00	43.00	0.00	2.00	57.00	0.00
1.00	42.00	1.00			

（1）试采用有序回归，计算参数估算值及相应的检验统计量。

（2）试根据有序回归分析结果，分析患者反应状况与其影响因素之间的关系。

9.6 某农学院对某新化肥在不同的季节采用不同的化学元素浓度进行使用，分别记录了各个季节不同的化肥化学元素浓度和该浓度下的有效实验地块数量（即响应）。其中，"季节"中的"1""2""3"分别表示春季、夏季和秋季，而"响应"表示施肥3天后土壤的养分含量。相关数据如下表所示。（数据路径：sample\上机题\chap09\习题\第9章第六题.sav）

季节	浓度（%）	试验田	响应（%）	季节	浓度（%）	试验田	响应（%）
1	15	36	2	2	20	37	3
1	20	37	2	2	25	38	2
1	25	39	7	2	33	40	10
1	33	36	9	2	50	44	20
1	50	33	19	2	66	33	16
1	66	45	34	2	75	37	27
1	75	48	41	3	15	43	2
2	15	45	1				

试利用概率回归来分析新化肥化学元素浓度与反馈响应概率的关系。

9.7 某大型建筑咨询公司记录了各国摩天大楼的建筑成本和一些相关的影响因素。本实验利用回归分析方法来分析影响摩天大楼建设成本的因素。"国有参股"中"1"和"0"分别表示国有股份参股和不参股，部分相关数据如下表所示。（数据路径：sample\上机题\chap09\习题\第 9 章第七题.sav）

面积（十万平米）	国有参股	建筑师年龄（年）	成本
0.73	1	17.00	72.70
1.92	0	20.00	440.48
0.77	1	9.00	109.77
0.65	0	15.00	134.47
0.80	0	15.00	123.39
1.03	1	11.00	187.34
0.94	0	22.00	91.43
0.72	0	12.00	117.37
0.95	0	12.00	173.69
0.49	0	18.00	112.60
1.25	0	12.00	281.36
0.88	0	16.00	127.29
1.58	0	16.00	266.72
0.93	0	22.00	172.10
0.68	0	11.00	118.32

（1）试采用加权回归方法（其中权重变量为楼房面积），估算参数估算值及相应的检验统计量。
（2）试利用加权回归模型的回归结果分析并解释影响摩天大楼建设成本的因素。

第 10 章　多重响应分析

现实生活中，我们经常要对某一问题进行市场调查，调查问卷往往需要被调查者对一个问题的多个选项进行选择。而如何对这类调查结果进行数据分析，便要用到本章将介绍的多重响应分析。

10.1　多重响应概述

多重响应（Multiple Response），又称多选题，是市场调查研究中十分常见的数据形式。多重响应数据本质上属于分类数据，但由于各选项均是对同一个问题的回答，问题之间存在一定的相关性，将各选项单独进行分析并不恰当。对多重响应数据分析最常见的方法是使用 SPSS 中的"多重响应"命令，通过定义变量集的方式，对选项进行简单的频数分析和交叉分析。

统计软件中对多重响应的标准记录方式有以下两种：

（1）多重二分法。对于多项选择题的每一个选项看作一个变量来定义。0 代表没有被选中，1 代表被选中。这样，多项选择题中有几个选项，就会变成有几个单选变量。这些单选变量的选项都只有两个，即 0 或 1。

（2）多重分类法。多项选择题中有几个选项就定义几个单选变量。每个变量的选项都一样，都和多项选择题的选项相同。每个变量代表被调查者的一次选择，即记录的是被选中的选项的代码。很多情况下，当问卷中不限定被调查者可选择的选项数量时，被调查者可能不会全部选项都选，因此在数据录入时，一般从这些变量的最前面几个变量开始录入，这样最后面几个变量自然就是缺失值。当被调查者对多项选择题中的选项全部选择时，这些变量中都有一个选项代码，此时没有缺失值。

10.2　多重响应变量集

10.2.1　多重响应变量集的定义

多重响应集的定义，即将基本变量分组为多重二分类变量集和多重多分类变量集，并转换为能通过 SPSS 软件操作的数据类型。通过定义后的数据类型，可以获得这些集的频率表和交叉制表。SPSS 可以定义 20 个多重响应集，每个集必须有一个唯一的名称。

每个多重响应集必须指定一个名称，名称最多可以有 7 个字符。多重响应变量集的定义过程将在用户指定的名称前加上美元符号"$"，注意，用户定制的多重响应集名中不能使用以下保留名称：casenum、sysmis、jdate、date、time、length 和 width。

多重响应集的名称仅在用于多重响应过程时存在，在其他过程中不能使用多重响应集名称。另外还可以输入多重响应集的描述性变量标签，标签最长可以有 40 个字符。

10.2.2 定义多重响应变量集的实验操作

下面以数据文件"10-1"为例，讲解定义多重响应变量的具体操作过程并对输出结果进行说明。

1. 实验数据描述

数据文件"10-1"记录了消费者使用的洗发水品牌调查结果，问卷列举了用户可能使用的洗发水品牌，包括"雨洁""海飞丝""夏士莲""飘柔""清扬""舒蕾""潘婷""沙宣"8个品牌及"其他"。下面介绍如何利用"定义变量集"命令定义多重响应变量集"brand"将这些品牌包含进去。数据文件"10-1"的原始 Excel 数据如图 10-1 所示。

首先在 SPSS 变量视图中建立"雨洁""海飞丝""夏士莲""飘柔""清扬""舒蕾""潘婷""沙宣""其他"9个变量名，所有变量的度量标准均为"名义"，如图 10-2 所示。

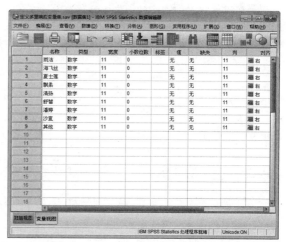

图 10-1 数据文件"10-1"的原始数据　　图 10-2 数据文件"10-1"的变量视图

然后在 SPSS 数据视图中，把有关数据录入对应变量中，其中 1 代表是，0 代表否，输入完毕后的部分数据如图 10-3 所示。

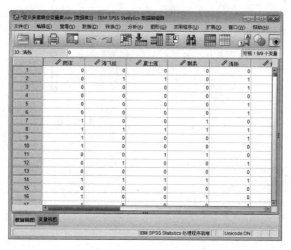

图 10-3 数据文件"10-1"的数据视图

2. 实验操作步骤

步骤 01 打开数据文件"10-1",进入 SPSS Statistics 数据编辑器窗口,在菜单栏中选择"分析"|"多重响应"|"定义变量集"命令,打开如图 10-4 所示的"定义多重响应集"对话框。

- "集合定义"列表框:该列表框中显示的是数据文件"10-1"中的所有变量,选中变量后单击➡按钮将其选入"集合中的变量"列表框中,进行多重响应变量集的定义。
- "集合中的变量"列表框:从左侧的源变量列表框中选入同属于一个问题的多个答案变量,以定义多重响应变量集。
- "多重响应集"列表框:该列表框用于保存已经定义好的多重响应变量集,可以通过单击左侧的"添加""更改""除去"按钮分别添加、修改、删除当前指定的多重响应变量集。
- "变量编码方式"选项组:该选项组用于设置多重响应变量集的编码方式。若选中"二分法"单选按钮,则表示使用二分变量的计数值进行编码,即把每个多选题选项都当作是一个二元变量,在"计数值"中输入 1,表示该选项被选中,输入 0 表示未被选中;若选中"类别"单选按钮,则表示使用分类变量进行编码,即为多选题定制与其最多答案个数相等的单选变量,每个单选变量的可能取值都和多选题的可选项相同,它代表被选中的多选题选项的代码,"范围"文本框用于设置可选答案代码的起点和终点。
- "名称"文本框:用于定制当前多重响应变量集的名称,系统将自动在定制的名称前加上"$"符号。
- "标签"文本框:用于设置当前响应变量的标签。

步骤 02 从"集合定义"列表框中选中所有变量,单击➡按钮将其选入"集合中的变量"列表框中。选中"二分法"单选按钮,并在"计数值"文本框中输入 1,然后在"名称"和"标签"文本框中分别输入"brand"和"品牌"。单击"添加"按钮,将已定义好的多重响应变量集选入"多重响应集"列表框中,最终设置结果如图 10-5 所示。

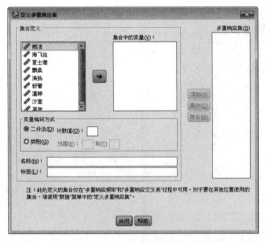

图 10-4 "定义多重响应集"对话框

图 10-5 设置一个多重响应集"$brand"

3. 实验结果及分析

多重响应集定义完毕后，菜单栏中"分析"|"多重响应"命令的子菜单即处于激活状态，表示可以通过 SPSS 相关操作获得多重响应集的频率和交叉表分析结果。

10.3 多重响应变量集的频率分析

10.3.1 多重响应变量频率分析简介

多重响应变量集的频数分析，即对已经定义好的多重响应变量集输出其频数及其总频数中的百分比等基本统计量。它与一般的频数分析基本相同，区别为一般频数分析输出的是单个变量的频数分析结果，多重响应变量集的频数分析的对象是定义好的多重响应变量集。

10.3.2 多重响应变量频率分析的 SPSS 操作

打开相应的数据文件或者建立一个数据文件后，就可以在 SPSS Statistics 数据编辑器窗口中进行多重响应变量集的频率分析。

（1）在菜单栏中选择"分析"|"多重响应"|"频率"命令，打开如图 10-6 所示的"多重响应频率"对话框。

（2）进行相关的设置。

图 10-6 "多重响应频率"对话框

① "多重响应集"列表框：该列表框中显示的是当前已经定义好的多重响应变量集。

② "表"列表框：该列表框中为从"多重响应集"列表框中选入的要进行频率分布的多重响应变量集。

"缺失值"选项组：该选项组用于选择处理缺失值的方法，包括以下两个复选框：

- "在二分集内成列排除个案"复选框：选中该复选框，则表示从多二分集的制表中排除任何具有变量的缺失值的个案，该项仅应用于定义为二分变量的多重响应集。默认情况下，如果多二分集中的某个个案的成分变量没有一个包含计数的值，就认为该个案缺失。只要至少一个变量包含计数值，那么即使个案中有一些变量的值缺失，这些个案也包括在组的制表中。
- "在类别内成列排除个案"复选框：选中该复选框，则表示从多类别集的制表中排除具有任何变量的缺失值的个案，该仅应用于定义为类别集的多重响应集。默认情况下，对于多类别集，仅当某个个案的成分没有一个包含定义范围内的有效值时，才认为该个案缺失。

（3）输出结果。设置完毕后，单击"确定"按钮，即可输出多重响应变量集频率分析的结果。

10.3.3 实验操作

对多重响应变量集进行频率分析，前提是已经定义了一个或多个多重响应变量集。因此本节接着 10.2 节中的例子进行分析，10.2 节已经定义了多重响应变量集 brand，本节将对 brand 进行频率分析。

1. 实验操作步骤

步骤01 在菜单栏中选择"分析"|"多重响应"|"频率"命令，打开"多重响应频率"对话框。

步骤02 从"多重响应集"列表框中选中"品牌[$brand]"，然后单击 ▶ 按钮将其选入"表"列表框中，其他采用默认设置，设置完成后即可得到多重响应变量集频率分析结果。

2. 实验结果及分析

单击"确定"按钮，SPSS Statistics 查看器窗口的输出结果如图 10-7~图 10-8 所示。

图 10-7 所示的个案摘要给出了多重响应变量集$brand 中有效数据和缺失数据的基本统计信息。在本例 1000 个案例中，有 111 个数据被认为是缺失的，即 111 个客户没有对问卷进行回答，数据有效率为 88.9%。

图 10-8 给出了多重响应分析的频率，其中个案数表示使用对应品牌洗发水的客户数目；响应百分比表示使用该品牌洗发水的消费者数目占使用总频数的百分比，这在对单个变量的频数分布表中是没有的；个案百分比是指使用该品牌洗发水的客户数占总客户数的百分比。

个案摘要

	个案					
	有效		缺失		总计	
	个案数	百分比	个案数	百分比	个案数	百分比
$brand[a]	889	88.9%	111	11.1%	1000	100.0%

a. 使用了值 1 对二分组进行制表

图 10-7 多重响应变量频数分析个案摘要

$brand 频率

		响应		个案百分比
		个案数	百分比	
品牌[a]	雨洁	475	12.7%	53.4%
	海飞丝	304	8.1%	34.2%
	夏士莲	261	7.0%	29.4%
	飘柔	368	9.8%	41.4%
	清扬	481	12.9%	54.1%
	舒蕾	485	13.0%	54.6%
	潘婷	493	13.2%	55.5%
	沙宣	502	13.4%	56.5%
	其他	371	9.9%	41.7%
总计		3740	100.0%	420.7%

a. 使用了值 1 对二分组进行制表

图 10-8 多重响应变量分析的频率

10.4 多重响应变量集的交叉表分析

10.4.1 多重响应变量交叉表分析简介

多重响应变量交叉表分析是对多重响应变量集频率分析的深化，是在频率分析的基础上添加一个分类变量，交叉表分析根据分类变量的不同分类输出多重响应变量集包含的各个响应的频率及百分比。

10.4.2 多重响应变量交叉表分析的 SPSS 操作

打开相应的数据文件或者建立一个数据文件后，就可以在 SPSS Statistics 数据编辑器窗口中进行多重响应变量交叉表分析。

（1）在菜单栏中选择"分析"|"多重响应"|"交叉表"命令，打开如图 10-9 所示的"多重响应交叉表"对话框。

（2）进行相应的设置。

①"行"列表框：用于从源变量列表框中或"多重响应集"列表框中选入的输出表的行变量。

②"列"列表框：用于从源变量列表框或"多重响应集"列表框中选入的输出表的列变量。

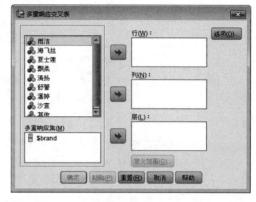

图 10-9　"多重响应交叉表"对话框

③"层"列表框：用于从源变量列表框或"多重响应集"列表框中选入输出表的分层变量。对分层变量的每个取值或取值组合，将输出一个相应行变量的二维交叉表。

④"定义范围"按钮。选入行、列或层变量后，"定义范围"按钮将被激活，单击该按钮，弹出如图 10-10 所示的"多重响应交叉表：定义变量范围"对话框。在该对话框中可以为相应的行、列或层变量设置其取值范围，可分别在"最小值""最大值"文本框中输入变量取值的最小值和最大值。

设置完毕后，单击"继续"按钮，返回到"多重响应交叉表"对话框进行其他设置。

⑤"多重响应集"列表框：该列表框中显示的是当前已经定义的所有多重响应变量集。

⑥"选项"按钮。单击该按钮，将弹出如图 10-11 所示的"多重响应交叉表：选项"对话框。

图 10-10　"多重响应交叉表：定义变量范围"对话框　　图 10-11　"多重响应交叉表：选项"对话框

- ❑ "单元格百分比"选项组：该选项组用于选择在单元格中显示哪些类型的百分比，包括：
  - ➢ "行"复选框：选中该复选框，则表示显示行百分比。
  - ➢ "列"复选框：选中该复选框，则表示显示列百分比。
  - ➢ "总计"复选框：选中该复选框，则表示显示总百分比。另外，单元格总会显示实测的统计个数。

- “在响应集之间匹配变量”复选框：选中该复选框，则表示把第 i 个变量集中的第 n 个变量与第 j 个变量集中的第 n 个变量配对，且单元格中的百分比将以答案总数为基数而不是以回答者总数为基数。
- “百分比基于”选项组：用于设置计算百分比的基数，包括两个单选按钮：
  - “个案”单选按钮：选中该单选按钮，表示以回答人数为计算百分比的基数。
  - “响应”单选按钮：选中该单选按钮，表示以总的答案数为计算百分比的基数，当选中“在响应集之间匹配变量”复选框后，只能是基于响应。
- “缺失值”选项组：用于选择处理缺失值的方法，包括两个复选框。
  - “在二分集内成列排除个案”复选框：选中该复选框，则表示从多二分集的制表中排除任何具有变量的缺失值的个案。该项仅应用于定义为二分变量的多重响应集。默认情况下，如果多二分集中的某个个案的成分变量没有一个包含计数的值，就认为该个案缺失。只要至少一个变量包含计数值，那么即使个案中有一些值缺失，这些个案也包括在组的制表中。
  - “在类别内成列排除个案”复选框：若选中该复选框，则表示从多类别集的制表中排除具有任何变量的缺失值的个案，这仅应用于定义为类别集的多重响应集。默认情况下，对于多类别集，仅当某个个案的成分没有一个包含定义范围内的有效值时，才认为该个案缺失。

（3）输出分析结果。设置完毕后，单击“确定”按钮，即可在 SPSS Statistics 查看器窗口得到多重响应变量交叉表分析的结果。

10.4.3　实验操作

对多重响应变量集进行交叉表分析，前提是已经定义了一个或多个多重响应变量集。因此本节接着 10.2 节中的例子对$brand 进行交叉表分析，数据文件为“10-2”。

1. 实验数据描述

数据文件“10-2”在数据文件“10-1”的基础上增加了“教育水平”变量的相关数据，用以反映不同受教育水平的用户对不同品牌洗发水的选择，“教育水平”共有 5 种分类，即“小学及以下”“初中”“高中”“大学本科”和“硕士及以上”，下面将使用该数据文件，利用交叉表分析过程，得到按“教育水平”分类的多重响应变量交叉表分析结果。数据文件“10-2”的原始 Excel 数据如图 10-12 所示。

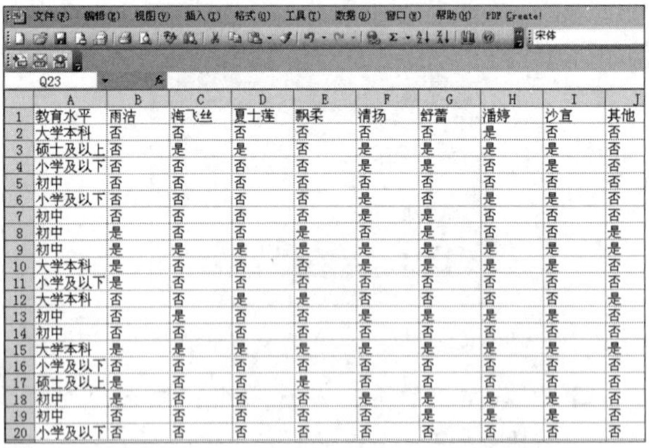

	A	B	C	D	E	F	G	H	I	J
1	教育水平	雨洁	海飞丝	夏士莲	飘柔	清扬	舒蕾	潘婷	沙宣	其他
2	大学本科	否	否	否	否	否	否	是	否	否
3	硕士及以上	否	是	是	否	是	是	是	是	否
4	小学及以下	否	否	否	否	是	是	否	是	否
5	初中	否	否	否	否	否	否	否	否	否
6	小学及以下	否	否	否	否	是	否	是	是	否
7	初中	否	否	否	否	是	是	否	否	否
8	初中	是	否	否	是	否	是	否	否	是
9	初中	是	是	是	是	是	是	是	是	是
10	大学本科	是	否	否	否	是	是	是	是	否
11	小学及以下	是	否	否	否	否	否	否	否	否
12	大学本科	否	否	是	是	否	否	否	否	是
13	初中	否	是	否	否	是	是	是	是	否
14	初中	否	否	否	否	否	否	否	否	否
15	大学本科	是	是	是	是	是	是	是	是	是
16	小学及以下	否	否	否	否	否	否	否	否	否
17	硕士及以上	是	否	否	是	否	否	否	否	否
18	初中	是	否	否	否	是	是	是	是	否
19	初中	否	否	否	否	否	是	是	是	否
20	小学及以下	否	否	否	否	否	否	否	否	否

图 10-12　数据文件“10-2”的原始数据

在数据文件“10-1”的变量视图中添加变量“教育水平”，用数字 1~5 分别表示“小学及以下”“初中”“高中”“大学本科”和“硕士及以上”5 种不同的受教育水平，数据文件“10-2”的变量视图如图 10-13 所示。

第 10 章 多重响应分析

图 10-13 数据文件"10-2"的变量视图

在 SPSS 数据视图中，将"教育水平"变量的值加入到数据文件"10-1"中，构建数据文件"10-2"，输入完毕后的部分数据如图 10-14 所示。

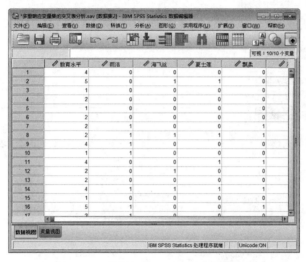

图 10-14 数据文件"10-2"的数据视图

2. 实验操作步骤

具体操作步骤如下：

步骤01 在菜单栏中选择"分析"|"多重响应"|"交叉表"命令，打开"多重响应交叉表"对话框。

步骤02 将$brand变量集从"多重响应集"列表框中选入"行"列表框中。

步骤03 从源变量列表框中把变量"教育水平"选入"列"列表框中。单击"定义范围"按钮，打开"多重响应交叉表：定义变量范围"对话框，在"最小值"文本框中输入1，在"最大值"文本框中输入5。设置完毕后，单击"继续"按钮。

步骤04 在"多重响应交叉表"对话框中单击"选项"按钮，打开"多重响应交叉表：选项"对话框。选中"单元格百分比"选项组中的"列"复选框，其他采用默认设置，如图 10-15 所示。

设置完毕后,单击"继续"按钮,返回到"多重响应交叉表"对话框。

3. 实验结果及分析

设置完毕后,单击"确定"按钮,SPSS Statistics 查看器窗口的输出结果如图 10-16 和图 10-17 所示。

图 10-16 所示的个案摘要中给出了多重响应变量集$brand 中有效数据和缺失数据的基本统计信息。在本例 1000 个案例中,有 111 个数据被认为是缺失的,即有 111 个消费者没有回答问题。

图 10-17 给出了多重响应变量交叉表,其中每个单元格显示了使用各种品牌洗发水的受教育水平不同的人数以及在以客户数为基数的列百分比。以夏士莲和"初中"(2)的交叉单元格为例,表示有初中学历的使用夏士莲的消费者有 61 人,在有初中学历客户总数 261 人中的比例为 24.3%。其他单元格的解读方法与此类似。

图 10-15 "多重响应交叉表:选项"设置结果　　图 10-16 多重响应变量交叉表分析个案摘要

图 10-17 多重响应变量分析交叉制表

10.5 使用表过程研究多重响应变量集

SPSS 的表分析过程也提供了对多重响应变量集进行定义和分析的功能。使用前也需要先建立一个多重响应变量集,然后使用表过程进行分析,所起的作用和效果与多重效应变量集的交叉表分析相似。

本节将使用数据文件"10-2"介绍表过程在多重响应变量集定义和分析中的功能。

10.5.1 定义多重响应变量集

表过程中的多重响应变量集定义的具体操作过程如下:

(1)在菜单栏中选择"分析"|"表"|"多重响应集"命令,打开如图 10-18 所示的"定义多重响应集"对话框。该对话框与图 10-4 所示的"定义多重响应集"对话框相似,只多了一个"类别标签来源"选项组。该选项组用于设置多重响应二分类变量集输出表格的标签格式,包括两个单选按钮:

- "变量标签"单选按钮:若选中该单选按钮,则表示使用已定义的变量标签或不带已定义变量标签的变量的变量名作为集类别标签。例如,如果集中的所有变量对于已计算的值具有相同的值标签,则应使用变量标签作为集类别标签。
- "计数值的标签"单选按钮:若选中该单选按钮,则表示用已计算的值的已定义值标签作为集类别标签。只有在所有变量对于已计算的值都定义了值标签,且已计算的值的值标签对于每个变量都不相同时选择此选项。此时,将激活"将变量标签用作集合标签"复选框。若选中该复选框,则表示也可以使用集中具有已定义变量标签的第一个变量的变量标签作为集标签;如果集中的变量都未定义变量标签,则将集中第一个变量的名称作为集标签。

(2)从"集合定义"列表框中选中所有变量并将其选入"集合中的变量"列表框中。选中"二分法"单选按钮,并在"计数值"文本框中输入 1,然后在"集合名称"和"集合标签"文本框中输入"brand"和"品牌""类别标签来源"选择为"变量标签"。

(3)单击"添加"按钮,将已定义好的多重响应变量集选入"多重响应集合"列表框中,如图 10-19 所示。

图 10-18 "定义多重响应集"对话框

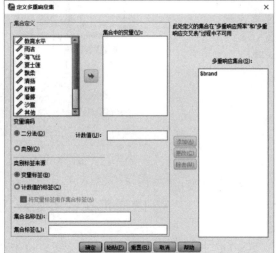
图 10-19 设置多重响应集合"$brand"

（4）单击"确定"按钮，完成多重响应变量集的定义，得到如图 10-20 所示的"多重响应集"结果。该图给出了多重响应变量集的名称、标签、数据类型等信息。

名称	标签	编码为	计数值	数据类型	基本变量
$brand	品牌	二分法	1	数字	雨洁 海飞丝 夏士莲 飘柔 清扬 舒蕾 潘婷 沙宣 其他

图 10-20　多重响应集输出结果

10.5.2　用表过程建立包含多重响应变量集的表格

本节将在 10.5.1 节的基础上利用表过程对已定义的$brand 多重效应变量集制表以实现输出与如图 10-17 所示相同信息的图形。

用表过程建立包含多重响应变量集表格的具体操作过程如下：

（1）在菜单栏中选择"分析"|"表"|"定制表"命令，打开如图 10-21 所示的"定制表"对话框。

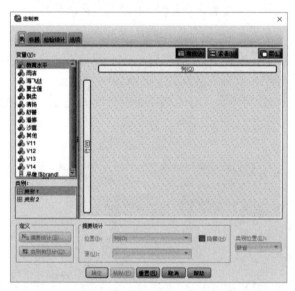

图 10-21　"定制表"对话框

（2）从"变量"列表框中选中$brand 多重效应变量集，将其拖到"常规"文本框中的"列"栏，然后从"变量"列表框中选中分类变量"教育水平"，将其拖到"常规"文本框中的"行"栏。

（3）选中"列"栏中的$brand 变量，单击"摘要统计"按钮，打开"摘要统计"对话框，从"统计"列表框中选中"行 N%"，单击 按钮将其选入"显示"列表框中。最后单击"应用于所选项"按钮，返回"定制表"对话框。

（4）单击"确定"按钮，则可输出如图 10-22 所示的结果。该图显示信息与图 10-18 显示信息一致。

		雨洁		海飞丝		夏士莲		飘柔		清扬		舒蕾		潘婷		沙宣		其他	
		计数	行N%	计数	行N%	计数	行N%	计数	行N%	计数	行N%	计数	行N%	计数	行N%	计数	行N%	计数	行N%
教育水平	1	57	36.5%	21	13.5%	14	9.0%	14	9.0%	87	55.8%	92	59.0%	94	60.3%	98	62.8%	14	9.0%
	2	121	48.2%	70	27.9%	61	24.3%	71	28.3%	142	56.6%	145	57.8%	141	56.2%	145	57.8%	84	33.5%
	3	107	55.7%	68	35.4%	53	27.6%	86	44.8%	103	53.6%	101	52.6%	106	55.2%	106	55.2%	88	45.8%
	4	139	61.2%	104	45.8%	101	44.5%	145	63.9%	121	53.3%	116	51.1%	119	52.4%	120	52.9%	141	62.1%
	5	51	81.0%	41	65.1%	32	50.8%	52	82.5%	28	44.4%	31	49.2%	33	52.4%	33	52.4%	44	69.8%

图 10-22　多重响应变量集的表格输出

10.6　上　机　题

10.1　下表给出了某城市居民上下班常用交通工具调查的部分数据，被调查对象按年龄被分为三类，分别用 1、2、3 表示，交通工具变量中 0、1 分别代表"否"和"是"。试用多重响应分析程序定义多重响应变量集"\$traf"，并对"\$traf"进行频率分析和交叉表分析。（数据路径：sample\上机题\chap10\习题\第 10 章第一题.sav）

编号	年龄	公交车	私家车	摩托车	电动车	自行车	其他
1	1	0	0	1	0	1	1
2	1	0	0	1	0	0	0
3	2	0	0	0	0	0	1
4	3	0	0	0	0	1	0
5	2	0	0	0	0	1	1
6	1	1	0	0	1	1	1
7	3	1	0	0	1	1	1
8	1	0	1	1	0	1	1
9	2	0	1	0	1	1	1
10	2	0	1	1	0	0	0
11	1	1	1	1	1	0	0
12	2	0	1	0	0	1	1
13	3	1	0	0	1	0	0
14	1	1	1	1	1	0	0
15	2	0	0	1	1	1	1

10.2　有调查者对某中学三个年级学生的最喜欢科目进行了调查，下表给出了部分数据，其中"年级"变量用 1、2、3 分别表示初一到初三年级，各科变量中的 0 和 1 分别代表"否"和"是"。试用表过程定义多重响应变量集"\$sub"，并对"\$sub"进行交叉表分析。（数据路径：sample\上机题\chap10\习题\第 10 章第二题.sav）

序号	年级	数学	语文	英语	物理	化学	其他
1	2	0	1	0	1	1	1
2	2	0	1	1	0	0	0
3	1	1	1	1	1	0	0
4	2	0	1	0	0	1	0

（续表）

序号	年级	数学	语文	英语	物理	化学	其他
5	3	1	0	0	1	0	0
6	1	1	1	1	1	0	0
7	2	0	0	1	1	1	1
8	2	1	1	1	1	0	1
9	1	0	0	1	1	1	1
10	3	0	1	0	0	1	0
11	2	0	0	0	0	1	1
12	2	0	1	0	0	1	0
13	3	0	1	0	1	1	1
14	2	0	1	1	0	0	0
5	1	1	1	1	1	0	0

第 11 章 聚类分析

聚类分析是根据研究对象的特征,按照一定标准对研究对象进行分类的一种分析方法。它使组内的数据对象具有最高的相似度,而组间具有较大的差异性。聚类分析可以在没有先验分类的情况下通过观察对数据进行分类,在科学研究和实际的生产实践中都具有广泛的应用,SPSS 的分类过程可以使用户方便地实现聚类分析,本章将对聚类分析的 SPSS 实现过程进行介绍。

11.1 聚类分析的基本原理

按照研究对象的不同,聚类分析一般分为样本聚类和变量聚类。

- 样本聚类又称 Q 型聚类,它针对实测量进行分类,将特征相近的实测量分为一类,特征差异较大的实察量分在不同的类。
- 变量聚类又称 R 型聚类,它针对变量分类,将性质相近的变量分为一类,将性质差异较大的变量分在不同的类。

按照分析方法的不同,聚类分析一般分为快速聚类、分层聚类和两阶段聚类。

- 快速聚类又称 K-平均值聚类,它将数据看作 K 维空间上的点,以距离为标准进行聚类分析,将样本分为指定的 K 类。
- 分层聚类也称系统聚类,其对相近程度最高的两类进行合并,组成一个新类并不断重复此过程,直到所有的个体都归为一类。
- 两阶段聚类分析首先以距离为依据形成相应的聚类特征树结点构造聚类特征树,然后通过信息准则确定最优分组个数对各个结点进行分组。

聚类分析要求不同组间具有较大的差异,分析中个体的差异程度通常用距离来表示,下面介绍聚类分析中一些常用的距离及其定义方式。

1. 定距变量的常用距离

(1) 欧氏距离

欧氏距离指两个体之间变量差值平方和的平方根,欧氏距离的数学定义如公式(11-1)所示:

$$d_{xy} = \sqrt{\sum_{i=1}^{n}(x_i - y_i)^2} \qquad (11\text{-}1)$$

(2) 欧氏距离平方和

欧氏距离平方和指两个体之间变量差值的平方和,欧氏距离平方和的数学定义如公式(11-2)所示:

$$d_{xy} = \sum_{i=1}^{n}(x_i - y_i)^2 \qquad (11\text{-}2)$$

(3) 切贝谢夫距离

切贝谢夫距离指两个体之间的变量差值绝对值的最大值，切贝谢夫距离的数学定义如公式（11-3）所示：

$$d_{xy} = \max |x_i - y_i| \qquad (11\text{-}3)$$

(4) 布洛克距离

布洛克距离指两个体之间的变量差值绝对值之和，布洛克距离的数学定义如公式（11-4）所示：

$$d_{xy} = \sum_{i=1}^{n} |x_i - y_i| \qquad (11\text{-}4)$$

(5) 明考斯基距离

明考斯基距离指两个体之间的变量差值的 k 次方之和的 k 次方根，明考斯基距离的数学定义如公式（11-5）所示：

$$d_{xy} = \sqrt[k]{\sum_{i=1}^{n}(x_i - y_i)^k} \qquad (11\text{-}5)$$

(6) 夹角余弦距离

夹角余弦距离的数学定义如公式（11-6）所示：

$$d_{xy} = \frac{\sum_{i=1}^{n}(x_i y_i)^2}{\sqrt{\sum_{i=1}^{n}(x_i)^2} \sqrt{\sum_{i=1}^{n}(y_i)^2}} \qquad (11\text{-}6)$$

(7) 自定义距离

自定义距离指两个体之间的变量差值的 p 次方之和的 q 次方根（p、q 由用户自行定义），自定义距离的数学定义如公式（11-7）所示：

$$d_{xy} = \sqrt[q]{\sum_{i=1}^{n}(x_i - y_i)^p} \qquad (11\text{-}7)$$

2. 定序变量的常用距离

(1) 卡方距离

卡方距离的数学定义如公式（11-8）所示：

$$d_{xy} = \sqrt{\sum_{i=1}^{k}\frac{[x_i - E(x_i)]^2}{E(x_i)} + \sum_{i=1}^{k}\frac{[y_i - E(y_i)]^2}{E(y_i)}}$$ （11-8）

（2）Phi 方距离

Phi 方距离的数学定义如公式（11-9）所示：

$$d_{xy} = \sqrt{\frac{\sum_{i=1}^{k}\frac{[x_i - E(x_i)]^2}{E(x_i)} + \sum_{i=1}^{k}\frac{[y_i - E(y_i)]^2}{E(y_i)}}{n}}$$ （11-9）

3. 二值变量的常用距离

（1）简单相关系数

简单相关系数的定义如公式（11-10）所示：

$$p(x,y) = \frac{b+c}{a+b+c+d}$$ （11-10）

其中，两个体同时为 0 时的频率记作 d；两个体同时为 1 的频率记为 a；个体 x 为 0、个体 y 为 1 的频率记为 c；个体 y 为 0、个体 x 为 1 的频率记为 b。

（2）雅克比相关系数

雅克比相关系数的定义如公式（11-11）所示：

$$p(x,y) = \frac{b+c}{a+b+c+d}$$ （11-11）

其中，两个体同时为 0 时的频率记作 d；两个体同时为 1 的频率记为 a；个体 x 为 0、个体 y 为 1 的频率记为 c；个体 y 为 0、个体 x 为 1 的频率计为 b。

11.2 快速聚类

11.2.1 快速聚类的基本原理

快速聚类又称 K-均值聚类，它将数据看作 K 维空间上的点，以距离为标准进行聚类分析。快速聚类只能产生指定个数的分类，它以牺牲多个解为代价以获得较高的执行效率。SPSS 的快速聚类过程适用于对大样本进行快速聚类，尤其是对形成的类的特征（各变量值范围）有了一定认识时，快速聚类不失为一种优良的方法。

快速聚类的思想是，首先选择 k 个观测量作为初始的聚类中心点，根据距离最小的原则将各个实测量分配到这 k 个类中；然后将每一个类中的实测量计算变量均值，这 k 个均值又形成新的 k 个聚类中心点。以此类推，不断进行迭代，直到收敛或达到分析者的要求为止。

11.2.2 快速聚类的 SPSS 操作

建立或打开相应数据文件后,就可以在 SPSS Statistics 数据编辑器窗口进行快速聚类分析。

(1)在菜单栏中选择"分析"|"分类"|"K-均值聚类"命令,打开如图 11-1 所示的"K 均值聚类分析"对话框。

(2)选择变量。从源变量列表框中选择参与聚类分析的目标变量,将其选入"变量"列表框中;从源变量列表框中选择属类变量,将其选入"个案标注依据"列表框中,如图 11-2 所示。

图 11-1 "K 均值聚类分析"对话框

图 11-2 快速聚类的变量选择

(3)设置相应的选项。

① "聚类数"文本框。该文本框用于设置聚类的数目,系统默认分为两类,用户可以在文本框中输入自定义的聚类数目。

② "方法"选项组:该选项组用于设置聚类分析的方法,有两种方法可供选择:"迭代与分类",该方法在聚类过程中不断改变凝聚点;"仅分类",该方法在聚类过程中始终使用初始凝聚点。

③ "聚类中心"选项组:该选项组用于读取和写入初始聚类中心,用户可以从数据文件或外部数据集中读取初始聚类中心,也可以将聚类过程凝聚点的最终结果保存到数据文件中。

④ "迭代"按钮。只有在"方法"选项组中选中"迭代与分类"单选按钮,该按钮才会被激活。单击"迭代"按钮,弹出如图 11-3 所示的"K-均值聚类分析:迭代"对话框。

该对话框用于设置聚类分析中迭代的终止条件。

- "最大迭代次数"文本框中的数值表示迭代达到或超过该数值时,停止迭代过程。
- "收敛准则"文本框中的数值表示凝聚点改变的最大距离小于初始聚心距离的比例,当距离小于该数值时,停止迭代。
- "使用运行平均值"复选框,如选中则表示每分配一个观测后,立刻计算新的凝聚点。

图 11-3 "K-均值聚类分析:迭代"对话框

⑤ "保存"按钮。单击"保存"按钮，弹出如图 11-4 所示的"K-均值聚类：保存新变量"对话框。该对话框用于设置保存形式。如选中"聚类成员"复选框，系统将保存观测的分类结果；如选中"与聚类中心的距离"复选框，系统会将各观测与所属类的聚类中心的欧氏距离作为一个新变量进行保存。

⑥ "选项"按钮。单击"选项"按钮，弹出如图 11-5 所示的"K-均值聚类分析：选项"对话框。

图 11-4 "K-均值聚类：保存新变量"对话框　　　图 11-5 "K-均值聚类分析：选项"对话框

- "统计"选项组：该选项组用于设置输出的统计量，其包含"初始聚类中心""ANOVA 表"和"每个个案的聚类信息"3 个复选框，分别用于输出初始聚类中心、方差分析表和各观测的聚类信息。
- "缺失值"选项组：该选项组用于设置缺失值的处理方式，"成列排除个案"表示从所有分析中排除任何变量具有缺失值的个案；"成对排除个案"表示从分析中排除变量对中有一个或两个缺失值的个案。

（4）设置完毕后，单击"确定"按钮，即可在 SPSS Statistics 结果窗口得到快速聚类分析结果。

11.2.3　实验操作

下面以数据文件"11-1"为例，讲解快速聚类分析的具体操作过程并对输出结果进行说明。

1. 实验数据描述

数据文件"11-1"的内容为我国 31 省市各类农产品种植面积数据，数据来自《中国农村统计年鉴》，利用快速聚类分析方法来分析我国不同省市之间农产品种植结构的差异与共性。数据文件的原始数据如图 11-6 所示。

在 SPSS 的变量视图中建立"地区"变量，表示各个省市；建立"粮食""瓜果""蔬菜""棉花""烟草（代表原始数据文件中的"烟叶"）""油料"和"糖料"变量，分别表示各种农作物的种植面积，如图 11-7 所示。

在 SPSS 活动数据文件的数据视图中，把相关数据输入到各个变量中，输入完毕后的部分数据如图 11-8 所示。

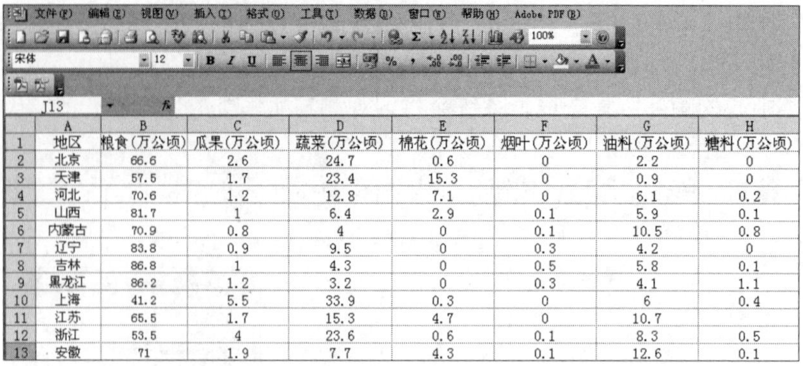

	A	B	C	D	E	F	G	H
1	地区	粮食(万公顷)	瓜果(万公顷)	蔬菜(万公顷)	棉花(万公顷)	烟叶(万公顷)	油料(万公顷)	糖料(万公顷)
2	北京	66.6	2.6	24.7	0.6	0	2.2	0
3	天津	57.5	1.7	23.4	15.3	0	0.9	0
4	河北	70.6	1.2	12.8	7.1	0	6.1	0.2
5	山西	81.7	1	6.4	2.9	0.1	5.9	0.1
6	内蒙古	70.9	0.8	4	0	0.1	10.5	0.8
7	辽宁	83.8	0.9	9.5	0	0.3	4.2	0
8	吉林	86.8	1	4.3	0	0.5	5.8	0.1
9	黑龙江	86.2	1.2	3.2	0	0.3	4.1	1.1
10	上海	41.2	5.5	33.9	0.3	0	6	0.4
11	江苏	65.5	1.7	15.3	4.7	0	10.7	
12	浙江	53.5	4	23.6	0.6	0.1	8.3	0.5
13	安徽	71	1.9	7.7	4.3	0.1	12.6	0.1

图 11-6　数据文件“11-1”的原始数据

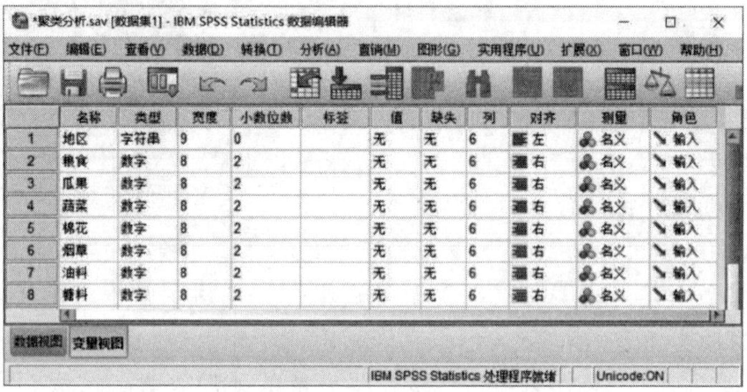

	名称	类型	宽度	小数位数	标签	值	缺失	列	对齐	测量	角色
1	地区	字符串	9	0		无	无	6	左	名义	输入
2	粮食	数字	8	2		无	无	6	右	名义	输入
3	瓜果	数字	8	2		无	无	6	右	名义	输入
4	蔬菜	数字	8	2		无	无	6	右	名义	输入
5	棉花	数字	8	2		无	无	6	右	名义	输入
6	烟草	数字	8	2		无	无	6	右	名义	输入
7	油料	数字	8	2		无	无	6	右	名义	输入
8	糖料	数字	8	2		无	无	6	右	名义	输入

图 11-7　数据文件“11-1”的变量视图

	地区	粮食	瓜果	蔬菜	棉花	烟草	油料	糖料
1	北京	66.60	2.60	24.70	.60	.00	2.20	.00
2	天津	57.50	1.70	23.40	15.30	.00	.90	.00
3	河北	70.60	1.20	12.80	7.10	.00	6.10	.20
4	山西	81.70	1.00	6.40	2.90	.10	5.90	.10
5	内蒙古	70.90	.80	4.00	.00	.10	10.50	.80
6	辽宁	83.80	.90	9.50	.00	.30	4.20	.00
7	吉林	86.80	1.00	4.30	.00	.50	5.80	.10
8	黑龙江	86.20	1.20	3.20	.00	.30	4.10	1.10
9	上海	41.20	5.50	33.90	.30	.00	6.00	.40
10	江苏	65.50	1.70	15.30	4.70	.00	10.70	.00
11	浙江	53.50	4.00	23.60	.60	.10	8.30	.50
12	安徽	71.00	1.90	7.70	4.30	.10	12.60	.10
13	福建	57.30	1.50	26.20	.00	2.80	5.00	.60
14	江西	65.90	1.60	10.40	1.20	.30	10.90	.30
15	山东	63.40	2.50	16.20	8.70	.30	8.10	.00

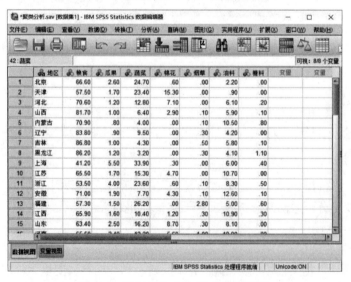

图 11-8　数据文件“11-1”的数据视图

2. 实验操作步骤

步骤 01　在菜单栏中选择“分析”|“分类”|“K-均值聚类”命令，打开“K 均值聚类分析”对话框。

步骤 02　从源变量列表框中选择“粮食”“瓜果”“蔬菜”“棉花”“烟草”“油料”和“糖

步骤 03 在"聚类数"文本框中输入聚类的数目,本实验将变量分为四类。

步骤 04 单击"选项"按钮,在打开的"K-均值聚类分析"对话框中选中"每个个案的聚类信息"复选框,单击"继续"按钮。

步骤 05 单击"确定"按钮,输出快速聚类分析的结果,如图11-9~图11-12所示。

图11-9给出了每一次迭代的聚类中心中的变动情况。我们可以看出,经过两次迭代,聚类中心达到收敛。

图11-10和图11-11给出了最终聚类的中心和最终聚类中心之间的距离。

迭代历史记录 a

迭代	聚类中心中的变动			
	1	2	3	4
1	17.174	.000	15.933	15.290
2	.000	.000	.000	.000

a. 由于聚类中心中不存在变动或者仅有小幅变动,因此实现了收敛。任何中心的最大绝对坐标变动为.000。当前迭代为2。初始中心之间的最小距离为40.912。

图11-9 迭代历史记录

最终聚类中心

	聚类			
	1	2	3	4
粮食	54.88	39.20	57.98	72.88
瓜果	2.58	1.90	.85	1.33
蔬菜	24.60	4.90	10.68	9.17
棉花	2.10	33.20	1.90	2.16
烟草	.50	.00	1.53	.71
油料	4.86	4.00	18.50	8.04
燃料	3.25	2.50	.18	.44

图11-10 最终聚类中心

图11-12给出了每一个实测所属的类和每个聚类中的个案数目。通过聚类分析我们可以看出,所有的实测按照与聚心的距离被分成了四类。

通过聚类分析的结果可以看出,所有的省市被分成了四类,第一类省市以蔬菜种植为主要特色,第二类省市以棉花种植为主要特色,第三类省市以油料种植为主要特色,第四类省市没有明显的特色种植。同时,图11-12给出了各个省市所处的分组,通过聚类分析可以清楚地区分各个省市的农业种植结构差异。

最终聚类中心之间的距离

聚类	1	2	3	4
1		40.038	20.075	24.123
2	40.038		39.807	46.238
3	20.075	39.807		18.302
4	24.123	46.238	18.302	

图11-11 最终聚类中心之间的距离

聚类成员

个案号	地区	聚类	距离
1	北京	1	12.555
2	天津	1	14.486
3	河北	4	6.867
4	山西	4	9.547
5	内蒙古	4	6.494
6	辽宁	4	11.799
7	吉林	4	15.078
8	黑龙江	4	15.290
9	上海	1	17.174
10	江苏	4	10.318
11	浙江	1	5.168
12	安徽	4	5.651
13	福建	1	5.132
14	江西	4	7.722
15	山东	4	13.561
16	河南	4	9.148
17	湖北	3	5.534
18	湖南	3	7.659
19	广东	1	3.879
20	广西	1	12.748
21	海南	1	5.633
22	重庆	4	3.997
23	四川	4	6.753
24	贵州	4	9.698
25	云南	4	9.264
26	西藏	4	3.808
27	陕西	4	5.109
28	甘肃	4	3.648
29	青海	4	15.933
30	宁夏	4	5.652
31	新疆	2	.000

每个聚类中的个案数目

聚类	1	8.000
	2	1.000
	3	4.000
	4	18.000
有效		31.000
缺失		.000

图11-12 聚类成员

11.3 分层聚类

11.3.1 分层聚类的基本原理

分层聚类也称系统聚类。其主要思想是，首先将每一个个体看作一类，然后将相近程度最高的两类进行合并组成一个新类，再将该新类与相似度最高的类进行合并，不断重复此过程，直到所有的个体都归为一类。

11.3.2 分层聚类的 SPSS 操作

（1）在菜单栏中选择"分析"|"分类"|"系统聚类"命令，打开如图 11-13 所示的"系统聚类分析"对话框。

（2）选择变量。从源变量列表框中选择参与分层聚类分析的目标变量，将选中的变量选入"变量"列表框中；从源变量列表框中选择属类变量，将选中的变量选入"个案标注依据"列表框中，如图 11-14 所示。

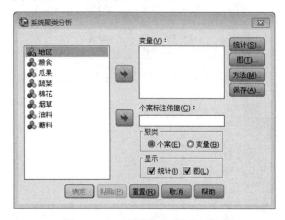

图 11-13 "系统聚类分析"对话框

图 11-14 系统聚类分析变量选择

（3）设置相应的选项。

① "聚类"选项组：该选项组用于设置分层聚类的方法，选中"个案"单选按钮，则进行 Q 型聚类；选中"变量"单选按钮，则进行 R 型聚类。

② "显示"选项组：该选项组用于设置输出的内容，选中"统计"复选框，系统将输出相关的统计量；选中"图"复选框，系统将输出聚类图形。

③ "统计"按钮。单击"统计"按钮，弹出如图 11-15 所示的"系统聚类分析：统计"对话框。

- "集中计划"复选框：选中该复选框表示输出每一步聚类过程中被合并的类及类间距离。
- "近似值矩阵"复选框：选中该复选框表示输出聚类中不同观测之间的距离矩阵。
- "聚类成员"选项组：该选项组用于设置聚类成员所属分类的输出。选中"无"单选按钮，则表示不输出聚类成员所属的分类；选中"单个解"单选按钮，则当聚类数等于用户指定的数量时系统输出聚类成员所属的分类；选中"解的范围"单选按钮，则当聚类数位于用户指定的范围内时系统输出聚类成员所属的分类。

④ "图"按钮。单击"图"按钮，弹出如图 11-16 所示的"系统聚类分析：图"对话框。

图 11-15 "系统聚类分析：统计"对话框　　图 11-16 "系统聚类分析：图"对话框

该对话框用于设置输出的聚类图形。

- "谱系图"复选框：该复选框表示输出聚类谱系图，聚类谱系图给出了类的合并与距离的相关信息。
- "冰柱图"选项组：该选项组用于设置输出的冰柱图的相关参数。选中"全部聚类"单选按钮，输出的冰柱图将包括聚类过程中每一步的信息；选中"指定范围内的聚类"单选按钮，系统输出的冰柱图则只包括用户指定范围的聚类数，用户可以在下方的文本框中输入聚类数的范围；选中"无"单选按钮，系统不输出冰柱图。

此外，用户还可以通过"方向"选项组来设置冰柱图的输出方向。

⑤ "方法"按钮。单击"方法"按钮，弹出如图 11-17 所示的"系统聚类分析：方法"对话框。该对话框用于设置聚类分析的相关方法。

- "聚类方法"下拉列表框：该下拉列表框中给出了聚类分析的不同方法，包括组间联接、组内联接、最近邻元素、最远邻元素、质心聚类、中位数聚类和瓦尔德法 7 种，用户可以根据数据的特征选择相应的方法。
- "测量"选项组：该选项组用于设置聚类分析中距离的计算方法，用户可以根据数据的类型选择相应的单选按钮。

图 11-17 "系统聚类分析：方法"对话框

　➤ "区间"单选按钮：用于一般的等间隔测量变量，其后的下拉列表框中提供了 8 种距离选项：欧氏距离、平方欧氏距离、余弦、皮尔逊相关性、切比雪夫、块、明可夫斯基和定制。除此之外，用户还可以利用"幂"和"根"文本框自定义距离。

- ➢ "计数"单选按钮：用于计数变量，其后的下拉列表框中给出了两种测量距离的方法：卡方测量和 Phi 平方测量。
- ➢ "二元"单选按钮：用于二值变量，用户可以在"存在"和"不存在"文本框中输入二值变量的参数特征，并在下拉列表框中选择相应的距离。
- ❏ "转换值"选项组：该选项组用于设置对数据进行标准化的方法，用户可以在"标准化"下拉列表框中选择相应的标准化方法。此外，用户还要根据进行的聚类类型选择"按变量"和"按个案"单选按钮："按变量"单选按钮用于 Q 型聚类，"按个案"单选按钮用于 R 型聚类。
- ❏ "转换测量"选项组：该选项组用于设置将计算得到的距离进行转换的方法。选中"绝对值"复选框，表示取距离的绝对值；选中"更改符号"复选框，表示交换当前的距离大小排序；选中"重新标度到 0-1 范围"复选框，表示将距离差按比例缩放到 0-1 的范围内。

⑥ "保存"按钮。单击"保存"按钮，弹出如图 11-18 所示的"系统聚类分析：保存"对话框。该对话框主要用于聚类信息的保存设置。

- ❏ "无"单选按钮：表示不保存聚类结果信息。
- ❏ "单个解"单选按钮：表示将某一步的聚类结果信息保存到新变量。
- ❏ "解的范围"单选按钮：表示将一定聚类步数范围内的聚类结果信息保存到新变量。

图 11-18 "系统聚类分析：保存"对话框

（4）分析结果输出。设置完毕后，单击"确定"按钮，即可在 SPSS Statistics 结果窗口得到分层聚类分析的结果。

11.3.3 实验操作

下面仍以数据文件"11-1"为例，讲解分层聚类分析的具体操作过程并对输出结果进行说明。

1．实验数据描述

数据文件"11-1"已经在 11.2.3 节中进行了详细描述，在此不再赘述。

2．实验操作步骤

步骤01 在菜单栏中选择"分析"|"分类"|"系统聚类"命令，弹出"系统聚类分析"对话框。

步骤02 从源变量列表框中选择"粮食""瓜果""蔬菜""棉花""烟草""油料"和"糖料"变量，然后单击 ▶ 按钮将其选入"变量"列表框中；从源变量列表框中选择"地区"变量，然后单击 ▶ 按钮将其选入"个案标注依据"列表框中。

步骤03 在"聚类"选项组中选中"个案"单选按钮。

步骤04 单击"图"按钮，弹出"系统聚类分析：图"对话框，选中"谱系图"单选按钮。

步骤05 单击"方法"按钮，弹出"系统聚类分析：方法"对话框，在"聚类方法"下拉列表框中选择"质心聚类"。

步骤 06 单击"确定"按钮，即可输出分层聚类分析的结果，如图 11-19 和图 11-20 所示。

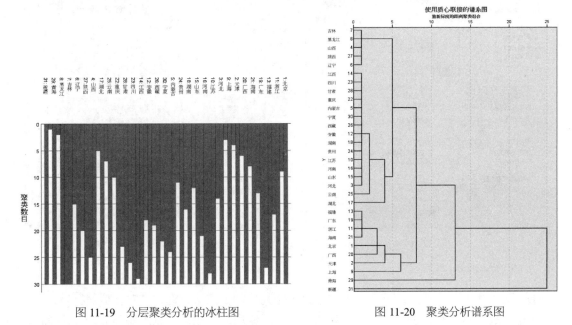

图 11-19 分层聚类分析的冰柱图　　　　图 11-20 聚类分析谱系图

分层聚类分析的冰柱图给出了各类之间的距离，从最后一行向前我们可以依次看出不同的聚类数量下的分类方式。聚类分析树形图给出了聚类每一次合并的情况。结合聚类分析树形图，建议分为四类：福建、广东、浙江、海南、北京、广西、天津、上海 8 个省市归为一类，经济作物在其种植中占较大比例；新疆自治区归为一类，棉花的种植在其种植结构中占据了重要的比重；青海省归为一类，其种植特征不明显；其他省市归为一类，粮食作物在其种植结构中占统治地位。通过聚类分析我们可以清楚地区分各个省市的农业种植结构差异。

11.4　二阶聚类分析

11.4.1　二阶聚类分析简介

二阶聚类分析主要包括两步：首先以距离为依据形成相应的聚类特征树结点从而构造聚类特征树，然后通过信息准则确定最优分组个数对各个结点进行分组。二阶聚类分析具有能够同时处理分类变量和连续变量、自动选择最优分类个数、大样本数据下表现优异的特点，在分析中具有广泛的应用。

11.4.2　二阶聚类分析的 SPSS 操作

（1）在菜单栏中选择"分析"|"分类"|"二阶聚类"命令，打开如图 11-21 所示的"二阶聚类分析"对话框。

（2）选择变量。从源变量列表框中选择参与聚类分析的目标变量，将选中的变量选入"连续变量"列表框中；从源变量列表框中选择属类变量，将选中的变量选入"分类变量"列表框中，如图 11-22 所示。

图 11-21　"二阶聚类分析"对话框　　　　图 11-22　二阶聚类分析的变量选择

（3）设置相应的选项。

①"距离测量"选项组：该选项组用于设置距离的测量方法，选中"对数似然"单选按钮，系统使用对数似然距离；选中"欧氏"单选按钮，则使用欧氏距离，欧氏距离的选择必须以所有变量皆是连续变量为前提。

②"聚类数目"选项组：该选项组用于设置聚类的数量，选中"自动确定"单选按钮，SPSS将自动选择最优的聚类数量，用户也可以选中"指定固定值"单选按钮自定义聚类的数量。

③"连续变量计数"选项组：该选项组显示对连续变量进行标准化处理的相关信息。对一个变量是否进行标准化处理的设置，本书会在后面做详细介绍。

④"聚类准则"选项组：该选项组用于设置确定最优聚类数量的准则，用户可以选择 AIC 或 BIC 准则。

⑤"选项"按钮。单击"选项"按钮，弹出如图 11-23 所示的"二阶聚类：选项"对话框。

- "离群值处理"选项组：该选项组用于设置当聚类特征（CF）树填满的情况下对离群值的处理方式。如果选中"使用噪声处理"复选框，系统会将离群值合并为一个单独的"噪声"叶，然后重新执行聚类特征（CF）树的生长过程。用户可以在"百分比"文本框中设置离群值的判定标准。

- "内存分配"选项组：该选项组用于设置聚类过程中所占用的最大内存数量，溢出的数据将调用硬盘作为缓存来进行存储。

- "连续变量标准化"选项组：该选项组用于设置一个变量是否进行标准化处理。用户可以选择那些已经是或是假定为标准化的变量，单击 按钮将其选入"假定标准化计数"列表框中，表示不再对它们进行标准化处理，以节省处理时间。

- "高级"按钮：单击该按钮会展开高级选项，主要用于设置聚类特征数的调整准则。

⑥"输出"按钮。单击"输出"按钮，打开如图 11-24 所示的"二阶聚类：输出"对话框。该对话框用于设置两阶段聚类的输出选项。

- “输出”选项组：该选项组用于用于保存输出结果，用户可选择以“透视表”形式或者“图表和表”形式保存输出结果。
- “工作数据文件”选项组：该选项组用于保存结果的设置，如选中“创建聚类成员变量”复选框，聚类结果将作为变量保存。
- “XML 文件”选项组：用户可以通过设置该选项组，以 XML 文件的格式输出最终聚类模型和聚类特征（CF）树。

（4）分析结果输出。设置完毕后，单击“确定”按钮，即可在 SPSS Statistics 结果窗口得到两阶段聚类分析的结果。

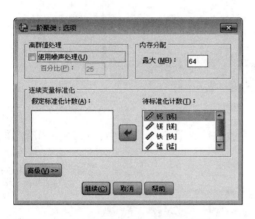

图 11-23　“二阶聚类：选项”对话框

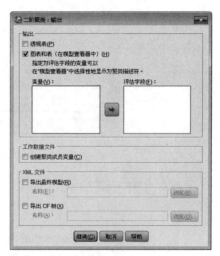

图 11-24　“二阶聚类：输出”对话框

11.4.3　实验操作

下面以数据文件“11-2”为例，讲解二阶聚类分析的具体操作过程并对输出结果进行说明。

1. 实验数据描述

数据文件“11-2”是某地水资源调查的结果，调查人员选取了 14 处饮水泉和 15 处饮水井，化验了水中钙、镁、铁、锰、铜的含量。本实验采用二阶聚类方法分析该地区水源的特征。本实验的原始数据如图 11-25 所示。

	A	B	C	D	E	F	G
1	水源类型	钙（毫克）	镁（毫克）	铁（毫克）	锰（毫克）	铜（毫克）	
2	泉水	54.89	30.86	448.7	0.012	1.01	
3	泉水	72.49	42.61	467.3	0.008	1.64	
4	泉水	53.81	52.86	425.6	0.004	1.22	
5	泉水	64.74	39.18	469.8	0.005	1.22	
6	泉水	58.80	37.67	456.6	0.012	1.01	
7	泉水	43.67	26.18	395.8	0.001	0.59	
8	泉水	54.89	30.86	448.7	0.012	1.01	
9	泉水	86.12	43.79	440.1	0.017	1.77	
10	泉水	60.35	38.20	394.4	0.001	1.14	
11	泉水	54.04	34.23	405.6	0.008	1.30	
12	泉水	61.23	37.35	446.0	0.022	1.38	
13	泉水	60.17	33.67	383.2	0.001	0.91	

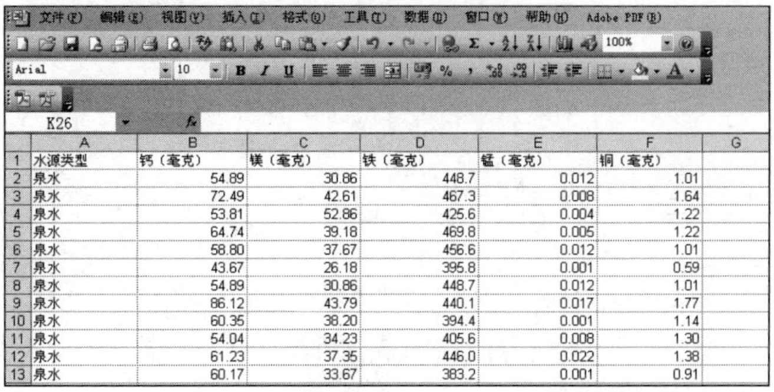

图 11-25　数据文件“11-2”的原始数据

在 SPSS 的变量视图中建立"水源类型"变量，表示取水来源的类型，建立"钙""镁""铁""锰"和"铜"变量，表示各种元素的含量，其中"水源类型"变量分别用"1、2"代表"泉水、井水"，如图 11-26 所示。

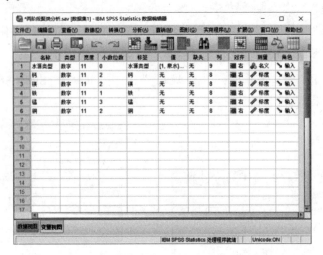

图 11-26　数据文件"11-2"的变量视图

在 SPSS 活动数据文件的数据视图中，把相关数据输入到各个变量中，输入完毕后的部分数据如图 11-27 所示。

图 11-27　数据文件"11-2"的数据视图

2. 实验操作步骤

步骤01　在菜单栏中选择"分析"|"分类"|"二阶聚类"命令，打开"二阶聚类分析"对话框。

步骤02　从源变量列表框中选择"钙""镁""铁""锰"和"铜"变量，单击 按钮将其选入"连续变量"列表框中；从源变量列表框中选择"水源类型"变量，将其选入"分类变量"列表框中。

步骤 03　单击"输出"按钮，打开"二阶聚类：输出"对话框，选中"创建聚类成员变量"复选框，单击"继续"按钮。

步骤 04　单击"确定"按钮，即可输出二阶聚类分析的结果。

3. 实验结果分析

图 11-28 给出了两阶段聚类的模型概要，我们发现根据 BIC 准则，样本被聚成了两类。与此同时，在原始数据中保存了具体的样本聚类结果，如图 11-29 所示。

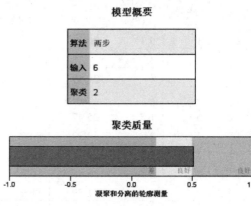

图 11-28　信息准则输出

图 11-29　聚类分布

通过聚类分析我们可以看出，该地区的水源按照元素含量主要可以分为两大类型，第二类水源的各种元素的含量均低于第一类。也就是说，泉水全部属于第一类，井水全部属于第二类，由此可见，水中微量元素的差异主要与水源类型有关。

11.5　上　机　题

11.1　为了更加深入地了解我国人口的文化程度状况，现采集 2000 年全国人口普查数据中人口文化程度的数据。观测选用了三个指标：①大学以上文化程度的人口占全部人口的比例（DXBZ）；②初中文化程度的人口占全部人口的比例（CZBZ）；③文盲半文盲人口占全部人口的比例（WMBZ），分别用来反映较高、中等、较低文化程度人口的状况，观测数据如下表所示。（数据路径：sample\上机题\chap11\习题\第 11 章第一题.sav）

地区	序号	DXBZ(%)	CZBZ(%)	WMBZ(%)	地区	序号	DXBZ(%)	CZBZ(%)	WMBZ(%)
北京	1	9.3	30.55	8.7	河南	16	0.9	26.55	16.2
天津	2	4.7	29.38	8.9	河北	17	1.6	23.16	15.8
河北	3	1	24.69	15.2	湖南	18	1.1	22.57	12.1
山西	4	1.4	29.24	11.3	广东	19	1.3	23.04	10.5
内蒙	5	1.5	25.47	15.4	广西	20	0.8	19.14	10.6
辽宁	6	2.6	32.32	8.8	海南	21	1.2	22.53	14
吉林	7	2.2	26.31	10.5	四川	22	1	21.65	16.2
黑龙江	8	2.1	28.46	10.9	贵州	23	0.8	14.65	24.3
上海	9	6.5	31.59	11	云南	24	0.8	13.85	25.4
江苏	10	1.5	26.43	17.2	西藏	25	0.6	3.85	44.4
浙江	11	1.2	23.74	17.5	陕西	26	1.7	24.36	17.6
安徽	12	0.9	19.97	24.4	甘肃	27	1.1	16.85	27.9
福建	13	1.2	16.87	15.6	青海	28	1.5	17.76	27.7
江西	14	1	18.84	16.2	宁夏	29	1.6	20.27	22.1
山东	15	1	25.18	16.9	新疆	30	1.9	20.66	12.8

为了科学评价各地区人口文化状况，以便为教育文化投资的流向和政策的制定提供合理的依据，我们需要对各省区进行分类，试采用系统聚类法对我国人口文化状况进行聚类分析。

11.2 某地教育部门对十五所中学的师资力量、硬件条件和生源质量进行了调查，并给出了相应的得分，数据如下表所示。（数据路径：sample\上机题\chap11\习题\第 11 章第二题.sav）

师资力量得分	硬件条件得分	生源情况得分	序号	师资力量得分	硬件条件得分	生源情况得分	序号
98.82	85.49	93.18	1	81.82	88.45	97.9	9
85.37	79.1	99.65	2	73.13	82.94	92.12	10
89.64	80.64	96.94	3	86.19	83.55	93.9	11
73.08	86.82	98.7	4	72.48	78.12	72.38	12
78.73	80.44	97.61	5	58.81	86.2	83.46	13
103.44	80.4	93.75	6	72.48	84.87	84.09	14
91.99	80.77	93.93	7	90.56	82.07	87.15	15
87.5	82.5	84.1	8				

该地教育局希望推动不同层次的学校之间教师的交流，我们希望对十五所学校进行分类，确定其所属的层次，试用分层聚类方法，对这十五所中学进行分类。

11.3 某整形医院外科收集了 300 例耳缺损病例的外形测量数据，部分数据如下表所示。（数据路径：sample\上机题\chap11\习题\第 11 章第三题.sav）

耳廓（mm）	耳蜗（mm）	耳垂（mm）	耳廓（mm）	耳蜗（mm）	耳垂（mm）
6.6	3.5	1.9	6.2	3.4	2.5
5.9	3	2.1	6.2	3	2

（续表）

耳廓（mm）	耳蜗（mm）	耳垂（mm）	耳廓（mm）	耳蜗（mm）	耳垂（mm）
6	3.4	2.1	6.6	3.2	2.2
6.6	3	2.1	5.4	3.1	1.5
6.6	3.2	2.2	6.9	3	2
5.5	3	1.8	5.9	2.9	1.8
5.7	3	1.8	7.1	3.2	1.7
6	3.4	1.7	7.3	3.8	2.2
5.9	3.1	2.1	6.2	3.4	1.6
6.5	3.5	2.2	5.1	2.7	1.8
5.8	3.2	1.7	5.6	2.9	1.7
5.7	2.8	2	6.2	2.8	1.5
5.5	3	2	7.4	3	2.6
7.6	3.5	2.1	6.3	2.6	1.9
6.7	3.2	2.1			

试根据这些数据生成 4 类标准耳型以便用于整形分析（数据源于《医学统计学与电脑实验》方积乾主编）。

第 12 章　判别分析

判别分析是在分类数目已知的情况下,根据已经确定分类的对象的某些观测指标和所属类别来判断未知对象所属类别的一种统计学方法。与聚类分析有所不同的是,判别分析法首先需要对所研究对象进行分类,进一步选择若干对观测对象能够较全面描述的变量,然后按照一定的判别准则,建立一个或多个判别函数,利用研究对象的大量资料确定判别函数中的待定系数,并计算判别指标。对一个未确定类别的个案只要将其代入判别函数就可以判断它属于哪一类总体。

12.1　一般判别分析

与聚类分析不同,判别分析是在分组已知的前提下,根据相应的指标对不知类别的观测量进行分类。

12.1.1　一般判别分析简介

一般判别分析是在已知分类的前提下,对未知分类的观测量归入已有分类的一种多元统计分析方法。判别分析法的思路如下:首先建立判别函数;然后通过已知所属分类的观测量确定判别函数中的待定系数;最后通过该判别函数对未知分类的观测量进行归类。常用的判别分析方法有距离判别法、费舍尔判别法和贝叶斯判别法。

费舍尔判别法利用投影的方法使多维问题简化为一维问题来处理。其通过建立线性判别函数计算出各个观测量在各典型变量维度上的坐标并得出样本距离各个类中心的距离,以此作为分类依据。贝叶斯判别法通过计算待判定样品属于每个总体的条件概率并将样本归为条件概率最大的组。其主要思想:首先利用样本所属分类的先验概率通过贝叶斯法则求出样本所属分类后验概率,并依据该后验概率分布作出统计推断。距离判别思想是根据各样品与各母体之间的距离远近作出判别的。其通过建立关于各母体的距离判别函数式,得出各样品与各母体之间的距离值,判别样品属于距离值最小的那个母体。

12.1.2　一般判别分析的 SPSS 操作

(1)在菜单栏中选择"分析"|"分类"|"判别式"命令,打开如图 12-1 所示的"判别分析"对话框。

(2)选择变量。从源变量列表框中选择参与判别分析的目标变量,然后单击 ▶ 按钮将选中的变量选入"自变量"列表框中;从源变量列表框中选择分类变量,然后单击 ▶ 按钮将选中的变量选入"分组变量"列表框中;对于选入"选择变量"列表框中的变量,用户可以单击"值"按钮输入相应的数值,系统将只对含有此观测值的变量进行分析,如图 12-2 所示。

第 12 章 判别分析

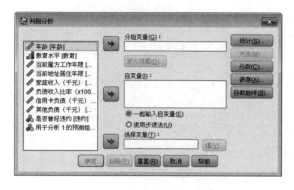

图 12-1 "判别分析"对话框

图 12-2 判别分析变量选择

"自变量"列表框下的"一起输入自变量"和"使用步进法"两个单选按钮用来决定判别分析的类型，如使用一般判别分析，则选中"一起输入自变量"单选按钮。

（3）设置相应的选项。

① "定义范围"按钮。当分类变量选择完毕后，该按钮被激活。单击"定义范围"按钮，弹出如图 12-3 所示的"判别分析：定义范围"对话框。该对话框用于确定分类变量的范围，用户需要在"最小值"和"最大值"文本框中输入相应的范围。

② "统计"按钮。单击"统计"按钮，弹出如图 12-4 所示的"判别分析：统计"对话框。

图 12-3 "判别分析：定义范围"对话框

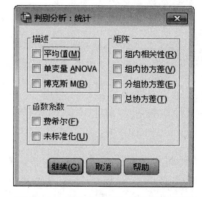

图 12-4 "判别分析：统计"对话框

- "描述"选项组：该选项组用于进行描述性统计量的输出设置。选中"平均值"复选框，系统将输出各变量的均值与方差；选中"单变量 ANOVA"复选框，系统将输出单变量方差分析的结果；选中"博克斯 M"复选框，系统将输出对组协方差矩阵的等同性检验的检验结果。
- "函数系数"选项组：该选项组用于设置判别函数系数的输出。选中"费希尔"复选框，系统将输出分类的费希尔分类函数系数；选中"未标准化"复选框，系统将输出未经标准化处理的判别函数系数。
- "矩阵"选项组：该选项组用于设置自变量系数矩阵的输出，用户可以选择相应的复选框以输出组内相关性、组内协方差、分组协方差和总协方差。

③ "方法"按钮。只有选择"使用步进法"进行逐步判别分析时,该按钮才会被激活,故本书此处对该按钮功能不作相关介绍。

④ "分类"按钮。单击"分类"按钮,弹出如图12-5所示的"判别分析:分类"对话框。

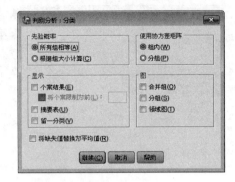

图 12-5 "判别分析:分类"对话框

- "先验概率"选项组:该选项组用于设置各组的先验概率。选中"所有组相等"单选按钮,表示各组的先验概率相等;选中"根据组大小计算"单选按钮,表示各组先验概率与各组的样本容量成正比。
- "显示"选项组:该选项组用于设置输出的内容。选中"个案结果"复选框,表示输出每个观测的预测组、实际组、后验概率和判别得分;选中"摘要表"复选框,则表示输出正确分类与错误分类观测数及错分率;选中"留一分类"复选框,则表示使用除去该观测值后的其他所有的观测值生成的判别函数来进行分类。
- "使用协方差矩阵"选项组:该选项组用于设置分类时使用的协方差矩阵。用户可以选择使用组内协方差矩阵或分组协方差矩阵进行分类。
- "图"选项组:该选项组用于设置输出的统计图形。选中"合并组"复选框,表示根据前两个判别函数的函数值生成一张包含各类的散点图;选中"分组"复选框,表示根据前两个判别函数的函数值对每一类分别生成一张散点图;选中"领域图"复选框,表示生成一张根据判别函数的值将观测量分到相应分组的边界图。
- "将缺失值替换为平均值"复选框:该复选框用于设置缺失值的处理方式。选中该复选框,表示使用变量的均值替代该变量的缺失值。

⑤ "保存"按钮。单击"保存"按钮,弹出如图12-6所示的"判别分析:保存"对话框。

- "预测组成员"复选框:选中该复选框,表示将依据判别函数值预测的某一观测所属的分类信息作为一个新变量保存。
- "判别得分"复选框:选中该复选框,表示将判别得分作为新变量保存。
- "组成员概率"复选框:选中该复选框,表示将观测属于某一组的概率作为新变量保存。

图 12-6 "判别分析:保存"对话框

- "将模型信息导出到 XML 文件"文本框:该文本框用于将模型信息输出到指定的 XML 文件。用户可以在该文本框中输入该 XML 文件的路径。

(4)分析结果输出。设置完毕后,单击"确定"按钮,即可在 SPSS Statistics 结果窗口得到一般判别分析的结果。

12.1.3　实验操作

下面以数据文件“12-1”为例，讲解一般判别分析的具体操作过程并对输出结果进行说明。

1. 实验数据描述

数据文件“12-1”来源于 SPSS 自带的数据文件“Bank_loan”，该数据文件记录了 850 位过去和潜在客户的收入和贷款等信息。前 700 个个案是以前曾获得贷款的客户。剩下的 150 个个案是潜在客户，获贷款的客户被分为违约和未违约两类，本实验将使用判别分析方法来分析潜在客户的贷款风险。本数据文件的原始 Excel 数据如图 12-7 所示。

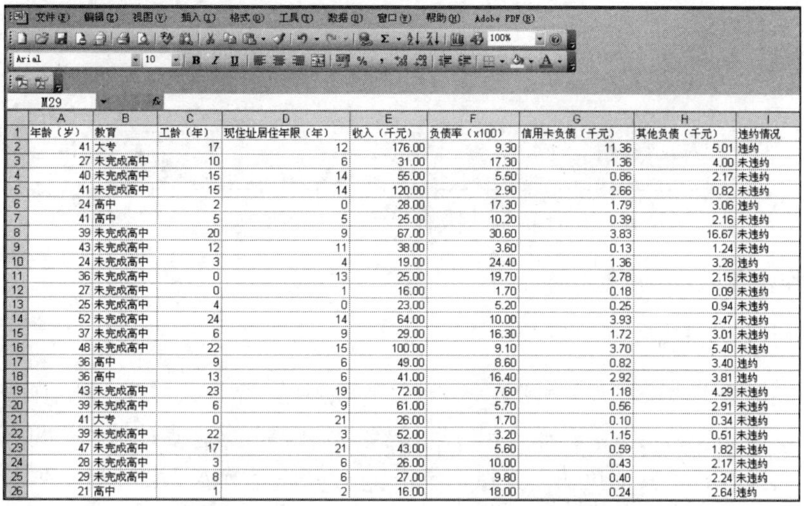

	A	B	C	D	E	F	G	H	I
1	年龄（岁）	教育	工龄（年）	现住址居住年限（年）	收入（千元）	负债率（x100）	信用卡负债（千元）	其他负债（千元）	违约情况
2	41	大专	17	12	176.00	9.30	11.36	5.01	违约
3	27	未完成高中	10	6	31.00	17.30	1.36	4.00	未违约
4	40	未完成高中	15	14	55.00	5.50	0.86	2.17	未违约
5	41	未完成高中	15	14	120.00	2.90	2.66	0.82	未违约
6	24	高中	2	0	28.00	17.30	1.79	3.06	违约
7	41	高中	5	5	25.00	10.20	0.39	2.16	未违约
8	39	未完成高中	20	9	67.00	30.60	3.83	16.67	未违约
9	43	未完成高中	12	11	38.00	3.60	0.13	1.24	未违约
10	24	未完成高中	3	4	19.00	24.40	1.36	3.28	违约
11	36	未完成高中	0	13	25.00	19.70	2.78	2.15	未违约
12	27	未完成高中	0	1	16.00	1.70	0.18	0.09	未违约
13	25	未完成高中	4	0	23.00	5.20	0.25	0.94	未违约
14	52	未完成高中	24	14	64.00	10.00	3.93	2.47	未违约
15	37	未完成高中	6	9	29.00	16.30	1.72	3.01	未违约
16	48	未完成高中	22	15	100.00	9.10	3.70	5.40	未违约
17	36	高中	9	6	49.00	8.60	0.82	3.40	违约
18	36	高中	13	6	41.00	16.40	2.92	3.81	违约
19	43	未完成高中	23	19	72.00	7.60	1.18	4.29	未违约
20	39	未完成高中	6	9	61.00	5.70	0.56	2.91	未违约
21	41	大专	0	21	26.00	1.70	0.10	0.34	未违约
22	39	未完成高中	22	3	52.00	3.20	1.15	0.51	未违约
23	47	未完成高中	17	21	43.00	5.60	0.59	1.82	未违约
24	28	未完成高中	3	6	26.00	10.00	0.43	2.17	未违约
25	29	未完成高中	8	6	27.00	9.80	0.40	2.24	未违约
26	21	高中	1	2	16.00	18.00	0.24	2.64	违约

图 12-7　数据文件“12-1”的原始数据

首先在 SPSS 变量视图中建立变量“年龄”“教育”“工龄”“地址”“收入”“负债率”“信用卡负债”“其他负债”和“违约”，分别用来表示客户年龄、受教育程度、工龄、当前地址居住时间、家庭收入、负债收入比率、信用卡负债、其他负债和是否曾经违约。其中，“受教育程度”变量中使用数值“1、2、3、4、5”分别表示“未完成高中”“高中”“大专”“大学”和“研究生”“违约”变量用“1、0”分别表示“曾违约”和“未曾违约”，如图 12-8 所示。

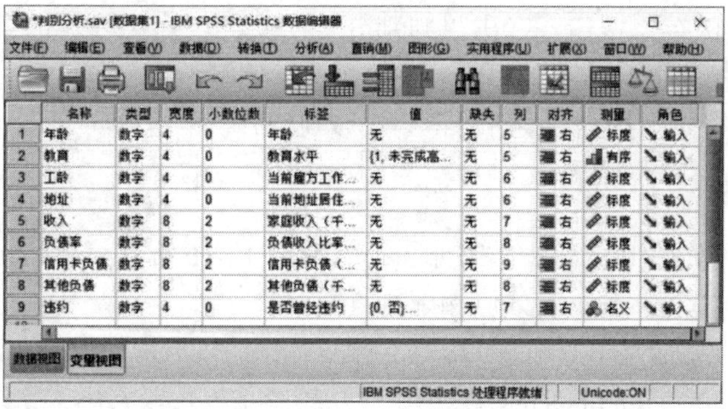

	名称	类型	宽度	小数位数	标签	值	缺失	列	对齐	测量	角色
1	年龄	数字	4	0	年龄	无	无	5	右	标度	输入
2	教育	数字	4	0	教育水平	{1, 未完成高...	无	5	右	有序	输入
3	工龄	数字	4	0	当前雇方工作...	无	无	6	右	标度	输入
4	地址	数字	4	0	当前地址居住...	无	无	6	右	标度	输入
5	收入	数字	8	2	家庭收入（千...	无	无	7	右	标度	输入
6	负债率	数字	8	2	负债收入比率...	无	无	8	右	标度	输入
7	信用卡负债	数字	8	2	信用卡负债（...	无	无	9	右	标度	输入
8	其他负债	数字	8	2	其他负债（千...	无	无	8	右	标度	输入
9	违约	数字	4	0	是否曾经违约	{0, 否}...	无	7	右	名义	输入

图 12-8　数据文件“12-1”的变量视图

然后在 SPSS 活动数据文件的数据视图中，把相关数据输入到各个变量中，输入完毕后的部分数据如图 12-9 所示。

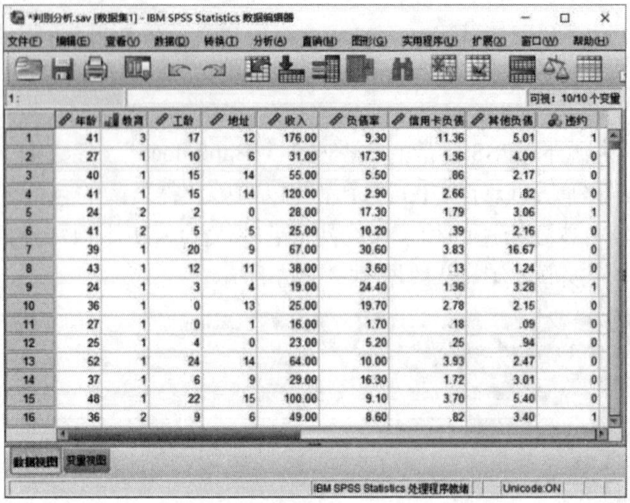

	年龄	教育	工龄	地址	收入	负债率	信用卡负债	其他负债	违约
1	41	3	17	12	176.00	9.30	11.36	5.01	1
2	27	1	10	6	31.00	17.30	1.36	4.00	0
3	40	1	15	14	55.00	5.50	.86	2.17	0
4	41	1	15	14	120.00	2.90	2.66	.82	0
5	24	2	2	0	28.00	17.30	1.79	3.06	1
6	41	2	5	5	25.00	10.20	.39	2.16	0
7	39	1	20	9	67.00	30.60	3.83	16.67	0
8	43	1	12	11	38.00	3.60	.13	1.24	0
9	24	1	3	4	19.00	24.40	1.36	3.28	1
10	36	1	0	13	25.00	19.70	2.78	2.15	0
11	27	1	0	1	16.00	1.70	.18	.09	0
12	25	1	4	0	23.00	5.20	.25	.94	0
13	52	1	24	14	64.00	10.00	3.93	2.47	0
14	37	1	6	9	29.00	16.30	1.72	3.01	0
15	48	1	22	15	100.00	9.10	3.70	5.40	0
16	36	2	9	6	49.00	8.60	.82	3.40	1

图 12-9　数据文件“12-1”的数据视图

2. 实验操作步骤

实验的具体操作步骤如下：

步骤 01　在菜单栏中选择“分析”|“分类”|“判别式”命令，打开“判别分析”对话框。

步骤 02　从源变量列表框中选择“年龄”“教育”“工龄”“地址”“收入”“负债率”“信用卡负债”和“其他负债”变量，单击➡按钮将其选入“自变量”列表框中；从源变量列表框中选择“违约”变量，将其选入“分组变量”列表框中。

步骤 03　单击“定义范围”按钮，弹出“判别分析：定义范围”对话框，在该对话框中输入违约变量的取值范围 0~1，单击“继续”按钮。

步骤 04　单击“统计”按钮，弹出“判别分析：统计”对话框，选中“平均值”复选框，单击“继续”按钮。

步骤 05　单击“分类”按钮，弹出“判别分析：分类”对话框，选中“领域图”复选框，单击“继续”按钮。

步骤 06　单击“保存”按钮，弹出“判别分析：保存”对话框，选中“预测组成员”复选框，单击“继续”按钮。

步骤 07　单击“确定”按钮，便可以得到一般判别分析的结果。

3. 实验结果及分析

SPSS Statistics 查看器窗口的输出结果如图 12-10~图 12-16 所示。

图 12-10 给出了样本个案数、有效值和排除值的相关信息。

图 12-11 给出了各组和所有观测的平均值、标准差和加权与未加权的有效值。

图 12-12 给出了威尔克 Lambda 的检验结果。从检验结果可以看出，引入的变量对提高分类精度是有作用的。

第 12 章 判别分析

分析个案处理摘要

未加权个案数		个案数	百分比
有效		700	82.4
排除	缺失或超出范围组代码	150	17.6
	至少一个缺失判别变量	0	.0
	既包括缺失或超出范围组代码，也包括至少一个缺失判别变量	0	.0
	总计	150	17.6
总计		850	100.0

图 12-10　个案处理摘要

组统计

是否曾经违约		平均值	标准差	有效个案数（或和）	
				未加权	加权
否	年龄	35.5145	7.70774	517	517.000
	教育水平	1.6596	.90443	517	517.000
	当前雇方工作年限	9.5087	6.66374	517	517.000
	当前地址居住年限	8.9458	7.00062	517	517.000
	家庭收入（千元）	47.1547	34.22015	517	517.000
	负债收入比率（x100）	8.6793	5.61520	517	517.000
	信用卡负债（千元）	1.2455	1.42231	517	517.000
	其他负债（千元）	2.7734	2.81394	517	517.000
是	年龄	33.0109	8.51759	183	183.000
	教育水平	1.9016	.97279	183	183.000
	当前雇方工作年限	5.2240	5.54295	183	183.000
	当前地址居住年限	6.3934	5.92521	183	183.000
	家庭收入（千元）	41.2131	43.11553	183	183.000
	负债收入比率（x100）	14.7279	7.90280	183	183.000
	信用卡负债（千元）	2.4239	3.23252	183	183.000
	其他负债（千元）	3.8628	4.26368	183	183.000
总计	年龄	34.8600	7.99734	700	700.000
	教育水平	1.7229	.92821	700	700.000
	当前雇方工作年限	8.3896	6.65804	700	700.000
	当前地址居住年限	8.2786	6.82488	700	700.000
	家庭收入（千元）	45.6014	36.81423	700	700.000
	负债收入比率（x100）	10.2606	6.82723	700	700.000
	信用卡负债（千元）	1.5536	2.11720	700	700.000
	其他负债（千元）	3.0582	3.28755	700	700.000

图 12-11　组统计量

特征值

函数	特征值	方差百分比	累计百分比	典型相关性
1	.405[a]	100.0	100.0	.537

a. 在分析中使用了前 1 个典则判别函数。

威尔克 Lambda

函数检验	威尔克 Lambda	卡方	自由度	显著性
1	.712	236.117	8	.000

图 12-12　威尔克 Lambda 检验结果

图 12-13 给出了判别函数的系数与结构矩阵，从图中可以看出，所有变量均在判别分析中使用。

标准化典则判别函数系数

	函数 1
年龄	.122
教育水平	.072
当前雇方工作年限	-.794
当前地址居住年限	-.313
家庭收入（千元）	.179
负债收入比率（x100）	.604
信用卡负债（千元）	.568
其他负债（千元）	-.186

结构矩阵

	函数 1
负债收入比率（x100）	.664
当前雇方工作年限	-.463
信用卡负债（千元）	.397
当前地址居住年限	-.262
其他负债（千元）	.231
年龄	-.218
教育水平	.181
家庭收入（千元）	-.112

判别变量与标准化典则判别函数之间的汇聚组内相关性
变量按函数内相关性的绝对大小排序。

图 12-13　判别函数系数与结构矩阵

图 12-14 给出了组质心处的判别函数值。图 12-15 给出了两个组的先验概率。

组质心处的函数

是否曾经违约	函数 1
否	-.378
是	1.068

按组平均值进行求值的未标准化典则判别函数

图 12-14　组质心处函数值

组的先验概率

是否曾经违约	先验	在分析中使用的个案	
		未加权	加权
否	.500	517	517.000
是	.500	183	183.000
总计	1.000	700	700.000

图 12-15　组的先验概率

预测的分组结果作为新的变量被保存，从图中可以看出，这 150 位潜在客户所处的信用等级分组，还可以看出 SPSS 对未分类观测进行的分类，分类被保存在"Dis_1"变量中，"1"表示违约，"0"表示未违约，这与我们在建立变量时的设置是一致的，如图 12-16 所示。

图 12-16　对未分类观测进行的分组

12.2　逐步判别分析

12.2.1　逐步判别分析简介

逐步判别分析分为两步，首先根据自变量和因变量的相关性对自变量进行筛选，然后使用选定的变量进行判别分析。逐步判别分析是在判别分析的基础上采用有进有出的办法，把判别能力强的变量引入判别式的同时，将判别能力最差的变量剔除。最终在判别式中只保留数量不多而判别能力强的变量。

12.2.2　逐步判别分析的 SPSS 操作

（1）在菜单栏中选择"分析"|"分类"|"判别式"命令，打开如图 12-17 所示的"判别分析"对话框。

（2）选择变量。从源变量列表框中选择参与判别分析的目标变量，然后单击 按钮将选中的变量选入"自变量"列表框中；从源变量列表框中选择分类变量，然后单击 按钮将选中的变量选入"分组变量"列表框中，并选中"使用步进法"单选按钮，以使用逐步判别分析，如图 12-18 所示。

（3）进行相应的设置。

① "定义范围"按钮。当分类变量选择完毕后，"定义范围"按钮被激活。单击该按钮，弹出"判别分析：定义范围"对话框，该对话框的用途与设置方法与一般判别分析相同，读者可以参考 12.1.2 节，在此不再赘述。

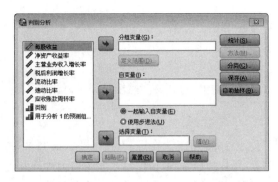
图 12-17 "判别分析"对话框

图 12-18 选择使用逐步判别分析方法

② "统计"按钮。单击该按钮,弹出"判别分析:统计"对话框,该对话框的用途与设置方法与一般判别分析相同,读者可以参考 12.1.2 节,在此不再赘述。

③ "方法"按钮。单击该按钮,弹出如图 12-19 所示的"判别分析:步进法"对话框。

- "方法"选项组:该选项用于设置进行判别分析时对变量分类所使用的方法。
  - "威尔克 Lambda"单选按钮:表示输入使总体的威尔克 lambda 统计量最小的变量。

图 12-19 "判别分析:步进法"对话框

  - "未解释方差"单选按钮:表示输入使组间未解释变动的总和最小的变量。
  - "马氏距离"单选按钮:表示输入使最靠近的两类间的马氏距离最大的变量。
  - "最小 F 比"单选按钮:表示输入能使任何两类间的最小 F 值最大的变量。
  - "拉奥 V"单选按钮:表示输入使拉奥 V 增加最大的变量。
- "条件"选项组:该选项组用于设置保留或剔除变量的准则。
  - "使用 F 值"单选按钮:选中该单选按钮,系统将使用 F 值作为保留或剔除变量的标准。当 F 值大于进入值时,变量就会进入模型,当 F 值小于删除值时,该变量就会被删除,用户可以通过"进入"和"除去"文本框设置相应的标准。
  - "使用 F 的概率"单选按钮:选中该单选按钮,系统将使用 F 值的概率作为保留或除去变量的标准。
- "显示"选项组:该选项组用于设置显示内容。选中"步骤摘要"复选框,系统将输出逐步判别中每一步的相应统计量;选中"成对距离的 F"复选框,系统将输出每两类别间的 F 比率矩阵。

④ "分类"按钮。单击"分类"按钮,弹出"判别分析:分类"对话框,该对话框的用途与设置方法与一般判别分析相同,读者可以参考 12.1.2 节,在此不再赘述。

⑤ "保存"按钮。单击"保存"按钮,弹出"判别分析:保存"对话框,该对话框的用途与设置方法与一般判别分析相同,读者可以参考 12.1.2 节,在此不再赘述。

（4）设置完毕后，单击“确定”按钮，即可在 SPSS Statistics 结果窗口得到逐步判别分析的结果。

12.2.3　实验操作

下面以数据文件“12-2”为例，讲解逐步判别分析的具体操作过程并对输出结果进行说明。

1. 实验数据描述

数据文件“12-2”来源于北京大学出版社出版的《应用多元统计分析》（高惠璇，2005），该数据文件记录了 21 家上市公司的财务数据，这 21 家公司被分为投资价值高、投资价值中等和投资价值低三类，本实验将利用逐步判别分析方法对公司的投资价值进行分析。本数据文件的原始 Excel 数据如图 12-20 所示。

	A	B	C	D	E	F	G	H	I
1	股票简称	每股收益（元）	净资产收益率	主营业务收入增长率	税后利润增长率	流动比率	速动比率	应收账款周转率	类别
2	茅台	2.37	0.22	0.31	0.36	2.08	1.44	104.86	股票投资价值高
3	双汇发展	0.72	0.21	0.34	0.24	1.36	0.59	152.49	股票投资价值高
4	五粮液	0.29	0.11	0.02	-0.04	1.85	1.2	2277.27	股票投资价值高
5	丰原生化	0.14	0.06	0.48	0.37	0.52	0.3	14.93	股票投资价值高
6	伊利股份	0.75	0.13	0.39	0.23	1.09	0.78	80.23	股票投资价值高
7	青岛啤酒	0.23	0.06	0.16	0.09	0.83	0.46	75.77	股票投资价值高
8	泸州老窖	0.05	0.03	0.14	0.02	1.61	0.52	36.3	股票投资价值高
9	燕京啤酒	0.27	0.06	0.14	0.02	1.26	0.59	41.29	股票投资价值高
10	南方糖业	0.13	0.04	-0.03	-0.71	0.53	0.41	8.54	股票投资价值中等
11	通化葡萄	0.01	0	0.75	-1.01	3.88	2.58	0.5	股票投资价值中等
12	莫高股份	0.04	0.01	-0.08	-0.72	1.77	1.07	3.44	股票投资价值中等
13	皇台股份	0.03	0.01	0.02	-0.45	1.14	0.63	2.12	股票投资价值中等
14	莲花味精	0.01	0.01	0.4	1.11	1.26	1.13	1.86	股票投资价值中等
15	维维股份	0.14	0.06	0.29	0.01	1.32	1.06	13.23	股票投资价值中等
16	健特生物	0.12	0.08	0.79	-0.62	2.36	2.21	4.66	股票投资价值中等
17	哈高科	0.03	0.01	-0.09	1.32	1.59	1.1	2.71	股票投资价值中等
18	ST大江	-0.32	-1.29	-0.3	-0.01	0.75	0.28	14.14	股票投资价值中等
19	ST屯河	-0.9	-1.06	0.24	0.08	0.55	0.22	6.35	股票投资价值低
20	ST三元	-0.1	-0.08	-0.05	-0.51	1.11	0.94	8.5	股票投资价值低
21	ST陈香	-0.11	-0.37	0.06	-9.21	0.52	0.35	4.68	股票投资价值低
22	ST春都	-0.33	-1.19	-0.22	-0.37	0.5	0.38	4.71	股票投资价值低

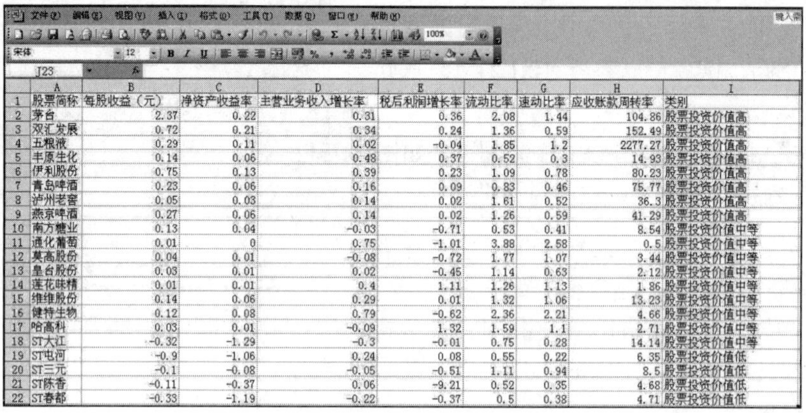

图 12-20　数据文件“12-2”的原始数据

首先在 SPSS 变量视图中建立变量“股票简称”“每股收益”“净资产收益率”“主营业务收入增长率”“税后利润增长率”“流动比率”“速动比率”“应收账款周转率”和“类别”，分别用来表示公司及其财务状况和投资价值分类，如图 12-21 所示。其中，“类别”变量中使用数值“1、2、3”分别表示“股票投资价值高”“股票投资价值中等”和“股票投资价值低”。

	名称	类型	宽度	小数位数	标签	值	缺失	列	对齐	测量	角色
1	股票简称	字符串	12	0		无	无	8	左	名义	输入
2	每股收益	数字	8	2		无	无	5	右	标度	输入
3	净资产收益率	数字	8	2		无	无	6	右	标度	输入
4	主营业务收入增长率	数字	8	2		无	无	9	右	标度	输入
5	税后利润增长率	数字	8	2		无	无	8	右	标度	输入
6	流动比率	数字	8	2		无	无	5	右	标度	输入
7	速动比率	数字	8	2		无	无	5	右	标度	输入
8	应收账款周转率	数字	8	2		无	无	8	右	标度	输入
9	类别	数字	8	2		{1.00, ...	无	5	右	有序	输入

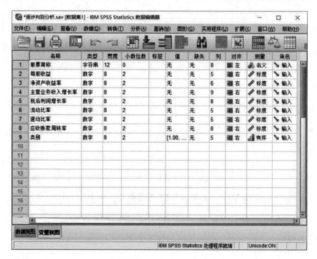

图 12-21　数据文件“12-2”的变量视图

然后在 SPSS 活动数据文件的数据视图中，把相关数据输入到各个变量中，输入完毕后的部分数据如图 12-22 所示。

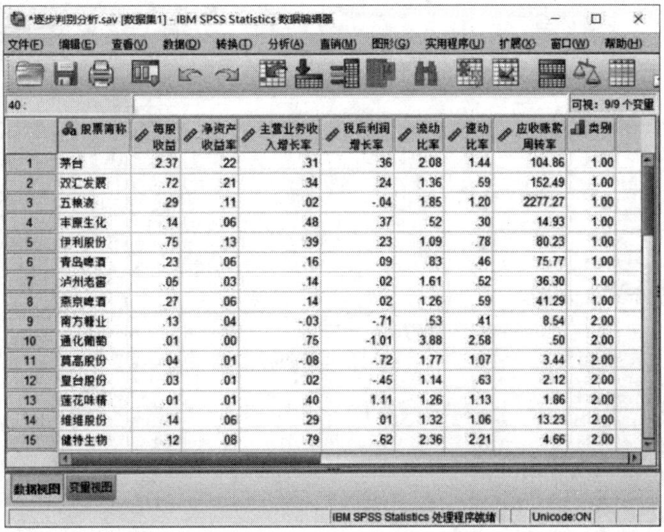

	股票简称	每股收益	净资产收益率	主营业务收入增长率	税后利润增长率	流动比率	速动比率	应收账款周转率	类别
1	茅台	2.37	.22	.31	.36	2.08	1.44	104.86	1.00
2	双汇发展	.72	.21	.34	.24	1.36	.59	152.49	1.00
3	五粮液	.29	.11	.02	-.04	1.85	1.20	2277.27	1.00
4	丰原生化	.14	.06	.48	.37	.52	.30	14.93	1.00
5	伊利股份	.75	.13	.39	.23	1.09	.78	80.23	1.00
6	青岛啤酒	.23	.06	.16	.09	.83	.46	75.77	1.00
7	泸州老窖	.05	.03	.14	.02	1.61	.52	36.30	1.00
8	燕京啤酒	.27	.06	.14	.02	1.26	.59	41.29	1.00
9	南方糖业	.13	.04	-.03	-.71	.53	.41	8.54	2.00
10	通化葡萄	.01	.00	.75	-1.01	3.88	2.58	.50	2.00
11	冀高股份	.04	.01	-.08	-.72	1.77	1.07	3.44	2.00
12	皇台股份	.03	.01	.02	-.45	1.14	.63	2.12	2.00
13	莲花味精	.01	.01	.40	1.11	1.26	1.13	1.86	2.00
14	维维股份	.14	.06	.29	.01	1.32	1.06	13.23	2.00
15	健特生物	.12	.08	.79	-.62	2.36	2.21	4.66	2.00

图 12-22　数据文件“12-2”的数据视图

2. 实验操作步骤

实验的具体操作步骤如下：

步骤 01 在菜单栏中选择“分析”|“分类”|“判别”命令，打开“判别分析”对话框。

步骤 02 从源变量列表框中选择“每股收益”“净资产收益率”“主营业务收入增长率”“税后利润增长率”“流动比率”“速动比率”和“应收账款周转率”变量，单击➡按钮将其选入“自变量”列表框中；从源变量列表框中选择“类别”变量，将其选入“分组变量”列表框中。

步骤 03 选中“使用步进法”单选按钮。

步骤 04 单击“定义范围”按钮，在“判别分析：定义范围”对话框中输入类别变量的取值范围 1~3，单击“继续”按钮。

步骤 05 单击“保存”按钮，在“判别分析：保存”对话框中选中“预测组成员”复选框，单击“继续”按钮。

步骤 06 单击“确定”按钮，便可以得到逐步判别分析的结果。

3. 实验结果及分析

SPSS Statistics 查看器窗口的输出结果如图 12-23~图 12-29 所示。

图 12-23 给出了样本数量、有效值和排除值的相关信息。

图 12-24 给出了各组统计量、加权与未加权的有效值。

图 12-25 给出了变量的筛选过程。由图中可以看出，加入了净资产收益率变量，威尔克 Lambda 统计量很显著，说明增加的变量对于分类具有显著的作用。

分析个案处理摘要

未加权个案数		个案数	百分比
有效		21	100.0
排除	缺失或超出范围组代码	0	.0
	至少一个缺失判别变量	0	.0
	既包括缺失或超出范围组代码，也包括至少一个缺失判别变量	0	.0
	总计	0	.0
总计		21	100.0

图 12-23 个案综合处理摘要

组统计

类别		有效个案数（成列）	
		未加权	加权
股票投资价值高	每股收益	8	8.000
	净资产收益率	8	8.000
	主营业务收入增长率	8	8.000
	税后利润增长率	8	8.000
	流动比率	8	8.000
	速动比率	8	8.000
	应收账款周转率	8	8.000
股票投资价值中等	每股收益	9	9.000
	净资产收益率	9	9.000
	主营业务收入增长率	9	9.000
	税后利润增长率	9	9.000
	流动比率	9	9.000
	速动比率	9	9.000
	应收账款周转率	9	9.000
股票投资价值低	每股收益	4	4.000
	净资产收益率	4	4.000
	主营业务收入增长率	4	4.000
	税后利润增长率	4	4.000
	流动比率	4	4.000
	速动比率	4	4.000
	应收账款周转率	4	4.000
总计	每股收益	21	21.000
	净资产收益率	21	21.000
	主营业务收入增长率	21	21.000
	税后利润增长率	21	21.000
	流动比率	21	21.000
	速动比率	21	21.000
	应收账款周转率	21	21.000

图 12-24 组统计量

输入/除去的变量[a,b,c,d]

步骤	输入	威尔克 Lambda				精确 F			
		统计	自由度 1	自由度 2	自由度 3	统计	自由度 1	自由度 2	显著性
1	净资产收益率	.597	1	2	18.000	6.067	2	18.000	.010

在每个步骤中，将输入可以使总体威尔克 Lambda 最小化的变量。
a. 最大步骤数为 14。
b. 要输入的最小偏 F 为 3.84。
c. 要除去的最大偏 F 为 2.71。
d. F 级别、容差或 VIN 不足，无法进行进一步计算。

包括在分析中的变量

步骤		容差	要除去的 F
1	净资产收益率	1.000	6.067

未包括在分析中的变量

步骤		容差	最小容差	要输入的 F	威尔克 Lambda
0	每股收益	1.000	1.000	5.515	.620
	净资产收益率	1.000	1.000	6.067	.597
	主营业务收入增长率	1.000	1.000	.958	.904
	税后利润增长率	1.000	1.000	2.846	.760
	流动比率	1.000	1.000	2.213	.803
	速动比率	1.000	1.000	2.278	.798
	应收账款周转率	1.000	1.000	1.222	.880
1	每股收益	.873	.873	2.022	.483
	主营业务收入增长率	.860	.860	.012	.597
	税后利润增长率	.941	.941	3.168	.435
	流动比率	.899	.899	1.181	.524
	速动比率	.810	.810	2.392	.466
	应收账款周转率	1.000	1.000	.925	.539

威尔克 Lambda

步骤	变量数	Lambda	自由度 1	自由度 2	自由度 3	精确 F			
						统计	自由度 1	自由度 2	显著性
1	1	.597	1	2	18	6.067	2	18.000	.010

图 12-25 变量的筛选过程

由图 12-26 可以看出，判别函数解释了所有变异的 59.7%，且在统计上是显著的，具有判别作用。

威尔克 Lambda

函数检验	威尔克 Lambda	卡方	自由度	显著性
1	.597	9.275	2	.010

特征值

函数	特征值	方差百分比	累计百分比	典型相关性
1	.674[a]	100.0	100.0	.635

a. 在分析中使用了前 1 个典则判别函数。

图 12-26 判别函数的检验

图 12-27 给出了判别函数的系数与结构矩阵，我们可以看出，只有净资产收益率变量在判别分析中使用。

图 12-28 给出了组质心处的判别函数值。

图 12-29 给出了组的分类处理摘要和三个组的加权与未加权的先验概率。

标准化典则判别函数系数

	函数 1
净资产收益率	1.000

结构矩阵

	函数 1
净资产收益率	1.000
速动比率[a]	.436
主营业务收入增长率[a]	.375
每股收益[a]	.356
流动比率[a]	.319
税后利润增长率[a]	-.244
应收账款周转率[a]	.003

判别变量与标准化典则判别函数之间的汇聚组内相关性
变量按函数内相关性的绝对大小排序。
a. 在分析中未使用此变量。

图 12-27 判别函数系数与结构矩阵

组质心处的函数

类别	函数 1
股票投资价值高	.672
股票投资价值中等	.051
股票投资价值低	-1.458

按组平均值进行求值的未标准化典则判别函数

图 12-28 组质心处函数值

分类处理摘要

已处理		21
排除	缺失或超出范围组代码	0
	至少一个缺失判别变量	0
已在输出中使用		21

组的先验概率

类别	先验	在分析中使用的个案 未加权	加权
股票投资价值高	.333	8	8.000
股票投资价值中等	.333	9	9.000
股票投资价值低	.333	4	4.000
总计	1.000	21	21.000

图 12-29 组的分类处理摘要与先验概率

同时，预测的分组结果作为新的变量被保存，我们可以看到，判别分析的分组的归类准确程度，分类被保存在"Dis_1"变量中，如图 12-30 所示。"1"表示投资价值高，"2"表示投资价值中等，"3"表示投资价值低，这与我们在建立变量时的设置是一致的。

图 12-30　对观测进行的分组

12.3　决策树分析

12.3.1　决策树分析简介

决策树分析将每个样本集中的每个观测都看成 n 维空间上的一个点，决策树每一个分枝的形成过程，就是对 n 维空间的一次区域划分，当决策树建立后，n 维空间便被划分为了若干区域，区域划分结果采用树型结构图表示。我们可以把决策树应用到一个全新的资料集合上，并观察其分类正确的比率，来衡量这个决策树的有效程度。

12.3.2　决策树分析的 SPSS 操作

对于数据文件"12-1"，我们也可以在 SPSS Statistics 数据编辑器窗口中进行决策树分析，分析对违约行为最重要的影响因素。

（1）在菜单栏中选择"分析"|"分类"|"决策树"命令，在弹出"决策树"对话框前，系统将弹出一个提示对话框，如图 12-31 所示。

该信息提示用户在进行决策树分析前，必须为相应的变量设置正确的测量水平并为分类变量设置相应的值标签。单击"确定"按钮，进入如图 12-32 所示的"决策树"对话框，对树模型进行定义。

（2）选择变量。从源变量列表框中选择决策树分析的因变量，单击 按钮选入"因变量"列表框中；从源变量列表框中选择决策树分析自变量，单击 按钮选入"自变量"列表框中。在此可以选中"强制第一个变量"复选框，系统将自动把自变量列表中的第一个变量作为决策树的开始节点。选择影响变量，将其选入"影响变量"列表框中，影响变量用于衡量单个观测对决策树生长的影响程度，该变量取值越大的观测对决策树的生长影响越大。变量的选择如图 12-33 所示。

第 12 章 判别分析 271

图 12-31 变量格式设定的提示信息

图 12-32 "决策树"对话框

（3）设置相应的选项。

1．"类别"设置

单击"类别"按钮，弹出如图 12-34 所示的"决策树：类别"对话框。该对话框中的"类别"列中给出了因变量的值标签，"目标"列给出了对应类别列的复选框，用户可以根据研究需要选择相应的类别取值；"排除"列表框用于选入不参与分析的因变量取值。

图 12-33 决策树分析的变量选择

图 12-34 "决策树：类别"对话框

2．"生长法"下拉列表框

该下拉列表框用于选择决策树的生长方法，有"CHAID""穷举 CHAID""CRT"和"QUEST"4 种方法供用户选择。

3．"输出"设置

单击"输出"按钮，弹出如图 12-35 所示的"决策树：输出"对话框。该对话框用于进行决策树的输出设置，分为"树""统计"和"规则"3 个选项卡。

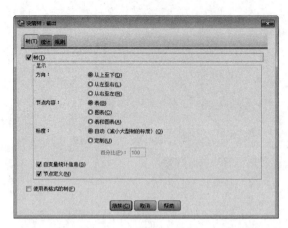

图 12-35 "决策树:输出"对话框

① "树"选项卡。该选项卡用于设置树的输出。

- "树"复选框:选中该复选框,表示输出决策树,并激活"显示"选项组。用户可以在"显示"选项组中设置决策树的方向、节点内容、标度等相关选项。
- "使用表格式的树"复选框:选中该复选框,表示以表格形式输出决策树。

② "统计"选项卡。"统计"选项卡如图 12-36 所示。

- "模型"选项组:该选项组用于设置关于模型的输出信息。如选中"摘要"复选框,系统将输出模型的统计摘要信息;选中"风险"复选框,系统将输出模型的风险估算及其标准误;选中"分类表"复选框,对于分类变量,系统将输出在其每个取值上的正确判定与错误数;选中"成本、先验概率、得分和利润值"复选框,对于分类变量系统将输出错判损失函数、得益函数、得分和先验概率。
- "自变量"选项组:该选项组用于设置自变量的相关参数。选中"对模型的重要性"复选框,系统将会把模型中的自变量按其重要性进行排序,此复选框只有在选择 CRT 方法下才会被激活;选中"替代变量(按拆分)"复选框,系统将列出所有可能的方案,此复选框只有在选择 CRT 和 QUEST 方法时才会被激活。
- "节点性能"选项组:该选项组用于设置决策树节点的相关输出选项。选中"摘要"复选框,系统将输出节点的摘要表,如果因变量是分类变量而又未定义得益,该复选框将不会被激活;选中"按目标类别"复选框,对于定义了目标取值的分类因变量,系统将输出得益比例、响应比例和 lift 值等信息。此外,用户还可以利用"行""排序顺序"和"百分位数增量"下拉列表框设置节点信息表的输出方式并可选中"显示累积统计信息"复选框以输出累积结果。

③ "规则"选项卡。"规则"选项卡如图 12-37 所示。

- "生成分类规则"复选框:选中该复选框,表示输出分类决策规则,并激活"语法""类型"和"节点"选项组。
- "语法"选项组:该选项组用于设置分类规则的语法形式,用户可以选择 SPSS Statistics、SQL 和简单文本 3 种语法形式。
- "类型"选项组:该选项组用于设置 SPSS 命令语句和 SQL 语句的决策规则的类型。选中"为个案指定值"单选按钮,系统将为满足节点成员条件的每个节点单独生成规则;选中"选择个案"单选按钮,系统将生成用于选择满足条件的个案的单个规则;选中"将替代变量包含在 SPSS Statistics 和 SQL 规则中"复选框,系统将输出所有可能的方案的决策规则,该复选框只有在选择 CRT 和 QUEST 方法时才会被激活。

- "节点"选项组:该选项组用于为每个选择的节点生成单独的规则,用户可以把"所有终端节点""最佳终端节点""达到指定个案百分比的最佳终端节点数""索引值满足或超过分界值的终端节点"或"所有节点"作为生成规则的相应节点范围。

图 12-36 "统计"选项卡　　　　　图 12-37 "规则"选项卡

4. "验证"设置

单击"验证"按钮,弹出如图 12-38 所示的"决策树:验证"对话框。

①"无"单选按钮。选中该单选按钮,表示不进行验证。

②"交叉验证"单选按钮。选中该单选按钮,表示进行交叉验证。系统先将样本分解为多个子样本,对于一个子样本系统用不包含它的其他子样本建立决策树并通过计算对该子样本的错判率来检验分类效果,用户可以在"样本群数"文本框中输入子样本的群数。

③"分割样本验证"单选按钮。选中该单选按钮,表示进行样本分离验证,同时将激活"个案分配"和"显示以下项的结果"选项组:

图 12-38 "决策树:验证"对话框

- "个案分配"选项组:进行样本分离验证时,系统将样本划分为训练样本和验证样本。训练样本用于生成决策树,验证样本用于验证模型。该选项组用于设置训练样本和验证样本的划分方式。选中"使用随机分配"单选按钮,系统将随机分配样本,用户可以通过其下的文本框确定两种样本的比例;选中"使用变量"单选按钮,表示通过指定变量来划分样本,用户可以选择作为划分依据的变量,从"变量"列表框中单击 按钮将其选入"样本拆分依据"列表框中。

- "显示以下项的结果"选项组:该选项组用于设置输出分析结果的样本范围。选中"训练和检验样本"单选按钮,系统对训练样本和验证样本都输出相关的结果;选中"仅检验样本"单选按钮,系统将只输出验证样本的相关结果。

5. "条件"按钮

(1) CHAID算法的"条件"按钮

在"生长法"下拉列表框中选择CHAID算法,然后单击"条件"按钮,弹出如图12-39所示的"决策树:条件"对话框。

① "增长限制"选项卡。

- "最大树深度"选项组:该选项组用于设置决策树在根节点以下的最大树深度。选中"自动"单选按钮,系统采用默认最大树深度;选中"定制"单选按钮,系统使用用户自定义树深度,用户可以在"值"文本框中输入自定义树深度。

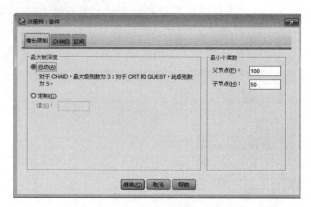

图12-39 "决策树:条件"对话框

- "最小个案数"选项组:该选项组用于设置每个节点所需要的最小观测数,用户可以在"父节点"和"子节点"文本框中指定父节点和子节点所需要的最小观测数。

② "CHAID"选项卡。CHAID选项卡如图12-40所示。

- "以下项的显著性水平"选项组:该选项组用于设置拆分节点与合并类别的显著性水平,用户可以在这两个文本框中输入自定义显著性水平。
- "模型估算"选项组:该选项组用于设置模型估算的相关方法。
  ➢ "最大迭代次数"文本框用于设置最大迭代次数。
  ➢ "期望的单元格频率中的最小更改"文本框用于设置单元格频率的最小更改变量,用户可以在此输入自定义数值。
- "卡方统计"选项组:该选项组用于设置模型估算时使用的卡方统计量。系统提供了两种统计量:"皮尔逊"卡方统计量,一般用于大样本条件下;"似然比"卡方统计量,一般用于小样本条件下。
- "使用Bonferroni方法调整显著性值"复选框:选中该复选框,表示使用Bonferroni方法调整与合并节点的显著性水平。
- "允许重新拆分节点中合并后的类别"复选框:选中该复选框,表示允许系统对合并的节点重新拆分以生成更好的决策树。

③ "区间"选项卡。"区间"选项卡如图12-41所示。在CHAID决策树分析中,对于连续自变量,在分析之前要将其划分入离散组。"标度自变量的区间"选项组即用于设置初始离散组的个数。用户可以选中"固定数目"单选按钮,为所有连续自变量都划分相同的离散组;也可以选中"定制"单选按钮,为各个连续自变量指定不同的分组。

图 12-40 "CHAID"选项卡

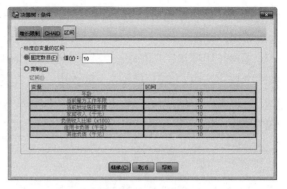

图 12-41 "区间"选项卡

(2) CRT 算法的"条件"按钮

在"生长法"下拉列表框中选择 CRT 算法,然后单击"条件"按钮,弹出如图 12-42 所示的"决策树:条件"对话框。

① "增长限制"选项卡。该选项卡的内容和设置方式与 CHAID 方法相同,在此不再赘述,读者可自行参考相关部分。

② "CRT"选项卡。CRT 选项卡如图 12-43 所示。

CRT 生长法的基本原理是最大化节点内部各观测之间的相似性,节点内各观测之间的差异程度以杂质衡量。

图 12-42 "决策树:条件"对话框

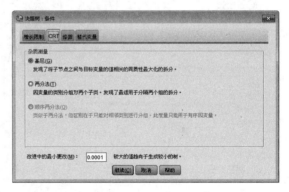

图 12-43 "CRT"选项卡

"杂质测量"选项组用于设置杂质衡量的方法,以判断该节点是否需要进一步分割。系统提供了 3 种测量杂质的方法:

- 基尼:该方法基于因变量的各个取值节点内出现的概率的平方。
- 两分法:该方法将因变量的取值分为两个子集,寻求最适合分隔两个组的分割方案。
- 顺序两分法:该方法与两分法基本类似,但其只能对相邻类别进行分组,只有因变量是有序变量时,该单选按钮才会被激活。

③ "修剪"选项卡。"修剪"选项卡如图 12-44 所示。该选项卡用于决策树的修剪设置。选中"修剪树以避免过度拟合"复选框,表示在决策树生长完成后,系统将对其进行修剪以防止过度生长。"风险中的最大差分(标准误差)"文本框用于设置修剪后的决策树与风险最小的决策树风险

值的最大差额，系统默认值为 1。如果增大此值，将输出更简单的决策树，如果要输出风险最小的决策树，则输入 0。

④ "替代变量"选项卡。"替代变量"选项卡如图 12-45 所示。该选项卡用于设置最大替代变量的个数，选中"自动（比自变量数小一）"单选按钮，替代变量的个数比自变量少一个，也可以选中"定制"单选按钮并在"值"文本框中输入自定义的最大替代变量个数。

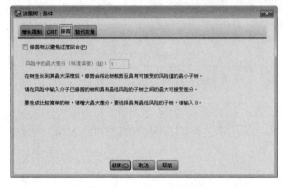

图 12-44 "修剪"选项卡

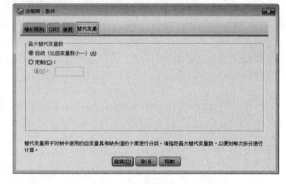

图 12-45 "替代变量"选项卡

（3）QUEST 算法的"条件"按钮

在"生长法"下拉列表框中选择 QUEST 算法，然后单击"条件"按钮，弹出如图 12-46 所示的"决策树：条件"对话框。

QUEST 选项卡如图 12-47 所示，该选项卡用于设置拆分节点的显著性水平临界值，用户可以在"拆分节点的显著性水平"文本框中输入自定义显著性水平。

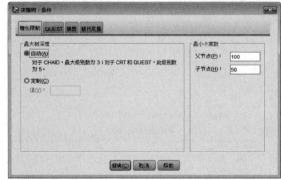

图 12-46 QUEST 算法下的"决策树：条件"对话框

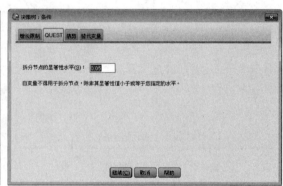

图 12-47 "QUEST"选项卡

其他选项卡的内容和设置方式与 CHAID 方法相同，在此不再赘述，读者可自行参考相关部分。

6. "保存"设置

单击"保存"按钮，弹出如图 12-48 所示的"决策树：保存"对话框。该对话框用于进行决策数分析保存的相关设置。

① "已保存的变量"选项组：选中"终端节点数"复选框，系统将每个个案的终端节点数作为变量保存；选中"预测值"复选框，系统将模型所预测的因变量的分类作为变量保存；选中

"预测概率"复选框，系统会将模型的预测关联的概率作为变量保存；选中"样本分配（训练/检验）"复选框，系统将训练样本和验证样本的划分信息作为变量保存，该复选框只有在选中"分割样本验证"单选按钮后才会被激活。

② "将树模型以 XML 格式导出"选项组：该选项用于设置以 XML 格式保存决策树的模型，可以导出两种 XML 文件。

图 12-48 "决策树：保存"对话框

- "训练样本"复选框：选中该复选框，系统会将决策树模型写入指定的 XML 文件，用户可以在"文件"文本框中指定相应的文件路径，对于分割样本验证的决策树，系统将输出基于训练样本的决策树模型。
- "检验样本"复选框：选中该复选框，系统会将基于检验样本的模型写入指定的 XML 文件，该复选框只有在选择"分割样本验证"单选按钮后才会被激活。

7. "选项"设置

（1）CHAID 算法的"选项"按钮

在"生长法"下拉列表框中选择 CHAID 算法，然后单击"选项"按钮，弹出如图 12-49 所示的"决策树：选项"对话框。

① "错误分类成本"选项卡。该选项卡用于设置误判惩罚函数的相关参数，选中"在各类别之间相等"单选按钮，表示对各种分类误判的惩罚程度相同；选中"定制"单选按钮，用户则可以在"预测类别"二维表中设置自定义惩罚措施，只有因变量是分类变量且设定了值标签，该单选按钮才会被激活。在"填充矩阵"选项组中可设置使惩罚矩阵成为对称矩阵的方法。

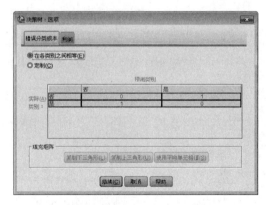

图 12-49 "决策树：选项"对话框

- "复制下三角形"按钮：表示将矩阵下三角形中的值复制到对应的上三角形单元格中使其对称。
- "复制上三角形"按钮：表示将矩阵上三角形中的值复制到对应的下三角形单元格中使其对称。
- "使用平均单元格值"按钮：表示使用两对称单元格值的平均值替换这两个值。

② "利润"选项卡。"利润"选项卡如图 12-50 所示。该选项卡用于设置正确判断的收益函数的相关参数，同样有两个单选按钮：选中"无"单选按钮，则表示不使用正确判断的收益函数；如选中"定制"单选按钮，用户可以在"收入和费用值"二维表中设置自定义收入与费用，系统将自动计算出利润。

（2）CRT 和 QUEST 算法的"选项"按钮

在"生长法"下拉列表框中选择 CRT 或 QUEST 算法，然后单击"选项"按钮，将弹出"决策树：选项"对话框。

"先验概率"选项卡如图 12-51 所示。

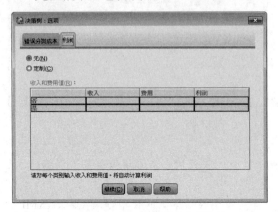

图 12-50　"利润"选项卡　　　　　　　　图 12-51　"先验概率"选项卡

- "从训练样本（经验先验）中获取"单选按钮：表示系统将自动从训练样本中生成先验概率。
- "在各类别之间相等"单选按钮：表示系统将为因变量的各取值水平设置相同的先验概率。
- "定制"单选按钮：用户可以在"先验"二维表中设置自定义先验概率。

其他选项卡的内容和设置方式与 CHAID 相同，在此不再赘述。

12.3.3　实验操作

下面仍以数据文件"12-1"为例，讲解决策树分析的具体操作过程并对输出结果进行说明。

1. 实验数据描述

数据文件"12-1"已在 12.1.3 节进行了详细描述，这里不再赘述。本实验取其中 700 位已经获得贷款的客户作为观测进行决策数分析。

2. 实验操作步骤

实验的具体操作步骤如下：

- 步骤 01　在菜单栏中选择"分析"|"分类"|"树"命令，打开"决策树"对话框。
- 步骤 02　从源变量列表框中选择"年龄""教育""工龄""地址""收入""负债率""信用卡负债"和"其他负债"变量，单击 按钮将其选入"自变量"列表中；从源变量列表框中选择"违约"变量，将其选入"因变量"列表框中。
- 步骤 03　单击"类别"按钮，弹出"决策树：类别"对话框，选中类别"是"后的复选框，单击"继续"按钮。
- 步骤 04　在"生长法"下拉列表框中选择 CHAID 算法。

步骤 05　再单击"选项"按钮，弹出"决策树：选项"对话框，单击"错误分类成本"选项卡，选中"定制"单选按钮，在"否"行与"是"列交叉单元格中输入 0.8，表示对将未违约者判定为违约者的错判惩罚要小于将违约者错判为未违约者，单击"继续"按钮。

步骤 06　单击"确定"按钮，便可以得到决策树分析的结果。

3. 实验结果及分析

SPSS Statistics 查看器窗口的输出结果如图 12-52~图 12-55 所示。

图 12-52 给出了模型的相关信息，如因变量、自变量、生长法等。此外，该图还给出了最终输出模型的相关信息。

图 12-53 给出了最终输出的决策树。用户可以隐藏和显示选择的树枝，改变颜色和字体，依据选择的节点选择个案的子集。

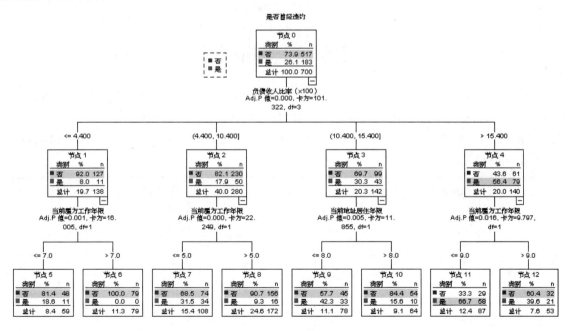

图 12-52　决策树的模型摘要

图 12-53　决策树输出

图 12-54 给出了节点的增益与风险信息，包括我们感兴趣的因变量取值情况、目标响应情况、增益百分比与节点百分比的比值和分类的风险度等信息。

图 12-55 给出了决策树模型进行分类的汇总信息，从图中可以看出，总体预测正确百分比为

78.0%，因此使用决策树对信用风险问题进行分析有较高参考价值。通过决策树分析可知，负债收入比、当前雇方工作年限和当前地址居住年限是三个主要的分析因子。

节点的增益

节点	节点 个案数	节点 百分比	增益 个案数	增益 百分比	响应	指数
11	87	12.4%	58	31.7%	66.7%	255.0%
9	78	11.1%	33	18.0%	42.3%	161.8%
12	53	7.6%	21	11.5%	39.6%	151.6%
7	108	15.4%	34	18.6%	31.5%	120.4%
5	59	8.4%	11	6.0%	18.6%	71.3%
10	64	9.1%	10	5.5%	15.6%	59.8%
8	172	24.6%	16	8.7%	9.3%	35.6%
6	79	11.3%	0	0.0%	0.0%	0.0%

生长法：CHAID
因变量：是否曾经违约

风险

估算	标准误差
.212	.015

生长法：CHAID
因变量：是否曾经违约

图 12-54　节点的增益与风险

分类

实测	预测 否	预测 是	正确百分比
否	488	29	94.4%
是	125	58	31.7%
总体百分比	87.6%	12.4%	78.0%

生长法：CHAID
因变量：是否曾经违约

图 12-55　分类汇总

12.4　上 机 题

12.1　以下数据文件是关于我国 10 个省市发展报告的部分数据，数据观测了出生预期寿命、成人识字率和人均 GDP 等指标，根据上述指标将 10 个省市分为高发展水平和中等发展水平两类，分别用“1”和“2”表示，数据文件如下表所示。（数据路径：sample\上机题\chap12\习题\第 12 章第一题.sav）

省市名	出生预期寿命（年）	成人识字率（%）	人均 GDP（元）	分组
北京	76	99	5374	1
上海	79.5	99	5359	1
浙江	78	99	5372	1
河南	72.1	95.9	5242	1
河北	73.8	77.7	5370	1
辽宁	71.2	93	4250	2
吉林	75.3	94.9	3412	2
江苏	70	91.2	3990	2
安徽	72.8	99	2300	2
福建	62.8	80.6	3799	2
青海	68.5	79.3	1950	

(续表)

省市名	出生预期寿命（年）	成人识字率（%）	人均 GDP（元）	分组
湖北	69.9	96.9	2840	
山东	77.6	93.8	5233	
陕西	69.3	90.3	5158	

现在又增加了青海、湖北、山东和陕西的数据，但是对它们没有分类，我们希望对这几个省市归入上述两类，请建立标准判别函数对这 4 个省进行分类。

12.2 为了研究脑溢血的发病机制，某医院脑外科观察了脑溢血病人和正常人的六项指标，其中脑溢血病人为分组序号为"1"，正常人为"0"，部分数据文件如下表所示。（数据路径：sample\上机题\chap12\习题\第 12 章第二题.sav）

总胆固醇 (mg/dl)	甘油三脂 (mmol/l)	高密度胆固醇 (mg/dl)	低密度胆固醇 (mg/dl)	载脂蛋白 A1 (mmol/l)	载脂蛋白 B (mmol/l)	分组
245	157	38	168	1.1	1.01	1
236	275	40	125	1.22	1.12	1
238	354	38	126	0.9	1.06	1
233	250	31	150	1.02	0.98	1
240	149	35	170	1.26	1.13	1
235	166	40	164	1.3	1.15	1
204	365	38	90	1.33	0.95	1
200	95	43	100	1.24	0.98	1
297	240	38	207	1.14	1.51	1
177	97	49	108	1.49	1.02	1
200	172	43	116	1.25	1.03	1
195	211	47	106	1.22	0.94	1
166	217	33	86	1.1	0.74	1
144	111	28	46	0.71	0.65	1
233	107	42	156	0.95	0.77	1
143	91	24	108	0.67	0.65	1
228	223	34	136	1.05	0.84	1
264	186	41	183	1.22	0.92	1
178	131	49	98	1.18	1.27	1
240	127	33	174	0.78	0.9	1
180	211	27	106	0.85	0.69	1
161	91	39	88	0.94	0.52	1
236	95	38	171	1.01	0.83	1
168	106	36	104	0.87	0.58	1
174	141	28	103	0.81	0.73	1
215	168	38	134	0.88	0.87	1
268	185	28	203	0.75	0.97	1

我们希望建立上述指标与脑溢血发病之间的联系,以便可以对脑溢血的发病进行早期诊断,试用判别分析方法建立脑溢血病人的标准判别函数,分析其作为早期预防诊断的依据如何。

12.3 某机构对大学进行分类,将大学分为"研究型大学"和"教学型大学",并在数据文件中分别用"1"和"0"表示,现观测了700所大学的9个指标的得分,部分数据如下表所示。(数据路径:sample\上机题\chap12\习题\第12章第三题.sav)

序号	就业得分	满意度得分	师资得分	资源得分	分组
1	41	3	17	12	1
2	27	1	10	6	0
3	40	1	15	14	0
4	41	1	15	14	0
5	24	2	2	0	1
6	41	2	5	5	0
7	39	1	20	9	0
8	43	1	12	11	0
9	24	1	3	4	1
10	36	1	0	13	0
11	27	1	0	1	0
12	25	1	4	0	0
13	52	1	24	14	0
14	37	1	6	9	0
15	48	1	22	15	0
16	36	2	9	6	1
17	36	2	13	6	1
18	43	1	23	19	0
19	39	1	6	9	0

我们希望得到几个最重要的指标,以便对大学的分类有总体的把握。试采用决策树分析方法,分析影响大学分类的主要因素。

第13章　因子分析和主成分分析

在现实研究过程中，往往需要对所反映事物、现象从多个角度进行观测，因此研究者需要设计出多个观测变量，从多个变量收集大量数据以便进行分析寻找规律。多变量大样本虽然会为我们的科学研究提供丰富的信息，但却增加了数据采集和处理的难度。更重要的是，许多变量之间存在一定的相关关系，导致了信息的重叠现象，从而增加了问题分析的复杂性。

因子分析和主成分分析就是将大量的彼此可能存在相关关系的变量，转换成较少的彼此不相关的综合指标的多元统计方法。这样既可减轻收集信息的工作量，又可使各综合指标代表的信息不重叠。主成分分析利用的是"降维"的思想，利用原始变量的线性组合组成主成分。在信息损失较小的前提下，把多个指标转化为几个互补相关的综合指标。因子分析是主成分分析的扩展和推广，通过对原始变量的相关系数矩阵内部结构的研究，导出能控制所有变量的少数几个不可观测的综合变量，通过这少数几个综合变量去描述原始的多个变量之间的相关关系。

13.1　因子分析

13.1.1　因子分析的基本原理

因子分析（Factor Analysis）是一种数据简化的技术。它通过研究众多变量之间的内部依赖关系，探求观测数据中的基本结构，并用少数几个独立的不可观测变量来表示其基本的数据结构。这几个假想变量能够反映原来众多变量的主要信息。原始的变量是可观测的显式变量，而假想变量是不可观测的潜在变量，称为因子。

因子分析的基本操作步骤如下：

步骤 01　对数据进行标准化处理。
步骤 02　估计因子载荷矩阵。

因子分析的基本模型如下：

$$\begin{cases} Z_1 = a_{11}F_1 + a_{12}F_2 + \cdots + a_{1p}F_p + c_1U_1 \\ Z_2 = a_{22}F_1 + a_{22}F_2 + \cdots + a_{2p}F_p + c_2U_2 \\ \cdots \\ Z_m = a_{m1}F_1 + a_{m2}F_2 + \cdots + a_{mp}F_p + c_mU_m \end{cases}$$

其中 Z_1、Z_2、$\cdots$、Z_m 为原始变量，F_1、F_2、$\cdots$、F_P 为公共因子，矩阵形式表示为：

$$\underset{(m \times 1)}{Z} = \underset{(m \times p)}{A} \cdot \underset{(p \times 1)}{F} + \underset{\underset{(\text{对角阵})}{(m \times m)}}{C} \underset{(m \times 1)}{U}$$

A 为因子载荷矩阵，估算因子载荷矩阵的方法有主成分法、映像因子法、加权最小二乘法、极大似然法等。

步骤 03 因子旋转。建立因子分析数学模型的目的不仅要找出公共因子并对变量进行分组，更重要的是要知道每个公共因子的意义，以便对实际问题作出科学分析。当因子载荷矩阵 A 的结构不便对主因子进行解释时，可用一个正交阵右乘 A（即对 A 实施一个正交变换）。由线性代数知识，对 A 施行一个正交变换，对应坐标系就有一次旋转，便于对因子的意义进行解释。

步骤 04 估计因子得分。以公共因子表示原因变量的线性组合，而得到因子得分函数。我们可以通过因子得分函数计算观测记录在各个公共因子上的得分，从而解决公共因子不可观测的问题。

13.1.2　因子分析的 SPSS 操作

打开相应的数据文件或者建立一个数据文件后，就可以在 SPSS Statistics 数据编辑器窗口中进行因子分析。

（1）在菜单栏中选择"分析"|"降维"|"因子"命令，打开如图 13-1 所示的"因子分析"对话框。

（2）选择变量。从源变量列表框中选择需要进行因子分析的变量，然后单击 按钮将选中的变量选入"变量"列表框中；如果不使用全部样本分析，可以从源变量列表框中选择因子变量，然后单击 按钮将选中的变量选入"选择变量"列表框中。其中：

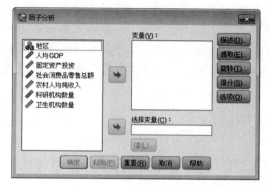

图 13-1　"因子分析"对话框

- "变量"列表框：该列表框中的变量为要进行因子分析的目标变量，变量在区间或比率级别应该是定量变量。分类数据（如性别等）不适合因子分析。另外，可计算皮尔逊相关系数的数据应该适合于因子分析。
- "选择变量"列表框：该列表框中的变量用来限定仅对含有指定个案的变量集进行因子分析。当用户决定对满足某个条件的变量进行分析时，可以在此指定选择变量，此时"值"按钮就会被激活。单击"值"按钮，将弹出如图 13-2 所示的"因子分析：设置值"对话框，在"选择变量值"文本框中输入指定的整数值，然后单击"继续"按钮，则因子分析中仅使用具有该选择变量值的个案。

（3）设置相应的选项。

1. "描述"设置

单击"描述"按钮，弹出如图 13-3 所示的"因子分析：描述"对话框。该对话框主要用于设置对原始变量的基本描述并对原始变量进行相关性分析。

① "统计"选项组：该选项组主要用于设置原始变量的基本描述和原始分析，包括：

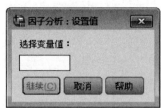

图 13-2 "因子分析：设置值"对话框　　　　图 13-3 "因子分析：描述"对话框

- ❑ "单变量描述"复选框：选中该复选框，表示输出每个变量的均值、标准差和有效个案数。
- ❑ "初始解"复选框：选中该复选框，表示输出初始公因子方差、特征值（即协方差矩阵对角线上的元素）和已解释方差的百分比。

② "相关性矩阵"选项组：该选项组主要用于对输出的相关矩阵进行必要的设置，各复选框的功能如下：

- ❑ "系数"复选框：表示输出原始变量之间的相关系数矩阵，如果相关系数矩阵中的大部分系数都小于 0.3，即变量之间大多为弱相关，原则上不适合进行因子分析。
- ❑ "显著性水平"复选框：表示输出相关系数矩阵中相关系数的单尾假设检验的概率值，相应的原假设是相关系数为 0。
- ❑ "决定因子"复选框：表示输出相关系数矩阵的行列式。
- ❑ "逆"复选框：表示输出相关系数矩阵的逆矩阵。
- ❑ "再生"复选框：表示输出从因子解估计的相关矩阵，还显示残差（估计相关性和观察相关性之间的差分）。
- ❑ "反映像"复选框：表示输出反映像相关矩阵，反映像相关矩阵包含偏相关系数的相反数，而反映像协方差矩阵包含偏协方差的相反数，在一个好的因子模型中，对角线上的元素值比较接近 1，而大部分非对角线的元素将会很小，其中反映像相关矩阵的对角线上的元素又称为变量的取样充分性度量（MSA）。
- ❑ "KMO 和巴特利特球形度检验"复选框：其中 KMO 统计量用于比较变量间简单相关系数矩阵和偏相关系数的指标，KMO 值越接近 1 表示越适合做因子分析，而巴特利特球形度检验的原假设为相关系数矩阵为单位阵，如果 Sig 值拒绝原假设表示变量之间存在相关关系，因此适合做因子分析。

2. "提取"设置

单击"提取"按钮，弹出如图 13-4 所示的"因子分析：提取"对话框。该对话框主要用于设置提取公共因子的方法和公共因子的个数。

① "方法"下拉列表框：该下拉列表框主要用于设置提取公共因子的方法，各方法及其功能介绍如下：

图 13-4 "因子分析：提取"对话框

- "主成分"方法：该方法用于形成原始变量的不相关的线性组合，其中第一个成分具有最大的方差，后面的成分对方差解释的比例逐渐变小，它们相互之间均不相关，主成分分析用来获取最初因子解并且它可以在相关矩阵是奇异矩阵时使用。
- "未加权最小平方"方法：该方法可以使观察的相关系数矩阵和再生的相关系数矩阵之间的差的平方值之和最小。
- "广义最小平方"方法：该方法同未加权最小平方法，但是相关系数要进行加权，权重为它们单值的倒数，这样单值高的变量，其权重比单值低的变量的权重小。
- "极大似然"方法：在样本来自多变量正态分布的情况下，它生成的参数估算最有可能生成观察到的相关矩阵，将变量单值的倒数作为权重对相关性进行加权，并使用迭代算法。
- "主轴因式分解"方法：在初始相关系数矩阵中，多元相关系数的平方放置于对角线上作为公因子方差的初始估算值，然后这些因子载荷用来估算替换对角线中的旧公因子方差和估算值的新的公因子方差，继续迭代，直到某次迭代和下次迭代之间公因子方差的改变幅度能满足抽取的收敛条件。
- "Alpha 因式分解"方法：该方法将分析中的变量视为来自潜在变量全体的一个样本，使因子的 Alpha 可靠性最大。
- "映像因式分解"方法：该方法将变量的公共部分（称为偏映像）定义为其对剩余变量的线性回归，而非假设因子的函数，实际上是使用多元回归的方法提取因子。

② "分析"选项组：该选项组用于指定相关矩阵或协方差矩阵，包括：

- "相关性矩阵"单选按钮：选中该单选按钮，表示以相关性矩阵作为提取公共因子的依据，当分析中使用不同的尺度测量变量时比较适合。
- "协方差矩阵"单选按钮：选中该单选按钮，表示以协方差矩阵作为提取公共因子的依据，当因子分析应用于每个变量具有不同方差的多个组时比较适用。

③ "显示"选项组：该选项组用于指定显示的因子解和特征值的碎石图，包括：

- "未旋转因子解"复选框：选中该复选框，表示输出未旋转的因子载荷（因子模式矩阵）、公因子方差和因子解的特征值。
- "碎石图"复选框：选中该复选框，表示输出与每个因子相关联的特征值的图，该图用于确定应保持的因子个数，通常该图显示大因子的陡峭斜率和剩余因子平缓的尾部之间明显的中断（碎石）。

④ "提取"选项组：该选项组用于指定提取因子的数目。包括：

- "基于特征值"单选按钮：选中该单选按钮，表示提取特征值超过指定值的所有因子，可在"特征值大于"文本框中指定值，一般默认为 1。
- "因子的固定数目"单选按钮：选中该单选按钮，表示保留特定数量的因子，在"要提取的因子"文本框中输入要保留因子的数目。

⑤ "最大收敛迭代次数"文本框。该文本框用于指定算法过程所采取的最大步骤数，默认为 25 次。

3. "旋转"设置

单击"旋转"按钮，弹出如图 13-5 所示的"因子分析：旋转"对话框。该对话框主要用于设置因子旋转的方法，进而可以命名因子。

图 13-5　"因子分析：旋转"对话框

① "方法"选项组：该选项组主要用于设置因子旋转的方法，包括：

- "无"单选按钮：表示不进行任何因子旋转。
- "最大方差法"单选按钮：表示是一种正交旋转方法，它使得对每个因子有高负载的变量数目达到最小，并简化因子的解释。
- "直接斜交法"单选按钮：表示是一种斜交旋转方法，当 delta 等于 0 时，解是最斜交的，当 delta 负值越大，因子的斜交度就越低，其中要覆盖默认的 delta 值 0，可以在下方的 Delta 文本框中输入小于等于 0.8 的数。
- "四次幂极大法"单选按钮：又称为最大正交旋转法，该方法使得每个变量中需要解释的因子数目最少，可以简化对变量的解释。
- "等量最大法"单选按钮：该方法是最大方差法与四次幂极大法的结合，可以使高度依赖因子的变量个数及解释变量所需的因子个数最少。
- "最优斜交法"单选按钮：该方法可使因子相关联，可比直接最小斜交旋转更快地计算出来，因此适用于大型数据集。

② "显示"选项组：该选项组主要用于指定是否显示旋转后的解和载荷图：

- "旋转后的解"复选框：该复选框只有在选择了旋转方法后才能有效，对于正交旋转会显示已旋转的模式矩阵和因子变换矩阵，对于斜交旋转会显示模式、结构和因子相关矩阵。
- "载荷图"复选框：该复选框表示输出前三个因子的三维因子载荷图，而对于双因子解，则显示二维图，如果只抽取了一个因子，则不显示图。

③ "最大收敛迭代次数"文本框。该文本框用于指定算法执行旋转所采取的最大步骤数，默认为 25 次。

4. "得分"设置

单击"得分"按钮，弹出如图 13-6 所示的"因子分析：因子得分"对话框。该对话框主要用于计算因子得分，包括：

① "保存为变量"复选框：该复选框用于对每个因子得分创建一个新变量，且只有选中该复选框才能进行"方法"的设定。

② "方法"选项组：该选项组主要用于计算因子得分的方法，包括：

- ❑ "回归"单选按钮：该方法得到的因子得分的均值为 0，方差等于估计的因子分数和真正的因子值之间的平方多相关性，其中即使因子是正交的，分数也可能相关。
- ❑ "巴特利特"单选按钮：该方法尽管所产生因子得分的均值为 0，但使整个变量范围中所有唯一因子的平方和达到最小。
- ❑ "安德森-鲁宾"单选按钮：即修正的巴特利特方法，该方法确保被估计的因子的正交性所产生因子得分的均值为 0，标准差为 1，且不相关。

③ "显示因子得分系数矩阵"复选框：该复选框主要用于输出因子得分的系数矩阵及因子得分之间的相关性矩阵。

5. "选项"设置

单击"选项"按钮，弹出如图 13-7 所示的"因子分析：选项"对话框。该对话框主要用于设置对变量缺失值的处理和系数显示的格式。

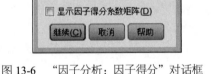

图 13-6 "因子分析：因子得分"对话框

图 13-7 "因子分析：选项"对话框

① "缺失值"选项组：该选项组主要用于指定如何处理缺失值，包括：

- ❑ "成列排除个案"单选按钮：选中该单选按钮，表示排除在任何分析中所用的任何变量有缺失值的个案。
- ❑ "成对排除个案"单选按钮：选中该单选按钮，表示从分析中排除变量对中有一个或两个缺失值的个案。
- ❑ "替换为平均值"单选按钮：选中该单选按钮，表示将缺失值用变量均值代替。

② "系数显示格式"选项组：该选项组主要用于指定系数矩阵的显示格式：

- ❑ "按大小排序"复选框：选中该复选框，表示按大小对系数矩阵进行排序。

- ❑ “排除小系数”复选框：选中该复选框，表示只显示绝对值大于指定值的符合系数，可以在“绝对值如下”文本框中输入指定值，默认为 0.10。

设置完毕后，单击“确定”按钮，即可在 SPSS Statistics 查看器窗口得到因子分析的结果。

13.1.3 实验操作

下面以数据文件“13-1”为例，讲解因子分析的具体操作过程并对结果进行说明。

1. 实验数据描述

数据文件“13-1”给出的是衡量我国各省市综合发展情况的一些数据，数据来源于《中国统计年鉴》。数据文件中选取了 6 个指标，分别是人均 GDP、固定资产投资、社会消费品零售总额、农村人均纯收入、科研机构数量、卫生机构数量，下面将利用因子分析来提取公共因子，分析衡量发展因素的指标。实验的原始数据如图 13-8 所示。

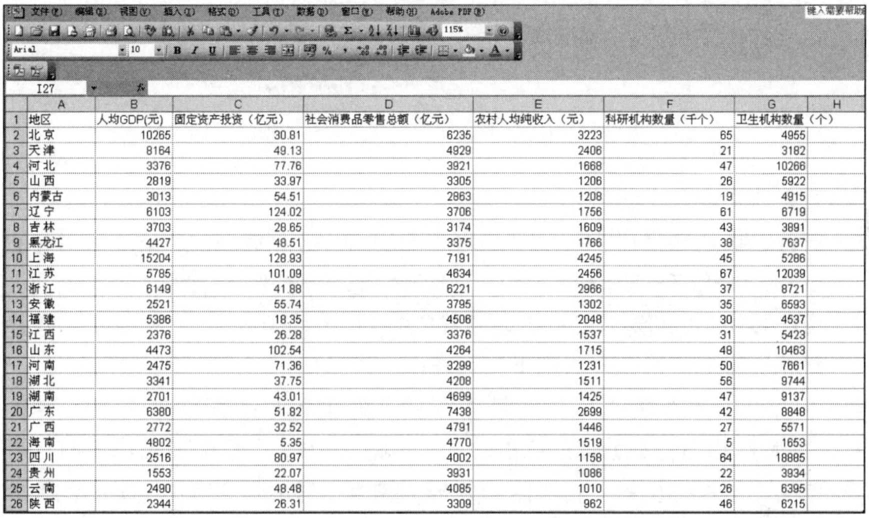

地区	人均GDP(元)	固定资产投资（亿元）	社会消费品零售总额（亿元）	农村人均纯收入（元）	科研机构数量（千个）	卫生机构数量（个）
北京	10265	30.81	6235	3223	65	4955
天津	8164	49.13	4929	2406	21	3182
河北	3376	77.76	3921	1668	47	10266
山西	2819	33.97	3305	1206	26	5922
内蒙古	3013	54.51	2863	1208	19	4915
辽宁	6103	124.02	3706	1756	61	6719
吉林	3703	28.65	3174	1609	43	3891
黑龙江	4427	48.51	3375	1766	38	7637
上海	15204	128.93	7191	4245	45	5286
江苏	5785	101.09	4634	2456	67	12039
浙江	6149	41.88	6221	2966	37	8721
安徽	2521	55.74	3795	1302	35	6593
福建	5386	18.35	4506	2048	30	4537
江西	2376	26.28	3376	1537	31	5423
山东	4473	102.54	4264	1715	48	10463
河南	2475	71.36	3299	1231	50	7661
湖北	3341	37.75	4208	1511	56	9744
湖南	2701	43.01	4699	1425	47	9137
广东	6380	51.82	7438	2699	42	8848
广西	2772	32.52	4791	1446	27	5571
海南	4802	5.35	4770	1519	5	1653
四川	2516	80.97	4002	1158	64	18885
贵州	1553	22.07	3931	1086	22	3934
云南	2490	48.48	4085	1010	26	6395
陕西	2344	26.31	3309	962	46	6215

图 13-8　数据文件“13-1”的原始数据

在 SPSS 的变量视图中，建立“地区”变量，表示各个省市，建立“人均 GDP”“固定资产投资”“社会消费品零售总额”“农村人均纯收入”“科研机构数量”和“卫生机构数量”变量，表示各发展衡量指标，如图 13-9 所示。

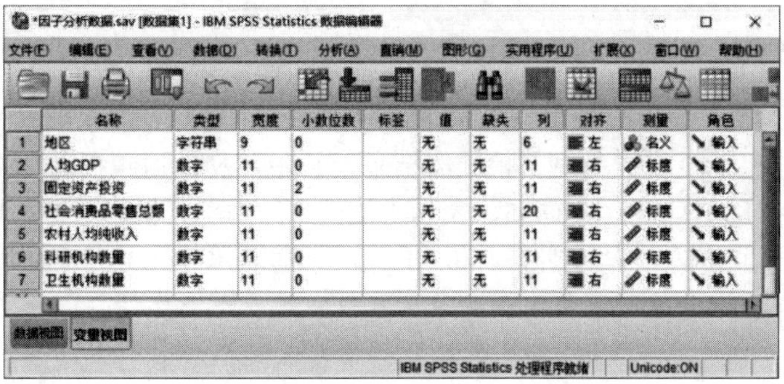

	名称	类型	宽度	小数位数	标签	值	缺失	列	对齐	测量	角色
1	地区	字符串	9	0		无	无	6	左	名义	输入
2	人均GDP	数字	11	0		无	无	11	右	标度	输入
3	固定资产投资	数字	11	2		无	无	11	右	标度	输入
4	社会消费品零售总额	数字	11	0		无	无	20	右	标度	输入
5	农村人均纯收入	数字	11	0		无	无	11	右	标度	输入
6	科研机构数量	数字	11	0		无	无	11	右	标度	输入
7	卫生机构数量	数字	11	0		无	无	11	右	标度	输入

图 13-9　数据文件“13-1”的变量视图

在 SPSS 活动数据文件的数据视图中，把相关数据输入到各个变量中，输入完毕后的部分数据如图 13-10 所示。

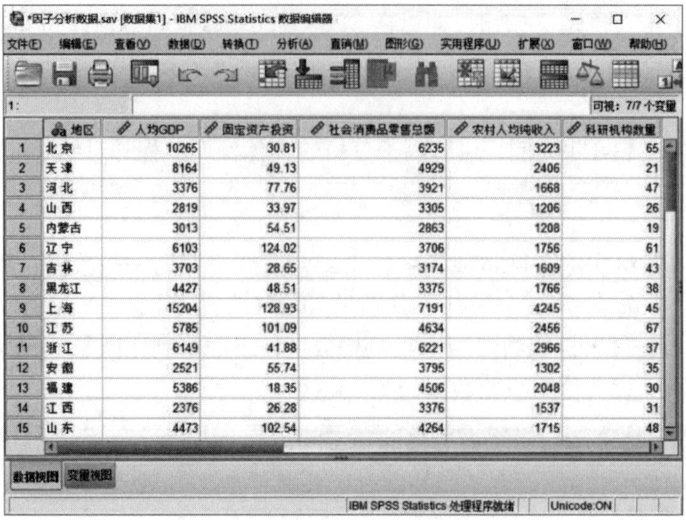

	地区	人均GDP	固定资产投资	社会消费品零售总额	农村人均纯收入	科研机构数量
1	北京	10265	30.81	6235	3223	65
2	天津	8164	49.13	4929	2406	21
3	河北	3376	77.76	3921	1668	47
4	山西	2819	33.97	3305	1206	26
5	内蒙古	3013	54.51	2863	1208	19
6	辽宁	6103	124.02	3706	1756	61
7	吉林	3703	28.65	3174	1609	43
8	黑龙江	4427	48.51	3375	1766	38
9	上海	15204	128.93	7191	4245	45
10	江苏	5785	101.09	4634	2456	67
11	浙江	6149	41.88	6221	2966	37
12	安徽	2521	55.74	3795	1302	35
13	福建	5386	18.35	4506	2048	30
14	江西	2376	26.28	3376	1537	31
15	山东	4473	102.54	4264	1715	48

图 13-10 数据文件“13-1”的数据视图

2. 实验操作步骤

步骤 01 打开数据文件“13-1”，进入 SPSS Statistics 数据编辑器窗口，在菜单栏中选择“分析”|“降维”|“因子”命令，打开“因子分析”对话框，将“人均 GDP”“固定资产投资”“社会消费品零售总额”“农村人均纯收入”“科研机构数量”和“卫生机构数量”变量选入“变量”列表框中。

步骤 02 单击“描述”按钮，在“因子分析：描述”对话框中选中“初始解”复选框和“KMO 和巴特利特球形度检验”复选框，单击“继续”按钮，保存设置结果。

步骤 03 单击“提取”按钮，在“因子分析：提取”对话框中选中“碎石图”复选框，其他为系统默认选择，单击“继续”按钮，保存设置结果。

步骤 04 单击“旋转”按钮，在“因子分析：旋转”对话框中选中“最大方差法”复选框，其他为系统默认选择，单击“继续”按钮，保存设置结果。

步骤 05 单击“得分”按钮，在“因子分析：因子得分”对话框中选中“保存为变量”和“显示因子得分系数矩阵”复选框，单击“继续”按钮，保存设置结果。

3. 实验结果及分析

SPSS Statistics 查看器窗口的输出结果如图 13-11~图 13-18 所示。

图 13-11 给出了 KMO 和巴特利特检验的结果，其中 KMO 值越接近 1 表示越适合做因子分析，从图中可以看到 KMO 的值为 0.635，表示比较适合做因子分析。巴特利特球形度检验的原假设为相关系数矩阵是单位阵，显著性值为 0.000，小于显著水平 0.05，因此拒绝原假设，说明变量之间存在相关关系，适合做因子分析。

图 13-12 给出了每个变量共同度的结果。左侧表示每个变量可以被所有因素所能解释的方差，右侧表示变量的共同度。从图中可以看到，因子分析的变量共同度都非常高，表明变量中的

大部分信息均能够被因子所提取，说明因子分析的结果是有效的。

KMO 和巴特利特检验

KMO 取样适切性量数.		.635
巴特利特球形度检验	近似卡方	148.798
	自由度	15
	显著性	.000

图 13-11 KMO 和巴特利特检验

公因子方差

	初始	提取
人均GDP	1.000	.930
固定资产投资	1.000	.721
社会消费品零售总额	1.000	.795
农村人均纯收入	1.000	.961
科研机构数量	1.000	.847
卫生机构数量	1.000	.859

提取方法：主成分分析法。

图 13-12 公因子方差

图 13-13 给出了因子贡献率的结果。左侧部分为初始特征值，中间为提取主因子结果，右侧为旋转后的主因子结果。"总计"指因子的特征值，"方差百分比"表示该因子的特征值占总特征值的百分比，"累积%"表示累积的百分比。其中只有前两个因子的特征值大于 1，并且前两个因子的特征值之和占总特征值的 85.220%，因此，提取前两个因子作为主因子。

总方差解释

成分	初始特征值			提取载荷平方和			旋转载荷平方和		
	总计	方差百分比	累积 %	总计	方差百分比	累积 %	总计	方差百分比	累积 %
1	3.327	55.449	55.449	3.327	55.449	55.449	2.796	46.605	46.605
2	1.786	29.771	85.220	1.786	29.771	85.220	2.317	38.614	85.220
3	.497	8.285	93.505						
4	.262	4.362	97.867						
5	.088	1.473	99.340						
6	.040	.660	100.000						

提取方法：主成分分析法。

图 13-13 因子贡献率结果

图 13-14 给出了未旋转的因子载荷。从图中可以看到，利用主成分分析方法提取的两个主因子的载荷值。为了方便解释因子含义，需要进行因子旋转。

图 13-15 给出了旋转后的因子载荷值，其中旋转方法采用的是凯撒标准化的正交旋转法。通过因子旋转，各个因子有了比较明确的含义。

成分矩阵[a]

	成分	
	1	2
人均GDP	.831	-.490
固定资产投资	.732	.430
社会消费品零售总额	.781	-.431
农村人均纯收入	.893	-.405
科研机构数量	.694	.605
卫生机构数量	.461	.804

提取方法：主成分分析法。
a. 提取了 2 个成分。

图 13-14 未旋转的因子载荷

旋转后的成分矩阵[a]

	成分	
	1	2
人均GDP	.960	.091
固定资产投资	.340	.778
社会消费品零售总额	.885	.109
农村人均纯收入	.961	.196
科研机构数量	.207	.897
卫生机构数量	-.098	.922

提取方法：主成分分析法。
旋转方法：凯撒正态化最大方差法。
a. 旋转在 3 次迭代后已收敛。

图 13-15 旋转的因子载荷值

图 13-16 给出了特征值的碎石图，通常该图显示大因子的陡峭斜率和剩余因子平缓的尾部，之间有明显的中断。一般选取主因子在非常陡峭的斜率上，而处在平缓斜率上的因子对变异的解

释非常小。从该图可以看出，前两个因子都处在非常陡峭的斜率上，从第三个因子开始斜率变平缓，因此选择前两个因子作为主因子。

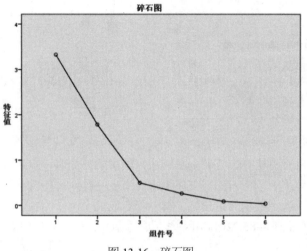

图 13-16　碎石图

图 13-17 给出了成分得分系数矩阵，图 13-18 给出了由成分得分系数矩阵计算的因子得分。其中成分得分系数矩阵是计算因子得分的依据，图 13-18 的结果是由图 13-17 提供的计算公式得到的。另外，由因子得分可以进一步计算综合得分。

通过因子分析可以看出，每个因子只有少数几个指标的因子载荷较大，因此可将 6 个指标按高载荷分成两类：人均 GDP、社会消费品零售总额和农村人均纯收入变量在第一个因子上载荷较大，可以将第一个因子命名为经济发展因子；固定资产投资、科研机构数量和卫生机构数量，在第二个因子上载荷较大，可以将其命名为社会发展因子。

成分得分系数矩阵

	成分	
	1	2
人均GDP	.363	−.075
固定资产投资	.037	.324
社会消费品零售总额	.332	−.058
农村人均纯收入	.350	−.026
科研机构数量	−.030	.396
卫生机构数量	−.152	.446

提取方法：主成分分析法。
旋转方法：凯撒正态化最大方差法。
组件得分。

图 13-17　成分得分系数矩阵

FAC1_1	FAC2_1
1.96910	−.01153
1.14186	−.89127
−.37845	1.02985
−.66019	−.33339
−.68292	−.39781
.11773	1.29606
−.35673	−.28068
−.26411	.22116
3.44260	.31939
.39444	1.79597
1.23631	.04241

图 13-18　因子得分数据

13.2　主成分分析

13.2.1　主成分分析的基本原理

主成分分析的思想是将原来众多具有一定相关性的变量，重新组合成一组新的互相无关的综合指标来代替原来的指标。它借助于一个正交变换，将其分量相关的原随机向量转化成其分量不相关的新随机向量，这在代数上表现为将原随机向量的协方差阵变换成对角形阵，在几何上表现为将原坐标系变换成新的正交坐标系，使之指向样本点散布最开的 p 个正交方向，然后对多维变量系统进行降维处理。方差较大的几个新变量就能综合反映原多个变量所包含的主要信息，并且也包含了自身特殊的含义。主成分分析的数学模型为：

$$z_1 = u_{11}X_1 + u_{12}X_2 + \cdots + u_{1p}X_p$$
$$z_2 = u_{21}X_1 + u_{22}X_2 + \cdots + u_{2p}X_p$$
$$\cdots$$
$$z_p = u_{p1}X_1 + u_{p2}X_2 + \cdots + u_{pp}X_p$$

其中，$z_1, z_2, \cdots, z_p$ 为 p 个主成分。

主成分分析的基本步骤如下：

（1）对原有变量作坐标变换，可得：

$$z_1 = u_{11}x_1 + u_{21}x_2 + \cdots + u_{p1}x_p$$
$$z_2 = u_{12}x_1 + u_{22}x_2 + \cdots + u_{p2}x_p$$
$$\cdots$$
$$z_p = u_{1p}x_1 + u_{2p}x_2 + \cdots + u_{pp}x_p$$

其中：

$$u_{1k}^2 + u_{2k}^2 + \cdots + u_{pk}^2 = 1$$
$$\text{var}(z_i) = U_i^2 D(x) = U_i'D(x)U_i$$
$$\text{cov}(z_i, z_j) = U_i'D(x)U_j$$

（2）提取主成分：

z_1 称为第一主成分，其满足条件：

$$u_1'u_1 = 1$$
$$\text{var}(z_1) = \max\ \text{var}(u'x)$$

z_2 成为第二主成分，其满足条件：

$$\text{cov}(z_1, z_2) = 0$$
$$u_2'u_2 = 1$$
$$\text{var}(z_2) = \max\ \text{var}(U'X)$$

其余主成分所满足的条件以此类推。

13.2.2　主成分分析的 SPSS 操作

在 SPSS 26.0 中，由于主成分分析模块被有机地嵌入了因子分析模块中，因此主成分分析必须利用因子分析的结果才能实现。本节对主成分分析的 SPSS 操作结合 13.1 节中的因子分析进行讲解。

1. 进行因子分析

在菜单栏中选择"分析"|"降维"|"因子分析"命令，打开"因子分析"对话框，将需要进行主成分分析的变量选入"变量"列表框中，其他设置保持默认，单击"确定"按钮，在 SPSS Statistics 查看器窗口中得到如图 13-11 和图 13-18 所示的因子分析结果。

2. 计算特征向量矩阵

因子分析结果中的主因子数目决定了主成分分析中主成分的数目。

（1）在 SPSS 中新建一个数据文件，确定第一步因子分析"成分矩阵"中得到的主因子数目，在新数据文件中定义相同数量的新变量（如"V1""V2"），然后将所得"成分矩阵"中的因子载荷分别输入新数据文件定义的新变量中，如图 13-19 所示。

（2）在新数据文件的数据编辑器窗口选择"转换"|"计算变量"命令，打开如图 13-20 所示的"计算变量"对话框。在"目标变量"文本框中输入要定义的特征向量的名称（如"F2"），然后在"数字表达式"文本框中输入"新数据文件中定义的新变量名称/SQRT（第一步因子分析中相应主因子的初始特征值）"，例如输入 V1/SQRT(3.327)。最后单击"确定"按钮，即可在新数据文件的数据编辑器窗口得到一个特征向量。一般有几个主因子就要定义几个特征变量，最终得到如图 13-21 所示的特征向量矩阵。

图 13-19 按因子结果定义的新变量　　　　图 13-20 "计算变量"对话框

3. 计算主成分矩阵

（1）对第一步中参与因子分析的原始变量进行标准化，在原数据文件数据编辑器窗口中，依次选择"分析"|"描述统计"|"描述"命令，打开如图 13-22 所示的"描述"对话框，然后将参与因子分析的原始变量都选入"变量"列表框中，并选中"将标准化值另存为变量"复选框，最后单击"确定"按钮就可以得到如图 13-23 所示的标准化变量。

F1	F2
.456	-.269
.401	.236
.428	-.236
.490	-.222
.380	.332
.253	.441

图 13-21 特征向量矩阵

图 13-22 "描述"对话框

（2）从特征向量矩阵可以得到主成分的计算公式：

$$z_1 = 0.46 x_1 + 0.4 x_2 + 0.43 x_3 + 0.49 x_4 + 0.38 x_5 + 0.25 x_6$$
$$z_2 = -0.37 x_1 + 0.32 x_2 - 0.32 x_3 - 0.3 x_4 + 0.45 x_5 + 0.60 x_6$$

其中，x 为因子分析中的原始变量标准化后的变量，z_i 为主成分。在数据编辑器窗口选择"转换"|"计算变量"命令，打开如图 13-20 所示的"计算变量"对话框，在"目标变量"和"数字表达式"文本框中依次输入上述公式，分别单击"确定"按钮，就可以得到主成分分析的结果。

Z人均GDP	Z固定资产投资	Z社会消费品零售总额	Z农村人均纯收入	Z科研机构数量	Z卫生机构数量
2.04441	-.51660	1.65906	1.94024	1.62927	-.42520
1.31636	.03023	.55226	.90174	-.86049	-.90926
-.34281	.88480	-.30199	-.03634	.61073	1.02481
-.53582	-.42228	-.82403	-.62359	-.57756	-.16119
-.46860	.19082	-1.19862	-.62105	-.97366	-.43612
.60217	2.26560	-.48420	.07552	1.40293	.05641
-.22950	-.58107	-.93505	-.11133	.38439	-.71569
.02139	.01172	-.76471	.08823	.10146	.30704
3.75590	2.41216	2.46924	3.23931	.49756	-.33483
.49197	1.58117	.30226	.96530	1.74244	1.50888

图 13-23 标准化后的变量

13.2.3 实验操作

下面以数据文件"13-1"为例，讲解主成分分析的具体操作过程并对结果进行说明。

1. 实验数据描述

由于本实验操作继续使用数据文件"13-1"，因此数据文件"13-1"的具体介绍参见 13.1 节，这里不再赘述。

2. 实验操作步骤

实验的具体操作步骤如下：

步骤 01 打开数据文件"13-1"，进入 SPSS Statistics 数据编辑器窗口，在菜单栏中选择"分析"|"降维"|"因子"命令，在打开的"因子分析"对话框中将"人均 GDP"

"固定资产投资""社会消费品零售总额""农村人均纯收入""科研机构数量"和"卫生机构数量"变量选入"变量"列表框中。

步骤02 单击"确定"按钮,SPSS Statistics 查看器窗口输出结果如图 13-11 和图 13-18 所示。

步骤03 重新建立一个数据文件"13-2",在"13-2"中定义两个新变量"V1"和"V2",并在数据编辑窗口将图 13-14 中成分矩阵中的因子载荷分别输入数据文件"13-2"的"V1"和"V2"变量中。

步骤04 在数据文件"13-2"的数据编辑器窗口中选择"转换"|"计算变量"命令,打开"计算变量"对话框,在"目标变量"文本框中输入"F1",然后在"数字表达式"中输入"v1/SQRT(3.327)",最后单击"确定"按钮。按此步骤,依次完成变量"F2""F3"的计算,就会得到特征向量矩阵。

步骤05 在数据文件"13-1"数据编辑器窗口,对"人均GDP""固定资产投资""社会消费品零售总额""农村人均纯收入""科研机构数量"和"卫生机构数量"变量进行标准化。

步骤06 在数据文件"13-1"的数据编辑器窗口中选择"转换"|"计算变量"命令,打开"计算变量"对话框,在对话框中依次输入等式。

$$z = 0.46z_{人均GDP} + 0.4z_{固定资产投资} + 0.43z_{社会消费品零售总额}$$
$$+ 0.49z_{农村人均纯收入} + 0.38z_{科研机构数量} + 0.25z_{卫生机构数量}$$

$$z = -0.37z_{人均GDP} + 0.32z_{固定资产投资} - 0.32z_{社会消费品零售总额}$$
$$- 0.3z_{农村人均纯收入} + 0.45z_{科研机构数量} + 0.60z_{卫生机构数量}$$

分别单击"确定"按钮。

3. 实验结果分析

单击"确定"按钮,在 SPSS Statistics 数据编辑器窗口就可以得到如图 13-24 所示的两个主成分变量。图中给出了由因子分析结果计算出来的两个主成分变量。图中的每个主成分变量都是原始变量标准化后的线性组合,并且每个主成分变量与其他主成分变量无相关性,其中第一主成分解释的方差比率最大。但是由于主成分变量都是所有原始变量的线性组合,所以很难定义每个主成分的具体含义,只能达到降维的效果,这是其相对于因子分析的劣势。

z1	z2
2.91	-1.56
.74	-1.86
.54	1.41
-1.34	.16
-1.44	.10
1.56	1.30
-.83	-.02
-.16	.44
5.45	-2.36
2.50	1.63

图 13-24 主成分变量

13.3 上机题

13.1 题目中数据是 34 名运动员十项全能的比赛成绩。试采用因子分析的方法来提取公共因子,分析衡量运动员运动成绩的指标。部分指标数据如下表所示。(数据路径:sample\上机题\chap13\习题\第 13 章第一题.sav)

100米（秒）	跳远（米）	铅球（米）	跳高（米）	200米（秒）
11.25	7.43	15.48	2.27	11.25
10.87	7.45	14.97	1.97	10.87
11.18	7.44	14.20	1.97	11.18
10.62	7.38	15.02	2.03	10.62
11.02	7.43	12.92	1.97	11.02
10.83	7.72	13.58	2.12	10.83
11.18	7.05	14.12	2.06	11.18
11.05	6.95	15.34	2.00	11.05
11.15	7.12	14.52	2.03	11.15
11.23	7.28	15.25	1.97	11.23
10.94	7.45	15.34	1.97	10.94
11.18	7.34	14.48	1.94	11.18
11.02	7.29	12.92	2.06	11.02
10.99	7.37	13.61	1.97	10.99
11.03	7.45	14.20	1.97	11.03

（1）进行 KMO 和巴特利特的检验，判断是否适合因子分析。
（2）计算每个变量共同度和因子贡献率指标。
（3）采用主成分分析法计算公共因子，同时绘制各个因子的碎石图。

13.2 为了确定人参的品级，选取了 8 个样本观测 6 种有效成分的含量，我们希望用较少的指标来对人参进行分级。试采用主成分分析法，提取恰当数量的主成分进行降维。部分指标数据如下表所示。（数据路径：sample\上机题\chap13\习题\第 13 章第二题.sav）

有机酸（%）	维生素（%）	糖类（%）	元机盐（%）	固醇寡肽（%）	挥发油类（%）	人参多苷（%）
0.056	0.084	0.031	0.038	0.008	0.022	0.056
0.049	0.055	0.100	0.110	0.022	0.007	0.049
0.038	0.130	0.079	0.170	0.058	0.043	0.038
0.034	0.095	0.058	0.160	0.200	0.029	0.034
0.084	0.066	0.029	0.320	0.012	0.041	0.084
0.064	0.072	0.100	0.210	0.028	0.038	0.064
0.048	0.089	0.062	0.260	0.038	0.036	0.048
0.069	0.087	0.027	0.250	0.045	0.021	0.069

（1）进行 KMO 和巴特利特的检验，判断是否适合主成分分析。
（2）采用主成分分析法，提取主成分达到降维的目的。

第 14 章　对应分析

对应分析也称关联分析、R-Q 型因子分析,通过分析由定性变量构成的交互汇总表来揭示变量间的联系。对应分析可以揭示同一变量的各个类别之间的差异,以及不同变量各个类别之间的对应关系。它最大特点是能把样品和变量同时做到同一张图解上,将样品的大类及其属性在图上直观而又明了地表示出来。另外,对应分析无须进行因子选择和因子轴旋转,可以从因子载荷图上对样品进行直观分类,而且能够指示分类的主要参数(主因子)以及分类的依据,在变量个数与变量的取值类别较多的时候具有明显的优势。对应分析在市场细分、产品定位、企业管理等领域中具有广泛的应用。

14.1　一般对应分析

对应分析法是在 R 型和 Q 型因子分析的基础上发展起来的一种多元统计分析方法,因此对应分析又称为 R-Q 型因子分析。

14.1.1　一般对应分析的基本原理

由于指标型的因子分析和样品型的因子分析反映的是一个整体的不同侧面,因此它们之间一定存在内在的联系。如果能够有效利用这种内在联系所提供的信息,对更全面合理地分析数据具有很大的帮助。在因子分析中,如果研究的对象是样品,可采用 Q 型因子分析;如果研究的对象是变量,则需采用 R 型因子分析。但是,因为这两种因子分析方法必须分别对样品和变量进行处理,所以这两种分析方法往往存在着相互对立的关系,为我们发现和寻找它们的内在联系制造了困难。而对应分析通过一个过渡矩阵 Z 将两者有机地结合了起来。

对应分析的基本思想是将一个联列表的行和列中各元素的比例结构,以点的形式在较低维的空间中表示出来。首先,给出指标变量点的协差阵 $A=Z'Z$ 和样品点的协差阵 $B=ZZ'$,由于两者有相同的非零特征根,所以可以很方便地借助指标型因子分析而得到样品型因子分析的结论。如果对每组变量选择前两列因子载荷,那么两组变量就可以画出两个因子载荷的散点图。由于这两个图所表示的载荷可以配对,于是就可以把这两个因子载荷的两个散点图画到同一张图中,并以此来直观地显示各行变量和各列变量之间的关系。

14.1.2　一般对应分析的 SPSS 操作

打开相应的数据文件或者建立一个数据文件后,就可以在 SPSS Statistics 数据编辑器窗口进行对应分析。

(1)在菜单栏中选择"分析"|"降维"|"对应分析"命令,打开如图 14-1 所示的"对应分析"对话框。
(2)选择变量。

①"行"列表框：该列表框中的变量是进行对应分析的行变量，且必须是数值型的名义变量，因此必须将分类字符串变量重新编码为数值型变量的名义变量。另外，对于汇总数据要使用具有正相似性值的加权变量。

②"列"列表框：该列表框中的变量是进行对应分析的列变量，同行变量一样都必须是数值型的名义变量。

（3）进行相应的设置。

1. "定义范围"设置

一旦选定行变量或列变量，"定义范围"按钮就会被激活。以列变量为例，单击"列"列表框下方的"定义范围"按钮，弹出如图14-2所示的"对应分析：定义列范围"对话框。

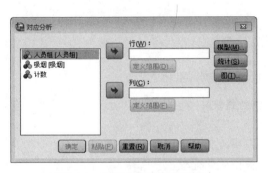

图14-1 "对应分析"对话框

图14-2 "对应分析：定义列范围"对话框

"对应分析：定义列范围"对话框主要用于对行变量定义范围，该对话框含有两个选项组。

①"列变量的类别范围：计数"选项组：在该选项组的"最小值"文本框中输入列变量的最小整数值，在"最大值"文本框中输入列变量的最大整数值。其中，指定的最小值和最大值必须为整数，小数数据值会在分析中被截断，指定范围之外的类别值将不参与对应分析。设置完毕后，单击"更新"按钮，就可以完成列变量的范围设置。

②"类别约束"选项组：该选项组用于当分类所代表的分类不符合对应分析的需要，或者分类模糊时对取值设置约束条件，如将某个列类别约束为等于其他列类别，或者将列类别定义为补充类别。

- 无：表示不进行任何约束。
- 类别必须相等：表示列类别必须具有相等的得分。如果所获得的类别顺序不理想或不直观，请使用等同性约束。可约束为相等的列类别的最大数量等于活动列类别总数减1。
- 类别为补充性：表示补充类别不影响分析，但会出现在由活动类别定义的空间中，该类别对定义维不起作用，最大数目为列类别总数减2。

2. "模型"设置

单击"模型"按钮，弹出如图14-3所示的"对应分析：模型"对话框。该对话框主要用于指定维数、距离测量、标准化方法及正态化方法。

① "解中的维数"文本框。该文本框主要用于指定对应分析的维数。对应分析的目的要求根据需要选择尽量少的维数来解释大多数变异。最大维数取决于分析中使用的活动类别数以及相等性约束的数目。一般情况下，所能够设置的最大维数取决于以下两项中的较小者：活动行类别数减去约束为相等的行类别数，加上受约束的行类别集的数目；活动列类别数减去约束为相等的列类别数，加上受约束的列类别集的数目。

② "距离测量"选项组：该选项组主要用于对应表的行和列之间距离的测量。

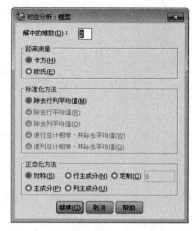

图 14-3 "对应分析：模型"对话框

- "卡方"单选按钮：该单选按钮表示卡方距离测度，即使用加权轮廓表距离，是标准对应分析中所必需的，其中权重是行或列的质量。
- "欧氏"单选按钮：该单选按钮表示欧几里得距离测度，即使用行对和列对之间平方差之和的平方根进行测度。

③ "标准化方法"选项组：该选项组主要用于选择数据标准化的方法。

- "除去行列平均值"单选按钮：表示行和列都被中心化，适用于标准对应分析，仅在选择"卡方"距离测量时可用。
- "除去行平均值"单选按钮：表示只有行被中心化处理。
- "除去列平均值"单选按钮：表示只有列被中心化处理。
- "使行总计相等，并除去平均值"单选按钮：表示在行数据中心化之前先使行边际相等。
- "使列总计相等，并除去平均值"单选按钮：表示在列数据中心化之前先使列边际相等。

其中，"除去行平均值""除去列平均值""使行总计相等，并除去平均值"和"使列总计相等，并除去平均值"仅在选择"欧氏"距离测量时可用。

④ "正态化方法"选项组：该选项组主要用于设置数据正态化方法。

- "对称"单选按钮：表示对于每个维，行得分为列得分的加权平均值除以对应的奇异值，列得分为行得分的加权平均值除以对应的奇异值，如果想要检查两个变量的类别之间的差异或相似性，则使用此方法。
- "主成分"单选按钮：表示行点和列点之间的距离是对应于所选距离测量的近似值，当需要检查一个或两个变量类别之间的差异而非两个变量之间的差异时选中该单选按钮。
- "行主成分"单选按钮：表示行点之间的距离是对应于所选距离测量的近似值，行得分是列得分的加权平均值，特别是当要检验行变量类别之间的差异或相似性时选中该单选按钮。
- "列主成分"单选按钮：表示列点之间的距离是对应于所选距离测量的近似值，列得分是行得分的加权平均值，特别是检查列变量类别之间的差异或相似性时选中该单选按钮。
- "定制"单选按钮：表示用户自己指定介于 –1 和 1 之间的值，"–1"相当于"主要列"，"1"相当于"主要行"，"0"相当于"对称"，而其他值不同程度地将"惯量"分布于行得分和列得分上。

3. "统计"设置

单击"统计"按钮，弹出如图 14-4 所示的"对应分析：统计"对话框。该对话框主要用于设置输出对应分析的统计量值，包括：

- "对应表"复选框：该复选框用于指定输出行、列各个类别组合的交叉表信息。
- "行点概述"复选框：该复选框用于指定输出每个行类别的得分、质量、惯量、点对维惯量的贡献和维对点惯量的贡献。
- "列点概述"复选框：该复选框用于指定输出每个列类别的得分、质量、惯量、点对维惯量的贡献和维对点惯量的贡献。
- "对应表的排列"复选框：该复选框用于指定输出排列后的对应表，即输出根据第一维上的得分按递增顺序排列行和列的对应表。可在"最大排列维数"文本框中输入置换表的最大维数，从而为从 1 到指定数字的每一维分别生成一个置换表。
- "行概要"复选框：该复选框用于指定输出每个行变量类别对所有列变量类别的分布。
- "列概要"复选框：该复选框用于指定输出每个列变量类别对所有行变量类别的分布。
- "以下对象的置信度统计"选项组：该选项组主要用于设置输出非补充行或列点的标准差和相关性。"行点"单选按钮表示输出行点的标准差和相关性，"列点"单选按钮表示输出列点的标准差和相关性。

4. "图"按钮

单击"图"按钮，弹出如图 14-5 所示的"对应分析：图"对话框。

图 14-4 "对应分析：统计"对话框

图 14-5 "对应分析：图"对话框

"对应分析：图"对话框主要用于对输出图形进行设置。

① "散点图"选项组：该选项组主要用于输出维的所有成对图矩阵。

- "双标图"复选框：该复选框表示输出行点和列点的联合图矩阵。
- "行点"复选框：该复选框表示输出行点图矩阵。
- "列点"复选框：该复选框表示输出列点图矩阵。在"散点图的 ID 标签宽度"文本框中输入散点图标签字符个数，该值必须为小于或等于 20 的非负整数。

② "折线图"选项组：该选项组主要用于为指定变量的每一维生成一个线图。

- ❑ “转换后行类别”复选框：该复选框表示输出以行类别初始值对行类别生成的得分图。
- ❑ “转换后列类别”复选框：该复选框表示输出以列类别初始值对列类别生成的得分图。

③“图维”选项组：该选项组主要用于设置图的维数。

- ❑ “显示解中所有的维”单选按钮：该单选按钮表示行和列的维数显示在交叉表中。
- ❑ “限制维数”单选按钮：该单选按钮表示限制输出的维数，在“最低维”中输入从 1 到总维数减 1 的整数，在“最高维”中输入从 2 到总维数的整数。

设置完毕后，单击“确定”按钮，即可在 SPSS Statistics 查看器窗口得到对应分析的结果。

14.1.3　实验操作

下面以数据文件“14-1”为例，讲解对应分析的具体操作过程并对结果进行说明。

1. 实验数据描述

数据文件“14-1”由按工作类别区分吸烟行为的交叉制表构成。变量“人员组”包含工作类别高级经理、初级经理、高级雇员、低级雇员和秘书以及类别国家平均水平（可用作分析的补充）；变量“吸烟”包含不吸烟、少量、中等数量和大量以及类别不饮酒和饮酒（这些类别可用作分析的补充）；变量“权重”是对该类别的数目的描述。本实验将利用对应分析方法来对“人员组”和“吸烟”两个分类变量的对应关系进行分析。原始 Excel 数据文件如图 14-6 所示。

	A	B	C
1	人员组	吸烟	计数
2	高级经理	不吸烟	4
3	高级经理	少量	2
4	高级经理	中等数量	3
5	高级经理	大量	2
6	初级经理	不吸烟	4
7	初级经理	少量	3
8	初级经理	中等数量	7
9	初级经理	大量	4
10	高级雇员	不吸烟	25
11	高级雇员	少量	10
12	高级雇员	中等数量	12
13	高级雇员	大量	4
14	低级雇员	不吸烟	18
15	低级雇员	少量	24
16	低级雇员	中等数量	33
17	低级雇员	大量	13
18	秘书	不吸烟	10
19	秘书	少量	6
20	秘书	中等数量	7
21	秘书	大量	2
22	高级经理	不饮酒	0
23	高级经理	饮酒	11
24	初级经理	不饮酒	1
25	初级经理	饮酒	17
26	高级雇员	不饮酒	5
27	高级雇员	饮酒	46
28	低级雇员	不饮酒	10
29	低级雇员	饮酒	78

图 14-6　数据文件“14-1”的原始数据

首先在 SPSS 变量视图中建立变量“人员组”“吸烟”和“计数”，分别表示工作类别、吸烟状况和数据的权重。“人员组”为名义变量，分别将“高级经理”“初级经理”“高级雇员”“低级雇员”和“秘书”以及类别国家平均水平赋值为“1”“2”“3”“4”“5”“6”。“吸烟”也为名义变量，分别将“不吸烟”“少量”“中等数量”和“大量”以及类别“不饮酒”和“饮酒”赋值为“1”“2”“3”“4”“5”“6”，如图 14-7 所示。

	名称	类型	宽度	小数位数	标签	值	缺失	列	对齐	测量	角色
1	人员组	数字	8	2	人员组	{1.00, 高级...	无	8	右	名义	输入
2	吸烟	数字	8	2	吸烟	{1.00, 不吸...	无	8	右	名义	输入
3	计数	数字	8	2		无	无	8	右	标度	输入
4											

图 14-7　数据文件“14-1”的变量视图

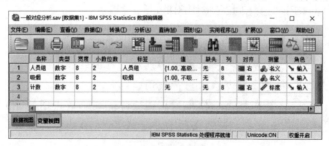

然后在 SPSS 活动数据文件的数据视图中，把相关数据输入到各个变量中，输入完毕后的部分数据如图 14-8 所示。

图 14-8 数据文件"14-1"的数据视图

2. 实验操作步骤

具体操作步骤如下：

步骤 01 打开数据文件"14-1"，进入 SPSS Statistics 数据编辑器窗口，在菜单栏中选择"数据"|"个案加权"命令，打开如图 14-9 所示的"个案加权"对话框，选中"个案加权系数"单选按钮，然后单击"计数"变量，单击 按钮将其选入"频率变量"文本框中，单击"继续"按钮，保存设置结果。

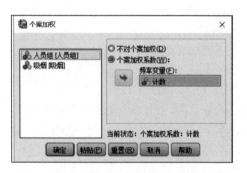

图 14-9 "个案加权"对话框

步骤 02 在数据文件"14-1"数据编辑器窗口的菜单栏中选择"分析"|"降维"|"对应分析"命令，打开"对应分析"对话框。首先将"人员组"选入"行"列表框，单击"定义范围"按钮，打开"对应分析：定义行范围"对话框，在该对话框的"最小值"和"最大值"文本框中分别输入 1 和 5，单击"更新"按钮。然后将"吸烟"选入"列"列表框，单击"定义范围"按钮，打开"对应分析：定义列范围"对话框，在该对话框的"最小值"和"最大值"文本框中分别输入 1 和 4，单击"更新"按钮。

步骤 03 单击"统计"按钮，打开"对应分析：统计"对话框，选中"对应表的排列""行概要""列概要""行点概述""行点"和"列点"复选框，单击"继续"按钮，保存设置结果。

步骤 04 单击"确定"按钮，便可以得到简单对应分析结果。

3. 实验结果及分析

SPSS Statistics 查看器窗口的输出结果如图 14-10~图 14-17 所示。

图 14-10 给出了对应分析的对应表。实际上，对应表相当于“人员组”和“吸烟”两个变量的交叉表。“活动边际”表示相应行或列个案分布的总计。从该图可以发现，大量吸烟的职员最少，而不吸烟和中等数量吸烟的职员最多。但是从该图还不能看出是否吸烟和工作类别之间的关系。

图 14-11 给出了对应分析的统计摘要表。对应分析的目的是利用尽可能少的维度表示变量间的关系，而摘要表可以提供最大维度的信息来观察每个维度上的贡献。在本实验中最大维度是这样确定的：活动列变量类别数（四类）减去 1，即为三个维度。“惯量比例”相当于特征值，是衡量解释数据变异能力的指标。可见第一维度展示了最多的变异：0.878（0.075/0.085），第二个维度与第一个维度正交，展示了剩下的最大部分：0.118%（0.010/0.085），而第三个维度解释能力几乎没有。由于第三个维度仅仅承载了 0.005%的变异，因此二维的对应分析就足够了。“置信度奇异值”表示行得分和列得分的相关系数，与皮尔逊相关系数类似。它等于惯量值的平方，因此是维度重要性的另一种度量。

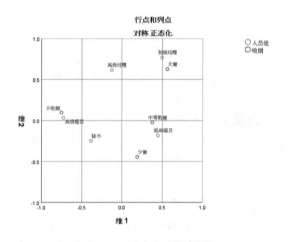

对应表

人员组	吸烟 不吸烟	少量	中等数量	大量	活动边际
高级经理	4	2	3	2	11
初级经理	4	3	7	4	18
高级雇员	25	10	12	4	51
低级雇员	18	24	33	13	88
秘书	10	6	7	2	25
活动边际	61	45	62	25	193

图 14-10　对应表

摘要

维	奇异值	惯量	卡方	显著性	惯量比例 占	累积	置信度奇异值 标准差	相关性 2
1	.273	.075			.878	.878	.070	.020
2	.100	.010			.118	.995	.076	
3	.020	.000			.005	1.000		
总计		.085	16.442	.172[a]	1.000	1.000		

a. 12 自由度

图 14-11　摘要输出表

图 14-12 给出了行得分和列得分在二维上的散点图，通过图表的形式展现类别和样本之间的潜在关系。行点和列点越近表示关系越密切。如第二个维数把经理和其他雇员分开了。对称正态化方法使得比较容易观察“人员组”和“吸烟”之间的关系，经理比较接近大量吸烟型，而高级雇员更接近不吸烟型。

图 14-12　对应分析散点图

图 14-13 给出了行概要文件表。每个单元格给出了相应交叉表中该单元格频数占该行个案总数的百分比（如高级雇员和秘书中分别有 49%和 40%的不吸烟，而初级经理和低级雇员中有近 40%的中等吸烟）。“活动边际”表示该行的总计百分比。“数量”表示该行个案数目占总个案数目的百分比。

图 14-14 给出了列概要文件表。每个单元格给出了相应交叉表中该单元格频数占该列个案总数的百分比（如不吸烟的雇员中高级雇员最多，占总数的 41%；而大量吸烟和中度吸烟的雇员中低级雇员最多）。“活动边际”表示该列的总计百分比。“数量”表示该列个案数目占总个案数目的

百分比。

行概要

人员组	不吸烟	少量	中等数量	大量	活动边际
高级经理	.364	.182	.273	.182	1.000
初级经理	.222	.167	.389	.222	1.000
高级雇员	.490	.196	.235	.078	1.000
低级雇员	.205	.273	.375	.148	1.000
秘书	.400	.240	.280	.080	1.000
数量	.316	.233	.321	.130	

图 14-13　行概要文件表

列概要

人员组	不吸烟	少量	中等数量	大量	数量
高级经理	.066	.044	.048	.080	.057
初级经理	.066	.067	.113	.160	.093
高级雇员	.410	.222	.194	.160	.264
低级雇员	.295	.533	.532	.520	.456
秘书	.164	.133	.113	.080	.130
活动边际	1.000	1.000	1.000	1.000	

图 14-14　列概要文件表

图 14-15 给出了行点概述的信息。"数量"表示该类别个案占总个案数目的百分比。"维得分"表示各个行类别在第一维度和第二维度上的得分，也是对应分析散点图的坐标值，通过该得分可以判断行类别在每个维度上的分散情况。"贡献"表示行点对维度或者维度对行点变异的解释能力（即惯量的贡献度），其中"点对维的惯量"表示行点在该维度上的贡献或者重要度，"维对点的惯量"表示该维度对解释该类别行点的贡献度。从图中可以看出"高级雇员"和"低级雇员"在第一维度上贡献了 85%的惯量，是该维度上的主导行点；"高级雇员"和"低级雇员"的惯量在第一维度和第二维度上得到了全部的分散，并且前两维度几乎解释了"高级经理"89%的惯量，因此第三维度几乎没有贡献。

行点总览[a]

人员组	数量	维得分 1	维得分 2	惯量	点对维的惯量 1	点对维的惯量 2	维对点的惯量 1	维对点的惯量 2	总计
高级经理	.057	-.126	.612	.003	.003	.214	.092	.800	.893
初级经理	.093	.495	.769	.012	.084	.551	.526	.465	.991
高级雇员	.264	-.728	.034	.038	.512	.003	.999	.001	1.000
低级雇员	.456	.446	-.183	.026	.331	.152	.942	.058	1.000
秘书	.130	-.385	-.249	.006	.070	.081	.865	.133	.999
活动总计	1.000			.085	1.000	1.000			

a. 对称正态化

图 14-15　行点概述

图 14-16 和图 14-17 给出了行点和列点的置信统计量信息。"维的标准差"表示各个行类别或列类别在第一维度和第二维度上的得分的标准差，如果标准差过大则对该行点或列点在总体中的位置将更加不确定，如果标准差很小则该行点或列点在总体中的位置将非常接近对应分析给出的点位置。"相关性"表示了第一维度得分和第二维度得分的相关性，如果相关性很大则没有把握在一个正确的维度确定行点或列点的位置。如"高级经理"和"初级经理"的标准差都比较大，是因为这两个类别的个案数目比较小。

置信度行点

人员组	维的标准差 1	维的标准差 2	相关性 1-2
高级经理	.614	.917	.101
初级经理	.461	.511	.007
高级雇员	.110	.157	.107
低级雇员	.118	.124	.611
秘书	.158	.153	-.360

图 14-16　置信度行点

置信度列点

吸烟	维的标准差 1	维的标准差 2	相关性 1-2
不吸烟	.118	.145	.402
少量	.281	.292	.054
中等数量	.179	.332	.020
大量	.361	.441	-.155

图 14-17　置信度列点

14.2 多重对应分析

与简单对应分析用于分析两个分类变量间的关系不同，多重对应分析适用于分析一组属性变量之间的相关性。

14.2.1 多重对应分析的基本原理

与一般对应分析一样，多重对应分析的基本思想也是以点的形式在较低维的空间表示联列表行和列中各元素的比例结构。多重对应分析的计算方法和计算结果与一般对应分析基本相同。与一般对应分析相比，多重对应分析的优势表现在以下两个方面：

（1）可以同时处理并以图形的形式表示多个分类变量之间的关系。
（2）可以同时分析多种形式的变量，能够处理的变量种类更加丰富。

14.2.2 多重对应分析的 SPSS 操作

打开相应的数据文件或建立一个数据文件后，可以在 SPSS Statistics 数据编辑器窗口中进行多重对应分析。

（1）在菜单栏中选择"分析"|"降维"|"最优标度"命令，打开如图 14-18 所示的"最优标度"对话框。该对话框用于设置变量集数目、分析方法等，包括：

①"最优标度级别"选项组：该选项组用于指定变量的度量类型。如果所要分析的变量都是名义变量而非有序变量或度量变量，则选中"所有变量均为多重名义"单选按钮；如果所要分析的变量含有名义变量而非有序变量或度量变量，则选中"某些变量并非多重名义"单选按钮。

②"变量集的数目"选项组：该选项组用于确定变量集的数目。如果仅仅分析的是一组变量间的关系，则选中"一个集合"单选按钮；如果分析的变量中含有多选题变量集合，则选中"多个集合"单选按钮。

③"选定的分析"选项组：该选项组用于显示最有刻度的分析方法。当分析多个名义分类变量之间的关系且一个变量集时则显示"多重对应分析"，此时选择了"所有变量均为多重含义"和"一个集合"单选按钮；当所要分析的变量含有名义变量而非有序变量或度量变量且分析的变量中含有多选题变量集合时显示"分类主要成分"，此时选择了"某些变量并非多重含义"和"一个集合"单选按钮，该方法多用于市场研究中多维偏好分析；当选择了"多个集合"单选按钮就会显示"非线性典型相关性"。

本节主要介绍"多重对应分析"方法，因此选择图 14-18 所示的"最优标度"对话框中的"所有变量均为多重含义"和"一个集合"单选按钮，然后单击"定义"按钮，打开如图 14-19 所示的"多重对应分析"对话框。

（2）选择变量。

①"分析变量"列表框：该列表框中的变量是进行多重对应分析的目标变量，并且都必须是数值型的名义变量，因此必须将分类字符串变量重新编码为数值型变量的名义变量。可以选入两个以上的变量，如果仅选入两个变量相当于进行简单对应分析。每个变量必须至少包含三个有效个案且该分析基于正整数数据。一旦选定分析变量，"定义变量权重"按钮就会被激活。单击"定

义变量权重"按钮，弹出如图 14-20 所示的"MCA：定义变量权重"对话框。在"变量权重"文本框中输入变量的权重。

图 14-18　"最优标度"对话框

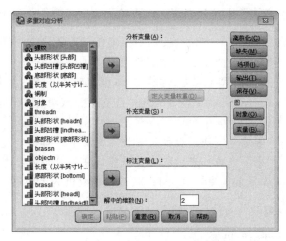

图 14-19　"多重对应分析"对话框

②"补充变量"列表框：该列表框中的变量是进行多重对应分析的补充变量，不用于多重对应分析，仅用于对比。

③"标注变量"列表框：该列表框中的变量是进行多重对应分析的标签变量，用于在结果中标示记录。

④"解中的维数"文本框：该文本框用于输入多重对应分析结果的最低维度数目。

（3）进行相应的设置。

1．"离散化"设置

单击"离散化"按钮，弹出如图 14-21 所示的"MCA：离散化"对话框。该对话框主要用于选择对变量重新编码的方法，即分类方法。由于多重对应分析的变量都是分类名义变量，因此需要对不符合要求的变量取值进行离散化，如通过按照升序字母数值顺序分配类别指示符，字符串变量总是转换为正整数，字符串变量的离散化适用于这些整数。

图 14-20　"MCA：定义变量权重"对话框

图 14-21　"MCA：离散化"对话框

① "变量"列表框：该列表框主要用于存放多重对应分析的分析变量，变量名的括号中表示该变量的离散化方法。

② "方法"下拉列表框：该下拉列表框主要用于选择变量离散化的方法，其中包括：

- "未指定"方法：表示不指定任何离散化方法。
- "分组"方法：表示将选定的变量重新编码为指定数量的类别，或者按区间重新编码类别，然后在"类别数"文本框中输入分类的数目，并选择"类别数"进行选定变量取值的分布是"正态"还是"均匀"，或者选中"等宽区间"单选按钮指定重新编码的间隔区间。
- "等级"方法：表示将通过对变量个案排秩来进行分类。
- "乘"方法：表示取变量当前值乘以 10 且经过四舍五入的标准化值，并且加上一个常数确保最低离散值为 1，然后按整数值的大小进行分类。

选择离散化方法后，单击"变化量"按钮即可。

2. "缺失"设置

单击"缺失"按钮，弹出如图 14-22 所示的"MCA：缺失值"对话框。该对话框主要用于设置缺失值的方法，包括两个选项组：

① "缺失值策略"选项组：该选项组中包含"分析变量"和"补充变量"两个列表框，分别用于存放分析变量和补充变量。

② "策略"选项组：该选项组用于指定处理缺失值的方法。

- "排除缺失值；以便在量化后进行相关性插补"单选按钮：该单选按钮表示选定的变量有缺失值的对象对于此变量的分析不起作用，该方法属于消极处理方法，即排除值模式。如果消极处理所有变量，则所有变量都有缺失值的对象将视为补充对象。如果选择输出相关矩阵，则缺失值的替换方式有：
    > "众数"表示将缺失值替换为最优刻度化变量的众数。
    > "附加类别"表示将缺失值替换为附加类别的定量，这意味着此变量有缺失值的对象被视为属于同一（附加）类别。
- "插补缺失值"单选按钮：该单选按钮表示对选定变量有缺失值的对象进行归因，该方法为积极处理方法，即推算插补模式。其中插补方法有两种：众数和附加类别。"众数"表示将缺失值替换为最频繁的类别，当有多个众数时将使用具有最小类别指示符的众数；选择"附加类别"含义相同。
- "排除对于此变量具有缺失值的对象"单选按钮：该单选按钮表示从对应分析中排除选定变量的缺失值对象，该方法不适用于补充变量。

3. "选项"设置

单击"选项"按钮，弹出如图 14-23 所示的"MCA：选项"对话框。该对话框主要用于选择初始配置、指定迭代和收敛标准、正态化方法、选择标记图的方法及指定附加对象。

① "补充对象"选项组：该选项组用于指定要其成为附加对象的个案编号。

- "个案范围"单选按钮：表示对对象范围的第一个和最后一个个案编号，在"第一个"

和"最后一个"文本框中输入编号,然后单击"添加"按钮进入附加对象列表框。
- "单个个案"单选按钮:表示如果将某个对象指定为附加对象,则对于该对象将忽略个案权重。单击"更改"按钮,可以对选定的附加对象进行更改设置;单击"删除"按钮,可以删除已经设置好的附加对象。

图 14-22 "MCA:缺失值"对话框

图 14-23 "MCA:选项"对话框

② "正态化方法"选项组:该选项组用于指定变量标准化得分的正态化方法。有以下几种方法:

- "变量主成分"方法:表示优化变量之间的关联,对象空间中的变量坐标是成分载入(与主成分的相关性,如维和对象得分)。
- "对象主成分"方法:表示优化对象间的距离,适用于关注对象之间的区别或相似性的情况。
- "对称"方法:相当于简单对应分析中的对称方法,适用于关注对象和变量之间的关系的情况。
- "独立"方法:适用于单独检查对象之间的距离和变量之间的相关性。
- "定制"方法:表示用户自己指定介于–1 和 1 之间的值,"–1"相当于"主要变量","1"相当于"主要对象","0"相当于"对称",而其他值不同程度地将"惯量"特征值分布于对象和变量上。

③ "条件"选项组:该选项组用于设置迭代收敛标准。在"最大迭代次数"文本框中输入最大迭代次数,在"收敛"文本框中输入收敛临界值,即循环求解的最后两个模型拟合优度之差小于该值,则停止迭代。

④ "图的标注依据"选项组:该选项组用于指定在图中将使用变量和值标签还是变量名称和值。选中"变量标签或值标签"单选按钮,表示在图中将使用变量和值标签;选择"变量名称或值"单选按钮,表示在图中将使用变量名称和值。

⑤ "图维"选项组:该选项组主要用于设置图的维数。

- "显示解中所有的维"单选按钮：该单选按钮表示行和列的维数显示在交叉表中。
- "限制维数"单选按钮：该单选按钮表示限制输出的维数，在"最低维"文本框中输入从 1 到总维数减 1 的整数，在"最高维"文本框中输入从 2 到总维数的整数。

4."输出"设置

单击"输出"按钮，弹出如图 14-24 所示的"MCA：输出"对话框。该对话框主要用于为对象得分、区分测量、迭代历史、原始变量和转换后变量的相关性、选定的变量的类别量化和选定的变量的描述统计生成表。

① "表"选项组：该选项组用于设置输出相关统计量。

- "对象得分"复选框：该复选框表示输出对象得分表，包括质量、惯量和贡献。一旦选中"对象得分"复选框，则"对象得分选项"就会被激活。选入"包括下列对象的类别"列表框的分析变量将输出该变量的类别信息，选入"对象得分的标注依据"的标签变量将用于标注对象。
- "区分测量"复选框：该复选框表示输出每个变量和每一维的区分测量。
- "迭代历史记录"复选框：该复选框表示输出迭代中偏差的变化。
- "原始变量的相关性"复选框：该复选框表示输出原始变量的相关性矩阵及该矩阵的特征值。
- "转换后变量的相关性"复选框：该复选框表示输出转换变量的相关性矩阵及该矩阵的特征值。

② "类别量化与贡献"列表框：该列表框用于输出选定变量的每一维度的类别量化（坐标），包括质量、惯量和贡献。

③ "描述统计"列表框：该列表框用于输出选定变量的频率、缺失值的数量及众数等描述性统计量信息。

5."保存"设置

单击"保存"按钮，弹出如图 14-25 所示的"MCA：保存"对话框。

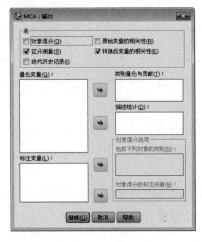

图 14-24 "MCA：输出"对话框

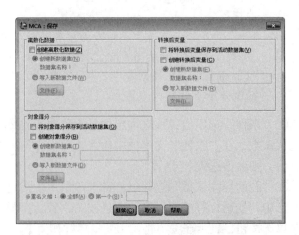

图 14-25 "MCA：保存"对话框

"MCA：保存"对话框主要用于进行保存设置。

① "离散化数据"选项组：选中"创建离散化数据"复选框，则"创建新数据集"和"写入新数据文件"单选按钮被激活。选中"创建新数据集"单选按钮，表示建立一个新数据集来保存离散化数据，在"数据集名称"文本框中输入该新数据集的名称。选中"写入新数据文件"单选按钮，表示建立一个外部 SPSS Statistics 数据文件保存离散化数据，单击"文件"按钮选择文件。

② "转换后变量"选项组：该选项组用于保存已转化的变量，具体用法与"离散化数据"一致。

③ "对象得分"选项组：该选项组用于保存对象得分，具体用法与"离散化数据"一致。

④ "多重名义维"选项：该选项用于将指定数据保存至当期活动数据文件中。

- "全部"单选按钮：该单选按钮表示保存所有维度得分。
- "第一个"单选按钮：该单选按钮表示可以指定保存数据的最大维度。

6．"对象"设置

单击"对象"按钮，弹出如图 14-26 所示的"MCA：对象图"对话框。该对话框用于指定所要的图类型及要绘图的变量。

- "对象点"复选框：该复选框表示输出对象点的图。一旦选中该复选框，则"标注对象"选项组就会被激活。在"标注对象"选项组中选中"个案号"单选按钮，表示"可用"列表框中的所有变量用作标签变量，选中"变量"单选按钮，则为每个变量生成一个图。
- "对象和质心（双标图）"复选框：该复选框表示输出对象点和其中心点的双标图。一旦选中该复选框，则"双标图变量"选项组就会被激活。在"双标图变量"选项组中选中"所有变量"单选按钮，表示"可用"列表框中的所有变量都用于双标图，选中"选定变量"单选按钮，表示在"可用"列表框中选择变量用于双标图。

7．"变量"设置

单击"变量"按钮，弹出如图 14-27 所示的"MCA：变量图"对话框。

图 14-26　"MCA：对象图"对话框

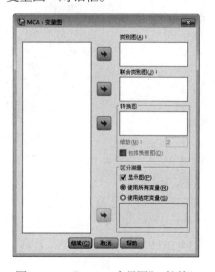
图 14-27　"MCA：变量图"对话框

“MCA：变量图”对话框用于指定所要的图类型和要绘制的变量。

①“类别图”列表框：该列表框用于对选定的每个变量绘制质心坐标图。

②“联合类别图”列表框：该列表框用于对每个选定的变量的质心坐标绘制单个图。

③“转换图”列表框：该列表框用于输出最优类别量化与类别指示符的比较图。在“维数”文本框中输入指定维数，将为每一维分别生成一个图。如果选中“包括残差图”复选框，则输出每个选定的变量的残差图。

④“区分测量”选项组：该选项组用于为变量生成区分测量的单个图。

- “显示图”复选框：表示输出区分测量的图。
- “使用所有变量”单选按钮：表示为所有变量生成区分测量的单个图。
- “使用选定变量”单选按钮：表示为选定变量生成区分测量的单个图。

设置完毕后，单击“确定”按钮，即可在SPSS Statistics查看器窗口得到多重对应分析的结果。

14.2.3　实验操作

下面以数据文件“14-2”为例，讲解多重对应分析的具体操作过程并对结果进行说明。

1. 实验数据描述

数据文件“14-2”来源于SPSS 26.0自带的数据文件screws.sav，本书对该数据文件进行了适当修改。该数据文件包含关于螺钉、螺栓、螺母和图钉的特征信息，利用多重对应分析方法，分析特征与所属分类的对应关系。原始Excel数据文件如图14-28所示。

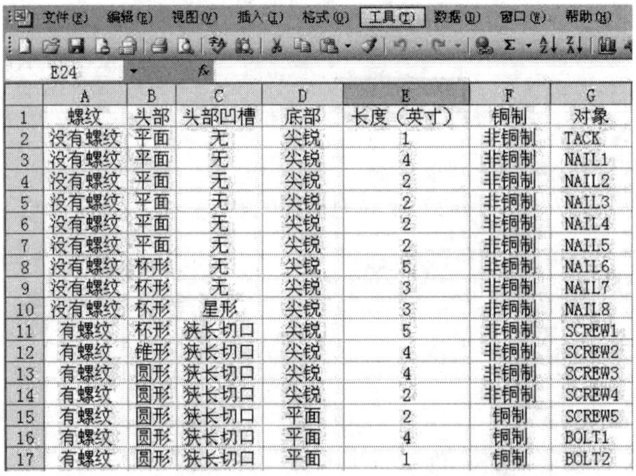

	A	B	C	D	E	F	G
1	螺纹	头部	头部凹槽	底部	长度（英寸）	铜制	对象
2	没有螺纹	平面	无	尖锐	1	非铜制	TACK
3	没有螺纹	平面	无	尖锐	4	非铜制	NAIL1
4	没有螺纹	平面	无	尖锐	2	非铜制	NAIL2
5	没有螺纹	平面	无	尖锐	2	非铜制	NAIL3
6	没有螺纹	平面	无	尖锐	2	非铜制	NAIL4
7	没有螺纹	平面	无	尖锐	2	非铜制	NAIL5
8	没有螺纹	杯形	无	尖锐	5	非铜制	NAIL6
9	没有螺纹	杯形	无	尖锐	3	非铜制	NAIL7
10	没有螺纹	杯形	星形	尖锐	3	非铜制	NAIL8
11	有螺纹	杯形	狭长切口	尖锐	5	非铜制	SCREW1
12	有螺纹	锥形	狭长切口	尖锐	4	非铜制	SCREW2
13	有螺纹	圆形	狭长切口	尖锐	4	非铜制	SCREW3
14	有螺纹	圆形	狭长切口	尖锐	2	非铜制	SCREW4
15	有螺纹	圆形	狭长切口	平面	2	铜制	SCREW5
16	有螺纹	圆形	狭长切口	平面	4	铜制	BOLT1
17	有螺纹	圆形	狭长切口	平面	1	铜制	BOLT2

图14-28　数据文件“14-2”的原始数据

在SPSS变量视图中建立变量“螺纹”“头部”“头部凹槽”“底部”“长度”“铜制”和“对象”，分别表示螺钉、螺栓、螺母和图钉的头部、头部凹槽、底部、长度、铜制、对象等信息，并分别对每个变量进行定义和赋值，如图14-29所示。

在SPSS活动数据文件的数据视图中，把相关数据输入到各个变量中，输入完毕后的部分数据如图14-30所示。

第 14 章　对应分析　　313

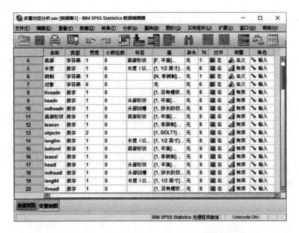

图 14-29　数据文件"14-2"的变量视图

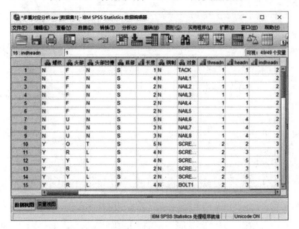

图 14-30　数据文件"14-2"的数据视图

2. 实验操作步骤

具体操作步骤如下：

步骤01　打开数据文件"14-2"，进入 SPSS Statistics 数据编辑器窗口，在菜单栏中选择"分析"|"降维"|"最优标度"命令，打开"最优标度"对话框，单击"定义"按钮，打开"多重对应分析"对话框。从源变量列表中选择变量"螺纹""头部""头部凹槽""底部""长度"和"铜制"选入"分析变量"列表框，选择"对象"选入"标注变量"列表框。

步骤02　单击"对象"按钮，打开"MCA：对象图"对话框，选中"选定变量"单选按钮，将"螺纹""头部""头部凹槽""底部""长度"和"铜制"选入"选定"列表框，单击"继续"按钮，保存设置结果。

步骤03　单击"确定"按钮，便可以得到多重对应分析结果。

3. 实验结果及分析

SPSS Statistics 查看器窗口的输出结果如图 14-31~图 14-33 所示。

图 14-31 给出了模型摘要结果。该图给出了各个维度上的特征值、惯量和解释的方差百分比

的信息。如第一维度和第二维度上分别可以解释数据变异的 62%和 36%。

　　图 14-32 给出了区分测量的信息。大的区分测量相当于一个变量在类别上较大的分散，即指沿着该维度在变量类别上有一个高的区分度。如底部形状和螺纹在第一维度上有很大的区分测量，而在第二维度上很小，说明这两个变量类别属性仅仅在第一维度上有高的区分度和分散度。长度在第二维度上有高的区分度说明第二维度能够把长度变量区分开来。头部凹槽和头部形状在两个维度上区分都很好，而铜制在两个维度上都没有区分，实际上是因为所有对象都是铜制的或不是铜制。

图 14-31　模型摘要

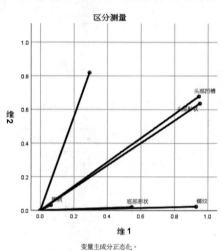

图 14-32　区分测量

　　图 14-33 给出了按头部形状加注标签的对象点在各个维度上的得分图。带有多种与最频繁的类别相当的属性的对象就会落在与直角较近的位置，而带有单一属性的对象则远离直角。从该图可以看到，在第一维度上将头部形状为圆形、圆柱形的与头部形状为平面、杯形的区分开来，同时第二维度上将锥形、杯形与圆形、圆柱形区分开来。总体上，锥形的远离直角说明锥形的螺丝带有的特性是其他类别螺丝所不具有的。因此对象得分对于识别特殊点非常有用。

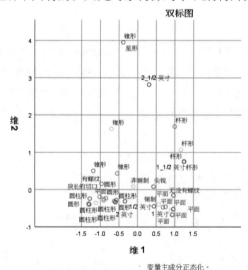

图 14-33　由头部形状标注的对象点

14.3 上 机 题

14.1 某大学农学院进行了豌豆遗传性状的实验，豌豆杆的性状和豌豆果实的性状如数据文件所示，其中数据文件中的"1""2""3"分别表示豌豆的不同性状。试进行对应分析，分析豌豆杆的性状和豌豆果实的性状的对应关系。部分指标数据如下表所示。（数据路径：sample\上机题\chap14\习题\第 14 章第一题.sav）

豌豆性状	果实性状	频数
1.00	1.00	98.00
1.00	2.00	48.00
1.00	3.00	403.00
1.00	4.00	681.00
1.00	5.00	85.00
2.00	1.00	343.00
2.00	2.00	84.00
2.00	3.00	909.00
2.00	4.00	412.00
2.00	5.00	26.00
3.00	1.00	326.00
3.00	2.00	38.00
3.00	3.00	241.00
3.00	4.00	110.00
3.00	5.00	3.00

（1）试计算对应分析的对应表，熟悉各个变量的频率分布情况。

（2）采用对应分析计算行得分和列得分在二维上的散点图，并通过图表的形式分析类别和样本之间的潜在关系。

14.2 某公司就各个部门人员的酗酒状况进行了调研，调研数据按部门类别区分人员酗酒行为交叉制表。变量"部门"包含管理部、财务部和项目部；变量"酗酒状况"按程度分为重度、较重、中度、较轻和从不 5 种，用数字 1~5 表示；变量"计数"是对该类别数目的描述，即该种情况的权重。部分数据如下表所示。（数据路径：sample\上机题\chap14\习题\第 14 章第二题.sav）

部门	酗酒状况	计数
管理部	1	343.00
管理部	2	84.00
管理部	3	909.00
管理部	4	412.00
管理部	5	26.00
财务部	1	326.00
财务部	2	38.00
财务部	3	241.00
财务部	4	110.00

（续表）

部门	酗酒状况	计数
财务部	5	3.00
项目部	1	688.00
项目部	2	116.00
项目部	3	584.00
项目部	4	188.00
项目部	5	4.00

试采用对应分析分析各个变量在二维上的散点图，并结合对应表分析该公司部门人员和酗酒状况联系。

第 15 章 时间序列模型

时间序列分析是一种动态数据处理的统计方法。该方法基于随机过程理论和数理统计学方法，研究随机数据序列所遵循的统计规律，以藉此解决实际问题。在现实中，许多统计资料都是按照时间进行观测记录的，因此时间序列分析在实际分析中具有广泛的应用。时间序列是按随机过程的一次实现，具有随时间而变化、动态性和随机性数字序列等特点。

时间序列模型不同于一般的经济计量模型，其不以经济理论为依据，而是依据变量自身的变化规律，利用外推机制描述时间序列的变化。时间序列模型在处理的过程中必须明确考虑时间序列的非平稳性。在 SPSS 中提供了多种进行时间序列分析的方法，本章将介绍这些方法。

15.1 时间序列数据的预处理

SPSS 无法自动识别时间序列数据，并且时间序列数据在处理的过程中必须明确考虑时间序列的非平稳性，因此在进行时间序列分析前，必须对时间序列进行预处理。

15.1.1 定义时间变量

在 SPSS 中进行时间序列分析或建模，必须先根据数据的时间格式进行时间变量定义，否则 SPSS 不会将数据自动识别为时间序列数据，而是作为普通数据处理。定义时间变量的具体方法如下。

（1）在菜单栏中选择"数据"|"定义日期和时间"命令，打开如图 15-1 所示的"定义日期"对话框。

（2）进行相应的设置。在"定义日期"对话框的"个案是"列表框中选择要定义的时间格式，然后在"第一个个案是(F)"中定义数据开始的具体时间，如年、季度、周、小时等。

- "个案是"列表框：该列表框中提供了 19 种不同的日期格式，包括年份、季度、月份、日、星期、工作日、小时、分钟等，可自由选择。如果需要分析的时间序列为跨年度的季度时间序列，则选择"年份、季度"即可。
- "第一个个案是(F)"选项组：该选项组用于定义时间变量的起始日期。一旦选中"个案是"列表框中的选项，则会在此显示相应的时间格式。如在"个案是"列表框中选择"年，月"，则显示如图 15-2 所示的对话框。

在"年"和"月"文本框中输入数据开始的具体年份和季度，然后单击"确定"按钮就可以完成时间变量的定义。定义完毕后，SPSS Statistics 的数据视图中就会出现定义的时间变量。这里，"更高级别的周期长度"显示该时间格式下的周期。

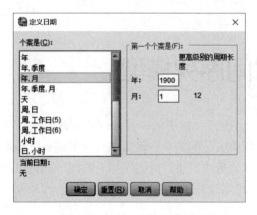 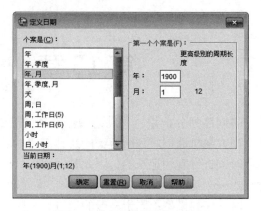

图 15-1 "定义日期"对话框　　　　　图 15-2 定义数据的起始时间

15.1.2 时间序列数据的平稳化处理

打开相应的数据文件或建立一个数据文件后，就可以在 SPSS Statistics 数据编辑器窗口中对时间序列数据进行平稳化。

（1）在菜单栏中选择"转换"|"创建时间序列"命令，打开如图 15-3 所示的"创建时间序列"对话框。

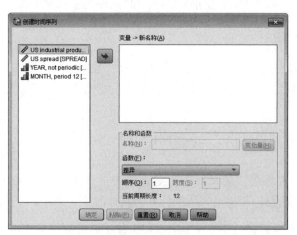

图 15-3 "创建时间序列"对话框

（2）选择变量。从源变量列表框中选择需要进行平稳化处理的变量，然后单击 按钮将选中的变量选入"变量->新名称"列表框中。进入"变量->新名称"列表框中的变量显示为"新变量名称=平稳函数（原变量名称顺序）"。

（3）进行相应的设置。在"名称和函数"选项组中可以对平稳处理后生成的新变量重命名并选择平稳化处理的方法，设置完毕后单击"变化量"按钮就完成了新变量的重命名和平稳化处理方法的选择。

SPSS 提供了 8 种平稳化处理的方法，各选项及其功能介绍如下：

- "差异"方法：指对非季度数据进行差分处理。其中，一阶差分即数据前一项减去后一项得到的值，因此一阶差分会损失第一个数据。同理，n 阶差分会损失前 n 个数据。在

“顺序”文本框中输入差分的阶数。差分是时间序列非平稳数据平稳处理的最常用的方法，特别是在 ARIMA 模型中。

- “季节性差异”方法：指对季节数据进行差分处理。其中，一阶差分指该年份的第 n 季度的数据与下一年份第 n 季度的数据做差。由于每年有四个季节，因此 m 阶差分就会损失 m 个数据。
- “中心移动平均值”方法：指以当期值为中心取指定跨度内的均值，在“跨度”文本框中指定取均值的范围。该方法比较适用于正态分布的数据。
- “前移动平均值”方法：指取当期值以前指定跨度内的均值，在“跨度”文本框中指定取均值的范围。
- “运行中位数”方法：指以当期值为中心取指定跨度内的中位数，在“跨度”文本框中指定取中位数的范围。其中，该方法与中心移动平均方法可互为替代。
- “累积求和”方法：表示以原数据的累计求和值代替当期值。
- “延迟”方法：表示以原始数据滞后值代替当期值，在“顺序”文本框中指定滞后阶数。
- “提前”方法：表示以原始数据提前值代替当期值，在“顺序”文本框中指定提前阶数。
- “平滑”方法：表示对原数据进行 T4253H 方法的平滑处理。该方法首先对原数据依次进行跨度为 4、2、5、3 的中心移动平均处理，然后以 Hanning 为权重再做移动平均处理，得到一个平滑时间序列。

设置完毕后，单击“确定”按钮，即可在 SPSS Statistics 查看器窗口得到平稳处理的结果。

15.1.3　实验操作

下面以数据文件“15-1”为例，讲解时间序列数据平稳处理的具体操作过程并对结果进行说明。

1. 实验数据描述

数据文件“15-1”记录了从 1960 年到 2008 年美国的工业生产总值数据、美国 10 年期国库券利率与联邦基金利率差额（数据来源于 IFM 网站）。原始 Excel 数据文件如图 15-4 所示。

在 SPSS 变量视图中建立变量“ip”和“SPREAD”，分别表示美国的工业生产总值数据、美国 10 年期国库券利率与联邦基金利率差额，并对每个变量进行定义，定义结果如图 15-5 所示。

然后在 SPSS 活动数据文件的数据视图中，把相关数据输入到各个变量中，输入完毕后的部分数据如图 15-6 所示。

	A	B	C	D
1	时间	美国工业生产总值（千亿）	利率差额（%）	
2	1960M01	26.405	0.73	
3	1960M02	26.170	0.52	
4	1960M03	25.935	0.41	
5	1960M04	25.730	0.36	
6	1960M05	25.700	0.5	
7	1960M06	25.377	0.83	
8	1960M07	25.289	0.67	
9	1960M08	25.260	0.82	
10	1960M09	24.995	1.2	
11	1960M10	24.966	1.42	
12	1960M11	24.613	1.49	
13	1960M12	24.143	1.86	
14	1961M01	24.173	2.39	
15	1961M02	24.143	1.24	
16	1961M03	24.290	1.72	
17	1961M04	24.790	2.29	
18	1961M05	25.171	1.73	

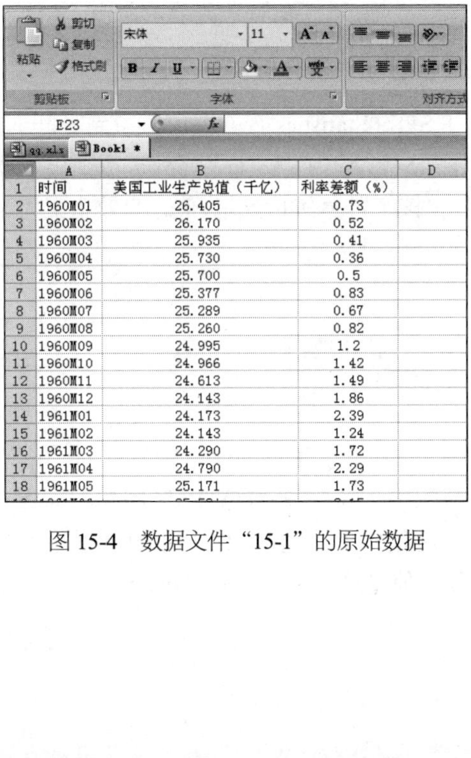

图 15-4　数据文件“15-1”的原始数据

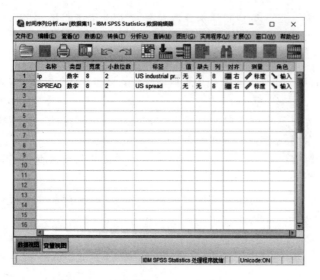

图 15-5　数据文件"15-1"的变量视图

图 15-6　数据文件"15-1"的数据视图

2. 实验操作步骤

具体操作步骤如下：

步骤01 打开数据文件"15-1"，进入 SPSS Statistics 数据编辑器窗口，在菜单栏中选择"数据"|"定义日期和时间"命令，打开"定义日期"对话框，在"个案是"列表框中选择"年、月"，然后在"第一个个案是(F)"选项组中的"年"和"月"文本框中输入数据开始的具体年份 1960 和月份 1，然后单击"确定"按钮，完成时间变量的定义。

步骤02 在菜单栏中选择"转换"|"创建时间序列"命令，打开"创建时间序列"对话框，将"ip"变量选入"变量->新名称"列表框中，在"函数"下拉列表框中选择"季节性差异"选项，单击"确定"按钮。

3. 实验结果及分析

在 SPSS Statistics 查看器窗口得到时间变量定义和平稳处理的结果如图 15-7 和图 15-8 所示。

图 15-7 给出了对"ip"序列进行平稳处理的信息，从图中可以看到平稳处理后的新序列名称为"ip_1"，该序列含有 1 个缺失值，有效个案为 587 个，平稳处理的方法是 DIFF（季节性差分方法）。

创建的序列

	序列名称	非缺失值的个案编号		有效个案数	创建函数
		第一个	最后一个		
1	ip_1	2	588	587	DIFF(ip,1)

图 15-7　创建的序列

图 15-8 给出了时间变量定义和对"ip"季节性差分在 SPSS Statistics 数据视图中的处理结果，从图中可以看到"DATE_"序列即新定义的时间变量序列，"ip_1"序列就是对"ip"序列进行季节性差分平稳处理后生成的新序列。由于采用的是一阶季节性差分方法，因此"ip_1"序列的前 1 个值是缺失的。

图 15-8　SPSS Statistics 数据视图中的处理结果

15.2　指数平滑法

指数平滑法可以将不规则的时间序列数据加以平滑，从而获得其变化规律和趋势，并以此对未来的经济数据进行推断和预测。

15.2.1　指数平滑法的基本原理

指数平滑法是在移动平均模型基础上发展起来的一种时间序列分析预测法，其原理是任一期的指数平滑值都是本期实际观察值与前一期指数平滑值的加权平均。指数平滑法的思想是对过去值和当前值进行加权平均，以及对当前的权数进行调整以抵消统计数值的摇摆影响，得到平滑的时间序列。指数平滑法不舍弃过去的数据，只对过去的数据给予逐渐减弱的影响程度（权重）。

15.2.2　指数平滑法的 SPSS 操作

在 SPSS Statistics 数据编辑器窗口中建立指数平滑法的具体操作步骤如下：

步骤 01　在菜单栏中选择"分析"|"时间序列预测"|"创建传统模型"命令，打开如图 15-9 所示的"时间序列建模器"对话框。

步骤 02　选择变量和方法。从源变量列表框中选择建立指数平滑法的因变量，将其选入"因变量"列表框中。"因变量"和"自变量"列表框中的变量必须为数值型的度量变量。

在"方法"下拉列表框中选择"指数平滑"选项，然后单击"条件"按钮，弹出如图 15-10 所示的"时间序列建模器：指数平滑条件"对话框。

图 15-9 "时间序列建模器"对话框

图 15-10 "时间序列建模器：指数平滑条件"对话框

"时间序列建模器：指数平滑条件"对话框用于设置指数平滑法的类型和因变量的形式。

① "模型类型"选项组：该选项组用于设置指数平滑法的类型，包括"非季节性"和"季节性"两大类模型。

非季节性的指数平滑法有以下 4 种形式：

- "简单"单选按钮：表示使用简单指数平滑法，该模型适用于没有趋势或季节性的序列，其唯一的平滑参数是水平，且与 ARIMA 模型极为相似。
- "霍尔特线性趋势"单选按钮：表示使用霍尔特线性趋势模型，该模型适用于具有线性趋势且没有季节性的序列，其平滑参数是水平和趋势，不受相互之间值的约束。霍尔特模型比布朗模型更通用，但在计算大序列时用的时间更长。
- "布朗线性趋势"单选按钮：表示使用布朗线性趋势模型，该模型适用于具有线性趋势且没有季节性的序列，其平滑参数是水平和趋势，并假定二者等同。
- "衰减趋势"单选按钮：表示使用阻尼指数平滑方法，此模型适用于具有线性趋势的序列，且该线性趋势正逐渐消失并且没有季节性，其平滑参数是水平、趋势和阻尼趋势。

季节性的指数平滑法有以下 3 种形式：

- "简单季节性"单选按钮：表示该模型适用于没有趋势并且季节性影响随时间变动保持恒定的序列，其平滑参数是水平和季节。
- "温特斯加性"单选按钮：表示该模型适用于具有线性趋势且不依赖于序列水平的季节性效应的序列，其平滑参数是水平、趋势和季节。
- "温特斯乘性"单选按钮：表示该模型适用于具有线性趋势和依赖于序列水平的季节性效应的序列，其平滑参数是水平、趋势和季节。

② "因变量转换"选项组：该选项组用于对因变量进行转换设置，有 3 个选项：

- "无"单选按钮：表示在指数平滑法中使用因变量的原始数据。

- "平方根"单选按钮:表示在指数平滑法中使用因变量的平方根。
- "自然对数"单选按钮:表示在指数平滑法中使用因变量的自然对数。其中,"平方根"和"自然对数"要求原始数据必须为正数。

进行相应的设置。

1. "统计"设置

单击"时间序列建模器"对话框中的"统计"选项卡,如图15-11所示。

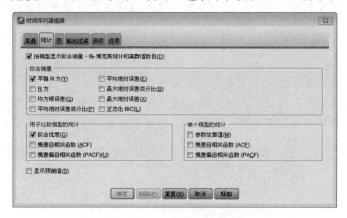

图15-11 "统计"选项卡

"统计"选项卡主要用于设置输出的统计量,包括:

① "按模型显示拟合测量、杨-博克斯统计和离群值数目"复选框:该复选框表示输出模型的拟合测量、杨-博克斯统计量和离群值的数量,且只有选中该复选框,"拟合测量"选项组才能被激活。

② "拟合测量"选项组:该选项组用于指定输出拟合测量的统计量表,具体包括以下8种统计量:

- "平稳R方"复选框:表示输出平稳R方统计量,该统计量用于比较模型中的固定成分和简单均值模型的差别,取正值时表示模型优于简单均值模型。
- "R方"复选框:表示输出模型的R方统计量,该统计量表示模型所能解释的数据变异占总变异的比例。其中,当时间序列含有趋势或季节成分时,平稳R方统计量要优于R方统计量。
- "均方根误差"复选框:表示输出模型的均方根误差统计量,该统计量衡量模型预测值与原始值的差异大小,即残差的标准差,度量单位与原数据一致。
- "平均绝对误差百分比"复选框:表示输出平均绝对误差百分比统计量,该统计量类似于均方误差统计量,但该统计量无度量单位,可用于比较不同模型的拟合情况。
- "平均绝对误差"复选框:表示输出模型的平均绝对误差统计量。
- "最大绝对误差百分比"复选框:表示输出模型的最大绝对误差百分比统计量,即以比例形式显示最大的预测误差。
- "最大绝对误差"复选框:表示输出模型的最大绝对误差统计量。"最大绝对误差百分比"和"最大绝对误差"主要用于关注模型单个记录预测误差的情况。

□ "正态化 BIC"复选框：表示输出标准的 BIC 统计量，该统计量基于均方误差统计量，并考虑模型的参数个数和序列数据个数。

③ "用于比较模型的统计"选项组：该选项组用于设置输出比较模型的统计量，包含以下 3 个选项：

□ "拟合优度"复选框：表示将每个模型拟合优度的统计量显示到一张表格中进行比较。
□ "残差自相关函数"复选框：表示输出模型的残差序列的自相关函数及百分位点。
□ "残差偏自相关函数"复选框：表示输出模型的残差序列的偏相关函数及百分位点。

④ "单个模型的统计"选项组：该选项组用于对个别模型设置输出统计量，包含以下 3 个选项：

□ "参数估算值"复选框：表示输出模型的参数估算值表。
□ "残差自相关函数"复选框：表示输出模型的残差序列的自相关函数及置信区间。
□ "残差偏自相关函数"复选框：表示输出模型的残差序列的偏相关函数及置信区间。

⑤ "显示预测值"复选框：选中该复选框，表示显示模型的预测值及其置信区间。

2. "图"设置

单击"时间序列建模器"对话框中的"图"选项卡，如图 15-12 所示。

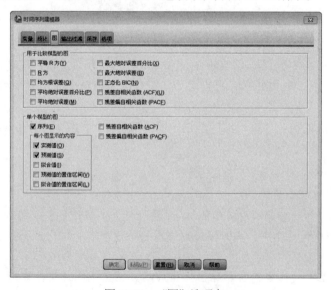

图 15-12　"图"选项卡

"图"选项卡主要用于设置输出模型拟合统计量、自相关函数以及序列值（包括预测值）的图。包括两个选项组：

① "用于比较模型的图"选项组：该选项组用于设置输出所有模型的拟合统计量和自相关函数的图，每个选项分别生成单独的图。可输出图表的统计量有：平稳 R 方、R 方、均方根误差、平均绝对误差百分比、平均绝对误差、最大绝对误差百分比、最大绝对误差、正态化 BIC、残差自相关函数（ACF）及残差偏自相关函数（PACF）。

② "单个模型的图"选项组：该选项组用于设置输出单个模型的拟合统计量和自相关函数的图。只有选择"序列"复选框方可获取每个模型的预测值的图，图中所显示的内容包括实测值、预测值、拟合值、预测值的置信区间及拟合值的置信区间。

3. "输出过滤"设置

单击"时间序列建模器"对话框中的"输出过滤"选项卡，如图 15-13 所示。

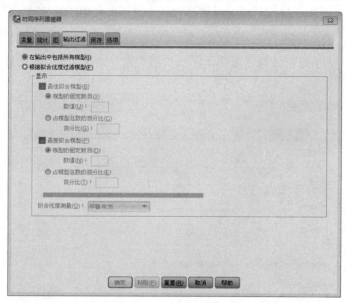

图 15-13 "输出过滤"选项卡

"输出过滤"选项卡主要用于设置输出的模型。

① "在输出中包括所有模型"单选按钮，表示输出结果中包含所有设置的模型。

② "根据拟合优度过滤模型"单选按钮，表示仅输出满足设置的拟合优度条件的模型。只有在选中该单选按钮的情况下，"显示"选项组才会被激活。

"显示"选项组用于设置输出模型所满足的拟合优度条件。其中各选项含义如下：

- "最佳拟合模型"复选框：选中该复选框，表示输出拟合优度最好的模型，可以设定满足条件的模型的数量或百分比。
  - "模型的固定数目"单选按钮：表示输出固定数量的拟合优度最好的模型，在"数值"文本框中指定模型的数目。
  - "占模型总数的百分比"单选按钮：表示输出一定比例于总数的拟合优度最好的模型，在"百分比"文本框中指定输出的百分比。
- "最差拟合模型"复选框：选中该复选框，表示输出拟合优度最差的模型，可以设定满足条件的模型的数量或百分比。
  - "模型的固定数目"单选按钮：表示输出固定数量的拟合优度最差的模型，同样在"数值"文本框中指定模型的数目。
  - "占模型总数的百分比"单选按钮：表示输出一定比例于总数的拟合优度最差的模型，并在"百分比"文本框中指定输出的百分比。

❏ "拟合优度测量"下拉列表框：该下拉列表框用于指定衡量模型拟合优度的具体统计量，含有平稳 R 方、R 方、均方根误差、平均绝对误差百分比、平均绝对误差、最大绝对误差百分比、最大绝对误差及正态化 BIC 统计量。

4. "保存"设置

单击"时间序列建模器"对话框中的"保存"选项卡，如图 15-14 所示。

"保存"选项卡主要用于将模型预测值另存为活动数据文件中的新变量，也可以将模型规格以 XML 格式保存到外部文件中。

① "保存变量"选项组：该选项组用于将模型预测值、置信区间上、下限和噪声残值另存为活动数据集中的新变量。

图 15-14 "保存"选项卡

在"描述"列表中有四类保存对象：预测值、置信区间下限、置信区间上限和噪声残值。选中每一类保存对象后面的"保存"复选框就可以保存新变量。只有选中"保存"复选框后，"变量名前缀"才能被激活并可更改。另外，如果预测期超出了该因变量序列的长度，则增加新个案。

② "导出模型文件"选项组：该选项组用于将所有估计模型的模型规格都以 XML 文件格式导出到指定的文件中。可以在"XML（PMML）文件"文本框中指定文件路径，或者单击"浏览"按钮打开指定文件路径保存文件。

5. "选项"设置

单击"时间序列建模器"对话框中的"选项"选项卡，如图 15-15 所示。

"选项"选项卡主要用于设置预测期、指定缺失值的处理方法、设置置信区间宽度、指定模型标识前缀以及设置为自相关显示的延迟最大阶数。

图 15-15 "选项"选项卡

① "预测期"选项组：该选项组主要用于设定预测期间，共有以下两种。

- "评估期结束后的第一个个案到活动数据集中的最后一个个案"单选按钮：选中该单选按钮，表示预测范围从模型估计期所用的最后一个数据开始到活动数据集中的最后一个个案为止。一般当估计模型所用的数据并非全部数据时选择此项，以便将模型预测值与实际值进行比较，进而评估模型的拟合情况。

- "评估期结束后的第一个个案到指定日期之间的个案"单选按钮：选中该单选按钮，表示预测范围从模型估计期所用的最后一个数据开始到用户指定的预测期为止，常用来预测超过当前数据集的时间范围的个案。在"日期"列表框中指定预测范围的最终日期。如果已经定义了时间变量，"日期"列表框中就会显示定义的日期格式；如果没有定义时间变量，"日期"列表框中仅会显示"实测值"文本框，只需要在其中输入相应的记录号即可。

② "用户缺失值"选项组：该选项组用于指定缺失值的处理方法，有以下两个选项：

- "视为无效"单选按钮：选中该单选按钮，表示把缺失值当作系统缺失值处理，视为无效数据。

- "视为有效"单选按钮：选中该单选按钮，表示把缺失值视为有效数据。

③ "置信区间宽度（%）（W）"文本框。该文本框用于指定模型预测值和残差自相关的置信区间，输入范围为 0~99 的任何正数，系统默认 95% 的置信区间。

④ "输出中的模型标识前缀（P）"文本框。该文本框用于指定模型标识前缀。"变量"选项卡中指定的每个因变量都可带来一个单独的估计模型，且模型都用唯一名称区别，名称由可定制的前缀和整数后缀组成。

⑤ "ACF 和 PACF 输出中显示的最大延迟数（X）"文本框。该文本框用于指定自相关函数和偏相关函数的最大标签数。

设置完毕后，单击"确定"按钮，即可在 SPSS Statistics 查看器窗口得到指数平滑法建模的结果。

15.2.3 实验操作

下面仍以数据文件"15-1"为例，讲解指数平滑法建模的具体操作过程并对结果进行说明。

1. 实验数据描述

这里对数据文件"15-1"不再赘述。本节使用指数平滑法对联邦基金利率差额进行拟合，以消除非正常波动，得到联邦基金利率差额在 48 年中稳定长期的走势。

2. 实验操作步骤

具体操作步骤如下：

步骤01 打开数据文件"15-1"，进入 SPSS Statistics 数据编辑器窗口，在菜单栏中选择"数据"|"定义日期和时间"命令，打开"定义日期"对话框，在"个案是"列表框中选择"年，月"，然后在"第一个个案是(F)"选项组中的"年"和"月"文本框中输入数据开始的具体年份 1960 和月份 1，然后单击"确定"按钮，完成时间变量的定义。

步骤02 在菜单栏中选择"分析"|"时间序列预测"|"创建传统模型"命令，打开"时间序列建模器"对话框，将"SPREAD"变量选入"因变量"列表框中，在"方法"下拉列表框中选择"指数平滑法"选项。

步骤03 单击"条件"按钮，打开"时间序列建模器：指数平滑条件"对话框，选中"简单季节性"单选按钮，单击"继续"按钮，保存设置。

步骤04 单击"统计"选项卡，选择"参数估算值"和"显示预测值"复选框，然后单击"继续"按钮，保存设置。

步骤05 单击"确定"按钮，便可以得到指数平滑法建模的结果。

3. 实验结果及分析

在 SPSS Statistics 查看器窗口得到指数平滑法建模的结果如图 15-16~图 15-20 所示。

图 15-16 给出了模型的基本描述，从图中可以看出，所建立的指数平滑法的因变量标签是"US spread"，模型名称为"模型_1"，模型的类型为简单季节性。

图 15-17 给出了模型的八个拟合优度指标，以及这些指标的平均值、最小值、最大值及百分位数。其中，平稳 R 方值为 0.556，而 R 方值为 0.898，这是由于因变量数据为季节性数据，因此平稳 R 方更具有代表性。从两个 R 方值来看，该指数平滑法的拟合情况比较良好。

图 15-18 给出了模型的拟合统计量和杨-博克斯 Q 统计量。平稳 R 方值为 0.556，与模型拟合图

中的平稳 R 方一致。杨-博克斯 Q 统计量值为 123.819，显著性为 0.000，因此拒绝残差序列为独立序列的原假设，说明模型拟合后的残差序列是存在自相关的，建议采用 ARIMA 模型继续拟合。

拟合统计	平均值	标准误差	最小值	最大值	5	10	25	50	75	90	95
平稳 R 方	.556	.	.556	.556	.556	.556	.556	.556	.556	.556	.556
R 方	.898	.	.898	.898	.898	.898	.898	.898	.898	.898	.898
RMSE	.540	.	.540	.540	.540	.540	.540	.540	.540	.540	.540
MAPE	65.733	.	65.733	65.733	65.733	65.733	65.733	65.733	65.733	65.733	65.733
MaxAPE	4035.809	.	4035.809	4035.809	4035.809	4035.809	4035.809	4035.809	4035.809	4035.809	4035.809
MAE	.316	.	.316	.316	.316	.316	.316	.316	.316	.316	.316
MaxAE	5.291	.	5.291	5.291	5.291	5.291	5.291	5.291	5.291	5.291	5.291
正态化 BIC	-1.211	.	-1.211	-1.211	-1.211	-1.211	-1.211	-1.211	-1.211	-1.211	-1.211

图 15-17　模型拟合度

模型	预测变量数	模型拟合度统计 平稳 R 方	杨-博克斯 Q(18) 统计	DF	显著性	离群值数
US spread-模型_1	0	.556	123.819	16	.000	0

图 15-18　模型统计量

图 15-19 给出了指数平滑法模型参数估算值列表，从图中可以看到，本实验拟合的指数平滑法的 Alpha（水平）值为 0.999，显著性为 0.00，不仅作用很大而且非常显著。而 Delta（季节）值为 0.001，该值不仅很小而且没有显著性，因此可以判断 SPREAD 尽管为季节性数据，但该序列几乎没有任何季节性特征。

模型			估算	标准误差	t	显著性
US spread-模型_1	不转换	Alpha（水平）	.999	.042	24.018	.000
		Delta（季节）	.001	12.291	5.429E-5	1.000

图 15-19　指数平滑法模型参数

图 15-20 给出了 SPREAD 的指数平滑法的拟合图和观测值。SPREAD 序列整体上成波动状态，拟合值和观测值曲线在整个区间中几乎重合，因此可以说明指数平滑法对 SPREAD 的拟合情况非常良好。通过指数平滑法的拟合图，我们可以发现联邦基金利率差额在 48 年中出现过两次剧烈波动下行，并且总体上前二十年波动较为剧烈，而最近二十年波动相对平缓。

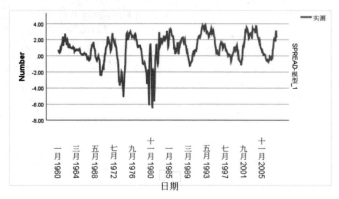

图 15-20　SPREAD 模型

15.3 ARIMA 模型

ARIMA 模型是时间序列分析中常用的模型之一，ARIMA 模型提供了一套有效的预测技术，在时间序列预测中具有广泛的应用。

15.3.1 ARIMA 模型的基本原理

ARIMA 模型又称自回归移动平均模型。它是指将非平稳时间序列转化为平稳时间序列，然后将因变量仅对它的滞后值及随机误差项的现值和滞后值进行回归所建立的模型。ARIMA 模型将预测指标随时间推移而形成的数据序列看作是一个随机序列，这组随机变量所具有的依存关系体现着原始数据在时间上的延续性，它既受外部因素的影响，又有自身变动规律。ARIMA（p,q）模型的数学表达式如公式（15-1）所示：

$$y_t = \sum_{i=1}^{p} \alpha_i y_{t-i} + \sum_{j=1}^{q} \delta_j \varepsilon_{t-j} \qquad (15\text{-}1)$$

其中，参数 a_i 为自回归参数，δ_j 为移动平均参数，是模型的待估计参数。

15.3.2 ARIMA 模型的 SPSS 操作

打开相应的数据文件或者建立一个数据文件后，就可以在 SPSS Statistics 数据编辑器窗口中建立 ARIMA 模型。

（1）在菜单栏中选择"分析"|"时间序列预测"|"创建传统模型"命令，打开如图 15-21 所示的"时间序列建模器"对话框。

（2）选择变量和方法。从源变量列表框中选择建立 ARIMA 模型的因变量，将其选入"因变量"列表框中。在"方法"下拉列表框中选择"ARIMA"，然后单击"条件"按钮，打开"时间序列建模器：ARIMA 条件"对话框，如图 15-22 所示。

图 15-21 "时间序列建模器"对话框

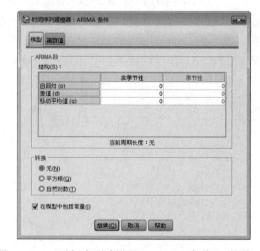
图 15-22 "时间序列建模器：ARIMA 条件"对话框

1. "模型"选项卡

"时间序列建模器：ARIMA 条件"对话框中的"模型"选项卡用于指定 ARIMA 模型的结构和因变量的转换，包括以下几个部分：

① "结构"列表：该列表用于指定 ARIMA 模型的结构，在相应的单元格中输入 ARIMA 模型的各个成分值，所有值都必须为非负整数。对于"自回归"和"移动平均值"的数值表示最大阶数，同时模型中将包含所有正的较低阶。

- "非季节性"列：该列中的"自回归"文本框用于输入 ARIMA 中的自回归 AR 阶数，即在 ARIMA 使用序列中的哪部分值来预测当前值；"差值"文本框用于输入因变量序列差分的阶数，主要是为了使非平稳序列平稳化以满足 ARIMA 模型平稳的需要；"移动平均值"文本框用于输入 ARIMA 中的移动平均 MA 阶数，即在 ARIMA 中使用哪些先前值的序列平均数的偏差来预测当前值。
- "季节性"列：该列只有在为活动数据集定义了周期时，才会启用"季节性"列中的各个单元格。在"季节性"列中，季节性自回归成分、移动平均数成分和差分成分与其非季节性对应成分起着相同的作用。对于季节性的阶，由于当前序列值受以前的序列值的影响，序列值之间间隔一个或多个季节性周期。如对于季度数据（季节性周期为 4），季节性 1 阶表示当前序列值受自当前周期起 4 个周期之前的序列值的影响。因此，对于季度数据，指定季节性 1 阶等同于指定非季节性 4 阶。

② "转换"选项组：该选项组用于对因变量进行转换，包含以下 3 个选项。

- "无"单选按钮：表示不对因变量序列进行任何转换。
- "平方根"单选按钮：表示对因变量序列取平方根参与建模。
- "自然对数"单选按钮：表示对因变量序列取自然对数参与建模。

③ "在模型中包括常量"复选框：该复选框表示在 ARIMA 中包含常量项，但是当应用差分时，建议不包含常数。

2. "离群值"选项卡

单击"时间序列建模器：ARIMA 条件"对话框中的"离群值"选项卡，如图 15-23 所示。

"离群值"选项卡主要用于对离群值进行设置，有 3 种方式：

① "不检测离群值，也不为其建模"单选按钮：表示不检测离群值或为其建模，该选项为默认选项。

② "自动检测离群值"单选按钮：表示要自动检测离群值，并选择检测离群值类型。在"要检测的离群值类型"中选择检测类型，有以下几个可选择的项。

图 15-23 "离群值"选项卡

- "加性"复选框：表示自动检测单个观测记录的异常值。

- "水平变动"复选框：表示自动检测数据水平移动引起的异常值。
- "革新"复选框：表示自动检测由噪声冲击引起的异常值。
- "瞬态"复选框：表示自动检测对其后观测值影响按指数衰减至 0 的异常值。
- "季节加性"复选框：表示自动检测周期性的影响某固定时刻的异常值，如月度数据的一月效应。
- "局部趋势"复选框：表示自动检测导致局部线性趋势的异常值，往往该异常值以后的数据呈线性趋势。
- "加性修补"复选框：表示自动检测两个以上连续出现的"加性"异常值。

③ "将特定时间点作为离群值进行建模"单选按钮：表示指定特定的时间点作为离群值。其中，每个离群值在"离群值定义"网格中占单独的一行。在指定的日期格式中输入特定时间点，如在"年"和"月"中输入特定时间点的具体年份和月份；在"类型"下拉列表框中选择离群值的具体类型。其中，离群值的类型与"要检测的离群值类型"中提供的类型一致。

建立 ARIMA 模型所用的"时间序列建模器"对话框与建立指数平滑法相同，在此不再赘述。

设置完毕后，单击"确定"按钮，即可在 SPSS Statistics 查看器窗口得到 ARIMA 模型建模的结果。

15.3.3 实验操作

下面以数据文件"15-3"为例，讲解指数平滑法建模的具体操作过程并对结果进行说明。

1. 实验数据描述

数据文件"15-3"与所用数据文件"15-1"相同，利用 ARMA 模型分析对美国 10 年期国库券利率与联邦基金利率差额的走势进行分析与预测。

2. 实验操作步骤

具体操作步骤如下：

步骤 01 打开数据文件"15-3"，进入 SPSS Statistics 数据编辑器窗口，在菜单栏中选择"数据"|"定义日期和时间"命令，打开"定义日期"对话框，在"个案是"列表框中选择"年，月"，然后在"第一个个案是(F)"选项组中的"年"和"月"文本框中输入数据开始的具体年份 1960 和月份 1，然后单击"确定"按钮，完成时间变量的定义。

步骤 02 在菜单栏中选择"分析"|"时间序列预测"|"创建传统模型"命令，打开"时间序列建模器"对话框，将"SPREAD"变量选入"因变量"列表框中，在"方法"下拉列表框中选择"ARIMA"。

步骤 03 单击"条件"按钮，打开"时间序列建模器：ARIMA 条件"对话框，单击"模型"选项卡，在"自回归"的"季节性"列中输入"3"，在"差值"的"季节性"列中输入"1"，在"移动平均值"的"季节性"列中输入"2"，单击"继续"按钮，保存设置。

步骤 04 单击"统计"选项卡，选择"参数估算值"和"显示预测值"复选框，然后单击"继续"按钮，保存设置。

步骤 05 单击“确定”按钮，便可以得到 ARIMA 模型建模的结果。

3. 实验结果及分析

在 SPSS Statistics 查看器窗口得到 ARIMA 模型建模的结果如图 15-24~图 15-27 所示。

图 15-24 给出了模型的基本描述，从图中可以看出所建立的 ARIMA 模型的因变量标签是“US spread”，模型名称为“模型_1”，模型的类型为 ARIMA（0,0,0）(3,1,2)。

模型描述

			模型类型
模型 ID	US spread	模型_1	ARIMA(0,0,0)(3,1,2)

图 15-24　模型描述

图 15-25 给出了模型的八个拟合优度指标的平均值、最小值、最大值以及百分位数。从两个 R 方值来看，ARIMA（0,0,0）(3,1,2）的拟合情况良好，其中，平稳 R 方值为 0.324，而 R 方值为 0.168，这是由于因变量数据为季节性数据，因此平稳 R 方更具有代表性。

模型拟合度

拟合统计	平均值	标准误差	最小值	最大值	百分位数 5	10	25	50	75	90	95
平稳 R 方	.324	.	.324	.324	.324	.324	.324	.324	.324	.324	.324
R 方	.168	.	.168	.168	.168	.168	.168	.168	.168	.168	.168
RMSE	1.559	.	1.559	1.559	1.559	1.559	1.559	1.559	1.559	1.559	1.559
MAPE	238.164	.	238.164	238.164	238.164	238.164	238.164	238.164	238.164	238.164	238.164
MaxAPE	14706.550	.	14706.550	14706.550	14706.550	14706.550	14706.550	14706.550	14706.550	14706.550	14706.550
MAE	1.199	.	1.199	1.199	1.199	1.199	1.199	1.199	1.199	1.199	1.199
MaxAE	6.601	.	6.601	6.601	6.601	6.601	6.601	6.601	6.601	6.601	6.601
正态化 BIC	.955	.	.955	.955	.955	.955	.955	.955	.955	.955	.955

图 15-25　模型拟合度

图 15-26 给出了 ARIMA（0,0,0）(3,1,2）模型参数估计值。ARIMA（0,0,0）(3,1,2）中有两部分：AR 和 MA。其中 AR 自回归部分的三项显著性水平分别为 0.527、0.554、0.242。

ARIMA 模型参数

					估算	标准误差	t	显著性
US spread-模型_1	US spread	不转换	常量		.027	.006	4.389	.000
			AR，季节性	延迟 1	-.378	.596	-.634	.527
				延迟 2	.175	.295	.591	.554
				延迟 3	-.194	.166	-1.170	.242
			季节性差异		1			
			MA，季节性	延迟 1	.137	12.928	.011	.992
				延迟 2	.863	11.120	.078	.938

图 15-26　ARIMA 模型参数

图 15-27 给出了 SPREAD 的 ARIMA（0,0,0）(3,1,2）模型的拟合图和观测值。SPREAD 序列整体上呈波动状态，拟合值和观测值曲线在整个区间整体上拟合情况良好，但是明显可以看出拟合值的波动性要小于实际观察值。因此可以说明 ARIMA（0,0,0）(3,1,2）模型对 SPREAD 的拟合情况一般，需要进一步探索其他的 ARIMA 模型。

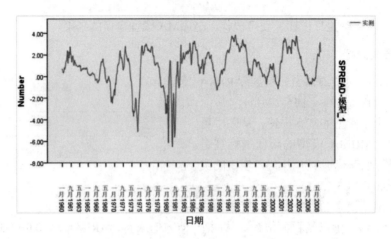

图 15-27　SPREAD 模型

15.4　季节性分解模型

15.4.1　季节性分解的基本原理

季节性变动趋势是时间序列的 4 种主要变动趋势之一，所谓季节性变动是指由于季节因素导致的时间序列的有规则变动。引起季节变动的除自然原因外，还有人为原因，如节假日、风俗习惯等。季节性分解的主要方法包括按月（季）平均法和移动平均趋势剔除法。

15.4.2　季节性分解的 SPSS 操作

打开相应的数据文件或者建立一个数据文件后，就可以在 SPSS Statistics 数据编辑器窗口中进行季节性分解操作。

（1）在菜单栏中选择"分析"|"时间序列预测"|"季节性分解"命令，打开如图 15-28 所示的"季节性分解"对话框。

（2）选择变量。从源变量列表框中选择进行季节性分解的时间序列，然后单击 按钮将其选入"变量"列表框中。"变量"列表框中的变量必须为数值型的度量变量，且至少定义一个周期性时间变量。

（3）进行相应的设置。

① "模型类型"选项组：该选项组用于指定季节性分解的模型类型，SPSS 提供了两种常用的分解模型：乘性和加性。

② "移动平均值权重"选项组：该选项组用于指定计算移动平均数时的权重。选中"所有点相等"单选按钮表示使用等于周期的跨度及所有权重相等的点来计算移动平均数，该方法适用于周期为奇数的序列。选中"端点按 0.5 加权"单选按钮表示使用等于周期加 1 的跨度及以 0.5 加权跨度的端点计算序列的移动平均数，该方法适用于具有偶数周期的序列。

③ "显示个案列表"复选框：该复选框表示输出每个个案的季节性分解的结果。

④ "保存"按钮：单击"保存"按钮，弹出如图 15-29 所示的"季节：保存"对话框。

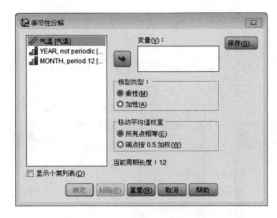 

图 15-28 "季节性分解"对话框　　　　图 15-29 "季节：保存"对话框

"季节：保存"对话框主要用于设置保存新创建的变量。其中包含 3 个选项：

- ❑ "添加到文件"单选按钮：表示将季节性分解产生的新变量保存到当期数据集中，新变量名由字母前缀、下划线和数字组成。
- ❑ "替换现有项"单选按钮：表示由季节性分解创建的新变量序列在活动数据集中保存为临时变量，同时，将删除由"预测"过程创建的任何现有的临时变量。
- ❑ "不创建"单选按钮：表示不向活动数据集添加新序列。

设置完毕后，单击"确定"按钮，即可在 SPSS Statistics 查看器窗口得到季节性分解的结果。

15.4.3　实验操作

下面以数据文件"15-4"为例，讲解季节性分解的具体操作过程并对结果进行说明。

1. 实验数据描述

数据文件"15-4"记录了从 1995 年到 1999 年中国某城市的月度平均气温。本实验将利用季节性分解对该城市气温进行分析，利用季节分解分析气温除去季节因素影响外的内在规律。数据文件"15-4"的原始 Excel 数据文件如图 15-30 所示。

时间	1995（℃）	1996（℃）	1997（℃）	1998（℃）	1999（℃）
1	-0.7	-2.2	-3.8	-3.9	-1.6
2	2.1	-0.4	1.3	2.4	2.2
3	7.7	6.2	8.7	7.6	4.8
4	14.7	14.3	14.5	15	14.4
5	19.8	21.6	20	19.9	19.5
6	24.3	25.4	24.6	23.6	25.4
7	25.9	25.5	28.2	26.5	28.1
8	25.4	23.9	26.6	25.1	26.1
9	19	20.7	18.6	22.2	20.9
10	14.5	12.8	14	14.8	13
11	7.7	4.2	5.4	4	5.9
12	-0.4	0.9	-1.5	0.1	-0.6

图 15-30　数据文件"15-4"的原始数据

在 SPSS 变量视图中建立变量"气温",用来表示中国某城市的月度平均气温,为度量变量,如图 15-31 所示。

然后在 SPSS 活动数据文件的数据视图中,把相关数据输入到各个变量中,输入完毕后的部分数据如图 15-32 所示。

图 15-31 数据文件"15-4"的变量视图

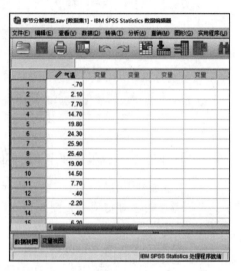

图 15-32 数据文件"15-4"的数据视图

2. 实验操作步骤

具体操作步骤如下:

步骤 01 打开数据文件"15-4",进入 SPSS Statistics 数据编辑器窗口,在菜单栏中选择"数据"|"定义日期和时间"命令,打开"定义日期"对话框,在"个案是"列表框中选择"年,月",然后在"第一个个案是(F)"选项组的"年"和"月"文本框中输入数据开始的具体年份 1995 和月份 1,然后单击"确定"按钮,完成时间变量的定义。

步骤 02 在菜单栏中选择"分析"|"时间序列预测"|"季节性分解"命令,打开"季节性分解"对话框,将"气温"变量选入"变量"列表框中,选择"加性"和"端点按 0.5 加权"单选按钮。

步骤 03 单击"确定"按钮,便可以得到季节性分解的结果。

3. 实验结果及分析

在 SPSS Statistics 查看器窗口中得到指数平滑法建模的结果如图 15-33~图 15-35 所示。

图 15-33 给出了模型的基本描述,从图中可以看出模型的名称为 MOD_1,模型的类型为"加性",另外,还可以看到移动平均数的计算方法。

图 15-34 给出了"气温"序列进行季节性分解的季节因子。因为季节因子的存在使得气温在不同的月份呈现出相似的性质,因此该季节性因素相当于周期内季节性影响的相对数。可见,在每年的 1、2、3、11、12 月份的季节性因素为负值,使得这 5 个月份的气温相对较低。

模型描述	
模型名称	MOD_1
模型类型	加性
序列名称 1	气温
季节性周期长度	12
移动平均值的计算方法	跨度等于周期长度加1，且端点按0.5加权

正在应用来自 MOD_1 的模型指定项

图 15-33　模型描述

季节因子	
序列名称：气温	
周期	季节因子
1	-15.86007
2	-11.63507
3	-6.20694
4	1.51389
5	7.24826
6	11.76910
7	13.50556
8	12.23889
9	7.14306
10	1.07639
11	-7.61736
12	-13.17569

图 15-34　季节因子

图 15-35 给出了"气温"序列进行季节性分解后的数据文件的数据视图。从该图可以看到数据文件中增加了 4 个序列：ERR_1、SAS_1、SAF_1 和 STC_1。其中，ERR_1 表示"气温"序列进行季节性分解后的不规则或随机波动序列，SAS_1 表示"气温"序列进行季节性分解除去季节性因素后的序列，SAF_1 表示"气温"序列进行季节性分解产生的季节性因素序列，STC_1 表示"气温"序列进行季节性分解出来的序列趋势和循环成分。

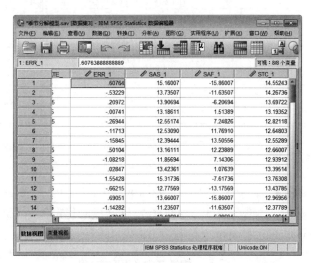

图 15-35　季节性分解后的数据视图

15.5　上机题

15.1　调查者记录了某旅游景点从 1999 年 1 月到 2002 年 12 月的门票收入数据。部分相关数据如下表所示。（数据路径：sample\上机题\chap15\习题\第 15 章第一题.sav）

年份	月份	门票收入（万）	年份	月份	门票收入（万）
1999	1	70	1999	6	89
1999	2	93	1999	7	101
1999	3	60	1999	8	112
1999	4	72	1999	9	97
1999	5	125			

（1）试对该数据定义时间变量，时间频率为月度数据。
（2）对该数据进行平稳化处理。

15.2 利用 15.1 的门票收入数据，试对该数据做进一步分析。（数据路径：sample\上机题\chap15\习题\第 15 章第二题.sav）

（1）试建立季节分解模型，提取该数据的季节性因素。
（2）建立季节分解模型后，同时提取该数据的随机因素，并保持到原数据文件。

15.3 数据文件是某种粒子不同时间的相对位置的数据。试建立 ARIMA 模型对该粒子的位置进行分析与预测。部分相关数据如下表所示。（数据路径：sample\上机题\chap15\习题\第 15 章第三题.sav）

观测标号	粒子位置	观测标号	粒子位置
1	-0.874703053557	9	-0.104750836952
2	0.120875517627	10	2.978790677855
3	0.098626037369	11	1.398217367400
4	0.499506645468	12	1.612930009650
5	-1.142634716899	13	1.751180547841
6	1.204957757421	14	1.690387218546
7	-0.553879059446	15	-1.036817448796
8	1.198701786761		

（1）采用 ARIMA 模型分析拟合粒子的相对位置走势。
（2）绘制 ARIMA 模型的拟合图和观测值图表。

15.4 本题目给出了 1978~1998 年我国钢铁产量的数据，数据来源于《中国工业经济统计年鉴》，试用指数平滑法分析拟合钢铁产量的稳定长期的走势。部分数据如下表所示。（数据路径：sample\上机题\chap15\习题\第 15 章第四题.sav）

年份	钢铁产量（百万吨）	年份	钢铁产量（百万吨）
1978	676	1982	940
1979	825	1983	1159
1980	774	1984	1384
1981	716	1985	1524

（1）采用指数平滑法分析拟合钢铁产量的稳定长期的走势。
（2）绘制指数平滑法的拟合图和观测值图表。

第16章　生存分析

生存分析主要用于对涉及一定时间发生和持续长度的时间数据的分析。生存分析是目前统计学的热门，自 20 世纪 70 年代中期以来，生存分析无论是在理论还是应用方面都受到了人们的重视，得以迅速发展。

16.1　生存分析简介

生存分析目前已广泛应用在医学、生物学、公共健康、金融学、保险和人口统计等诸多领域，它涉及数理统计中原有的参数统计和非参数统计的结合，以及一些较深、较新的概率和其他数学工具。1986 年美国国家科学委员会提出的数学发展概况中，曾把生存分析列为六大发展方向之一。

1. 生存分析的基本概念

生存分析过程涉及调查对象的生存时间及状态等，该过程的常用概念介绍如下：

（1）生存时间：广义的生存时间是指从某个起始事件开始，到某个终点事件的发生所经历的时间，也称为失效时间。生存时间的特点有：分布类型不确定，一般不服从正态分布；影响生存时间的因素较为复杂，而且不易控制。

（2）生存概率：生存概率表示某单位时段开始时，存活的个体到该时段结束时仍存活的可能性。计算公式为：生存概率=活满某时段的人数/该时段期初观察人数=1−死亡概率。

（3）生存函数：又称为累计生存概率，即将时刻 t 尚存活看成是前 t 个时段一直存活的累计结果。用公式（16-1）表示为：

$$S(t) = P(X > t) = 1 - P(X \leq t) = 1 - F(t) = \int_t^\infty f(\theta) \mathrm{d}\theta \qquad (16\text{-}1)$$

其中，$F(t)$ 为分布函数，$S(t)$ 又称为可靠度函数或可靠度，$F(t)$ 为 X 的分布密度函数。

（4）危险率函数：指 t 时刻存活，在 $t \sim t + \Delta t$ 时刻内死亡的条件概率，用 $\mu(t)$ 表示，计算公式（16-2）为：

$$\mu(t) = \frac{f(t)}{1 - F(t)} = \frac{f(t)}{S(t)} = -\frac{S'(t)}{S(t)} \qquad (16\text{-}2)$$

因此，$S(t) = \mathrm{e}^{-\int \mu(\theta) \mathrm{d}\theta}$。

2. 生存分析数据类型

生存分析所用的数据通常称为生存数据，用于度量某时间发生前所经历的时间长度。生存数据按照观测数据所提供的信息的不同，可以分为完全数据、删失数据和截尾数据 3 种。

（1）完全数据：完全数据是指提供了完整信息的数据。如研究人的生存状况，若某个人从进入研究一直到死亡都在我们的观测之中，就可以知道其准确的死亡时间，这个生存数据就是一个完全数据。SPSS中通常把完全数据的示性函数取值为0。

（2）删失数据：生存分析往往研究在不同的时间点或时期被研究的事件发生的概率，而研究的周期可能较长，需要长时间随访。但由于各种主观或客观的因素，随访可能会终止，导致掌握的数据仅能提供不完整的信息，这些数据就是删失数据。SPSS中通常把删失数据的示性函数取值为1。

（3）截尾数据：截尾数据和删失数据一样，提供的也是不完整信息，但与删失数据稍有不同的是它提供的是与时间有关的条件信息。SPSS软件只考虑对完全数据和删失数据的分析，对截尾数据不提供专门的分析方法。

3. 生存分析的方法

按照使用参数与否，生存分析的方法可以分为以下3种。

（1）参数方法：在长期的实践中，人们发现一些分布可以很好地拟合生存数据的经验形状，使假设生存数据服从某个已知分布，使用参数分布方法进行生存分析。常用的参数模型有指数分布模型、Weibull分布模型、对数正态分布模型等。

（2）非参数方法：当被研究事件没有很好的参数模型可以拟合时，通常可以采用非参数方法进行生存分析。常用的非参数模型包括生命表分析和Kalpan-Meier方法。

（3）半参数方法：半参数方法是目前比较流行的生存分析方法，相比而言，半参数方法比参数方法灵活，比非参数方法更易于解释分析结果。常用的半参数模型主要为Cox模型。

16.2 寿命表分析

寿命表方法是一种重要的非参数估计方法，它不仅有悠久的历史，而且广泛应用于人口学、医学统计、保险和可靠性研究等诸多领域。

16.2.1 寿命表分析简介

在多数情况下，我们都会希望考察两个事件之间的时间分布，比如雇用时长（员工从雇用到离开公司的时间）。但是，这类数据通常包含没有记录其第二次事件的个案（例如，在调查结束后仍然为公司工作的员工）。这种情况的发生有以下几个原因：对于某些个案，事件在研究结束前没有发生；而对于另一些个案，我们在研究结束前的某段时间未能跟踪其状态；还有一些个案可能因一些与研究无关的原因（如员工生病或请假）无法继续。这些个案总称为已审查的个案，它们使得此类研究不适合t检验或线性回归等传统方法。

用于此类数据的统计方法为跟进寿命表。寿命表的基本概念是将观察区间划分为较小的时间区间。对于每个区间，使用所有观察至少该时长的人员计算该区间内发生事件终结的概率。然后使用从每个区间估计的概率估计在不同时间点发生该事件的整体概率。

16.2.2 寿命表分析的 SPSS 操作

打开相应的数据文件或者建立一个数据文件后，就可以在 SPSS Statistics 数据编辑器窗口中进行寿命表分析。

（1）在菜单栏中依次选择"分析"|"生存分析"|"寿命表"命令，打开如图 16-1 所示的"寿命表"对话框。

（2）进行相关的设置。

① "时间"列表框：从源变量列表框中选择变量，单击"时间"列表框前的按钮即可将已选择变量选入"时间"列表框中。

② "显示时间间隔"选项组：该选项组用于设置时间区间的长度及终点。寿命表分析以时间 0 为时间区间的起点。"0 到(H)"后的文本框中输入最后一个区间的终点值，"按(Y)"后的文本框中输入区间长度。

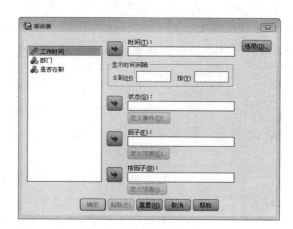

图 16-1 "寿命表"对话框

③ "状态"列表框：从源变量列表框中选择变量，单击"状态"列表框前的按钮即可将已选择的变量选入"状态"列表框中，此时将激活"定义事件"按钮，单击该按钮，弹出如图 16-2 所示的"寿命表：为状态变量定义事件"对话框。该对话框中包含"单值"和"值的范围"两个单选按钮：

- "单值"单选按钮：选中该单选按钮后，可以在其后的文本框中输入一个指示事件发生的数值。输入这个值后，带有其他值的观测都被视作截断观测。
- "值的范围"单选按钮：选中该单选按钮后，可以在其后的文本框中输入指示事件发生的数值区间，两个文本框分别输入数值区间的上下限，观测值不在这个区间内的观测都被视作截断观测。

设置完毕后，单击"继续"按钮回到"寿命表"对话框进行其他设置。

④ "因子"列表框：用于从左侧源变量列表框中选入一阶因素变量，选入变量后，"定义范围"按钮被激活，单击该按钮，弹出如图 16-3 所示的"寿命表：定义因子范围"对话框。

图 16-2 "寿命表：为状态变量定义事件"对话框

图 16-3 "寿命表：定义因子范围"对话框

该对话框中包含最小值和最大值两个文本框：

- 最小值：用于设置因素变量的下限。
- 最大值：用于设置因素变量的上限。

⑤ "按因子"列表框：该列表框用于从源变量列表框中选入二阶因素变量，选入变量后，"定义范围"按钮将被激活，单击该按钮，弹出与如图 16-3 相同的对话框，该对话框所包含内容与设置方法均与"因子"列表框中相关设置相同，在此不再赘述。

⑥ "选项"按钮。在"寿命表"对话框中单击"选项"按钮，打开如图 16-4 所示的"寿命表：选项"对话框。该对话框中的各选项含义如下：

图 16-4　"寿命表：选项"对话框

- "寿命表"复选框：用于选择是否输出寿命表。
- "图"选项组：用于选择所输出的函数图形。
  - 选中"生存分析"复选框，将输出累计生存函数。
  - 选中"风险"复选框，则将输出累计危险函数。
  - 选中"一减生存分析函数"复选框，则将输出 1-累计生存函数。
  - 选中"生存分析对数"复选框，则将输出以对数形式刻度显示的累计生存函数。
  - 选中"密度"复选框，则会输出密度函数。
- "比较第一个因子的级别"选项组：用于选择比较不同水平的一阶因素变量的方法。若选中"无"单选按钮，则不进行子群之间的比较；若选中"总体"单选按钮，则比较所有水平的一阶因素变量；若选中"成对"单选按钮，则配对比较一阶因素变量水平。

（3）所有设置完毕后，单击"寿命表"对话框中的"确定"按钮，即可输出寿命表分析结果。

16.2.3　实验操作

下面以数据文件"16-1"为例，讲解寿命表分析的具体操作过程并对输出结果进行说明。

1. 实验数据描述

数据文件"16-1"记录了某保险公司各部门员工的在职情况，统计的部门有承保部、理赔部、人事部和理财部 4 个部门，接下来将利用寿命表分析的操作得出各个部门员工的在职情况。数据文件"16-1"的原始数据如图 16-5 所示。

在 SPSS 变量视图中建立"工作时间""部门"和"是否在职"3 个变量，"工作时间"的度量标准是"度量"，"部门"和"是否在职"的度量标准是"名义"，数据文件"16-1"的变量视图如图 16-6 所示。

图 16-5　数据文件"16-1"的原始数据

在 SPSS 数据视图中输入相应数据，其中"部门"变量中用数字 1~4 分别表示承保部、理赔部、人事部和理财部，"是否在职"变量中用 1 表示在职，0 表示不在职，如图 16-7 所示。

图 16-6　数据文件"16-1"的变量视图

图 16-7　数据文件"16-1"的数据视图

2. 实验操作步骤

步骤01 打开"16-1"数据文件，进入 SPSS Statistics 数据编辑器窗口，在菜单栏中选择"分析"|"生存分析"|"寿命表"命令，打开"寿命表"对话框。

步骤02 从源变量列表框中选择"工作时间"变量，"时间"列表框中，然后设置时间区间的"0 到(H)"值为 60，"按(Y)"为 3。

步骤03 从源变量列表框中选择"是否在职"变量，选入"状态"列表框中，然后单击"定义事件"按钮，弹出"寿命表：为状态变量定义事件"对话框。由于数据文件"16-1"中用 1 表示事件发生，所以选中"单值"单选按钮，并在其后面的文本框中输入 1，将取值为 0 的观测作为截断观测，单击"继续"按钮。

步骤04 从源变量列表框中选择"部门"变量，选入"因子"列表框中，然后单击"定义范围"按钮，弹出"寿命表：定义因子范围"对话框，在"最小值"文本框中输入 1，在"最大值"文本框中输入 4，单击"继续"按钮。

步骤05 单击"选项"按钮，弹出"寿命表：选项"对话框，选中"寿命表"和"生存分析"复选框，"比较第一个因子的级别"选项组采用默认设置。

3. 实验结果及分析

设置完毕后，单击"确定"按钮，SPSS Statistics 查看器窗口的输出结果如图 16-8~图 16-10 所示。

图 16-8 给出了员工在职年限寿命表输出结果（部分截选图）。该寿命表给出了 4 个部门对应时间内的在职和不在职员工数，并计算出员工在职比率等统计量。

寿命表

一阶控制	时间间隔开始时间	进入时间间隔的数目	时间间隔内撤销的数目	有风险的数目	终端事件数	终止比例	生存分析比例	期末累积生存分析比例	期末累积生存分析比例的标准误差	概率密度	概率密度的标准误差	风险率	风险率的标准误差
部门 1	0	266	3	264.500	10	.04	.96	.96	.01	.013	.004	.01	.00
	3	253	10	248.000	17	.07	.93	.90	.02	.022	.005	.02	.01
	6	226	12	220.000	11	.05	.95	.86	.02	.014	.004	.02	.00
	9	204	11	198.500	10	.05	.95	.81	.02	.014	.004	.02	.01
	12	183	13	176.500	6	.03	.97	.78	.03	.009	.004	.01	.00
	15	164	10	159.000	5	.03	.97	.76	.03	.008	.004	.01	.00
	18	149	15	141.500	1	.01	.99	.75	.03	.002	.002	.00	.00
	21	133	6	130.000	4	.03	.97	.73	.03	.008	.004	.01	.01
	24	123	10	118.000	4	.03	.97	.71	.03	.008	.004	.01	.01
	27	109	4	107.000	2	.02	.98	.69	.03	.004	.003	.01	.01
	30	103	9	98.500	4	.04	.96	.67	.03	.009	.005	.01	.01
	33	90	17	81.500	3	.04	.96	.64	.04	.008	.005	.01	.01
	36	70	7	66.500	2	.03	.97	.62	.04	.006	.004	.01	.01
	39	61	5	58.500	3	.05	.95	.59	.04	.011	.006	.02	.01
	42	53	6	50.000	1	.02	.98	.58	.04	.004	.004	.01	.01
	45	46	7	42.500	1	.02	.98	.56	.04	.005	.004	.01	.00
	48	38	7	34.500	0	.00	1.00	.56	.04	.000	.000	.00	.00
	51	31	5	28.500	0	.00	1.00	.56	.04	.000	.000	.00	.00
	54	26	8	22.000	0	.00	1.00	.56	.04	.000	.000	.00	.00
	57	18	6	15.000	0	.00	1.00	.56	.04	.000	.000	.00	.00
	60	12	12	6.000	0	.00	1.00	.56	.04	.000	.000	.00	.00
2	0	281	3	279.500	1	.00	1.00	1.00	.00	.001	.001	.00	.00
	3	277	5	274.500	8	.03	.97	.97	.01	.010	.003	.01	.00

图 16-8　寿命表输出结果

图 16-9 给出了 4 个部门员工的生存分析时间中位数，即生存率等于 50%时，生存时间的平均水平。由图可知，该保险公司 4 个部门的员工有 50%的员工在职时间超过 60 个月。

图 16-10 给出了 4 个部门员工是否在职累计生存函数图，它是对生命表的图形展示。由图可以清楚地看到，承保部和理财部两个部门员工累计生存率下降最快，理赔部员工累计生存率下降速度低于人事部员工。

生存分析时间中位数

一阶控制	时间中位数
部门 1	60.00
2	60.00
3	60.00
4	60.00

图 16-9　生存时间中位数

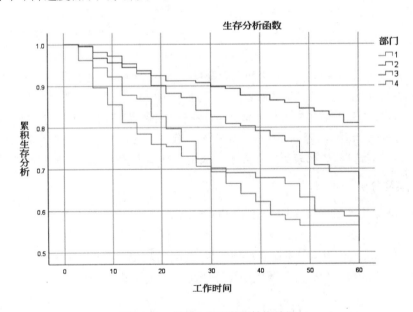

图 16-10　累计生存函数图输出结果

16.3 Kaplan-Meier 分析

16.3.1 Kaplan-Meier 分析简介

Kaplan-Meier 分析方法又称乘法极限估计、PL 法或最大似然估计法，是由 Kaplan 和 Meier 在 1958 年提出的一种求生存函数的非参数方法。寿命表分析适用于大样本情况，在处理小样本时，为充分利用每个数据所包含的信息，Kaplan-Meier 分析便成为首选的分析工具。

16.3.2 Kaplan-Meier 分析的 SPSS 操作

在 SPSS Statistics 数据编辑器窗口中进行 Kaplan-Meier 分析的操作步骤如下：

（1）在菜单栏中依次选择"分析"|"生存分析"|"Kaplan-Meier"命令，打开 Kaplan-Meier 对话框，如图 16-11 所示。

（2）进行相关的设置。

① "时间"列表框：该列表框用于从源变量列表框选入一个时间变量，该时间变量可以以任何长度为单位，在时间变量中如果存在负数，则分析过程不考虑此负数。

② "状态"列表框：该列表框用于选入

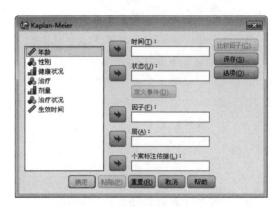

图 16-11 "Kaplan-Meier"对话框

一个状态变量，选入后将激活"定义事件"按钮，单击该按钮，弹出如图 16-12 所示的"Kaplan-Meier：为状态变量定义事件"对话框。该对话框中包含"单值""值的范围"和"值的列表"3 个单选按钮。

- "单值"单选按钮：选中该单选按钮，可以在其后的文本框中输入一个指示事件发生的数值。在输入这个值后，带有其他值的观测都被视作截断观测。
- "值的范围"单选按钮：只有在状态变量为数值时，"值的范围"选项才可用。选中该单选按钮，在其后的文本框中输入指示事件发生的数值区间，两个文本框分别输入数值区间的上、下限，观测值不在这个区间内的观测都被视作截断观测。
- "值的列表"单选按钮：选中该单选按钮，可设置指示事件发生值的列表框。在其后文本框中输入数值后，单击"添加"按钮将其加入列表框中，如此重复可以指定代表事件发生的多个不同的值；如果需要更改已选入的值，先在列表框中选择，然后在"值的列表"文本框进行编辑，最后单击"更改"按钮确认，或者单击"删除"按钮进行删除。

③ "因子"列表框：该列表框用于从源变量列表框中选入分类变量。

④ "比较因子"按钮。用户选入"因子"变量后将激活"比较因子"按钮，单击该按钮，将弹出如图 16-13 所示的"Kaplan-Meier：比较因子级别"对话框。该对话框可用于设置比较分类变量的统计量以检验因子不同级别的生存分布的等同性。

图 16-12 "Kaplan-Meier：为状态变量定义事件"对话框　图 16-13 "Kaplan-Meier：比较因子级别"对话框

- "检验统计"选项组用于选择检验统计的方法，具体含义如下：
  - "秩的等级"复选框：该复选框用于比较生存分布的等同性的检验，在此检验中，所有时间点均赋予相同的权重。
  - "布雷斯洛"复选框：该复选框用于比较生存分布的等同性的检验，在每个时间点用带风险的个案数对时间点加权。
  - "塔罗内-韦尔"复选框：该复选框用于比较生存分布的等同性的检验，在每个时间点用历险的个案数的平方根对时间点加权。

  选择检验统计方法后，下方的"因子级别的线性趋势"复选框将被激活。

- "因子级别的线性趋势"复选框，则会使用倾向信息来检验生存分布是否相等，只有当分组因素是有序变量时，做线性趋势检验才有实际意义，这种情况下，SPSS 假定各级别之间的效应是等距的。最后一组单选按钮用来指定进行总体比较还是两两比较，以及对分层变量的处理方式，可选项有 4 个，各选项含义如下：
  - "在层之间合并"单选按钮：用于在单次检验中比较所有因子级别，以检验生存曲线的相等性。
  - "在层之间成对比较"单选按钮：用于比较每一个相异的因子级别对，不提供成对趋势检验。
  - "针对每个层"单选按钮：用于对每层的所有因子级别的相等性执行一次单独的检验。如果没有分层变量，则不执行检验。
  - "针对每个层成对比较"单选按钮：用于比较每一层的每一个相异的因子级别对，不提供成对趋势检验。如果没有分层变量，则不执行检验。

⑤ "层"列表框：该列表框用于选入分层变量，可以看作研究者欲加以控制的混杂因素，SPSS 会对其中每个取值级别分别进行分析。

⑥ "个案标注依据"列表框：该列表框用于选入观测的标签变量，SPSS 将以变量标签值列出所有的变量。

⑦ "保存"按钮。单击该按钮，将弹出如图 16-14 所示的"Kaplan-Meier：保存新变量"对话框。通过对该对话框的设置可以将 Kaplan-Meier 表的信息保存为新变量，新变量可在以后的分析中用于检验假设或检查假设。该对话框包括 4 个复选框，分别为：

- "生存分析"复选框：保存累积生存概率估计，默认变量名为前缀 sur_加上顺序号。例如，如果已存在 sur_1，Kaplan-Meier 就分配变量名 sur_2。
- "生存分析标准误差"复选框：保存累积生存估计的标准误差，默认变量名为前缀 se_加上顺序号。例如，如果已存在 se_1，Kaplan-Meier 就分配变量名 se_2。
- "风险"复选框：保存累积风险函数估计，默认变量名为前缀 haz_加上顺序号。例如，如果已存在 haz_1，Kaplan-Meier 就分配变量名 haz_2。
- "累积事件"复选框：保存当个案按其生存时间和状态代码进行排序时的事件累积频率，默认变量名为前缀 cum_加上顺序号。例如，如果已存在 cum_1，Kaplan-Meier 就分配变量名 cum_2。

⑧ "选项"按钮。单击该按钮，将弹出如图 16-15 所示的"Kaplan-Meier：选项"对话框。该对话框中各选项含义如下：

图 16-14 "Kaplan-Meier：保存新变量"对话框　　图 16-15 "Kaplan-Meier：选项"对话框

- "统计"选项组：用于设置分析过程中需要计算的统计量，具体如下：
  - "生存分析表"复选框：选中该复选框，则会输出简化的生存表，类似于生命表，只是以个体为单位输出。
  - "平均值和中位数生存分析函数"复选框：选中该复选框，则会输出该生存时间的均值和中位数，以及生存时间的标准差和置信区间。
  - "四分位数"复选框：选中该复选框，则会输出生存时间的三个四分位数。
- "图"选项组：用于设置分析过程中需要输出的图形，具体如下：
  - "生存分析函数"复选框：选中该复选框，则会输出在线性刻度上显示的累积生存函数曲线。
  - "一减生存分析函数"复选框：选中该复选框，则会输出以线性刻度绘制的一减生存函数曲线。
  - "风险"复选框：选中该复选框，则会输出在线性刻度上显示的累积风险函数。
  - "生存分析函数的对数"复选框：选中该复选框，则会输出在对数刻度上显示的累积生存函数曲线。

（3）输出结果。所有设置完毕后，单击"确定"按钮，即可输出 Kaplan-Meier 分析结果。

16.3.3 实验操作

下面以数据文件"16-2"为例，讲解 Kaplan-Meier 分析方法的具体操作过程并对输出结果进行说明。

1. 实验数据描述

数据文件“16-2”包含用于治疗慢性关节炎疼痛的抗炎药的临床实验结果，我们感兴趣的是该药见效的时间以及它和现有药物的比较。该数据文件包括患者的年龄、性别、健康状况、是否用新药治疗、治疗后的效果及用药后的生效时间等相关数据，我们将利用 Kaplan-Meier 分析方法，得到两种药品药效的生存表并验证两种药品效果间的差异是否显著。数据文件“16-2”的原始数据如图 16-16 所示。

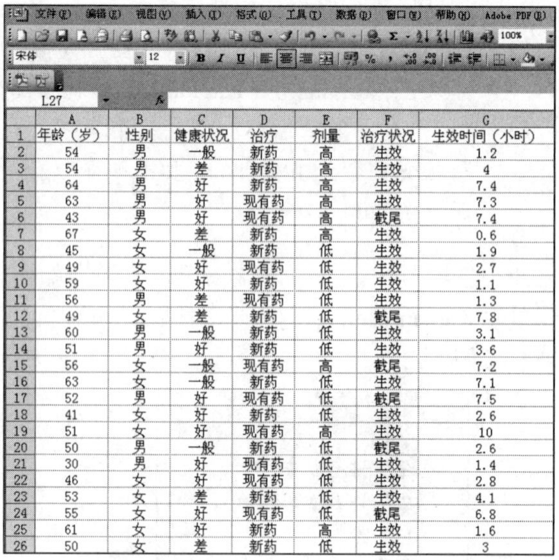

	A	B	C	D	E	F	G
1	年龄（岁）	性别	健康状况	治疗	剂量	治疗状况	生效时间（小时）
2	54	男	一般	新药	高	生效	1.2
3	54	男	差	新药	高	生效	4
4	64	男	好	新药	高	生效	7.4
5	63	男	好	现有药	高	生效	7.3
6	43	男	好	现有药	高	截尾	7.4
7	67	女	差	新药	高	生效	0.6
8	45	女	一般	新药	低	生效	1.9
9	49	女	好	现有药	低	生效	2.7
10	59	女	好	新药	低	生效	1.1
11	56	男	差	现有药	低	生效	1.3
12	49	女	差	新药	低	截尾	7.8
13	60	男	一般	新药	低	生效	3.1
14	51	男	好	新药	低	生效	3.6
15	56	女	一般	现有药	高	截尾	7.2
16	63	女	一般	新药	低	生效	7.1
17	52	男	好	现有药	低	截尾	7.5
18	41	女	好	新药	低	生效	2.6
19	51	女	好	现有药	高	生效	10
20	50	男	一般	新药	低	截尾	2.6
21	30	男	好	现有药	低	生效	1.4
22	46	女	好	现有药	低	生效	2.8
23	53	女	差	新药	低	生效	4.1
24	55	女	好	现有药	低	截尾	6.8
25	61	女	好	新药	高	生效	1.6
26	50	女	差	新药	低	生效	3

图 16-16 数据文件“16-2”的原始数据

首先在 SPSS 变量视图中建立“年龄”“性别”“健康状况”“治疗”“剂量”“治疗状况”“生效时间”6 个变量，各变量的详细设置结果如图 16-17 所示。

在 SPSS 数据视图中输入相关变量的数据，其中“性别”变量中用 0 代表“男”，1 代表“女”；“健康状况”中用 1 表示“差”，2 表示“一般”，3 表示“好”；“治疗”变量中用 0 和 1 分别代表“新药”和“现有药”；“剂量”变量中用 0 和 1 分别代表“低”和“高”剂量；“治疗状况”中用 0 表示“截尾”，1 表示“生效”，数据输入完毕后如图 16-18 所示。

2. 实验操作步骤

步骤 01 打开数据文件“16-2”，进入 SPSS Statistics 数据编辑器窗口，在菜单栏中选择“分析”|“生存分析”|“Kaplan-Meier”命令，打开“Kaplan-Meier”对话框。

步骤 02 从源变量列表框中选择“生效时间”变量，选入“时间”列表框中。

步骤 03 从源变量列表框中选择“治疗状况”变量，选入“状态”列表框中，然后单击“定义事件”按钮，弹出“Kaplan-Meier：状态变量定义事件”对话框。由于数据文件“16-2”中用 1 表示事件发生，所以选中“单值”单选按钮后，在其后面的文本框中输入 1，将取值为 0 的观测作为截断观测。设置完毕后，单击“继续”按钮。

步骤 04 将“治疗”变量选入“因子”列表框。

步骤 05 单击“比较因子”按钮，弹出“Kaplan-Meier：比较因子级别”对话框，选中“检验统计”选项组中的“秩的对数”“布雷斯洛”和“塔罗内-韦尔”复选框，其他保持默认设置，单击“继续”按钮。

步骤 06 单击“选项”按钮，弹出“Kaplan-Meier：选项”对话框，选择“统计”选项组中的“生存分析表”“平均值和中位数生存分析函数”和“四分位数”复选框及“图”选项组中的“生存分析函数”复选框。

图 16-17 数据文件"16-2"的变量视图

图 16-18 数据文件"16-2"的数据视图

3. 实验结果及分析

所有设置完毕后,单击"确定"按钮,SPSS Statistics 查看器窗口的输出结果如图 16-19~图 16-24 所示。

图 16-19 给出了"个案处理摘要"样本数据的简要信息,包括新药、现有药及样本整体的总数、事件数等。

图 16-20 给出了类似于寿命表分析中年限表的生存分析表,只是生存分析表中每个观测单独占据一行。

个案处理摘要

治疗	总数	事件数	检剔后	
			个案数	百分比
新药	104	79	25	24.0%
现有药	96	74	22	22.9%
总体	200	153	47	23.5%

图 16-19 个案处理摘要

生存分析表

治疗		时间	状态	当前累积生存分析比例		累积事件数	其余个案数
				估算	标准 错误		
新药	1	.600	有效	.	.	1	103
	2	.600	有效	.981	.013	2	102
	3	.700	有效	.971	.016	3	101
	4	.800	有效	.962	.019	4	100
	5	.900	有效	.952	.021	5	99
	6	1.100	有效	.	.	6	98
	7	1.100	有效	.933	.025	7	97
	8	1.200	有效	.	.	8	96
	9	1.200	有效	.913	.028	9	95
	10	1.300	有效	.	.	10	94
	11	1.300	有效	.	.	11	93
	12	1.300	有效	.885	.031	12	92
	13	1.400	有效	.875	.032	13	91
	14	1.500	有效	.	.	14	90
	15	1.500	有效	.	.	15	89
	16	1.500	有效	.846	.035	16	88
	17	1.600	有效	.	.	17	87

图 16-20 生存分析表

图 16-21 和图 16-22 分别给出了生命表的平均值和中位数及其百分位数,由两图可以明显地看出,新药和现有药在平均值、中位数及四分位数上的差异都不是很明显,由此可以初步判断,新药和现有药在生效时间上的差异不太明显。

生存分析时间的平均值和中位数

治疗	平均值[a]				中位数			
	估算	标准错误	95% 置信区间		估算	标准错误	95% 置信区间	
			下限	上限			下限	上限
新药	4.867	.360	4.162	5.572	3.700	.292	3.128	4.272
现有药	5.185	.350	4.499	5.871	4.100	1.131	1.884	6.316
总体	5.014	.252	4.520	5.507	3.900	.272	3.367	4.433

a. 如果已对生存分析时间进行检剔, 那么估算将限于最大生存分析时间。

图 16-21 生存分析时间的平均值和中位数

图 16-23 给出了总体比较的结果, 由 3 种检验的显著性可以看出, 在 0.05 的显著性水平上, 新药和现有药在生效时间上差异是不显著的。

百分位数

治疗	25.0%		50.0%		75.0%	
	估算	标准错误	估算	标准错误	估算	标准错误
新药	7.100	.509	3.700	.292	1.900	.226
现有药	7.700	.648	4.100	1.131	2.400	.247
总体	7.300	.371	3.900	.272	2.100	.196

总体比较

	卡方	自由度	显著性
Log Rank (Mantel-Cox)	.379	1	.538
Breslow (Generalized Wilcoxon)	.748	1	.387
Tarone-Ware	.705	1	.401

针对 治疗 的不同级别进行的生存分析分布等同性检验。

图 16-22 新药和现有药分析百分位数   图 16-23 总体比较结果

图 16-24 形象地描述了生命表的内容, 从生存分析函数图中我们可以直观地看出, 现有药的生效时间比新药稍慢一些, 但从假设检验的结果来看, 这一差异并不明显。

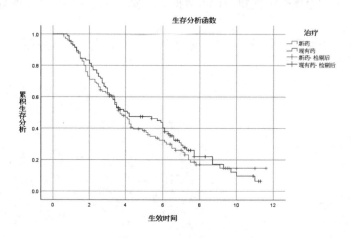

图 16-24 生存分析函数图

16.4 Cox 回归分析

Cox 回归是一种半参数模型, 与参数模型相比, 该模型不能给出各时点的风险率, 但对生存时间分布无要求, 可估算出各研究因素对风险率的影响, 因而应用范围更广。

16.4.1 Cox 回归分析的基本原理

Cox 回归是生存分析中重要的方法之一, 其优点是适用范围很广以及便于做多因素分析。Cox 回归假定病人的风险函数如公式 (16-3) 所示:

$$h(t) = h_0(t)\exp(b_1X_1 + b_2X_2 + \cdots + b_pX_p) \qquad (16\text{-}3)$$

其中，$h(t)$ 为风险函数，又称风险率或瞬间死亡率；$h_0(t)$ 为基准风险函数，是与时间有关的任意函数；X,b 分别是观察变量及其回归系数。英国统计学家 D. R. Cox 提出了参数 b_i 的估计和检验方法，故称为 Cox 回归。

利用风险函数和生存函数的关系式，如公式（16-4）所示：

$$S(t) = \exp[-\int_0^t h(t)dt] \qquad (16\text{-}4)$$

可以推导出生存函数如公式（16-5）所示：

$$S(t) = \exp[-\int_0^t h_0(t)\exp(b_1X_1 + b_2X_2 + \cdots + b_pX_p)dt] \qquad (16\text{-}5)$$

通过此公式，我们可以得到相应的生存函数图。

16.4.2　Cox 回归分析的 SPSS 操作

在 SPSS Statistics 数据编辑器窗口中进行 Cox 回归分析的操作步骤如下：

（1）在菜单栏中选择"分析"|"生存分析"|"Cox 回归"命令，弹出如图 16-25 所示的"Cox 回归"对话框。

（2）进行相关的设置。

①"时间"列表框：选入一个时间变量，可以以任何长度为单位，在时间变量中如果存在负数，则分析过程不考虑此负数。

②"状态"列表框：选入一个状态变量，此时将激活"定义事件"按钮，单击该按钮，弹出如图 16-26 所示的"Cox 回归：为状态变量定义事件"对话框。

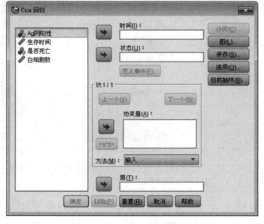

图 16-25　"Cox 回归"对话框　　　　图 16-26　"Cox 回归：为状态变量定义事件"对话框

该对话框同样包含 3 个单选按钮："单值""值的范围"与"值的列表"，其含义同 Kaplan-Meier 分析，这里不再赘述。

③"协变量"选项组：该选项组主要包括"协变量"列表框和"方法"下拉列表框。

- ❑ "协变量"列表框:用于从左侧源变量列表选入协变量,用户可以一次选入多个协变量,当从左侧源变量列表框中同时选择两个以上变量时,单击 >a*b> 按钮可以选入这些变量的交互项作为协变量。
- ❑ "方法"下拉列表框:用于设置协变量进入回归方程的方式,包括 7 个选项,具体如下:
  - ➢ "输入"方法:选择此方法,则只检查变量容忍度,不检查其他进入标准,让所有变量都进入回归方程。
  - ➢ "向前:有条件"方法:选择此方法,则采用向前选择的方法来选择协变量,协变量进入回归方程的标准是分值统计量的显著性,删除标准是条件参数估计的似然率统计量的概率值。
  - ➢ "向前:LR"方法:选择此方法,则采用向前选择的方法来选择协变量,协变量进入回归方程的标准是分值统计量的显著性,删除标准是极大似然估计的似然率统计量的概率值。
  - ➢ "向前:瓦尔德"方法:选择此方法,则采用向前选择的方法来选择协变量,协变量进入回归方程的标准是分值统计量的显著性,删除标准是瓦尔德统计量的概率值。
  - ➢ "向后:有条件"方法:选择此方法,则采用向后选择的方法来选择协变量,协变量进入回归方程的标准是分值统计量的显著性,删除标准是条件参数估计的似然率统计量的概率值。
  - ➢ "向后:LR"方法:选择此方法,则采用向后选择的方法来选择协变量,协变量进入回归方程的标准是分值统计量的显著性,删除标准是极大似然估计的似然率统计量的概率值。
  - ➢ "向后:瓦尔德"方法:选择此方法,则采用向后选择的方法来选择协变量,协变量进入回归方程的标准是分值统计量的显著性,删除标准是瓦尔德统计量的概率值。

值得注意的是,协变量可以分别放在不同的列表框中,以分别设置协变量进入回归方程的方式。"协变量"列表框上方有"上一个"和"下一个"两个按钮,若有两个协变量列表框,且当前显示的是第 1 个列表框,则"上一个"按钮上方应显示"块 1/1"字样。

④ "分类"按钮。当选入两个以上协变量或交互项且其中部分协变量是字符串变量或分类变量时,"分类"按钮将呈现出激活状态,单击该按钮,弹出如图 16-27 所示"Cox 回归:定义分类协变量"对话框。其中:

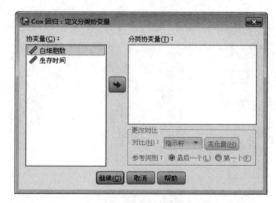

图 16-27 "Cox 回归:定义分类协变量"对话框

- ❑ "协变量"列表框:该列表框中列出在主对话框中选入的所有协变量。无论是直接指定的协变量还是作为交互的一部分在任何层中指定的协变量,如果其中部分协变量是字符串变量或分类变量,则能将它们用作分类协变量。
- ❑ "分类协变量"列表框:该列表框列出标识为分类变量的变量。每个变量都在括号中包含一个表示法,指示要使用的对比编码。字符串变量已存在于"分类协变量"列表框中。可从"协变量"列表框中选择其他任意分类协变量并将它们移到"分类协变量"列表框中。

- "更改对比"选项组：该选项组用于更改对比方法，"对比"下拉列表框中可用的对比方法如下：
  - "指示符"方法：选择此方法，则表示对比指示类别成员资格是否存在。参考类别在对比矩阵中表示为一排 0。
  - "简单"方法：选择此方法，则表示除参考类别外，预测变量的每个类别都与参考类别相比较。
  - "差值"方法：选择此方法，则表示除第一个类别外，预测变量的每个类别都与前面的类别的平均效应相比较，也称为逆赫尔默特对比。
  - "赫尔默特"方法：选择此方法，则表示除最后一个类别外，预测变量的每个类别都与后面的类别的平均效应相比较。
  - "重复"方法：选择此方法，则表示除第一个类别外，预测变量的每个类别都与它前面的那个类别进行比较。
  - "多项式"方法：选择此方法，则表示进行正交多项式对比。假设类别均匀分布。多项式对比仅适用于数值变量。
  - "偏差"方法：选择此方法，则表示除参考类别外，预测变量的每个类别都与总体效应相比较。

如果选择"偏差""简单"或"指示符"选项，则可以在"参考类别"选项组中选择"最后一个"或"第一个"单选按钮，表示以最后一个或第一个作为参考类别。注意，直到单击"更改"按钮后，该方法才实际发生更改。

另外，字符串协变量必须是分类协变量。要从"分类协变量"列表框中移去某字符串变量，必须从主对话框中的"协变量"列表框中移去所有包含该变量的项。

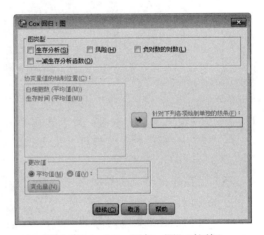

图 16-28　"Cox 回归：图"对话框

⑤ "层"列表框：用于选入分层变量，可以看作研究者欲加以控制的混杂因素，对其中每个取值水平分别进行分析。

⑥ "图"按钮。单击该按钮，可弹出如图 16-28 所示的"Cox 回归：图"对话框。其中：

- "图类型"选项组：用于选择要输出的图像，具体内容如下：
  - "生存分析"复选框：选中该复选框，则会输出在线性刻度上显示的累积生存函数曲线。
  - "风险"复选框：选中该复选框，则会输出在线性刻度上显示的累积风险函数。
  - "一减生存分析函数"复选框：选中该复选框，则会输出以线性刻度绘制的一减生存函数曲线。

- ➢ "负对数的对数"复选框：选中该复选框，则会输出向估计应用了 ln（-ln）转换之后的累积生存估计曲线

- ❑ "协变量值的绘制位置"和"针对下列各项绘制单独的线条"列表框：在"图类型"选项组中选择任意一种图形类型后，下方的"协变量值的绘制位置"列表框将被激活，该列表框呈现所有已选协变量。从中选择分类协变量进入右边的"针对下列各项绘制单独的线条"列表框中，SPSS 按其变量值将数据分组，并按组生成图形。

- ❑ "更改值"选项组：因为"图类型"选项组所示函数依赖于协变量的值，所以必须对协变量使用常数值来绘制函数与时间的关系图。

若选中"平均值"单选按钮，则表示使用每个协变量的平均值作为常数；若选中"值"单选按钮，则可在后面的文本框中输入自定义值用于绘图。无论选中的是"平均值"还是"值"单选按钮，均应单击"变化量"按钮确认使用。

⑦"保存"按钮。单击该按钮，弹出如图 16-29 所示的"Cox 回归：保存"对话框。其中：

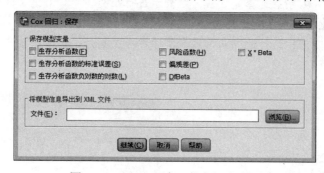

图 16-29　"Cox 回归：保存"对话框

- ❑ "保存模型变量"选项组：用于选择要保存的函数形式，各种函数介绍如下：
  - ➢ "生存分析函数"复选框：用于保存累积生存概率估计，默认变量名为前缀 sur_加上顺序号。
  - ➢ "生存分析函数的标准误差"复选框：用于保存累积生存估计的标准误差，默认变量名为前缀 se_加上顺序号。
  - ➢ "生存分析函数负对数的对数"复选框：用于保存输出向估计应用了 ln（-ln）转换之后的累积生存估计，默认变量名为前缀 lml_加上顺序号。
  - ➢ "风险函数"复选框：用于保存累积风险函数估计，默认变量名为前缀 haz_加上顺序号。
  - ➢ "偏残差"复选框：用于保存生存时间的偏残差，默认变量名为前缀 pr_加上顺序号。
  - ➢ "DfBeta"复选框：用于保存 Beta 系数，默认变量名为前缀 dfb_加上顺序号。
  - ➢ "X*Beta"复选框：用于保存线性预测因素分值，默认变量名为前缀 xbe_加上顺序号。

- ❑ "将模型信息导出到 XML 文件"选项组，用于把模型信息以 XML 文件的形式保存到指定文件中。

⑧"选项"按钮。单击该按钮，弹出如图 16-30 所示的"Cox 回归：选项"对话框。其中：

图 16-30 "Cox 回归：选项"对话框

- "模型统计"选项组：该选项组用于选择获得模型参数的统计量，包括"Exp(B)的置信区间"和"估算值的相关性"两个复选框。选择前者，可在后面的文本框中设置不同的置信水平，以输出相应的置信区间，默认置信区间为95%；选择后者，则表示输出回归系数的相关系数矩阵。
- "显示模型信息"选项组：该选项组用于设置需要显示的模型信息：若选中"在每个步骤"单选按钮，则会在每一步进入过程中都输出相关统计量；若选中"在最后一个步骤"单选按钮，则会输出最后的回归模型的相关统计量。
- "步进概率"选项组：如果选择了逐步推进方法，用户可以指定模型的输入或剔除的概率。如果变量进入 F 的显著性水平小于"进入"值，则输入该变量；如果变量的该显著性水平大于"除去"值，则移除该变量。"进入"值必须小于"除去"值。
- "最大迭代次数"文本框：用于指定模型的最大迭代次数，以控制过程求解的时间，系统默认为 20 次。
- "显示基线函数"复选框：选中该复选框，则将显示协变量均值下的基线风险函数和累积生存函数。

（3）输出结果。所有设置完毕后，"确定"按钮，即可输出 Cox 回归分析结果。

16.4.3 实验操作

下面以数据文件"16-3"为例，讲解 Cox 回归分析的具体操作过程并对输出结果进行说明。

1. 实验数据描述

数据文件"16-3"为某医师在研究白血病患者的生存率时收集的 33 名患者的资料，按 Ag 阴阳性把 33 个数据文件分为两组，并分别记录了两组患者的生存月数，是否死亡及白细胞数。我们将利用 Cox 回归分析，得到白血病患者的生存函数图。数据文件"16-3"的原始数据如图 16-31 所示。

在 SPSS 变量视图中建立"Ag 阴阳性""生存时间""是否死亡"和"白细胞数"4 个变量，变量基本信息如图 16-32 所示。

	A	B	C	D
1	Ag阴阳性	生存时间（月）	是否死亡	白细胞数（百万个/毫升血液）
2	阳	1	是	100
3	阳	1	是	100
4	阳	4	是	17
5	阳	5	是	52
6	阳	16	是	6
7	阳	22	是	35
8	阳	26	否	32
9	阳	39	是	5.4
10	阳	56	是	9.4
11	阳	65	否	2.3
12	阳	65	是	100
13	阳	100	是	4.3
14	阳	108	是	10.5
15	阳	121	是	10
16	阳	134	否	2.6
17	阳	143	是	7
18	阳	156	是	0.8
19	阴	2	是	27
20	阴	3	是	10
21	阴	3	是	28
22	阴	3	是	21
23	阴	4	否	19

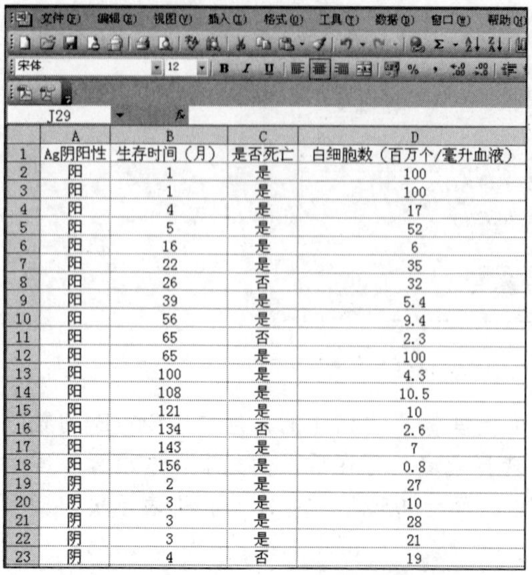

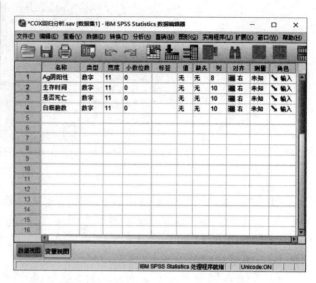

图 16-31　数据文件“16-3”的原始数据

	名称	类型	宽度	小数位数	标签	值	缺失	列	对齐	测量	角色
1	Ag阴阳性	数字	11	0		无	无	8	右	未知	输入
2	生存时间	数字	11	0		无	无	10	右	未知	输入
3	是否死亡	数字	11	0		无	无	10	右	未知	输入
4	白细胞数	数字	11	0		无	无	10	右	未知	输入

图 16-32　数据文件“16-3”的变量视图

然后在 SPSS 数据视图中输入相应的变量值，其中，在“Ag 阴阳性”变量中用数字 0 和 1 分别表示阴和阳，在“是否死亡”变量中用 1 和 0 分别代表是和否，输入完毕后的部分数据如图 16-33 所示。

	Ag阴阳性	生存时间	是否死亡	白细胞数
1	1	1	1	100
2	1	1	1	100
3	1	4	1	17
4	1	5	1	52
5	1	16	1	6
6	1	22	1	35
7	1	26	0	32
8	1	39	1	5
9	1	56	1	9
10	1	65	0	2
11	1	65	1	100
12	1	100	1	4
13	1	108	1	11
14	1	121	1	10

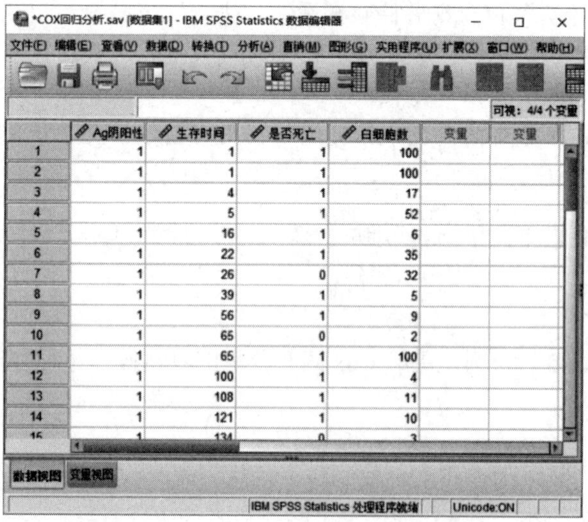

图 16-33　数据文件“16-3”的数据视图

2. 实验操作步骤

具体操作步骤如下：

步骤 01 在菜单栏中选择“分析”|“生存分析”|“Cox 回归”命令，弹出“Cox 回归”对话框。

步骤 02 从左侧源变量列表框中选择“生存时间”变量，选入“时间”列表框作为时间变量。

步骤03 从左侧源变量列表框中选择“是否死亡”变量将其选入“状态”列表框作为状态变量，然后单击“定义事件”按钮，弹出“Cox 回归：为状态变量定义事件”对话框，选中“单值”单选按钮，并在其后的文本框中输入 1，将取值为 0 的观测作为截断观测，单击“继续”按钮。

步骤04 从左侧源变量列表框中选入“Ag 阴阳性”和“白细胞数”两个变量到“协变量”列表框中，由于样本数较少，因此在“方法”下拉列表框中选择“输入”选项。

步骤05 单击“分类”按钮，弹出“Cox 回归：定义分类协变量”对话框，从左侧“协变量”列表框中将“Ag 阴阳性”变量选入“分类协变量”列表框中，其他均采用默认设置，设置完毕后，单击“继续”按钮。

步骤06 单击“图”按钮，弹出“Cox 回归：图”对话框，在“图类型”选项组中选中“生存分析”和“风险”复选框，其他均采用默认设置。

3. 实验结果及分析

所有设置完毕后，单击“确定”按钮，SPSS Statistics 查看器窗口的输出结果如图 16-34~图 16-39 所示。

图 16-34 给出了“个案处理摘要”数据的简要统计信息，其中“事件”和“检剔后”分别表示事件发生和不发生的观测次数。个案处理摘要还给出了缺失案例的情况：33 个案例中有 29 个患者死亡，4 个生存下来，该数据文件没有任何缺失值存在。

图 16-35 给出了分类变量“Ag 阴阳性”的统计信息，其中阴阳性个案频数为 16，阳性频数为 17。

个案处理摘要

		个案数	百分比
可以在分析中使用的个案	事件[a]	29	87.9%
	检剔后	4	12.1%
	总计	33	100.0%
已删除的个案	具有缺失值的个案	0	0.0%
	具有负时间的个案	0	0.0%
	层中最早发生的事件之前检剔后的个案	0	0.0%
	总计	0	0.0%
总计		33	100.0%

a. 因变量：生存时间

图 16-34 个案处理摘要

分类变量编码[a]

		频率	(1)[c]
Ag阴阳性[b]	0	16	1
	1	17	0

a. 类别变量：Ag阴阳性

b. 指示符参数编码

c. 由于 (0,1) 变量已重新编码，因此其系数不会与指示符 (0,1) 编码的系数相同。

图 16-35 分类变量信息

图 16-36 给出了模型系数的有关检验结果，从图中可以看出，两个模块中系数变化在 10%的置信度下是显著的。

模型系数的 Omnibus 检验[a]

	总体（得分）			从上一步进行更改			从上一块进行更改		
-2 对数似然	卡方	自由度	显著性	卡方	自由度	显著性	卡方	自由度	显著性
142.761	11.773	2	.003	10.633	2	.005	10.633	2	.005

a. 起始块号 1。方法 = 输入

图 16-36 模型系数 Omnibus 检验

图 16-37 给出了协变量的回归系数及其显著性检验结果，由图可知，两个变量系数在 10%置信度下也是显著的。另外，输出结果还包括两个协变量的均值。

	方程中的变量						协变量平均值	
	B	SE	瓦尔德	自由度	显著性	Exp(B)		平均值
Ag阴阳性	1.122	.450	6.202	1	.013	3.071	Ag阴阳性	.485
白细胞数	.009	.005	2.970	1	.085	1.009	白细胞数	29.167

图 16-37　协变量系数输出结果及平均值

图 16-38 给出了白血病患者的生存函数图，由图中可以看出，患者的生存函数下降速度较快且有明显减慢趋势，接近 160 个月时，生存率几乎为 0。

图 16-39 给出了白血病患者的危险函数图，其趋势也十分明显，即随时间的延长，患者在生存上所经历的死亡风险越来越大，到 140 个月时，大约是起初的 5 倍。

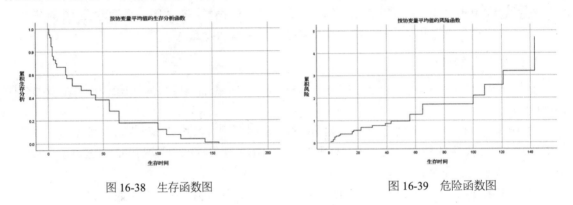

图 16-38　生存函数图　　　　　　　　图 16-39　危险函数图

16.5　上机题

16.1　25 例癌症病人在不同时期经随机化分配到 A、B 治疗组进行治疗，同时随访观察至 2007 年 10 月 1 日结束，资料整理后如下表，表中"是否死亡"变量用 0、1 分别代表"否"和"是""治疗方式"变量中分别用 1、2 代表 A、B 两种治疗方法，试对其结果进行生存率分析。（数据路径：sample\上机题\chap16\习题\第 16 章第一题.sav）

病人编号	随访天数（天）	是否死亡	治疗方式	病人编号	随访天数（天）	是否死亡	治疗方式
1	8	1	1	14	1990	0	2
2	180	1	2	15	1976	0	1
3	632	1	2	16	18	1	2
4	852	0	1	17	700	1	2
5	52	1	1	18	1296	1	1
6	2240	1	2	19	1460	0	1
7	220	1	1	20	210	1	2
8	63	1	1	21	63	1	1
9	195	1	2	22	1328	0	1
10	76	1	2	23	1296	1	2
11	70	1	2	24	365	0	1

(续表)

病人编号	随访天数（天）	是否死亡	治疗方式	病人编号	随访天数（天）	是否死亡	治疗方式
12	8	1	1	25	23	1	2
13	13	1	2				

16.2 用中药加化疗和单纯化疗两种疗法治疗 26 名白血病患者后，随访记录存活情况如下所示，"是否死亡"中分别用 0、1 代表"否"和"是"，"治疗方法"中的 1、2 分别代表"中医加化疗方法"和"单纯化疗方法"，试比较两组的生存率。（数据路径：sample\上机题\chap16\习题\第 16 章第二题.sav）

随访月数（月）	是否死亡	治疗方法	随访月数（月）	是否死亡	治疗方法
10	0	1	4	0	1
2	1	1	31	0	1
12	1	1	24	0	1
13	0	1	2	1	2
18	0	1	13	0	2
6	1	1	7	1	2
19	1	1	11	1	2
26	0	1	6	0	2
9	1	1	1	0	2
8	1	1	11	0	2
6	1	1	3	0	2
43	1	1	17	0	2
9	0	1	7	0	2

16.3 以下数据记录了 50 名白血病患者外周血中的细胞数量、浸润等级、巩固治疗情况、生存时间和状态变量。下表给出了其中部分数据，其中"巩固治疗"变量中，分别用 0、1 代表"否"和"是"；"结局"中 0 代表"生存"，1 代表"死亡"；"指示变量"中 1 代表"全部数据"，0 代表"截尾数据"。试用 Cox 分析方法，得出白血病患者的生存函数图。（数据路径：sample\上机题\chap16\习题\第 16 章第三题.sav）

白细胞数（万个）	浸润等级	巩固治疗	生存时间（年）	结局	指示变量
2.5	0	0	3.4	0	1
1.2	2	0	3.73	0	1
173	2	0	3.73	0	1
3.5	0	0	3.83	0	1
119	2	0	4	0	1
39.7	0	0	4.03	0	1
10	2	0	4.17	0	1
62.4	0	0	4.2	0	1
502.2	2	0	4.2	0	1

（续表）

白细胞数（万个）	浸润等级	巩固治疗	生存时间（年）	结局	指示变量
2.4	0	0	5	0	1
4	0	0	5.27	0	1
34.7	0	0	5.67	0	1
14.4	0	1	7.07	0	1
28.4	2	0	7.26	0	1
2	2	0	7.33	0	1

第 17 章　信度分析

我们在做调查问卷时，最看重的是调查问卷的科学性和有效性。信度分析方法是分析问卷的主题是否符合调查者的要求和调查数据可靠性的专用统计方法。信度分析和多维尺度分析是两种常见的信度分析方法，它们是探索研究事物间的相似性或不相似性的专用技术。信度分析是用于检验结果的一贯性、一致性、再现性和稳定性的常用方法；多维尺度分析是研究和反映被访问者对研究对象相似性的感知的一种统计分析方法，SPSS 提供了强大的信度和多维刻度分析功能，下面将对其进行相应的介绍。

17.1　信度分析

我们在做调查问卷时，如果一个问卷设计出来无法有效地考察问卷中所涉及的各个因素，那么我们为调查问卷所作的抽样、调查、分析、结论等一系列的工作也就白做了。那么，如何来检验设计好的调查问卷是否有效呢？信度分析是评价调查问卷是否具有稳定性和可靠性的有效分析方法。

17.1.1　信度分析的基本原理

信度又叫可靠性，是指问卷的可信程度。它主要表现检验结果的一贯性、一致性、再现性和稳定性。一个好的测量工具，对同一事物反复多次测量，其结果应该始终保持不变才可信。例如，我们用一把尺子测量一张桌子的高度，今天测量的高度与明天测量的高度不同，那么我们就会对这把尺子产生怀疑。因此，一张设计合理的调查问卷应该具有它的可靠性和稳定性。

调查问卷的评价体系是以量表形式来体现的，编制的合理性决定着评价结果的可用性和可信性。问卷的信度分析包括内在信度分析和外在信度分析。内在信度重在考察一组评价项目是否测量同一个概念，这些项目之间是否具有较高的内在一致性。一致性程度越高，评价项目就越有意义，其评价结果的可信度就越强。外在信度是指在不同时间对同批被调查者实施重复调查时，评价结果是否具有一致性。如果两次评价结果相关性较强，说明项目的概念和内容是清晰的，因而评价的结果是可信的。信度分析的方法有多种，有 Alpha 信度和分半信度等，都是通过不同的方法来计算信度系数，再对信度系数进行分析。

目前常用的是 Alpha 信度系数法，一般情况下，我们主要考虑量表的内在信度——项目之间是否具有较高的内在一致性。通常认为，信度系数应该在 0~1，如果量表的信度系数在 0.9 以上，表示量表的信度很好；如果量表的信度系数在 0.8~0.9，表示量表的信度可以接受；如果量表的信度系数在 0.7~0.8，表示量表有些项目需要修订；如果量表的信度系数在 0.7 以下，表示量表有些项目需要抛弃。

17.1.2　信度分析的 SPSS 操作

打开相应的数据文件或者建立一个数据文件后，就可以在 SPSS Statistics 数据编辑器窗口中进行信度分析。

（1）在菜单栏中选择"分析"|"刻度"|"可靠性分析"命令，打开如图 17-1 所示的"可靠性分析"对话框。

（2）选择变量。从源变量列表框中选择需要分析的变量，单击 按钮将选中的变量选入"项"列表框中。"项"列表框中的变量数据可以是二分数据、有序数据或区间数据，但数据应是用数值编码的，且信度分析需要选择两个或两个以上的变量进入"项"列表框。选择完需要分析的变量后的对话框如图 17-2 所示。

图 17-1 "可靠性分析"对话框

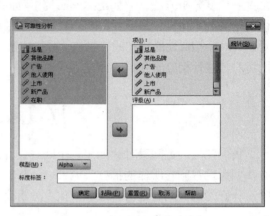
图 17-2 选择需要分析的变量

（3）进行相应的设置。

1. "统计"设置

单击"统计"按钮，弹出"可靠性分析：统计"对话框，如图 17-3 所示。"可靠性分析：统计"对话框主要用于对度量和项的一些统计量的设置。

① "描述"选项组：该选项组用于为个案的标度或项生成描述统计，包括以下几个复选框：

- "项目"复选框：选中该复选框，表示为个案的每个项目生成描述统计量，如均值、标准差等。
- "标度"复选框：选中该复选框，表示为标度产生描述统计量，即各个项目之和的描述统计量。
- "删除项后的标度"复选框：选中该复选框，表示输出将每一项与由其他项组成的标度进行比较时的摘要统计量，即该项从标度中删除时的标度均值和方差、该项与由其他项组成的标度之间的相关性，以及该项从标度中删除后的 Cronbach's alpha 值。

图 17-3 "可靠性分析：统计"对话框

② "项之间"选项组：该选项组用于对输出项之间的相关矩阵进行设置，包括以下复选框：

- ❑ "相关性"复选框：选中该复选框，表示输出项与项之间的相关性矩阵。
- ❑ "协方差"复选框：选中该复选框，表示输出项与项之间的协方差矩阵。

③ "摘要"选项组：该选项组用于设置标度中所有项的统计量，包括以下几个复选框：

- ❑ "平均值"复选框：选中该复选框，表示输出所有项均值的最小值、最大值、平均值、项均值的范围、方差，以及最大项均值与最小项均值的比。
- ❑ "方差"复选框：选中该复选框，表示输出所有项方差的最小值、最大值、平均值、项方差的范围、方差，以及最大项方差与最小项方差的比。
- ❑ "协方差"复选框：选中该复选框，表示输出项之间的协方差的最小值、最大值、平均值、项之间的协方差的范围、方差，以及最大项之间协方差与最小项之间的协方差的比。
- ❑ "相关性"复选框：选中该复选框，表示输出所有项之间的相关性的最小值、最大值、平均值、范围、方差，以及最大项之间的相关性与最小项之间的相关性的比。

④ "ANOVA 表"选项组：该选项组用于选择方差分析与均值是否相等的检验，可选的项有：

- ❑ "无"单选按钮：表示不进行任何检验。
- ❑ "F 检验"单选按钮：表示进行重复度量方差分析。
- ❑ "傅莱德曼卡方"单选按钮：表示进行非参数检验中的多配对样本傅莱德曼检验，并输出傅莱德曼的卡方肯德尔的协同系数。此选项适用于以秩为形式的数据且卡方检验在 ANOVA 表中替换通常的 F 检验。
- ❑ "柯克兰卡方"单选按钮：表示进行非参数检验中的多配对样本柯克兰 s 检验，并输出柯克兰 s Q。此选项适用于双分支数据且 Q 统计在 ANOVA 表中替换通常的 F 统计。

⑤ "霍特林 T 平方"复选框：选中该复选框，表示输出多变量霍特林 T 平方检验统计量，该检验的原假设是标度上的所有项具有相同的均值，如果该统计量的概率值在 5%的显著水平上拒绝原假设，则表示标度上至少有一个项的均值与其他项不同。

⑥ "图基可加性检验"复选框：选中该复选框，表示进行图基的可加性检验，该检验的原假设是项中不存在可乘交互作用，如果该统计量的概率值在 5%的显著水平上拒绝原假设，则表示项中存在可乘的交互作用。

⑦ "同类相关系数"复选框：选中该复选框，表示计算组内同类相关系数，对个案内值的一致性或符合度的检验。选中该复选框后，下面的选项将被激活。

- ❑ "模型"下拉列表框：该列表框给出了用于计算同类相关系数的模型。"双向混合"模型，当人为影响是随机的而项的作用固定时，选择该模型；"双向随机"模型，当人为影响和项的作用均为随机时选择该模型；"单项随机"模型，当人为影响随机时选择该模型。
- ❑ "类型"下拉列表框：可以选择"一致性"或"绝对一致"。
- ❑ "置信区间"文本框：用于指定置信区间的范围，系统默认为 95%。
- ❑ "检验值"文本框：用于指定假设检验系数的假设值，该值是用来与观察值进行比较的值，系统默认为 0。

2. “模型”设置

“模型”下拉列表框主要用于选择进行信度（可靠性）分析的模型，有以下几个选项：

- Alpha：即 Cronbach 模型，该模型是内部一致性模型，用于输出 Cronbach's alpha 值。
- 折半：即半分信度模型，该模型将标度分割成两个部分，并检查两部分之间的相关性。
- 格特曼：即格特曼模型，该模型计算格特曼的下界以获取真实可靠性。
- 平行：即平行模型，该模型假设所有项具有相等的方差，并且重复项之间具有相等的误差方差，进行模型的拟合度检验。
- 严格平行：即严格平行模型，该模型不仅有平行模型的假设，还假设所有项具有相等的均值，输出公共均值、公共方差、真实方差、误差方差等统计量。

（4）分析结果输出。设置完毕后，单击“确定”按钮，即可在 SPSS Statistics 查看器窗口得到信度分析的结果。

17.1.3　实验操作

下面以数据文件“17-1”为例，讲解信度分析的具体操作过程并对结果进行说明。

1. 实验数据描述

数据文件“17-1”涉及某家电公司对消费者在何种情况下使用自己公司产品的调查结果，在数据文件中，每行代表一位单独的调查对象；每列代表一种单独的情况。该调查问卷共设置了 7 种情况，分别为“总是使用”“没有其他品牌”“有电视广告”“有其他人使用”“公司上市”“常推出新产品”和“现任总裁在职”。被调查者对每种情况做出“是”或“否”的选择，共有 906 行数据。我们将利用信度分析，得出调查结果是否可信的结论，该数据文件的原始数据如图 17-4 所示。

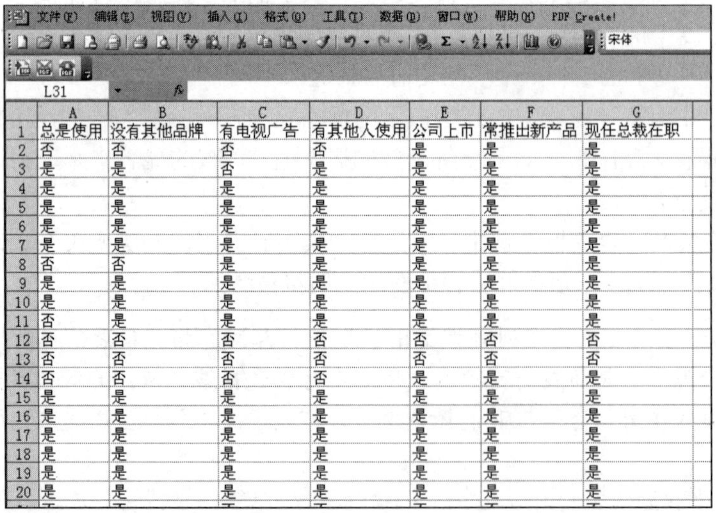

	A	B	C	D	E	F	G
1	总是使用	没有其他品牌	有电视广告	有其他人使用	公司上市	常推出新产品	现任总裁在职
2	否	否	否	否	是	是	是
3	是	是	否	是	是	是	是
4	是	是	是	是	是	是	是
5	是	是	是	是	是	是	是
6	是	是	是	是	是	是	是
7	是	是	是	是	是	是	是
8	否	否	是	是	是	是	是
9	是	是	是	是	是	是	是
10	是	是	是	是	是	是	是
11	否	是	是	是	是	是	是
12	否	否	否	否	否	否	否
13	否	否	否	否	否	否	否
14	否	否	否	否	是	是	是
15	是	是	是	是	是	是	是
16	是	是	是	是	是	是	是
17	是	是	是	是	是	是	是
18	是	是	是	是	是	是	是
19	是	是	是	是	是	是	是
20	是	是	是	是	是	是	是

图 17-4　数据文件“17-1”的原始数据

首先在 SPSS 变量视图中建立“总是”“其他品牌”“广告”“他人使用”“上市”“新产品”和“在职”7 个变量，分别代表“总是使用”“没有其他品牌”“有电视广告”“有其他人使用”“公司上市""常推出新产品"和"现任总裁在职"7 种情况，每个变量中用 0 和 1 分别代表"否"和"是"，所有变量的度量标准均为"度量"。数据文件"17-1"的变量视图如图 17-5 所示。

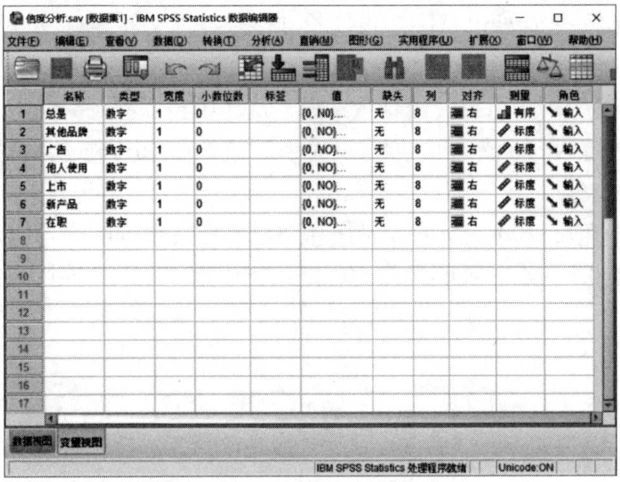

图 17-5　数据文件"17-1"的变量视图

然后在 SPSS 数据视图中输入相应变量的数据，输入完毕后的部分数据如图 17-6 所示。

图 17-6　数据文件"17-1"的数据视图

2. 实验操作步骤

步骤01　打开数据文件"17-1"，进入 SPSS Statistics 数据编辑器窗口，在菜单栏中选择"分析"|"刻度"|"可靠性分析"命令，弹出"可靠性分析"对话框，然后将"总是""其他品牌""广告""他人使用""上市""新产品"和"在职"选入"项"列表框中。

步骤02　单击"统计"按钮，弹出"可靠性分析：统计"对话框，选中"项目""相关性""平均值"复选框，单击"继续"按钮，保存设置结果。

步骤03　在"模型"下拉列表框中选择"Alpha"模型，也可以选择其他模型形式。

3. 实验结果及分析

单击"确定"按钮，SPSS Statistics 查看器窗口的输出结果如图 17-7~图 17-11 所示。

图 17-7 给出了个案处理摘要，从图中可以看到整个数据文件共有 906 个个案参与信度分析，并无缺失值。

图 17-8 给出了信度分析的可靠性统计量结果，从图中可以看到克隆巴赫 Alpha 值为 0.898，基于标准化项的克隆巴赫 Alpha 值为 0.894，两个系数值都在 90%附近，可见该量表具有很高的内在一致性，所以可靠性较强。

图 17-9 给出了各个项的基本统计量，从图中可以看到每个项的平均值、标准偏差和个案数。如其 4 个项的均值都在 0.5 左右，表明大约 50%的人出于前 4 个项的原因选择继续收看节目。

个案处理摘要

		个案数	%
个案	有效	906	100.0
	排除ᵃ	0	.0
	总计	906	100.0

a. 基于过程中所有变量的成列删除。

图 17-7 个案处理摘要

可靠性统计

克隆巴赫 Alpha	基于标准化项的克隆巴赫 Alpha	项数
.898	.894	7

图 17-8 可靠性统计量结果

项统计

	平均值	标准 偏差	个案数
总是	.49	.500	906
其他品牌	.50	.500	906
广告	.50	.500	906
他人使用	.53	.499	906
上市	.81	.389	906
新产品	.83	.378	906
在职	.89	.315	906

图 17-9 各项统计量

图 17-10 给出了项间的相关性矩阵，从图中可以看到每个项之间的相关系数。如第一项与第二、第三、第四项间的相关性都比较高，而第五项与第六、第七项间的相关性较高。

项间相关性矩阵

	总是	其他品牌	广告	他人使用	上市	新产品	在职
总是	1.000	.815	.813	.782	.408	.421	.303
其他品牌	.815	1.000	.826	.807	.422	.423	.307
广告	.813	.826	1.000	.804	.458	.453	.336
他人使用	.782	.807	.804	1.000	.443	.460	.340
上市	.408	.422	.458	.443	1.000	.632	.625
新产品	.421	.423	.453	.460	.632	1.000	.600
在职	.303	.307	.336	.340	.625	.600	1.000

图 17-10 项间相关性矩阵

图 17-11 给出了摘要项统计量图。该图中显示了所有项均值的最小值、最大值、平均值、全距、方差及最大值与最小值的比。所有项均值的平均值是 0.650，严格来说，在各种情况下，大约有 65%的人会选择继续收看这个电视节目。

摘要项统计

	平均值	最小值	最大值	全距	最大值 / 最小值	方差	项数
项平均值	.650	.487	.889	.402	1.825	.033	7

图 17-11 摘要项统计量

4. 对信度模型的进一步探讨

在"模型"下拉列表框中除了可以选择"Alpha"模型，也可以选择其他模型形式，图 17-12 和图 17-13 分别展示了"格特曼"（格特曼模型）选项和"折半"（半分信度模型）选项的输出结果。

可靠性统计		
Lambda	1	.769
	2	.915
	3	.898
	4	.577
	5	.894
	6	.927
项数		7

图 17-12　格特曼模型的信度分析结果

可靠性统计			
克隆巴赫 Alpha	第一部分	值	.944
		项数	4[a]
	第二部分	值	.826
		项数	3[b]
	总项数		7
形态之间的相关性			.503
斯皮尔曼-布朗系数	等长		.669
	不等长		.673
格特曼折半系数			.577

a. 项为：总是，其他品牌，广告，他人使用.
b. 项为：上市，新产品，在职.

图 17-13　半分信度模型的信度分析结果

图 17-12 为格特曼模型的信度分析结果图。该图给出了基于格特曼模型计算的从 Lambda 1 到 Lambda 6 的 6 个信度系数。在 6 个信度系数中最高的是 Lambda 6，其中 Lambda 3 恰好等于图 17-8 中的克隆巴赫 Alpha 值。但是由于该系数计算较为复杂，因此实际应用中并不普遍。

图 17-13 为半分信度模型的信度分析结果。从该图可以得到基于半分信度模型的克隆巴赫 Alpha 值和斯皮尔曼-布朗系数统计量。半分信度模型将量表中原先的 7 个项拆分为两个部分："部分 1"含有"总是使用""没有其他品牌""有电视广告"和"有其他人使用"4 个变量数据；"部分 2"含有"公司上市""常推出新产品"和"现任总裁在职"3 个变量。其中第一部分的克隆巴赫 Alpha 值为 0.944，第二部分的克隆巴赫 Alpha 值为 0.826，可见每个部分的内在一致性都非常高。但是两个部分的相关系数却只有 0.503，可见两部分的相关性不高。斯皮尔曼-布朗系数和格特曼拆半系数都是利用两个部分的克隆巴赫 Alpha 值计算得到的，本实验中由于两部分项的数目不一致，所以值为 0.673 的"不等长"系数更为准确，并且格特曼折半系数仅为 0.577，因此半分信度模型的结果显示内在一致性不是很好。事实上，由于半分信度模型的结果因拆分方式的不同而变化较大，如把相关性很强的项分在不同部分得到的结果会更具有内在一致性，因此半分信度模型的结果并不是很可靠，一般用重侧信度模型。

17.2　多维刻度分析

多维刻度分析（Multi-dimension Analysis）又称为多维标度分析，是市场研究的一种有力手段，它可以通过低维空间（通常是二维空间）展示多个研究对象（比如品牌）之间的联系，利用平面距离来反映研究对象之间的相似程度。

17.2.1　多维刻度分析的基本原理

多维刻度分析的主要思路是利用对被访问者和对研究对象的分组，来反映被访问者对研究对象相似性的感知，这种方法具有一定直观合理性。由于多维刻度分析法通常是基于研究对象之间的相似性（距离）的，只要获得了两个研究对象之间的距离矩阵，我们就可以通过相应统计软件做出它们的相似性知觉图。

17.2.2　多维刻度分析的 SPSS 操作

在 SPSS Statistics 数据编辑器窗口中进行多维刻度分析的操作步骤如下：

（1）在菜单栏中选择"分析"|"刻度"|"多维标度（ALSCAL）"命令，打开如图17-14所示的"多维标度"对话框。

（2）选择变量。从源变量列表框中选择需要分析的距离变量，单击 按钮将选择的变量选入右侧的"变量"列表框中。

① "变量"列表框：该列表框中的变量数据是距离（不相似性）数据，则所有的不相似性都应该是定量的，应该用相同的刻度进行度量，变量标度之间的差异可能会影响解。如果变量在刻度上有很大差异（例如：一个变量以个数为单位度量，而另一个以时间为单位度量），那么应该考

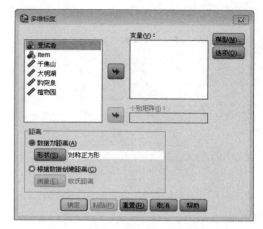

图 17-14 "多维标度"对话框

虑对它们进行标准化（这可以通过多维刻度过程来自动完成）。另外，如果数据为距离，则选择至少4个数值变量进行分析。

② "个别矩阵"列表框：该列表框中的变量为分组变量，主要用于每一类别的分组变量创建单独的矩阵，并且只有选中"距离"选项组中的"根据数据创建距离"单选按钮时，该列表框才会被激活。

③ "距离"选项组：该选项组主要用于设置距离矩阵的形式或从数据创建距离矩阵。

- "数据为距离"单选按钮：当活动数据集中的数据本身就是距离数据时，选中该单选按钮。单击"形状"按钮，将弹出如图17-15所示的"多维标度：数据形状"对话框。在该对话框中可以指定距离矩阵的形状。

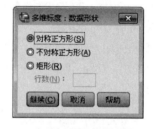

图 17-15 "多维标度：数据形状"对话框

  - "对称正方形"单选按钮：表示活动数据集中的数据矩阵为正对称矩阵，行和列表示相同的项目，当仅录入一半的数据并选中该单选按钮时，系统会自动补全其他数据。
  - "不对称正方形"单选按钮：表示活动数据集中的数据矩阵为正不对称矩阵，但行和列表示相同的项目。
  - "矩形"单选按钮：表示活动数据集中的数据矩阵为矩形，并且行和列表示不同的项目，当活动数据集中的数据含有多个矩阵时，需要在"行数"文本框中设置每个矩阵的行数。

- "根据数据创建距离"单选按钮：当活动数据集中的数据本身不是距离数据时，选中该单选按钮。单击"测量"按钮，将弹出如图17-16所示的"多维标度：根据数据创建测量"对话框。
  - "测量"选项组：用于选择测量类型并指定不相似的测量方法，在"转换值"选项组的"标准化"下拉列表框中可以选择数据标准化的方法。
  - "创建距离矩阵"选项组：用于选择需要分析的单位，包括两种选择："变量间"和"个案间"。

④ "模型"按钮：单击"模型"按钮，弹出如图 17-17 所示的"多维标度：模型"对话框。

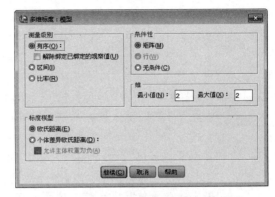

图 17-16 "多维标度：根据数据创建测量"对话框　　　图 17-17 "多维标度：模型"对话框

"多维标度：模型"对话框主要用于设置数据的度测置级别、标度模型和维。

- ❏ "测量级别"选项组：该选项组用于指定数据的测量级别，有 3 种选择。
  - ➢ "有序"单选按钮：表示数据为有序标度，大部分多维标度分析中的数据都是此类数据。其中，"解除绑定已绑定的观察值"复选框用于对活动数据集中相同的评分赋予不同的权重。
  - ➢ "区间"单选按钮：表示数据为连续度量数据。
  - ➢ "比率"单选按钮：表示数据为比率形式的度量数据。
- ❏ "条件性"选项组：该选项组用于指定哪些比较是有意义的，有 3 种选择。
  - ➢ "矩阵"单选按钮：表示单个矩阵内部的数据可以进行比较，适用于数据集只有一个矩阵的情况或者每个矩阵代表一个测试者的选择的情况。
  - ➢ "行"单选按钮：表示只有行数据之间的比较是有意义的，该选项适用于活动数据集为非对称矩阵或矩形的情况。
  - ➢ "无条件"单选按钮：表示活动数据集任何数据之间的比较是有意义的，该选项比较少用。
- ❏ "维"选项组：该选项组用于设置标度分析的维度。在"最小值"和"最大值"文本框中输入 1~6 的整数，系统对该范围中的每个数字都计算出一个答案。如果在"最小值"和"最大值"中输入相等的数，则可以获得单一的解。
- ❏ "标度模型"选项组：该选项组用于设定标度度量模型，有两个选择。
  - ➢ "欧氏距离"单选按钮：表示使用欧氏距离模型，适用于任何形式的数据矩阵。
  - ➢ "个体差异欧氏距离"单选按钮：表示使用个别差异的欧氏距离模型，适用于活动数据集中含有两个或两个以上的距离矩阵。

⑤ "选项"按钮：单击"选项"按钮，弹出如图 17-18 所示的"多维标度：选项"对话框。该对话框主要用于设定显示的图表和迭代收敛标准等。

图 17-18 "多维标度：选项"对话框

- ❏ "显示"选项组：该选项组用于设定输出的统计图，共有 4 种。
  - ➢ "组图"复选框：输出多维标度分析图，该图用于观察对象之间的相似性，是多维标度分析中的主要图表。
  - ➢ "个别主体图"复选框：输出基于每个测试者的对象距离图。
  - ➢ "数据矩阵"复选框：输出活动数据集中的数据矩阵。
  - ➢ "模型和选项摘要"复选框：输出模型处理的摘要等信息。
- ❏ "条件"选项组：该选项组用于设定模型迭代收敛的标准。
  - ➢ "S 应力收敛"文本框：该文本框用于设定迭代中 S 应力的最小改变量，当模型迭代的 S 应力的最小改变量小于该值时停止收敛。
  - ➢ "最小 S 应力值"文本框：该文本框用于设定最小 S 应力值，当模型迭代的 S 应力值达到该最小 S 应力值时模型停止收敛。
  - ➢ "最大迭代次数"文本框：该文本框用于设定模型最大迭代次数，当模型迭代到该设定次数时停止收敛。
- ❏ "将小于：☐的距离视为缺失"文本框。该文本框用于对缺失值进行处理，当数据集中小于该值时，该数据就会被视作缺失值处理。

（3）设置完毕后，单击"确定"按钮，即可在 SPSS Statistics 查看器窗口得到多维标度分析的结果。

17.2.3 实验操作

下面以数据文件"17-2"为例，讲解多维刻度分析的具体操作过程并对结果进行说明。

1. 实验数据描述

数据文件"17-2"记录了 5 位受试者对济南市四大景点相似性的调研结果。在该调研中每个受试者对 4 个景点两两之间的相似性进行评分。评分的范围为 1～5，其中 1 代表完全相似，2 代表非常相似，3 代表一般相似，4 代表不一般相似，5 代表极为不相似。本调查共抽检了 5 位受试者。我们将利用多维刻度分析，得出 4 个景点的相似和不相似程度，本数据文件的原始数据如图 17-19 所示。

	A	B	C	D	E	F
1	受试者	item	千佛山	大明湖	趵突泉	植物园
2	1	1	1	4	5	2
3	1	2	4	1	2	3
4	1	3	5	2	1	3
5	1	4	2	3	3	1
6	2	1	1	5	5	2
7	2	2	5	1	2	4
8	2	3	5	2	1	4
9	2	4	2	4	4	1
10	3	1	1	4	5	2
11	3	2	4	1	2	3
12	3	3	5	2	1	3
13	3	4	2	3	3	1
14	4	1	1	5	5	2
15	4	2	5	1	2	4
16	4	3	5	2	1	4
17	4	4	2	4	4	1
18	5	1	1	4	5	2
19	5	2	4	1	2	3
20	5	3	5	2	1	3
21	5	4	2	3	3	1

图 17-19 数据文件"17-2"的原始数据

首先在 SPSS 变量视图中建立变量"受试者""item""千佛山""大明湖""趵突泉"和"植物

园”，分别用来表示测试者的编号、景点的编号、各个景点对比评分。其中，“受试者”“item”为名义变量，“千佛山”“大明湖”“趵突泉”和“植物园”为度量变量，如图 17-20 所示。

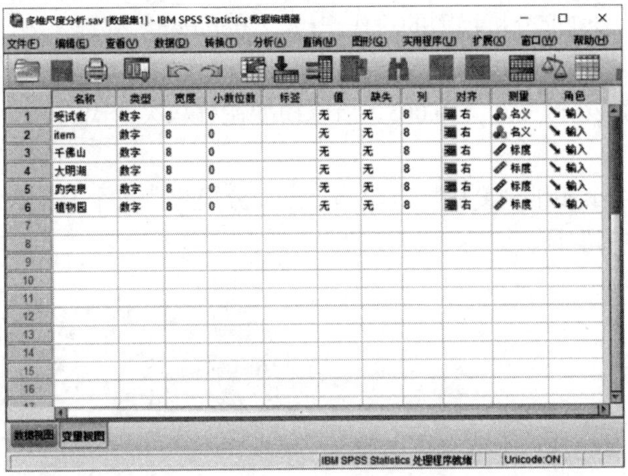

	名称	类型	宽度	小数位数	标签	值	缺失	列	对齐	测量	角色
1	受试者	数字	8	0		无	无	8	右	名义	输入
2	item	数字	8	0		无	无	8	右	名义	输入
3	千佛山	数字	8	0		无	无	8	右	标度	输入
4	大明湖	数字	8	0		无	无	8	右	标度	输入
5	趵突泉	数字	8	0		无	无	8	右	标度	输入
6	植物园	数字	8	0		无	无	8	右	标度	输入

图 17-20　数据文件“17-2”的变量视图

在 SPSS 活动数据文件的数据视图中，把相关数据输入各个变量中，输入完毕后的部分数据如图 17-21 所示。

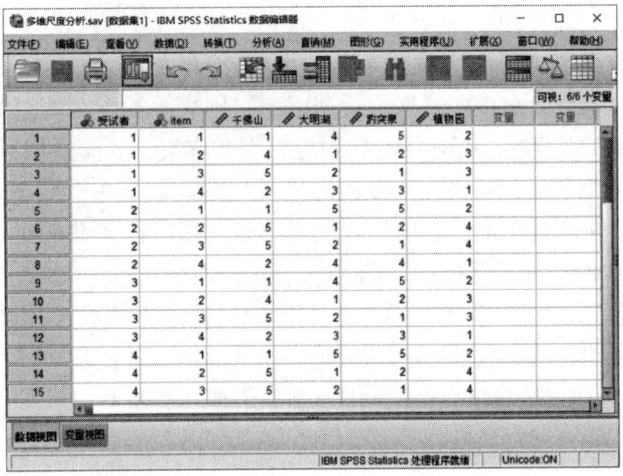

	受试者	item	千佛山	大明湖	趵突泉	植物园
1	1	1	1	4	5	2
2	1	2	4	1	2	3
3	1	3	5	2	1	3
4	1	4	2	3	3	1
5	2	1	1	5	5	2
6	2	2	5	1	2	4
7	2	3	5	2	1	4
8	2	4	2	4	4	1
9	3	1	1	4	5	2
10	3	2	4	1	2	3
11	3	3	5	2	1	3
12	3	4	2	3	3	1
13	4	1	1	5	5	2
14	4	2	5	1	2	4
15	4	3	5	2	1	4

图 17-21　数据文件“17-2”的数据视图

2. 实验操作步骤

具体操作步骤如下：

步骤 01　打开数据文件“17-2”，进入 SPSS Statistics 数据编辑器窗口，在菜单栏中选择“分析”|“标度”|“多维标度（ALSCAL）”命令，打开“多维标度”对话框，然后将“千佛山”“大明湖”“趵突泉”和“植物园”选入“变量”列表框中。

步骤 02　单击“选项”按钮，打开“多维标度：选项”对话框，选中“组图”复选框，单击“继续”按钮，保存设置。

步骤 03　单击“确定”按钮，便可以得到多维刻度分析结果。

3. 实验结果及分析

SPSS Statistics 查看器窗口的输出结果如图 17-22~图 17-25 所示。

图 17-22 给出了多维刻度分析模型的迭代记录。"Iteration"列数字表示迭代次数，"S-stress"列数字表示 S 应力值，"Improvement"列数字表示上次迭代的 S 应力值与本次迭代的 S 应力值之差，由于设置的 S 应力最小改变量为 0.005，所以模型在第八次迭代的 S 应力的最小改变量小于该值时停止收敛。

图 17-23 给出了 4 个多维刻度分析对象的二维得分矩阵。每个对象在各个维度的得分坐标提供了多维刻度分析图中的坐标。

```
Iteration history for the 2 dimensional solution (in squared distances)

Young's S-stress formula 1 is used.

Iteration    S-stress    Improvement
    1         .07370
    2         .04634       .02736
    3         .03340       .01294
    4         .02384       .00956
    5         .01633       .00751
    6         .01066       .00567
    7         .00668       .00399
    8         .00406       .00261

Iterations stopped because
S-stress is less than    .005000
```

```
        Stimulus Coordinates

            Dimension

Stimulus  Stimulus      1         2
Number    Name

   1      千佛        1.7779    -.4397
   2      大明       -1.1320     .8402
   3      趵突       -1.4111    -.1708
   4      植物         .7652    -.2297
```

图 17-22 迭代记录 　　　　　　　　　图 17-23 对象的二维得分矩阵

图 17-24 提供了欧氏距离模型线性拟合的散点图，该散点图表示欧氏距离模型与原始数据拟合是否一致。如果所有散点分布在中心线附近或之上，则表示欧氏距离模型与原始数据拟合程度良好。从该图可以看到，所有散点都在中心线附近，因此本实验的模型拟合情况较好。

图 17-25 给出了多维刻度分析图，即欧氏距离模型图。该图在二维坐标平面上将对象或变量之间的相似性和不相似性通过距离远近的形式展现出来，是进行多维刻度分析最重要的结果图。从该图可以看到，"植物园"和"千佛山"两个景点在二维图中的距离最近，由此可以判断在被调查者的观念中"植物园"和"千佛山"两个景点的相似性或者关联性最强。另外，在第一维度上，欧氏距离将"大明湖""趵突泉"与"植物园""千佛山"区分开来，其原因在于："大明湖""趵突泉"都属于水景，而"植物园""千佛山"都属于植物类景观，可见第一维度是区分景观物理属性的维度。

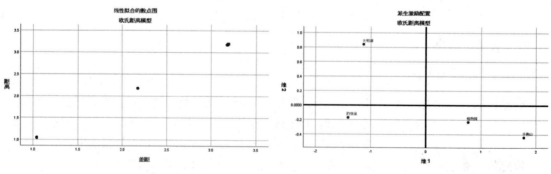

图 17-24 线性拟合的散点图 　　　　　　图 17-25 多维刻度分析图

17.3 上 机 题

17.1 数据显示的是某地公务员考试面试中三位评委对面试者进行的评分情况（满分50分），试评价三位评委的评分者信度。相关数据如下表所示。（数据路径：sample\上机题\chap17\习题\第17章第一题.sav）

A评委	B评委	C评委
35.00	32.00	25.00
40.00	36.00	30.00
37.00	31.00	28.00
30.00	30.00	24.00
38.00	35.00	31.00
42.00	40.00	32.00

（1）试计算项间的相关性矩阵及每个项之间的相关系数。

（2）试计算克隆巴赫Alpha值，判断评委们的评分稳定性。

17.2 为保证语文阅卷的公平性，抽取了200名学生的作文进行复评，初评、复评各等级的试卷数量如数据文件所示。试利用kappa系数判断两次评卷的一致性情况。"权数"表示该初评和复评得分组合情况的例数，即权重。相关数据如下表所示。（数据路径：sample\上机题\chap17\习题\第17章第二题.sav）

初评得分	复评得分	权数
0.00	0.00	78.00
0.00	1.00	5.00
0.00	2.00	0.00
1.00	0.00	6.00
1.00	1.00	56.00
1.00	2.00	13.00
2.00	0.00	0.00
2.00	1.00	10.00
2.00	2.00	32.00

试利用信度分析计算Kappa系数，判断两次评卷的一致性。

第 18 章 缺失值分析

缺失值可能会导致严重的问题。如果带有缺失值的个案与不带缺失值的个案有着根本的不同，则结果将被误导。此外，缺失的数据还可能降低所计算的统计量的精度，因为计算时的信息比原计划的信息要少。另一个问题是，很多统计过程背后的假设都基于数据完整的个案，而缺失值可能使所需的理论复杂化。本章将主要对缺失值分析过程进行详细介绍。

18.1 缺失值分析简介

众所周知，在诸如收入、交通事故等问题的研究中，因为被调查者拒绝回答或者由于调查研究中的损耗，会存在一些未回答的问题。例如在一次人口调查中，15%的人没有回答收入情况，高收入者的回答率比中等收入者要低，或者在严重交通事故报告中，诸如是否使用安全带和酒精浓度等关键问题在很多个案中都没有记录，这些缺失的个案值便是缺失值。

18.1.1 缺失值的表现形式

缺失值主要表现为以下 3 种：

- 完全随机缺失（Missing Completely At Random，MCAR），表示缺失和变量的取值无关。例如，假设在研究年龄和收入的关系上，如果缺失的数据和年龄或收入数值无关，则缺失值方式为 MCAR。要评估 MCAR 是否为站得住脚的假设，可以通过比较回答者和未回答者的分布来评估观察数据。也可以使用单变量 t-检验或 Little's MCAR 多变量检验来进行更正规的评估。如果 MCAR 假设为真，可以使用列表删除（listwise deletion）（完整个案分析），无须担心估计偏差，尽管可能会丧失一些有效性。如果 MCAR 不成立，列表删除、均值置换等逼近方法就可能不是好的选择。
- 随机缺失（Missing At Random，MAR），缺失分布中调查变量只依赖于数据组中有记录的变量。继续上面的例子，考虑年龄全部被观察，而收入有时有缺失，如果收入缺失值仅依赖于年龄，缺失值就为 MAR。
- 非随机缺失。这是研究者最不愿意看到的情形，数据的缺失不仅和其他变量的取值有关，也和自身有关。如果收入缺失值依赖于收入值，则既不是 MCAR，也不是 MAR。

18.1.2 SPSS 中对缺失值的处理

SPSS 主要对 MCAR 和 MAR 两种缺失值情况进行分析。区别 MCAR 和 MAR 的含义在于：由于 MCAR 实际上很难遇到，应该在进行调查之前就考虑哪些重要变量可能会有非无效的未回答，还要尽量在调查中包括共变量，以便用这些变量来估算缺失值。

针对不同情况的缺失值，SPSS 操作给出了以下 3 种处理方法：

- 删除缺失值，这种方法适用于缺失值非常少的时候，它不需要专门的步骤，通常在相应的分析对话框的"选项"子对话框中进行设置。
- 替换缺失值，利用"转换"菜单中的"替换缺失值"命令将所有的记录看成一个序列，然后采用某种指标对缺失值进行填充。
- 缺失值分析过程，缺失值分析过程是SPSS专门针对缺失值分析而提供的模块。

18.2 SPSS的缺失值分析过程

缺失值分析过程有以下3个主要功能：

- 描述缺失值的模式。通过缺失值分析的诊断报告，用户可以明确地知道缺失值所在位置及其出现的比例是多少，还可以推断缺失值是否为随机缺失等。
- 利用列表法、成对法、回归法或EM（期望最大化）法等为含缺失值的数据估算平均值、标准误差、协方差和相关性，成对法还可显示成对完整个案的计数。
- 使用回归法或EM法用估算值填充（插补）缺失值，以此提高统计结果的可信度。

缺失数据可以是分类数据或定量数据（刻度或连续），尽管如此，SPSS只能为定量变量估计统计数据并插补缺失数据。对于每个变量，必须将未编码为系统缺失值的缺失值定义为用户缺失值。

18.2.1 在SPSS中实现缺失值分析

下面就对如何利用SPSS系统实现缺失值分析的操作过程进行详细说明，操作步骤如下：

（1）在菜单栏中选择"分析"|"缺失值分析"命令，打开如图18-1所示的"缺失值分析"对话框。

（2）进行相应的设置。

① "定量变量"列表框：用于选入进行缺失值分析的定量变量。

② "分类变量"列表框：用于选入进行缺失值分析的分类变量，选入分类变量后，还可以在"最大类别数"文本框中设定分类变量允许的最大分类数，超过此临界值的分类变量将不进入分析，默认值为25。

③ "个案标签"列表框：用于选入标签变量以便对结果进行标识。

④ "使用所有变量"按钮。单击该按钮，可以自动将左侧源变量列表框中的所有变量选入特定的分析列表框中，数值型变量全部选入"定量变量"列表框，字符型等分类变量全部选入"分类变量"列表框。

⑤ "模式"按钮。单击该按钮，弹出如图18-2所示的"缺失值分析：模式"对话框，该对话框用于设置显示输出表格中的缺失数据模式和范围。

- "显示"选项组：用于选择缺失值样式表的类型，包括3个复选框，其含义如下：

图 18-1 "缺失值分析"对话框

图 18-2 "缺失值分析：模式"对话框

> "个案表（按缺失值模式分组）"复选框：选中该复选框，则表示为每个分析变量都输出缺失值样式表，以每种模式中显示的频率被制成表格。若选中"按缺失值模式将变量排序"复选框，则表示对变量按模式相似性排序。

> "具有缺失值的个案（按缺失值模式排序）"复选框：选中该复选框，则表示针对每个分析变量将每一个带有缺失值或极值的个案制表。若选中"按缺失值模式将变量排序"复选框，则表示对变量按模式相似性排序。

> "所有个案（可以选择按选定变量排序）"复选框：选中该复选框，则表示对每个个案进行制表且每个变量都被表示为缺失值和极值。如果没指定变量排序依据，个案将按其在数据文件中出现的顺序列出。

❑ "变量"选项组：用于设置显示分析中所含变量的附加信息。其中，"以下对象的缺失模式"列表框用以显示所有选入的分析变量；"以下对象的附加信息"列表框，用于从左侧列表框中选入要输出附加信息的变量，在样式表中，对于定量变量，将输出其均值，对于分类变量，将显示在每个类别中具有模式的个案数量。

只有当选中"显示"选项组的"所有个案（可以选择按选定变量排序）"复选框时"排序依据"才可使用，其用于设定输出观测列表的排序变量。在"排列顺序"选项组中通过选中"升序"或"降序"单选按钮可使得个案按照指定变量值的升序或降序排列。

⑥ "描述"按钮。单击该按钮，将弹出如图 18-3 所示的"缺失值分析：描述"对话框，在此设置要显示的缺失值描述统计变量。

图 18-3 "缺失值分析：描述"对话框

- ❑ "单变量统计"复选框：选中该复选框，将输出每个变量的非缺失值的数量及缺失值的数量和百分比，对于定量（尺度）变量，还将显示平均值、标准误差及最大值和最小值的数量。
- ❑ "指示符变量统计"选项组：对于每个进入分析的变量，SPSS 自动创建一个指示变量，用以指示单个个案的变量存在或缺失，包括3个复选框。
  - ➢ "不匹配百分比"复选框：选中该复选框，表示对于每对变量，显示其中一个变量具有缺失值，另一个变量具有非缺失值的个案数百分比。表中的每个对角元素都包含单个变量具有缺失值的百分比。若选中"按缺失值模式排序"复选框，则表示按缺失值模式进行排序。
  - ➢ "使用由指示符变量构成的组执行 t 检验"复选框：若选中该复选框，则表示使用学生 t 统计量，比较每个定量变量的两个组的均值。该组指定一个变量存在或缺失，显示两个组的 t 统计量、自由度、缺失和非缺失值计数及平均值。通过选中"在表中包括概率"复选框，还可以在输出结果中显示任何与 t 统计量相关的双尾概率。如果分析所产生的检验超过一个，则不得将这些概率用于显著性检验；只有当计算单个检验时，此概率才适合。
  - ➢ "生成分类变量和指示符变量的交叉表"复选框：选中该复选框，表示为每个分类变量显示一个表，对于每个类别，该表显示其他变量具有非缺失值的频率和百分比，同时显示每种类型缺失值的百分比。通过输入不同的值，可以使用"省略缺失值占个案数的比例小于 ☐ %的变量"选项以删除缺失值出现次数较小的变量的统计量。

⑦ "估算"选项组：该选项组用于选择处理缺失值的方法，以估算平均值、标准误差、协方差和相关性等统计量。

- ❑ "成列"复选框：表示仅使用完整个案，若选中该复选框，一旦任何分析变量具有缺失值，则在计算中将忽略该个案。
- ❑ "成对"复选框：选中该复选框，表示只有当分析变量对两者都具有非缺失值时才使用个案。频率、平均值及标准误差是针对每对分别计算的。由于忽略个案中的其他缺失值，两个变量的相关性与协方差不取决于任何其他变量的缺失值。
- ❑ "EM"复选框：选中该复选框，表示用 EM 迭代方法估计缺失值，每个迭代都包括一个 E 步骤和一个 M 步骤。在给定观察值和当前参数估算值的前提下，E 步骤查找"缺失"数据的条件期望值，这些期望值将替换"缺失"数据。在 M 步骤中，即使填写了缺失数据，也将计算参数的最大似然估计值。
- ❑ "回归"复选框：选中该复选框，表示使用多元线性回归算法估算缺失值。此方法计算多个线性回归估算值并具有用于通过随机元素增加估算值的选项。对于每个预测值，其过程可以从一个随机选择的完整个案中添加一个残差，或者从 t 分布中添加一个随机正态偏差、一个随机偏差（通过残差均值方的平方根测量）来完成。
- ❑ 在"缺失值分析"对话框中选中"EM"和"回归"复选框后，单击"变量"按钮，弹出如图 18-4 所示的"缺失值分析：EM 的变量以及回归"对话框。在该对话框中选择指定变量的方式有两种："使用所有定量变量"，表示使用所有定量变量；"选择变量"表示由用户自行设置分析变量。
  - ➢ "定量变量"列表框：该列表框用于显示所有可用于缺失值分析的定量变量。

- ➢ "预测变量"列表框:包括两个列表框,上半部分的"预测变量"列表框中用于选入需要估算缺失值的因变量,下半部分的"预测变量"列表框中用于选入需要估算缺失值的自变量。
- ➢ "两者"按钮:单击该按钮,可以把"定量变量"列表框中选中的变量,同时选入两个"预测变量"列表框中。

❑ "EM"按钮,单击该按钮,弹出如图 18-5 所示的"缺失值分析:EM"对话框,在该对话框中可以设置 EM 算法的相关参数:
- ➢ "分布"选项组:用于设置总体的分布形式,默认情况下,选中"正态"单选按钮,即默认总体服从正态分布。若选中"学生"单选按钮,并在"自由度"文本框中输入响应自由度,则表示假设总体服从自由度为 n 的 t 分布;若选中"混合正态"单选按钮,需在"混合比例"及"标准差比率"文本框中输入相应的数值,指定两个分布的混合正态分布与混合比例的标准差比率。
- ➢ "最大迭代次数"文本框:用以指定 EM 算法的最大迭代次数,默认值为 25。
- ➢ "保存完成的数据"复选框:用于保存将缺失值用 EM 算法替换后的数据,若选中"创建新数据集"单选按钮,则可以新建一个数据集,在"数据集名称"文本框中输入数据集名称;若选中"写入新数据文件"单选按钮,则可以新建一个数据文件,单击"文件"按钮指定文件路径和文件名称。

图 18-4 "缺失值分析:EM 的变量以及回归"对话框

图 18-5 "缺失值分析:EM"对话框

❑ "回归"按钮,单击该按钮弹出如图 18-6 所示的"缺失值分析:回归"对话框,在该对话框中可设置回归算法的参数。
- ➢ "估算调整"选项组:回归方法可为回归估算添加随机分量。如选中"残差"单选按钮,表示从要添加到回归估算的完整个案观察到的残差中,随机选择误差项;如选中"普通变量"单选按钮,表示从期望值为 0 且标准差等于回归的均方误差项平方根的分布中,随机抽取误差项;如选中"学生 t 变量"单选按钮,表示从 $t(n)$ 分布中随机抽取误差项,并按根均方误差标度误差项;如选中"无"单选按钮,表示不添加随机误差项。

图 18-6 "缺失值分析：回归"对话框

- "最大预测变量数"复选框：用于指定能进入回归方程的自变量的最大个数。
- "保存完成的数据"复选框：与"缺失值分析：EM"对话框中类似。

（3）输出分析结果。设置完毕后，单击"缺失值分析"对话框中的"确定"按钮，即可在 SPSS Statistics 查看器窗口得到缺失值分析的结果。

18.2.2 实验操作

下面以数据文件"18-1"为例，讲解缺失值分析的具体操作过程并对输出结果进行说明。

1. 实验数据描述

数据文件"18-1"来源于 SPSS 26.0 自带的数据文件"telco_missing.sav"。该数据文件是"telco.sav"数据文件的子集，但某些人口统计数据值已被缺失值替换。该假设数据文件涉及某电信公司在减少客户群中的客户流失方面的举措，每个个案对应一个单独的客户，并记录各类人口统计和服务用途信息。下面将结合本数据文件详细说明如何得到数据文件"18-1"的缺失值，从而认识 SPSS 的缺失值分析过程。

打开数据文件"18-1"，在 SPSS Statistics 数据编辑器窗口中可以看到数据文件"18-1"的变量描述，如图 18-7 所示。

2. 实验操作步骤

步骤 01 打开数据文件"18-1"，进入 SPSS Statistics 数据编辑器窗口，在菜单栏中选择"分析"|"缺失值分析"命令，打开"缺失值分析"对话框。

步骤 02 选择"婚姻状况[marital]""受教育水平[ed]""退休[retire]"及"性别[gender]"4 个变量选入"分类变量"列表框；选择"服务月数[tenure]""年龄[age]""在现住址居住年数[address]""家庭收入（千）[income]""现职位工作年数[employ]"及"家庭人数[reside]"6 个变量选入"定量变量"列表框，如图 18-8 所示。

步骤 03 在"缺失值分析"对话框中单击"模式"按钮，弹出"缺失值分析：模式"对话框，选中"显示"选项组中的"个案表（按缺失值模式分组）"复选框，从"以下对象的缺失模式"列表框中选中 income、ed、retire 和 gender 4 个变量进入"以下对象的附加信息"列表框中。其他采用默认设置，如图 18-9 所示。设置完毕后，单击"继续"按钮，回到"缺失值分析"对话框。

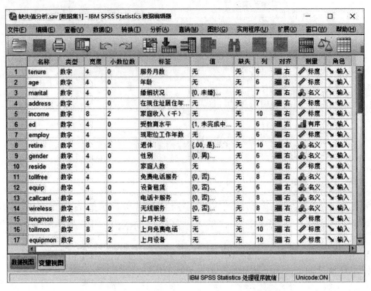

图 18-7　数据文件"18-1"的变量视图

图 18-8　"缺失值分析"对话框

图 18-9　"缺失值分析：模式"对话框

步骤 04 单击"描述"按钮，弹出"缺失值分析：描述"对话框。选中"单变量统计"复选框及"指示符变量统计"选项组中的"使用由指示符变量构成的组执行 t 检验"和"生成分类变量和指示符变量的交叉表"复选框，其他采用默认设置，如图 18-10 所示。

步骤 05 "缺失值分析：EM"对话框中的参数采用默认设置即可。

3. 实验结果及分析

设置完毕后，单击"缺失值分析"对话框中的"确定"按钮，就可以在 SPSS Statistics 查看器窗口得到缺失值分析的结果，如图 18-11~图 18-19 所示。

图 18-11 给出了"单变量统计"所有分析变量未缺失数据的频数、平均值和标准偏差，同时给出了缺失值的个数和百分比以及极值的统计信息。通过这些信息，我们可以初步了解数据的概貌特征，以 employ 一栏为例，employ 变量的有效数据有 904 个，它们的平均值为 11，标准偏差为 10.113，缺失数据有 96 个，占数据总数的比例为 9.6%，有 15 个极大值。

图 18-10 "缺失值分析：描述"对话框   图 18-11 单变量统计表

图 18-12 和图 18-13 为使用 EM 法进行缺失值的估算后，总体数据的均值和标准偏差的变化情况，其中"所有值"为原始数据的统计特征，EM 为使用 EM 法后总体数据的统计特征。

估算平均值摘要

	tenure	age	address	income	employ	reside
所有值	35.56	41.75	11.47	71.1462	11.00	2.32
EM	36.12	41.91	11.58	77.3941	11.22	2.29

估算标准差摘要

	tenure	age	address	income	employ	reside
所有值	21.268	12.573	9.965	83.14424	10.113	1.431
EM	21.468	12.699	10.265	87.54860	10.165	1.416

图 18-12 估算平均值摘要   图 18-13 估算标准差摘要

图 18-14 给出了独立方差 t 测试结果，用户可以从中找出影响其他定量变量的变量的缺失值模式，即通过单个方差 t 统计量结果检验缺失值是否为完全随机缺失。由图 18-14 可以看出，年龄大的人倾向于不报告收入水平，当收入值缺失时，age 的均值是 49.73，当收入值完整时，age 的均值为 40.01。通过 income 一栏的 t 统计量可以看出，income 的缺失将明显影响其他定量变量，这就说明 income 的缺失不是完全随机缺失。

图 18-15 以 marital 为例给出了分类变量与其他定量变量间的交叉表。该表给出了在不同婚姻情况下，各分类变量非缺失的个数和百分比，以及各种缺失值的个数和百分比，图中标识了系统缺失值的取值，以及各变量在不同婚姻情况中的分布情况。

独立方差 t 检验[a]

		tenure	age	address	income	employ	reside
address	t	.4	.3	.	3.5	1.4	1.0
	自由度	202.2	192.5	.	313.6	191.1	199.5
	存在数	819	832	850	693	766	824
	缺失数	149	143	0	128	138	142
	平均值（存在）	35.68	41.79	11.47	74.0779	11.20	2.34
	平均值（缺失）	34.91	41.49	.	55.2734	9.86	2.21
income	t	-5.0	-8.3	-3.9	.	-5.9	3.6
	自由度	249.5	222.8	191.1	.	203.3	315.2
	存在数	793	801	693	821	741	792
	缺失数	175	174	157	0	163	174
	平均值（存在）	33.93	40.01	10.67	71.1462	9.91	2.39
	平均值（缺失）	42.97	49.73	14.97	.	15.93	2.02
employ	t	-1.0	-.4	-.7	.5	.	-.3
	自由度	110.5	110.2	97.6	114.9	.	110.9
	存在数	877	881	766	741	904	874
	缺失数	91	94	84	80	0	92
	平均值（存在）	35.34	41.69	11.37	71.4953	11.00	2.31
	平均值（缺失）	37.70	42.27	12.32	67.9125	.	2.37
marital	t	.0	1.8	1.2	-.8	.9	-2.2
	自由度	148.1	149.5	138.8	121.2	128.3	134.2
	存在数	856	862	748	728	805	857
	缺失数	112	113	102	93	99	109
	平均值（存在）	35.56	42.00	11.61	70.3887	11.10	2.28
	平均值（缺失）	35.57	39.85	10.43	77.0753	10.17	2.61
retire	t	-.6	-.4	-.4	.3	.	.2
	自由度	95.4	94.4	84.0	93.2	.	99.0
	存在数	888	893	777	751	904	885
	缺失数	80	82	73	70	0	81
	平均值（存在）	35.44	41.70	11.42	71.3356	11.00	2.32
	平均值（缺失）	36.89	42.29	11.96	69.1143	.	2.30

对于每个定量变量，由指示符变量构成组对（存在与缺失）。

a. 不会显示缺失百分比低于 5% 的指示符变量。

图 18-14　独立方差 t 检验输出结果

marital

			总计	未婚	已婚	缺失 系统缺失值
address	存在	计数	850	390	358	102
		百分比	85.0	85.5	83.4	88.7
	缺失	系统缺失值百分比	15.0	14.5	16.6	11.3
income	存在	计数	821	380	348	93
		百分比	82.1	83.3	81.1	80.9
	缺失	系统缺失值百分比	17.9	16.7	18.9	19.1
employ	存在	计数	904	418	387	99
		百分比	90.4	91.7	90.2	86.1
	缺失	系统缺失值百分比	9.6	8.3	9.8	13.9
retire	存在	计数	916	423	392	101
		百分比	91.6	92.8	91.4	87.8
	缺失	系统缺失值百分比	8.4	7.2	8.6	12.2

不会显示缺失百分比低于 5% 的指示符变量。

图 18-15　分类变量和定量变量交叉表

图 18-16 给出了表格模式输出结果（缺失值样式表），它给出了缺失值分布的详细信息， X 为使用该模式下缺失的变量。由图中可以看出，所有显示的 950 个个案中，9 个变量值都完整的个案数有 475 个，缺失 income 值的个案有 109 个，同时缺失 address 和 income 值的个案有 16 个，其他数据的解释类似。

制表模式

	缺失模式[a]										完成条件[b]	income[c]	ed[d]					retire[d]		gender[d]	
个案数	age	reside	tenure	ed	gender	retire	employ	marital	address	income			未完成中学学历	中学学历	社区学院	大学学位	研究生学位	是	否	男	女
475											475	76.5853	99	157	87	101	31	463	12	201	274
109										X	584	.	27	35	19	17	11	95	14	47	62
16									X	X	687	.	5	9	0	1	1	12	4	12	4
87									X		562	54.4368	21	27	9	24	6	85	2	66	21
13	X										488	56.0000	4	3	2	3	1	13	0	4	9
60								X			535	77.2167	1	2	27	24	6	59	1	35	25
16				X							491	47.8125	0	0	0	0	0	16	0	6	10
17			X								492	76.2353	2	7	3	4	1	17	0	7	10
18					X						493	54.1111	3	7	4	4	0	17	1	0	0
16								X		X	660	.	0	0	7	8	1	14	2	6	10
37						X	X				520	59.4595	9	14	5	8	1	0	0	15	22

将不会显示个案百分比低于 1%（10 个或更少）的模式。

a. 变量按缺失模式进行排序。

b. 不使用模式（以 X 标记）中的缺失变量时的完整个案数。

c. 每个唯一模式的平均值

d. 每个唯一模式的频率分布

图 18-16　表格模式输出结果

图 18-17~图 18-19 给出了 EM 算法的相关统计量，包括 EM 平均值、协方差和相关性。从 EM 平均值输出结果中可知，age 变量的平均值为 41.91，从 EM 协方差输出结果中可知，age 和 tenture 间的协方差值为 135.326，从 EM 相关性输出结果中可知，age 与 tenture 的相关系数为

0.496。另外，从三个表格下方的利特尔的 MCAR 检验可知，卡方检验的显著性值明显小于 0.05，因此，我们拒绝了缺失值为完全随机缺失（MCAR）的假设，这也验证了图 18-14 所得到的结论。

EM 平均值[a]

tenure	age	address	income	employ	reside
36.12	41.91	11.58	77.3941	11.22	2.29

a. 利特尔 MCAR 检验：卡方 = 179.836，自由度 = 107，重要性 = .000

图 18-17　EM 平均值输出结果

EM 协方差[a]

	tenure	age	address	income	employ	reside
tenure	460.893					
age	135.326	161.261				
address	111.341	85.440	105.372			
income	547.182	451.109	300.533	7664.75710		
employ	113.359	86.871	48.051	525.81159	103.326	
reside	-1.107	-4.538	-3.098	-14.60886	-1.916	2.006

a. 利特尔 MCAR 检验：卡方 = 179.836，自由度 = 107，重要性 = .000

图 18-18　EM 协方差输出结果

EM 相关性[a]

	tenure	age	address	income	employ	reside
tenure	1					
age	.496	1				
address	.505	.655	1			
income	.291	.406	.334	1		
employ	.519	.673	.461	.591	1	
reside	-.036	-.252	-.213	-.118	-.133	1

a. 利特尔 MCAR 检验：卡方 = 179.836，自由度 = 107，重要性 = .000

图 18-19　EM 相关性输出结果

18.3　上 机 题

如下表数据文件给出了部分国家相关指标的数值，但是数据中存在缺失值。试用有关方法分析该数据文件的缺失值是否为随机缺失。（数据路径：sample\上机题\chap18\习题\第 18 章第一题.sav）

国家	热量摄入（大卡）	艾滋病人数（人）	艾滋病发病率（人/万人）	成年男性健康状况得分（分）	成年女性健康状况得分（分）
Afghanistan		0	0	44	14
Argentina	3113	3904	12	96	95
Armenia		2	0	100	100
Australia	3216	4727	27	100	100
Austria	3495	1150	14		
Azerbaijan				100	100
Bahrain		13	2	55	55
Bangladesh	2021	1	0	47	22
Barbados		418	139	99	99
Belarus		10	0	100	100

（续表）

国家	热量摄入（大卡）	艾滋病人数（人）	艾滋病发病率（人/万人）	成年男性健康状况得分（分）	成年女性健康状况得分（分）
Belgium		1603	16		
Bolivia	1916	87	1	85	71
Bosnia					
Botswana	2375	1415	101	32	16
Brazil	2751	49312	31	82	80

第 19 章 常用统计图的绘制

统计图是统计资料分析的关键组成部分,统计图形用几何图形或具体形象直观、生动地描述出统计资料的相关信息,掌握如何利用统计图形来分析问题是对数据分析者的一项基本要求。SPSS 26.0 在包含更多的统计分析功能外,还提供了更强大的绘图功能。

SPSS 26.0 可以绘制的图形包括条形图、线形图、面积图、箱图等各种常用图形,几乎满足了用户的所有需求。本章将结合实例详细介绍如何利用 SPSS 26.0 绘制统计图形。

19.1 SPSS 26.0 绘图功能简介

SPSS 26.0 的绘图功能十分强大,与以前的版本有较大不同。SPSS 26.0 的绘图功能主要通过"图形"菜单实现。

19.1.1 "图形"菜单

SPSS 26.0 提供了多种程序实现图形绘制:图表构建器、图形画板模板选择器、比较子组、回归变量图和旧对话框。

打开要分析的数据文件,单击"图形"菜单,如图 19-1 所示,我们可以看到下拉菜单中有"图表构建器""图形画板模板选择器"和"旧对话框"等选项。

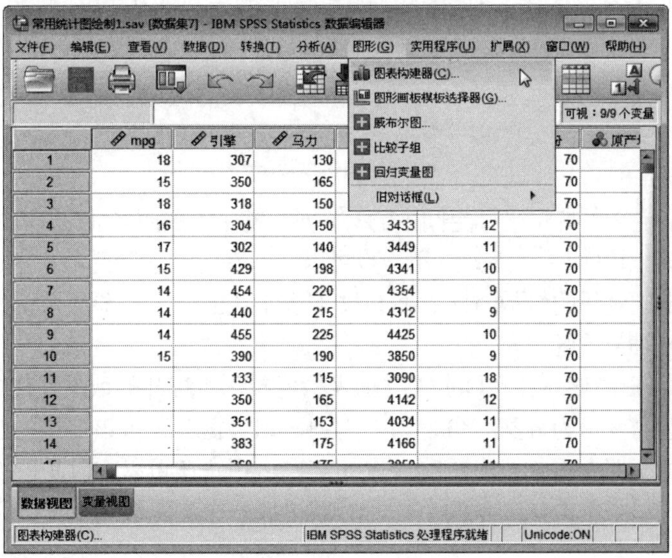

图 19-1 SPSS 26.0 的"图形"菜单

当然,统计图形除了通过"图形"菜单直接实现外,部分统计图形还会伴随其他分析过程而输出,如回归分析过程、方差分析过程等。

1. 图表构建器简介

SPSS 26.0 的图形构建程序继承了以前各版本的优点，用户几乎完全可以通过鼠标拖拉的方式完成图形的绘图工作。首先选择图形的类型，然后从类型库中选择自己想要输出的图形描述，通过将不同的变量名拖入对应的坐标轴，用户即可以绘制各种常用图形。

打开要分析的数据文件后，在菜单栏中选择"图形"|"图表构建器"命令，打开如图 19-2 所示的"图表构建器"对话框。

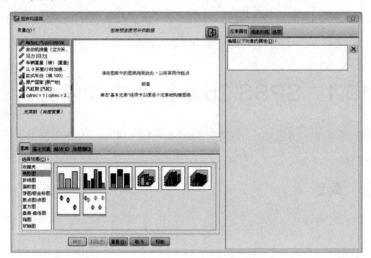

图 19-2　"图表构建器"对话框

使用图表构建器可以根据预定义的图库图表或图表的单独部分生成图表。"图表构建器"对话框主要包括以下几部分。

（1）画布：画布是"图表构建器"对话框中生成图表的区域，如图 19-2 所示。在绘图过程中，用户可以通过用鼠标将图库图表或基本元素拖放到画布中的方法生成图表。生成图表时，画布会显示图表的预览。

（2）轴系：轴系定义了特定坐标空间中的一个或多个轴。用户在将图库图表拖放到画布中时，"图表构建器"会自动创建轴系。此外，用户也可以从"基本元素"选项卡中选择一个轴系，每个轴都包含一个用于拖放变量的轴放置区，蓝色文字表示该区域仍需要放置变量。每个图表都需要将一个变量添加到 X 轴放置区。

（3）"变量"列表框：该列表框显示了"图表构建器"所打开的数据文件中所有可用变量。如果在此列表框中所选的变量为分类变量，则"类别"列表框会显示该变量的已定义类别。同样，也可使用"类别"列表框查看构成多重响应集的变量。用户还可以临时更改变量的测量级别，方法是在"变量"列表框中右击该变量的名称，然后选择一个测量级别以适合作图，但这不会改变数据文件中实际的数据类型。

（4）放置区：放置区是画布上的区域，用户可以将变量从"变量"列表框中拖放到这些区域中。本书在前面提到过，轴放置区是基本放置区。某些图库图表包含分组放置区，这些放置区以及面板放置区和点标签放置区也可以从"组/点 ID"选项卡中添加。

（5）"图库"选项卡："图表构建器"对话框默认打开"图库"选项卡，如图 19-3 所示。

"选择范围"列表框包括"图表构建器"可以绘制的各种常用图形及收藏夹,单击其中的某一图表类型,右侧即显示该图表类型可用的图库。用户可以选中所需图表的图片,然后将其拖放到画布上,也可以双击该图片同样使其显示在画布上。如果画布已显示了一个图表,则图库图表会替换该图表上的轴系和图形元素。

(6)"基本元素"选项卡:在"图表构建器"对话框中单击"基本元素"选项卡,如图 19-4 所示。

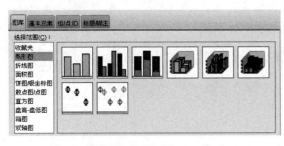

图 19-3 "图库"选项卡

图 19-4 "基本元素"选项卡

基本元素包括轴和图形元素。这些元素之所以称为"基本元素",是因为缺少它们就无法创建图表。如果用户是第一次使用"图表构建器",建议改用图库图表,由于图库图表能够自动设置属性并添加功能,因此可以简化图形的创建过程。"选择轴"中列出了用户可选的 5 种坐标轴形式,"选择元素"中则给出了 10 种用户可选的图形元素。

在实际操作过程中,如果画布是空白的,通常先将一个轴系拖到画布上,然后拖动图形元素,添加图形元素类型。值得注意的是,并不是所有图形元素都可以用于特定轴系,轴系只支持相关的图形元素。

(7)"组/点 ID"选项卡:在"图表构建器"对话框中单击"组/点 ID"选项卡,如图 19-5 所示。选中"组/点 ID"选项卡中的某一复选框,将会在画布中增加相应的一个放置区;同理,也可以通过撤选某复选框取消画布中添加的放置区。

(8)"标题/脚注"选项卡:在"图表构建器"对话框中单击"标题/脚注"选项卡,如图 19-6 所示。选中"标题/脚注"选项卡中相应的复选框,并在"元素属性"对话框的"内容"文本框中输入相应标题名或脚注名,如图 19-7 所示,这样便可以为输出的图形添加标题或脚注说明;同理,可以通过撤选相应的复选框移去已经设置的标题或脚注。

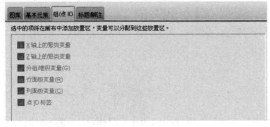

图 19-5 "组/点 ID"选项卡

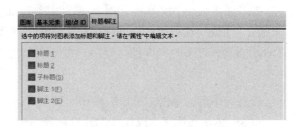

图 19-6 "标题/脚注"选项卡

(9)"元素属性"选项卡:在"图表构建器"对话框中单击"元素属性"选项卡,如图 19-7 所示。在"编辑以下对象的属性"列表框用以显示可以进行属性设置的图形元素,图 19-7 中显示的图形元素包括 X-Axis1、Y-Axis1 等。每一种图形元素可以设置的属性往往是不同的,用户应按照预定目标对相应元素属性进行设置。

（10）"选项"选项卡：在"图表构建器"对话框中单击"选项"选项卡，如图 19-8 所示，用户可以在此设置绘图时如何处理缺失值及选用哪些图形面板等。

① "用户缺失值"选项组：该选项组用于设置缺失值的处理方式。对于系统缺失值，SPSS 在绘图时将不加以统计；对于分界变量的缺失值有两种处理方式：

- "排除"表示绘图时忽略这些用户定义缺失值。
- "包括"表示绘图时把它们作为一个单独的类别加以统计。

② "摘要统计和个案值"选项组：该选项组用于设置当观测变量出现用户定义缺失值时的处理方法。

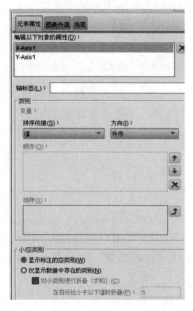

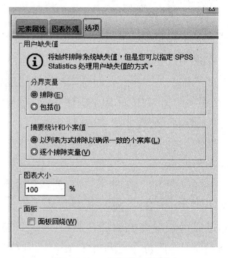

图 19-7　"元素属性"选项卡　　　　　图 19-8　"选项"选项卡

- "以列表方式排除以确保一致的个案库"表示绘图时直接忽略这个观测。
- "逐个排除变量"表示只有包含缺失值的变量用于当前计算和分析时才忽略这个样本。

③ "图表大小"文本框。用于设置图形显示的大小，默认值为 100%。

④ "面板"选项组：该选项组用于图形列过多时的显示设置。若选中"面板回绕"复选框，则表示图形列过多时允许换行显示；否则图形列过多时，每行上的图形会自动缩小以显示在同一行中。

设置完毕后，单击"确定"按钮回到主对话框。

SPSS 26.0 新增了"以惊人的速度创建美观的图表"功能（见图 19-9）。提供了图表构建器，也就是图表的模板。需要说明和强调的是，新版软件默认的模板非常漂亮，使得用户可以在不对默认模板进行任何设置和修改的情况下，也能输出具有可视性的图表。用户除了可以选择模板点击创建发布质量图表外，还可以在"图表构建器"界面快速定制和更改图表颜色、标题和模板。

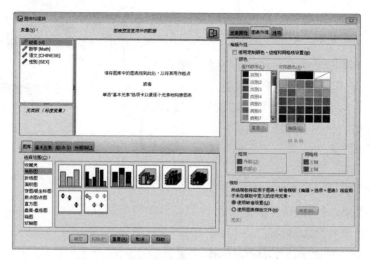

图 19-9 "以惊人的速度创建美观的图表"功能

2. 图形画板模板选择器简介

图形画板模板选择器为用户提供了一个绘制图形的简易可视化界面,用户通过该程序可以在即使不清楚自己所要输出图形类型的情况下也能顺利完成绘制工作,经过简单的设置便能输出令自己满意的图形。

打开要分析的数据文件后,在菜单栏中选择"图形"|"图形画板模板选择器"命令,打开如图 19-10 所示的"图形画板模板选择器"对话框。

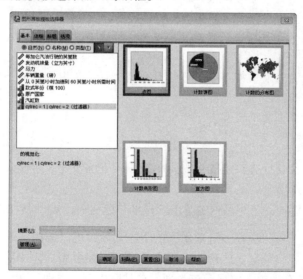

图 19-10 "图形画板模板选择器"对话框

"图形画板模板选择器"对话框中包括 4 个选项卡:基本、详细、标题及选项。下面分别进行介绍。

(1)"基本"选项卡

当用户不确定哪种直观表示类型最能代表要分析的数据时,可以使用"基本"选项卡,用户选择数据时,对话框会自动显示适合数据的直观表示类型子集。

① "变量"列表框：该列表框将显示所打开数据文件中的所有变量。用户可以通过选中变量列表框上方的"自然""名称"或"类型"单选按钮对列表框中的变量进行排序。选择一个或多个变量后，列表框右侧会显示对应可用的直观表示图类型。

② "摘要"下拉列表框：对于某些直观表示，可以选择一个摘要统计。常用的摘要统计量包括和、平均值、极小值和极大值等。

③ 管理模板和样式表：单击"基本"选项卡中的"管理"按钮，将弹出如图 19-11 所示的"管理本地模板、样式表和地图"对话框。在"模板"选项卡列出所有本地模板；"样式表"选项卡列出所有本地样式表并显示带有样本数据的示例直观表示。用户可以选择一个样式表将其样式应用到示例直观表示。

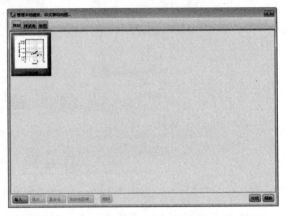

图 19-11　"管理本地模板、样式表和地图"对话框

用户可以在当前激活的所有选项卡上进行以下操作：

- 导入：用于从文件系统中导入直观表示模板或样式表。导入模板或样式表使其可以用于 SPSS 应用程序。用户只有在导入模板或样式表后才能在应用程序中使用另一个用户发送的模板或样式表。
- 导出：用于将直观表示模板或样式表导出到文件系统中。当用户想将模板或样式表发送给另一个用户时，可以将其导出。
- 重命名：用于重命名所选的直观表示模板或样式表，但用户无法将模板名称更改为已使用的名称。
- 导出地图键：用于将直观表示地图键导出到文件系统中。适用于用户将地图键发送给另一个用户的情况。
- 删除：用于删除所选的直观表示模板或样式表。删除操作无法取消，需谨慎进行。

(2) "详细"选项卡

当用户知道自己想创建什么类型的直观表示或想将可选外观、面板或动画添加到直观表示中时，可以使用"详细"选项卡。

在"图形画板模板选择器"对话框中单击"详细"选项卡，如图 19-12 所示。

① "可视化类型"选项组：在该选项组下的下拉列表中可以选择"计数饼图"图表类型，用户选择好图表类型后，将自动显示图形的直观表示类型。如果用户在"基本"选项卡中选择了一个直观表示类型，"详细"选项卡将显示该类型。在其后还有"类别"和"摘要"设置。

- "类别"下拉列表框：用于选择饼图扇形所代表的内容。
- "摘要"下拉列表框：对于某些直观表示，用户可以选择一个摘要统计。

② "可选审美原则"选项组：用户可以通过"可选审美原则"选项组对图形进行外观显示设置，设置不同的图形有不同的选项。在"可视化类型"下拉列表框中选择"中位数分区图上的坐标"选项，显示如图 19-13 所示。

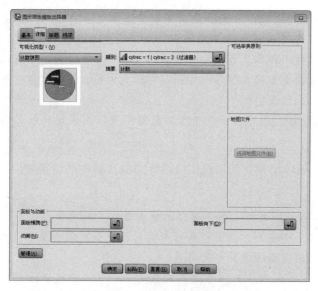

图 19-12 "详细"选项卡

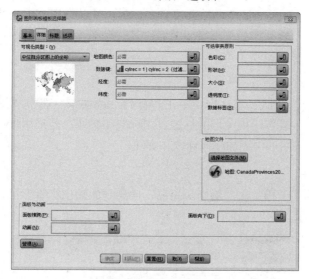

图 19-13 选择可视化类型

- "色彩"下拉列表框：当用户使用分类变量定义颜色时，系统将根据单个类别拆分直观表示图形，每一个类别一种颜色。当颜色在连续数值范围时，则颜色根据变量的值而不同。如果图形元素代表多个个案，且一个范围变量用于颜色，则颜色根据范围变量的平均值而不同。
- "形状"下拉列表框：当用户使用分类变量定义形状时，系统将根据变量将直观显示图形拆分成不同的形状，对每一个类别一种形状。
- "大小"下拉列表框：当用户使用分类变量定义大小时，系统则根据每个类别拆分直观显示图形，每一个类别一个大小。当大小是连续数值范围时，则大小根据变量的值而不同。如果图形元素代表多个个案，且一个范围变量用于定义大小，则大小根据范围变量的平均值而不同。

- "透明度"下拉列表框：当用户使用分类变量定义透明度时，系统将根据单个类别拆分直观表示，每个类别一个透明度级别。当透明度是连续数值范围时，根据范围字段/变量的值透明度各不相同。如果图形元素代表多个个案，且一个范围变量用于透明度，则透明度根据范围变量的均值各不相同。在最大值处，图形元素完全透明；在最小值处，图形元素则完全不透明。
- "数据标签"下拉列表框：任何类型的数据都可以用来定义数据标签，数据标签与图形元素相关联。

③ "面板与动画"选项组：该选项组用以选择面板变量和动画变量，由此用户可以得到个性化的图形。

- "面板横跨"下拉列表框：用于选择面板变量，且只能选择分类变量。输出图形中将为每个类别生成一个图形，但是所有面板同时从左至右依次显示。面板对于检查直观表示是否取决于面板变量的条件非常有用。
- "面板向下"下拉列表框：用于选择面板变量，且只能选择分类变量。输出图形中将按每个类别从上至下依次生成一个图形，但是所有面板同时显示。
- "动画"下拉列表框：用于选择动画变量，用户可以指定分类变量或连续变量作为动画变量，若选用连续变量，则变量值将自动被拆分到范围中。动画与面板类似，输出结果从动画变量的值中创建了多个图形，但是这些图形不会一起显示。

(3) "标题"选项卡

在"图形画板模板选择器"对话框中单击"标题"选项卡。选中"使用定制标题"单选按钮，可以在对应文本框中设置输出图形的标题、副标题和脚注；若采用默认的"使用缺省标题"单选按钮，则不会在输出图形中添加任何标题和脚注。

(4) "选项"选项卡

用户可以使用此选项卡指定在"输出浏览器"中出现的输出标签、可视化样式表和缺失值处理方法，如图19-14所示。

图19-14 "选项"选项卡

① "输出标签"选项组：该选项组用于设置在"输出浏览器"的概要窗格中出现的文本，用户可以在"标签"文本框中输入想要输出的内容。默认标签是根据变量和模板选择而产生的，如果更改了标签，后来又希望恢复默认标签，则单击"默认"按钮即可。

② "样式表"选项组：用户可以单击"选择"按钮选择可视化样式表用于指定可视化的样式属性。

③ "用户缺失值"选项组：该选项组用于设置所分析数据缺失值的处理方式，各选项组功能与前文所述一致，在此不再赘述。

3. 旧对话框模式创建图形

利用旧对话框模式创建图形是利用 SPSS 直接生成图形的重要手段之一，它主要通过对两个对话框的设置来完成图形的绘制。与使用"图形画板模板选择器"对话框中的"详细"选项卡类似，使用旧对话框模式创建图形一般要求用户对所要输出的图形直观表示有一个较为清醒的认识。

通过"图形"菜单中的"旧对话框"子菜单可以绘制的图形种类有：条形图、三维条形图、线图、面积图、饼图、高低图、箱图、误差条形图、金字塔图、散点图和直方图等。下面以条形图的创建为例，简单说明如何利用旧对话框模式创建图形。

① 打开要分析的数据文件后，在菜单栏中选择"图形"|"旧对话框"|"条形图"命令，打开如图 19-15 所示的"条形图"对话框。该对话框主要包括两部分。对话框上半部分显示要创建的图形类型的各种直观表示，如对于条形图，用户可以选择的图形类型有"简单""簇状"和"堆积"3 种，用户可结合各种图形类的特征和自己的分析目的选择一种直观表示。

"图表中的数据为"选项组用于选择要在图形中分析和现实的数据。为方便下文描述，假设用户选中"个案组摘要"单选按钮。

② 当用户设置好图形直观表示及显示数据后，单击"条形图"对话框中的"定义"按钮，将弹出如图 19-16 所示的"定义简单条形图：个案组摘要"对话框，可在此进行图形的详细设置。

- "条形表示"选项组：该选项组用于选择输出图形要显示的摘要统计量。除对话框中显示的摘要统计量外，用户还可以更改输出的统计量，具体步骤为：选中"其他统计（例如平均值）"单选按钮，然后从变量列表框中选择相应的变量选入"变量"列表框中，单击"更改统计"按钮，从打开的对话框中选择想要输出的统计量，最后单击"继续"按钮即可完成设置。
- "类别轴"列表框：该列表框用于从变量列表框中选入 X 轴要表示的变量。
- "面板划分依据"选项组：该选项组用于对要输出的面板图形进行设置，"行"和"列"列表框用于选入行或列面板变量。对于某些图表，仅可按行或列生成面板，而对于其他图表，则同时按行和列生成面板。如果行或列中的变量嵌套，则可选中"嵌套变量（无空行/列）"复选框，表示仅针对每个嵌套而不是每个类别组合创建面板。如果变量的含义依赖于其他变量的值，则该变量是嵌套的。如果未选中"嵌套变量（无空行/列）"复选框，则变量会存在交叉，这意味着将为每个变量中的每个类别组合创建一个面板。如果变量嵌套，则会导致出现空列或空行。

图 19-15 "条形图"对话框

图 19-16 "定义简单条形图:个案组摘要"对话框

- "要使用的图表指定项的来源"复选框。用于打开图形显示模板,选中该复选框后,可单击"文件"按钮选择相应模板。
- "标题"按钮。单击该按钮,打开如图 19-17 所示的"标题"对话框,用户可以在此设置输出图形的标题和脚注等。设置完毕后单击"继续"按钮,即可回到主对话框进行其他设置。
- "选项"按钮。在打开的"选项"对话框中可以对缺失值的处理及误差条形图等进行设置。

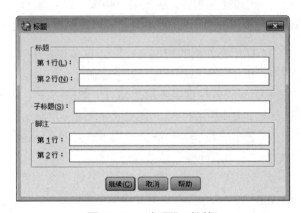

图 19-17 "标题"对话框

③ 输出图形所有设置完毕后,单击对话框中的"确定"按钮,即可从 SPSS Statistics 查看器窗口中输出设置好的图形。

19.1.2 "图表现在能够更好的用于 Microsoft Office" 功能

SPSS 26.0 新增了"图表现在能够更好的用于 Microsoft Office"功能,允许用户可以直接将图表复制为 Microsoft Office 图形对象,进而可以便于用户在 Microsoft Office 中处理图表(见图 19-18)。这一新增功能是创造性的,使得 SPSS 与众多用户广泛使用的 Microsoft Office 软件实现了完美融合。从更加通俗的角度去解释这一功能,就是说 SPSS 26.0 新版软件输出的图表,用户可以不用在原始的输出界面进行编辑修改,而是可以直接保存到 Word、Excel、PPT 等软件中,再依据用户在 Microsoft Office 中操作习惯进行修改即可。

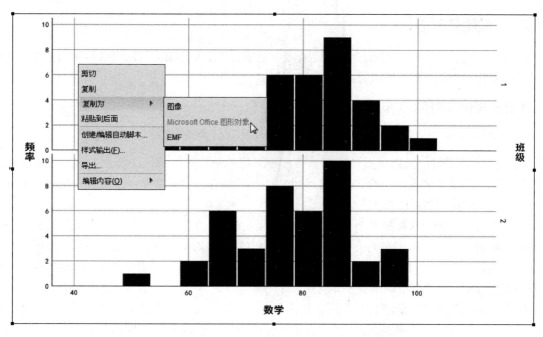

图 19-18 "图表现在能够更好的用于 Microsoft Office"功能

19.2 条形图

条形图用线条的长短或高低来表现性质相近的间断性资料的特征，适用于描绘分类变量的取值大小及比例等特点。

如图 19-19 所示的条形图是用图中线条的高低或长短表示不同国家/地区汽车平均发动机排量的。

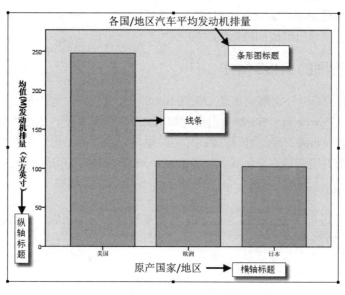

图 19-19 条形图示例

19.2.1 常用条形图

SPSS 26.0 提供了 9 种组合绘制不同数据类型的条形图，9 种组合可以由 3 种常用图形和 3 种描述模式组合而成，下面分别进行说明。

1. 条形图常用的图形类型

条形图常用的图形类型有 3 种，分别是简单条形图、分类条形图和分段条形图。

（1）简单条形图：又称单式条形图，该条形图用单个条形对每一个类别、观测或变量做对比，用间隔的等宽条表示各类统计数据的大小，主要由两个统计量决定。通过简单条形图可以清楚地看到各类数据间的对比情况。

（2）分类条形图：又称集群条形图，适用于对两个变量交叉分类的描述。该条形图使用一组条形对指标进行对比，每个组的位置是一个变量的取值，与其紧密排列的条带是以不同颜色标记的另一个变量的取值，因此图形主要由 3 个变量决定。分类图形可以看作简单条形图中的每一条带对应数据根据其他变量所做的进一步分类。

（3）分段条形图：又称堆栈条形图，适用于对两个变量交叉分类的描述。该图中每个条的位置是其中一个变量取值，条的长度是要描述的统计量的值，但是条带按照另一个变量各类别所占的比例被划分为多个段，并用不同的颜色或阴影来表示各个分段。

2. 条形图的描述方法

每种条形图的图形类型分别对应 3 种模式：个案分组模式、变量分组模式和个案模式。

（1）个案分组模式：此模式将根据分组变量对所有个案进行分组，根据分组后的个案数据创建条形图。

（2）变量分组模式：此模式可以描述多个变量，简单类型的条形图能描述文件的每一个变量；复杂类型的条形图能使用另一个分类变量描述一个变量。

（3）个案模式：此模式将为分组变量中的每个观测值生成一个条形图，因此个案模式适用于对原始数据进行一定整理后形成的概括性数据文件。

19.2.2 简单条形图的 SPSS 操作

下面以数据文件"19-1"讲解简单条形图的 SPSS 操作过程并对输出图形进行说明。

数据文件"19-1"来源于 SPSS 26.0 自带的数据文件"Cars.sav"，该假设数据文件涉及各种汽车的平均发动机排量（mpg）、发动机排量、马力、重量、加速、年份、原产地、气缸和过滤器等方面数据，每个个案对应一辆汽车。我们关心的是不同原产国家汽车的 mpg。

1. 实验数据描述

打开数据文件"19-1"，在 SPSS Statistics 数据编辑器窗口中可以看到数据文件"19-1"中的变量描述，如图 19-20 所示。

第 19 章　常用统计图的绘制　　397

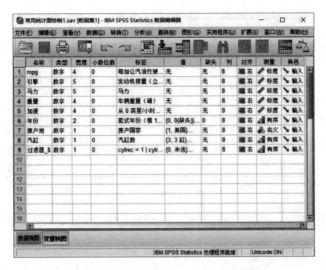

图 19-20　数据文件 "19-1" 的变量视图

2. 用图表构建器绘制简单条形图

具体操作步骤如下：

步骤 01　打开数据文件 "19-1"，进入 SPSS Statistics 数据编辑器窗口，在菜单栏中选择 "图形" | "图表构建器" 命令，打开 "图表构建器" 对话框。

步骤 02　在 "选择范围" 列表框中选择 "条形图"，然后从右侧显示的直观表示中双击简单条形图直观表示 或将其选中拖入画布中。从 "变量" 列表框中选中 "原产国家 [原产地]" 变量并拖至 X 轴变量放置区，选择 "发动机排量（立方英寸）" 拖至 Y 轴变量放置区，如图 19-21 所示。

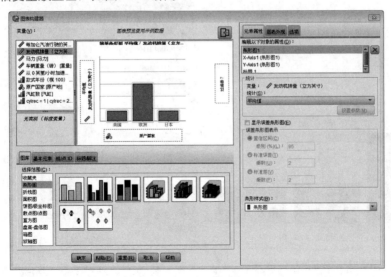

图 19-21　"图表构建器" 对话框

步骤 03　设置图形元素的属性。

❑ 在 "元素属性" 选项卡中选择 "平均值" 作为输出统计量，并选中 "显示误差条形图"

复选框，单击"应用"按钮使设置生效。

- 在"元素属性"选项卡中单击 X-Axis1（条形图 1）进入 X 轴元素属性设置对话框，在"轴标签"文本框中输入"原产国家"作为 X 轴标签，根据需要进行相应的设置，然后单击"应用"按钮使设置生效。
- 在"元素属性"选项卡中单击 Y-Axis1（条形图 2）进入 Y 轴元素属性设置对话框，在"轴标签"文本框中输入"平均发动机排量"作为 Y 轴标签，其他采用默认设置，然后单击"应用"按钮使设置生效。

步骤 04 单击"标题/脚注"选项卡，选中"标题 1"复选框，在"内容"文本框中输入"各国汽车平均发动机排量"，最后单击"应用"按钮保存设置。

步骤 05 输出图形。

所有设置完毕后，单击"图表构建器"对话框中的"确定"按钮，即可在 SPSS Statistics 查看器窗口中输出图形，如图 19-22 所示。从图中可以明显看出，美国产汽车平均发动机排量远远高于欧洲和日本所产汽车，该图还反映出 95%的置信度下各国生产汽车发动机排量均值的变化。

上例简要说明了简单条形图下个案分组模式的操作过程，简单条形图的变量分组和个案模式做法与此类似，故在此不再做单独介绍。

3. 用图形画板模板选择器绘制简单条形图

本例依然使用数据文件"19-1"，我们将使用图形画板模板选择器得到与图 19-22 相似的输出结果。

（1）打开数据文件"19-1"，进入 SPSS Statistics 数据编辑器窗口，在菜单栏中选择"图形" | "图形画板模板选择器"命令，打开"图形画板模板选择器"对话框，如图 19-23 所示。

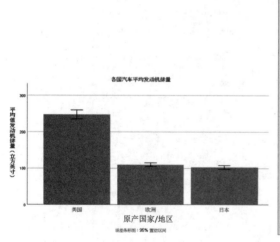

图 19-22 简单条形图输出结果

图 19-23 "图形画板模板选择器"对话框

（2）从变量列表框中选择"原产国家"和"发动机排量（立方英寸）"两个变量，对话框右侧将显示可用的图形直观表示，有条形图、饼图、三维饼图、线图、面积图等，从中选择条形图直观表示，从"摘要"下拉列表框中选择"均值"作为输出摘要统计量。

（3）单击"详细"选项卡，这里采用默认设置，如图 19-24 所示。

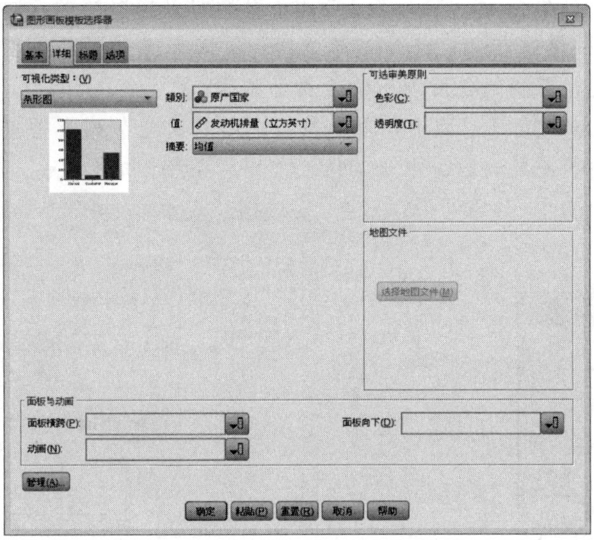

图 19-24 "详细"选项卡

（4）单击"标题"选项卡，选中"使用定制标题"单选按钮，在"标题"文本框中输入"各国汽车平均发动机排量"。

（5）单击"选项"选项卡，在"输出标签"选项组的"标签"文本框中输入"简单条形图：发动机排量-原产地"，其他采用默认设置。

（6）输出图形。所有设置结束后，单击"图形画板模板选择器"对话框中的"确定"按钮，在 SPSS Statistics 查看器窗口中即输出与图 19-22 相似的图形。

4．使用旧对话框绘制简单条形图

（1）打开数据文件"19-1"，进入 SPSS Statistics 数据编辑器窗口，在菜单栏中选择"图形"｜"旧对话框"｜"条形图"命令，打开"条形图"对话框。选择"简单"直观表示，在"图表中的数据为"选项组中选中"个案组摘要"单选按钮，如图 19-25 所示。该对话框包括条形图类型直观显示：简单、簇状和堆积，也包括各种图形类型的 3 种模式：个案组摘要、单独变量的摘要和单个个案的值。

（2）单击"定义"按钮，弹出"定义简单条形图：个案组摘要"对话框，从"条形表示"选项组中选中"更改统计"单选按钮，并从变量列表框中将"发动机排量"变量选入"变量"列表框中，系统默认表的特征为发动机排量的均值。将"原产国家"变量选入"类别轴"列表框中，其他采用默认设置，如图 19-26 所示。

① "条形表示"选项组用于定义确定条形图中条带的长度的统计量，各选项含义如下：

- "个案数"单选按钮：选中该单选按钮，表示条形图的长度为分类变量值的观测数。条形图中条的长度表示频率，分类变量可以是字符型变量或数值型变量。该选项为系统默认选项。
- "个案百分比"单选按钮：选中该单选按钮，表示条形图的长度为分类变量的观测在总观测中所占的比重，即以频率作为统计量。

- "累积数量"单选按钮：选中该单选按钮，表示条形图的长度为分类变量中到某一值的累积频数，即分类变量的当前值对应的个案数与以前各值对应的总个案数。
- "累计百分比"单选按钮：选中该单选按钮，表示条形图的长度为分类变量中到某一值的累积百分比，即条的长度表示的是累计频率。
- "其他统计"单选按钮：选中该单选按钮，则"变量"列表框被激活，选入变量后，系统默认设置对该变量的数据取平均值，并作为条形图的长度。

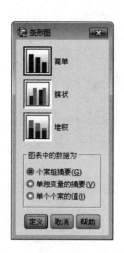

图19-25 "条形图"对话框

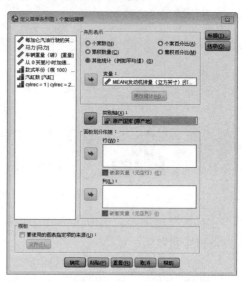

图19-26 "定义简单条形图：个案组摘要"对话框

② 如果想选择其他的表示，则可单击"更改统计"按钮，打开如图 19-27 所示的"统计"对话框。在"统计"对话框中可以选择总体特征的描述统计量、单侧区间数据的特征描述统计量和双侧区间数据的特征描述统计量。总体特征的描述统计量设置较为简单，下面将重点介绍单侧区间的特征描述统计量和双侧区间的特征描述统计量的设置。

- 单侧区间的特征描述统计量。"统计"对话框中给出了单侧区间数据特征的描述统计量，当选择该部分中的选项时，上方的"值"文本框被激活，在文本框中输入数值，表示单侧区间的内界。按照原有数据与内界的大小关系，可将所有数据划分为两个区间，即大于该值的区间和小于该值的区间，各单选按钮含义分别介绍如下：
  ➢ 若选中"上方百分比"单选按钮，则以变量值大于阀值（内界）的比例作为条形的长度，"下方百分比"单选按钮的含义恰好相反。
  ➢ 若选中"百分位数"单选按钮，则表示以变量值的百分位数作为条形的长度。
  ➢ 若选中"上方数目"单选按钮，则表示以变量值大于阀值的个数作为条形的长度，"下方数目"单选按钮含义与之相反。
- 双侧区间的特征描述统计量。"统计"对话框下方给出了双侧区间数据特征的描述统计量。当选择该部分中的选项时，上方的"低"和"高"文本框被激活，分别用于输入区间的下限和上限。各单选按钮含义分别介绍如下：
  ➢ 若选中"区间内百分比"单选按钮，则表示以变量值在该区间的比例为纵轴。
  ➢ 若选中"区间内数目"单选按钮，则表示以变量值在指定区间的数目为条形长度。

❑ "值是分组中点"复选框:若选中该复选框,则表示值由中点分类。

③ 单击"标题"按钮,打开"标题"对话框,在"标题"选项组"第 1 行"文本框中输入"各国汽车平均发动机排量"字样。设置完毕后,单击"继续"按钮,返回主对话框。

④ 单击"选项"按钮,打开"选项"对话框。用户可以在该对话框中设置对缺失值的处理方法、是否显示误差条形图及误差条形图的内容,图表的可用选项取决于图表的类型和数据。选中"显示误差条形图"复选框,其他采用默认设置,如图 19-28 所示。

图 19-27 "统计"对话框

图 19-28 "选项"对话框

"选项"对话框中其他选项的介绍如下:

❑ "缺失值"选项组:用户若选中"成列排除个案"单选按钮,则表示被摘要的变量存在缺失值时会从整个图表中排除个案;若选中"按变量排除个案"单选按钮,则表示可从每个计算的摘要统计量中排除单个缺失个案,不同的图表元素可能基于不同的个案组。

❑ "显示带有个案标签的图表"复选框:若选中该复选框,则表示在图中显示个案的标签值。

设置完毕后,单击"继续"按钮,则可返回主对话框中进行其他设置。

(3) 输出图形。所有设置完毕后,单击"定义简单条形图:个案组摘要"对话框中的"确定"按钮,即可在 SPSS Statistics 查看器窗口中输出图形,结果如图 19-29 所示。

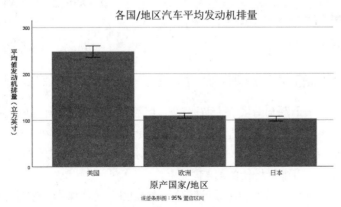

图 19-29 简单条形图输出结果

19.2.3 分类条形图的 SPSS 操作

分类条形图能够反映更多的信息，它对 X 轴的每个取值再按某个指标进一步细分，并作出关于所得子类别的条形图。

在本小节中，我们将继续使用数据文件"19-1"，得到不同原产国家/地区下按气缸数分类的平均发动机排量条形图，观察原产地和汽缸数对发动机排量均值的影响。下面将详细介绍如何使用图形画板模板选择器绘制分类条形图。具体操作步骤如下：

步骤01 打开数据文件"19-1"，进入 SPSS Statistics 数据编辑器窗口，在菜单栏中依次选择"图形"|"图形画板模板选择器"命令，打开"图形画板模板选择器"对话框。

步骤02 从变量列表框中选择"原产国家"和"发动机排量"两个变量，从中选择条形图直观表示 ，从"摘要"下拉列表框中选择"均值"作为输出摘要统计量。

步骤03 单击"详细"选项卡，从"可选审美原则"选项组的"色彩"下拉列表框中选择"汽缸数"，如图 19-30 所示。

步骤04 在"标题"选项卡中为图标添加"各国/地区汽车平均发动机排量"标题，其他均采用默认设置。

步骤05 所有设置完毕后，单击"确定"按钮，即可在 SPSS Statistics 查看器窗口中输出图形，结果如图 19-31 所示。

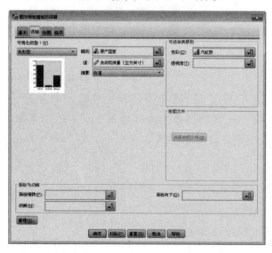

图 19-30 "详细"选项卡

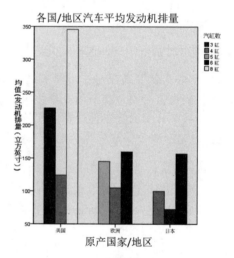

图 19-31 分类条形图输出结果

19.2.4 分段条形图的 SPSS 操作

分段条形图或堆积条形图与分类条形图相似，区别只是堆积条形图不把子类别分散开来做条形图，而是将其逐次堆积在 Y 轴方向上，以便于更好地比较总值的大小。

继续使用数据文件"19-1"，得到不同原产国家下按气缸数分类的平均发动机排量条形图，观察原产地和汽缸数对发动机排量均值的影响。

下面将详细介绍如何利用图表构建器绘制分段条形图。具体操作步骤如下：

步骤01 打开数据文件"19-1"，进入 SPSS Statistics 数据编辑器窗口，在菜单栏中选择"图

形"|"图表构建器"命令,打开"图表构建器"对话框。

步骤 02 在"选择范围"列表框中选择"条形图",然后从右侧显示的直观表示中双击分类条形图直观表示 或将其选择拖入画布中。从变量列表框中选择"原产国家[原产地]"变量并拖至 X 轴变量放置区,选择"发动机排量(立方英寸)"拖至 Y 轴变量放置区,将"汽缸数"拖至"堆积"变量放置区,如图 19-32 所示。

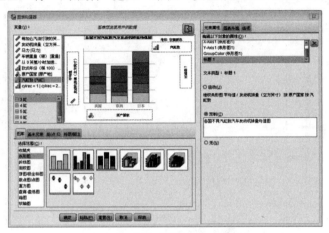

图 19-32 "图表构建器"对话框

步骤 03 为图表添加"各国/地区不同汽缸数汽车发动机排量均值图"标题,其他均采用默认设置。

步骤 04 输出图形。所有设置结束后,单击"确定"按钮,即可在 SPSS Statistics 查看器窗口中输出图形,结果如图 19-33 所示。

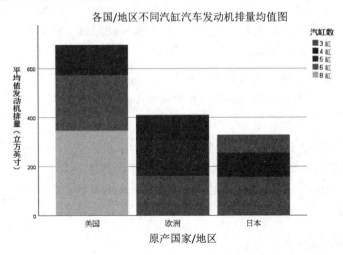

图 19-33 分段条形图输出结果

19.3 线　　图

线图是用线段的升降在坐标系中表示某一变量的变化趋势或某变量随时间变化的过程的图

形。线图适用于连续性资料，通常用来表示两个因素之间的关系，即当一个因素变化时，另一个因素对应的变化情况。

图 19-34 所示为线图的示例，该图用线段的升降表示出不同原产国家各个马力阶段的平均发动机排量的变化情况，线1、线2、线3分别代表了美国、日本和欧洲生产的汽车的平均发动机排量的线性走势。

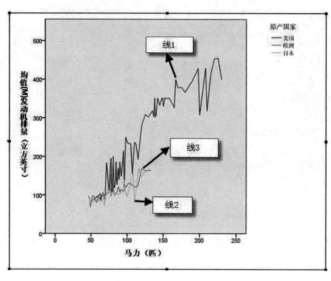

图 19-34 线图示例

19.3.1 线图的类型

线图利用线条的延伸和波动，来反映连续性变量的变化趋势。线图可以是直线图，也可以是折线图，适用于连续性资料。描述非连续性的资料一般不使用线（形）图，而使用条形图或直线图。线图分为3种类型：简单线图、多重线图和垂直线图（下降线图）。

- 简单线图：用一条折线表示某个现象的变化趋势。
- 多重线图：用多条折线表示各种现象的变化趋势。
- 垂直线图或下降线图：用于反映某些现象。

像条形图一样，线图的每种图形类型分别对应 3 种不同的模式：个案分组模式、变量分组模式和个案模式。3 种模式的概念与条形图中一致，在此不再赘述。

SPSS 26.0 提供了 9 种不同的线图供用户选择，最大化地满足了用户的个性化和研究需求。本节实验依然使用数据文件 "19-1"。

19.3.2 绘制简单线图

如果需要用图形来描述马力和发动机排量之间的关系形式，我们可以建立二者之间的线形图。下面将详细介绍如何利用图表构建器绘制简单线图。具体操作步骤如下：

（1）打开数据文件 "19-1"，进入 SPSS Statistics 数据编辑器窗口，在菜单栏中选择 "图形" | "图表构建器" 命令，打开 "图表构建器" 对话框。

（2）在"选择范围"列表框中选择"折线图"，然后从右侧显示的直观表示中双击简单条形图直观表示 ☑ 或将其拖入画布中。将变量"马力"和"发动机排量"分别拖入横轴和纵轴变量放置区中，如图19-35所示。

（3）同条形图一样，用户可以在"元素属性"对话框中对所有元素属性可选项进行设置，选择"平均值"作为摘要统计量；在"标题/脚注"选项卡中选中"标题 1"复选框，并在"元素属性"对话框的"内容"文本框中输入"马力和发动机排量关系线形图"作为输出简单线性图的标题。设置完毕后，单击"应用"按钮使设置生效。

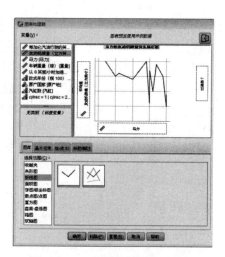

图19-35　"图表构建器"对话框

（4）所有设置结束后，单击主对话框中的"确定"按钮，即可在 SPSS Statistics 查看器窗口中输出图形，结果如图19-36所示。

由输出结果可知，尽管随着汽车马力的增大，发动机排量的变动幅度较大，但仍可以大体推断，马力与发动机排量间存在较强的正向关系。

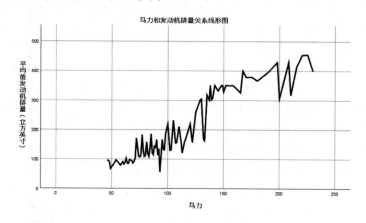

图19-36　简单线图输出结果

19.3.3　绘制多重线图

多重线图在一个图中显示多条趋势图，它需要指定一个分线变量，对其每个取值分别在图中作一条曲线，以便观察和比较不同类别的样本的变化趋势。

本小节继续使用数据文件"19-1"来介绍如何使用图形画板模板选择器绘制多重线形图，以查看不同国家所产汽车的马力和发动机排量之间的关系。具体操作步骤如下：

（1）打开数据文件"19-1"，进入 SPSS Statistics 数据编辑器窗口，在菜单栏中选择"图形"|"图形画板模板选择器"命令，打开"图形画板模板选择器"对话框。

（2）从变量列表框中选择"马力"和"发动机排量"两个变量，从中选择线图直观表示，从"摘要"下拉列表框中选择"均值"作为输出摘要统计量。

（3）单击"图形画板模板选择器"对话框中的"详细"选项卡，从"可选审美原则"选项组的"色彩"下拉列表框中选择"原产国家"。

（4）在"标题"选项卡中为图表添加"不同国家马力和引擎关系多重线形图"标题，其他均采用默认设置。

（5）所有设置完毕后，单击主对话框中的"确定"按钮，即可在 SPSS Statistics 查看器窗口中输出图形，如图 19-37 所示。

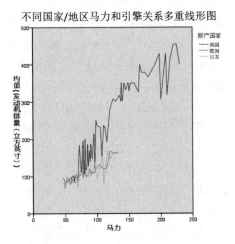

图 19-37　多重线图输出结果

19.3.4　垂直线图的绘制

垂直线图与多重线图反映的内容类似，差别只是表现的形式不同而已。垂直线图可以反映某些现象在同一时期的差距或各种数据在各分类中所占的比例。本小节仍以数据文件"19-1"为例简要介绍垂直线图的绘制。具体操作步骤如下：

（1）打开数据文件"19-1"，进入 SPSS Statistics 数据编辑器窗口，在菜单栏中选择"图形"|"旧对话框"|"折线图"命令，打开"折线图"对话框，选择"垂线"直观表示，在"图表中的数据为"选项组中选中"个案组摘要"单选按钮。

（2）单击"定义"按钮，弹出"定义垂线图：个案组摘要"对话框。变量的设置与多重线图的旧对话框设置一样，差别只是将"原产国家"选入"定义点"列表框中。

（3）在"标题"对话框的"标题 1"文本框中输入"各国/地区不同汽缸数汽车发动机排量均值图"作为输出图表标题，其他均采用默认设置。

（4）所有设置完毕后，单击"定义垂线图：个案组摘要"对话框中的"确定"按钮，即可在 SPSS Statistics 查看器中窗口输出图形，结果如图 19-38 所示。

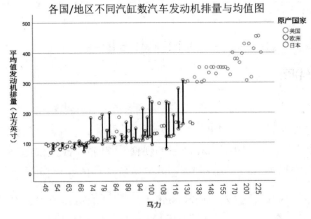

图 19-38　垂直线图输出结果

19.4 面积图

面积图与线形图反映的信息相似，经常用来描述某个汇总变量随时间或其他变量的变化过程。面积图通过面积的变化描绘连续型变量的分布形状或变化趋势，从直观上看，它相当于在线形图中用某种颜色填充线条和横轴之间的面积区域。

如图 19-39 所示为堆积面积图的示例，该图用不同的颜色给出了不同性别员工当前薪金随不同教育水平的变化趋势，面积 1 和面积 2 分别代表女员工和男员工不同教育水平的当前薪金走势。

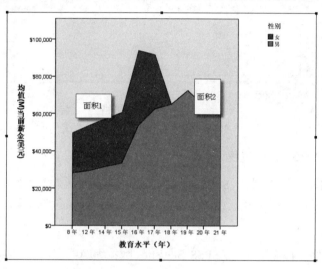

图 19-39　堆积面积图示例

19.4.1　面积图的类型

因为面积图较线形图更厚实，给人印象更深刻，所以广泛应用于各领域。SPSS 26.0 提供了两种基本面积图类型：简单面积图和堆积面积图。

类似于简单线形图，简单面积图是用面积的变化表示某一现象变动的趋势；堆积面积图又称层叠面积图，使用不同颜色面积表示两种或多种现象变化的趋势。两种基本面积图类型又分别包含 3 种模式：个案组模式、变量分组模式和个案模式，3 种模式的定义也与前面章节所描述的一致。因此，SPSS 26.0 提供了 6 种类型的面积图供用户选择。

19.4.2　简单面积图绘制的 SPSS 操作

本小节使用数据文件"19-2"介绍简单面积图的绘制过程。数据文件"19-2"来源于 SPSS 26.0 自带的"Employee data.sav"数据文件，该虚拟数据文件涉及公司所雇用员工的员工代码、性别、教育水平、雇用类别及薪金情况等。

1. 实验数据描述

打开数据文件"19-2"，在 SPSS Statistics 数据编辑器窗口中可以看到数据文件"19-2"中的变量描述，如图 19-40 所示。

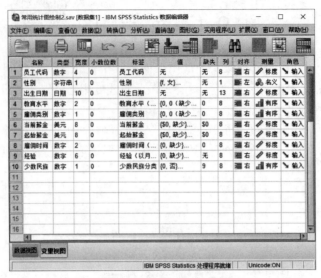

图 19-40　数据文件"19-2"的变量视图

2. 简单面积图的 SPSS 操作过程

与条形图和线形图的绘制一样，SPSS 26.0 提供的可以用于绘制面积图的程序也有 4 种。本节仅介绍如何使用图形画板模板选择器绘制简单面积图，用户可以参照前文自主学习简单面积图的其他绘制方法。

（1）打开数据文件"19-2"，进入 SPSS Statistics 数据编辑器窗口，在菜单栏中选择"图形"|"图形画板模板选择器"命令，打开"图形画板模板选择器"对话框。

（2）从变量列表框中选择"教育水平"和"当前薪金"两个变量，从中选择面积图直观表示，在"摘要"下拉列表框中选择"均值"作为摘要统计量。

（3）在"标题"选项卡中为图标添加"教育水平和薪金关系面积图"标题，其他均采用默认设置。

（4）所有设置完毕后，单击"图形画板模板选择器"对话框中的"确定"按钮，即可在 SPSS Statistics 查看器窗口中输出如图 19-41 所示的图形。

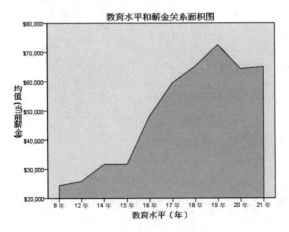

图 19-41　简单面积图输出结果

19.4.3 堆积面积图绘制的 SPSS 操作

本小节仅简单介绍如何使用图表构建器绘制堆积面积图,用户可以参照前文自主学习堆积面积图的其他绘制方法。

我们仍使用数据文件"19-2"得到不同性别员工的教育水平和年薪关系的堆积面积图,其操作步骤如下:

步骤01 打开数据文件"19-2",进入 SPSS Statistics 数据编辑器窗口,在菜单栏中选择"图形"|"图表构建器"命令,打开"图表构建器"对话框。

步骤02 在"选择范围"列表框中选择"面积图",然后从右侧显示的直观表示中双击多重线图直观表示 或将其选择拖入画布中。从变量列表框中选择"教育水平"变量并拖至 X 轴变量放置区,选择"当前薪金"变量并拖至 Y 轴变量放置区,将"性别"拖入"堆栈:设置颜色"变量放置区。

步骤03 所有图形元素的属性均可以在"元素属性"对话框中进行设置,设置方法与前面所述相同。在"元素属性"对话框中选择"编辑以下对象的属性"列表框中的"面积图 1",选择"统计"下拉列表框中的"平均值"选项,设置完后,单击"应用"按钮使设置生效。

步骤04 所有设置完毕后,单击主对话框中的"确定"按钮,即可在 SPSS Statistics 查看器窗口中输出图形,结果如图 19-42 所示。

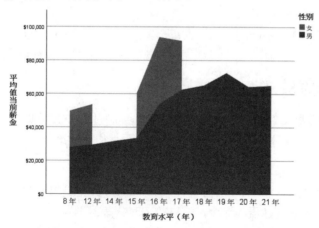

图 19-42 堆积面积图输出结果

由图中可以看出,同性别前提下,受教育年限与当前薪金平均值基本成正向关系;在受教育年限相同的前提下,女员工当前薪金平均值明显低于男员工。

19.5 饼 图

饼图又称为饼形图或圆形图,通常用来表示整体的构成部分及各部分之间的比例关系。

如图 19-43 所示为饼图的示例图,该图用不同的颜色将饼图分为三部分,用扇形 1、2、3 代表职员、保管员和经理在员工总数中的百分比。

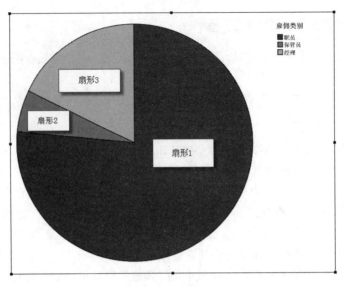

图 19-43　饼图示例

19.5.1　饼图的类型

饼图用同一个圆形表示不同部分的比例情况，其中，整个圆的面积表示整体，圆中的扇形部分是按构成整体的各个部分在整体中所占比例的大小切割而成的。饼图可以直观地反映各部分与整体之间的关系及各部分之间的关系。

SPSS 26.0 中提供了 3 种不同的饼图模式：个案分组模式、变量分组模式和个案模式。绘制饼图的程序同样有 4 种：图表构建器、图形画板模板选择器、旧对话框程序和互动程序。

19.5.2　饼图绘制的 SPSS 操作

我们将继续使用数据文件"19-2"来介绍饼图的绘制过程，数据文件"19-2"的变量描述在前面已经给出，在此不再赘述。本节仅介绍如何使用图表构建器绘制饼图，其他 3 种方法用户可以参照前文自主学习。

步骤01　打开数据文件"19-2"，进入 SPSS Statistics 数据编辑器窗口，在菜单栏中选择"图形"|"图表构建器"命令，打开"图表构建器"对话框。

步骤02　在"选择范围"列表框中选择"饼图/极坐标图"，然后从右侧显示的直观表示中双击饼图直观表示或将其拖入画布中，将变量"教育水平"拖入横轴放置区内。

步骤03　与其他图形的绘制一样，可以在"元素属性"对话框中对所有元素属性可选项进行设置。选择"计数"作为摘要统计量，单击"应用"按钮使设置生效。在"标题/脚注"选项卡中选中"标题 1"复选框，并在"元素属性"选项卡的"内容"文本框中输入"教育水平饼状图"作为输出饼状图的标题，设置完毕后，单击"应用"按钮。

步骤04　所有设置完毕后，单击主对话框中的"确定"按钮，即可在 SPSS Statistics 查看器窗口中输出图形，结果如图 19-44 所示。

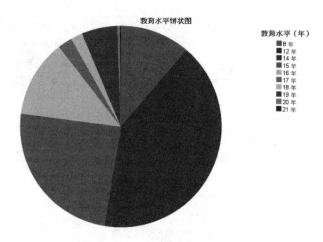

图 19-44　饼状图输出结果

由该饼状图可以明显看出，所有员工中，受过 12 年教育的人数最多，其次是接受 15 年教育的，受教育年限在 16 年内的员工占总员工人数的绝大部分。

19.6　直方图

直方图是用一种无间隔的长短直条，表示连续型变量取值分布特点的统计图形，各直条的面积表示各组段的频率，各矩形面积的总和为总频率。

没有绘制正态曲线的直方图与条形图很相似，它们的区别是，直方图的条带长度与宽度是有意义的，条形图则没有，直方图的意义与面积图相似。

下面将简单介绍如何使用"图形画板模板选择器"绘制直方图，用户可以参照前文自主学习使用其他方法绘制直方图。这里依然使用数据文件"19-1"，该数据文件的变量描述在 19.2 节中已给出，在此不再赘述。

（1）打开数据文件"19-1"，进入 SPSS Statistics 数据编辑器窗口，在菜单栏中选择"图形"|"图形画板模板选择器"命令，打开"图形画板模板选择器"对话框。

（2）从变量列表框中选择"每加仑汽油行驶的英里数"变量，从右侧可用图形类型中选择"带有正态分布的直方图"。

（3）在"标题"选项卡中为图表添加"每加仑汽油行驶的英里数直方图"标题，其他均采用默认设置。

（4）所有设置完毕后，单击主对话框中的"确定"按钮，即可在 SPSS Statistics 查看器窗口中输出如图 19-45 所示的图形。

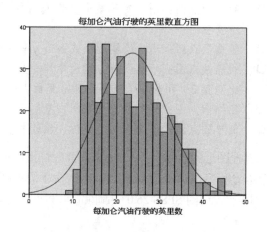

图 19-45　直方图输出结果

从图中可以看出，每加仑汽油行驶的英里数频率分布不完全符合正态分布。

19.7 散点图

散点图是以点的分布情况反映变量之间相互关系的一种统计图形。散点图适用于描绘测量数据的原始分布状况，用户可以通过点的位置判断观测值的高低、大小、变动趋势或变化范围。

图 19-46 所示为散点图的示例，该图用点 1 和点 2 分别表示非少数民族和少数民族不同雇佣类别员工的起始薪金。

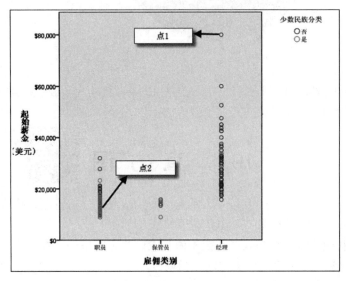

图 19-46　散点图示例

19.7.1 散点图的类型

SPSS 26.0 提供了散点图的 5 种基本类型，分别为简单散点图、重叠散点图、矩阵散点图、三维散点图和简单圆点图。

- 简单散点图：用于对照某个变量绘制另一个变量或在一个标记变量定义的类别中绘制两个变量。
- 重叠散点图：用于绘制两个或多个 y-x 变量对，每对都采用不同标记来表示。
- 矩阵散点图：行和列数与所选矩阵变量个数相等，所有可能变量组合被显示（变量 1 对比变量 2）和翻转（变量 2 对比变量 1）。
- 三维散点图：用于在三维空间内绘制 3 个变量。
- 简单圆点图：用于为某个数值变量绘制各个观察值。

与其他图形的绘制一样，SPSS 26.0 同样提供了图表构建器、图形画板模板选择器、旧对话框程序和互动程序 4 种方法绘制散点图。由于简单圆点图的绘制较为简单，接下来我们将使用数据文件 "19-2"，说明 SPSS 26.0 绘制除简单圆点图之外的 4 种散点图的具体操作方法。

19.7.2 简单散点图绘制的 SPSS 操作

本节仅介绍如何使用图形画板模板选择器绘制简单散点图，用户可以自主参照前文学习其他绘制方法。

步骤 01 打开数据文件"19-2"，进入 SPSS Statistics 数据编辑器窗口，在菜单栏中选择"图形"|"图形画板模板选择器"命令，打开"图形画板模板选择器"对话框。

步骤 02 从变量列表框中选择"起始薪金"和"当前薪金"变量，从右侧可用图形类型中选择"散点图"。

步骤 03 在"标题"选项卡中为图表添加"起始薪金与当前薪金简单散点图"标题，其他均采用默认设置。

步骤 04 所有设置完毕后，单击主对话框中的"确定"按钮，即可在 SPSS Statistics 查看器窗口中输出如图 19-47 所示的图形。

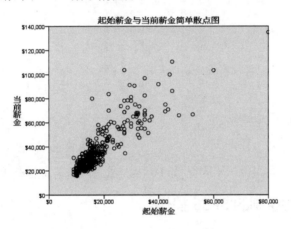

图 19-47　简单散点图输出结果

19.7.3 重叠散点图绘制的 SPSS 操作

重叠散点图的绘制主要通过旧对话框程序实现，现结合数据文件"19-2"简单说明重叠散点图的绘制过程。具体的操作步骤如下：

步骤 01 打开数据文件"19-2"，进入 SPSS Statistics 数据编辑器窗口，在菜单栏中选择"图形"|"旧对话框"|"散点/点状"命令，打开"散点图/点图"对话框，该对话框中显示了 5 种可用的散点图类型，如图 19-48 所示。
因为我们想要输出的是重叠散点图，因此这里选中"重叠散点图"直观表示。

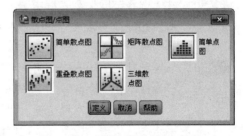

图 19-48　"散点图/点图"对话框

步骤 02 单击"定义"按钮，弹出"重叠散点图"对话框，在此指定变量及其他图形元素。

从变量列表框中将"当前薪金"变量选入变量配对 1 和 2 的 Y 变量放置区,将"教育水平"和"雇佣类别"分别拖入变量配对 1 和 2 的 X 变量放置区。打开"标题"对话框,将"堆积散点图示例"输入"第 1 行"文本框中,单击"继续"按钮保存设置返回到主对话框中,设置结果如图 19-49 所示。

步骤 03 所有设置完毕后,单击"重叠散点图"对话框中的"确定"按钮,即可在 SPSS Statistics 查看器窗口中输出图形,结果如图 19-50 所示。

图 19-49 "重叠散点图"对话框

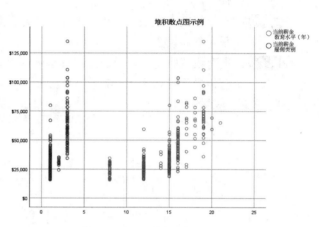

图 19-50 重叠散点图输出结果

由图 19-50 可知,不同职位、不同受教育年限的员工当前薪金是有较为明显差异的。

19.7.4 矩阵散点图绘制的 SPSS 操作

SPSS 26.0 提供的可以绘制矩阵散点图的方法主要有图表构建器和旧对话框程序两种。下面将结合数据文件"19-2"简单介绍利用图表构建器绘制矩阵散点图,用户可参照前文学习如何使用旧对话框绘制矩阵散点图。

步骤 01 打开数据文件"19-2",进入 SPSS Statistics 数据编辑器窗口,在菜单栏中依次选择"图形"|"图表构建器"命令,打开"图表构建器"对话框。

步骤 02 在"选择范围"列表框中选择"散点图/点图",然后从右侧显示的直观表示中双击散点图矩阵直观表示 或将其拖入画布中。将变量"当前薪金""雇佣时间"和"经验"拖入散点矩阵变量放置区内,如图 19-51 所示。

步骤 03 与绘制其他图形一样,用户可以在"元素属性"选项卡中对所有元素属性可选项进行设置。在"标题/脚注"选项卡中选中"标题 1"复选框,并在"元素属性"选项卡的"内容"文本框中输入"矩阵散点图示例"作为输出矩阵散点图的标题,设置完毕后,单击"应用"按钮使设置生效。

步骤 04 所有设置完毕后,单击主对话框中的"确定"按钮,即可在 SPSS Statistics 查看器窗口中输出图形,结果如图 19-52 所示。

由图中可以看出,3 个变量两两之间不存在特别明显的线性关系。

第 19 章 常用统计图的绘制 415

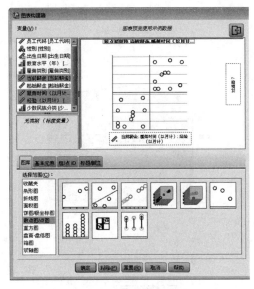

图 19-51 "图表构建器"对话框

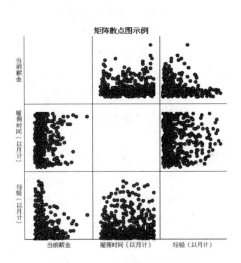

图 19-52 矩阵散点图输出结果

19.7.5 三维散点图绘制的 SPSS 操作

三维散点图的绘制过程与简单散点图的绘制过程基本一致，只是增加了一个 Z 轴。下面将结合数据文件 "19-2" 简单介绍图表构建器绘制三维散点图。

- **步骤 01** 打开数据文件 "19-2"，进入 SPSS Statistics 数据编辑器窗口，在菜单栏中选择 "图形" | "图表构建器" 命令，打开 "图表构建器" 对话框。
- **步骤 02** 在 "选择范围" 列表框中选择 "散点图/点图"，然后从右侧显示的直观表示中双击简单 3-D 散点图直观表示 或将其拖入画布中。将变量 "起始薪金" "当前薪金" 及 "教育水平" 分别拖入 X 轴变量放置区、Y 轴变量放置区及 Z 轴变量放置区内，如图 19-53 所示。

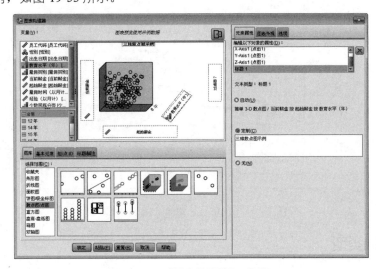

图 19-53 "图表构建器"对话框

步骤 03 在"标题/脚注"选项卡中选中"标题 1"复选框,并在"元素属性"选项卡的"内容"文本框中输入"三维散点图示例"作为输出三维散点图的标题,设置完毕后,单击"应用"按钮使设置生效。

步骤 04 所有设置完毕后,单击主对话框中的"确定"按钮,即可在 SPSS Statistics 查看器窗口中输出图形,结果如图 19-54 所示。

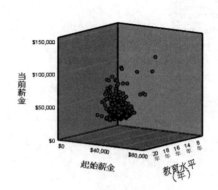

图 19-54 三维散点图输出结果

19.8 箱　　图

箱图又称箱丝图,是一种描述数据分布的统计图,可用于表现定量变量的 5 个百分位点,即 2.5%、25%、50%、75%和 97.5%分位数。由 25%分位数~75%分位数构成图形的箱,由 2.5%~25%和 75%~97.5%构成图形的两条"丝"。

如图 19-55 所示为一个箱图的示例,该图中丝 1~丝 5 分别代表不同原产国家汽车重量的 2.5%、25%、50%、75%和 97.5%分位数,箱体部分由丝 2~丝 4 的中间部分构成。

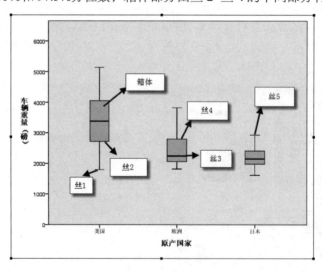

图 19-55 箱图示例

19.8.1 箱图的类型

SPSS 26.0 为用户提供了两种箱图类型:简单箱图和分类箱图。简单箱图用于描述单个变量数据的分布；分类箱图又称复式箱图，用于描述某个变量关于另一个变量数据的分布。每种基本图形类型又包括两种模式：个案组模式和变量分组模式。两种模式的含义与前面章节所述一致，在此不再赘述。

19.8.2 简单箱图绘制的 SPSS 操作

本节将继续使用数据文件"19-1"介绍如何使用"图形画板模板选择器"绘制简单箱图。

（1）打开数据文件"19-1"，进入 SPSS Statistics 数据编辑器窗口，在菜单栏中选择"图形"|"图形画板模板选择器"命令，打开"图形画板模板选择器"对话框。

（2）从变量列表框中选择"重量"和"原产国家"变量，从右侧可用图形类型中选择箱图 。

（3）在"标题"选项卡中为图表添加"简单箱图示例"标题，其他均采用默认设置。

（4）所有设置完毕后，单击主对话框中的"确定"按钮，即可在 SPSS Statistics 查看器窗口中，输出如图 19-56 所示的图形。

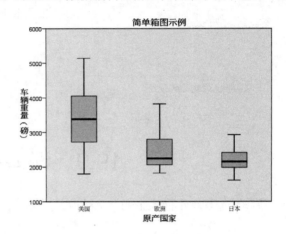

图 19-56　简单箱图输出结果

由图中可以明显看出，美国产的汽车重量要明显高于欧洲和日本产的汽车重量。

19.8.3 分类箱图绘制的 SPSS 操作

分类箱图或复式箱图的绘制过程与简单箱图的绘制基本相同，只需要在原有变量基础上添加一个分类变量即可。下面将继续使用数据文件"19-1"介绍如何使用图表构建器绘制分类箱图。

（1）打开数据文件"19-1"，进入 SPSS Statistics 数据编辑器窗口，在菜单栏中选择"图形"|"图表构建器"命令，打开"图表构建器"对话框。

（2）在"选择范围"列表框中选择"箱图"，然后从右侧显示的直观表示中双击分类箱图直观表示 或将其拖入画布中。将变量"原产国家"拖入横轴变量放置区内，将变量"车辆重量"拖入纵轴变量放置区内，将"汽缸数[汽缸]"拖入"X 轴上的聚类：设置颜色"变量放置区内，如图 19-57 所示。

（3）在"标题/脚注"选项卡中选中"标题 1"复选框，并在"元素属性"选项卡的"内容"文本框中输入"复式箱图示例"作为输出分类箱图的标题，设置完毕后，单击"应用"按钮使设置生效。

（4）所有设置完毕后，单击主对话框中的"确定"按钮，即可在 SPSS Statistics 查看器窗口中输出图形，结果如图 19-58 所示。

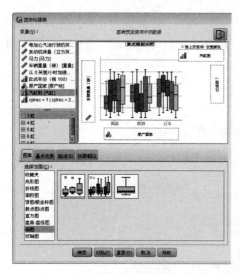

图 19-57 "图表构建器"对话框

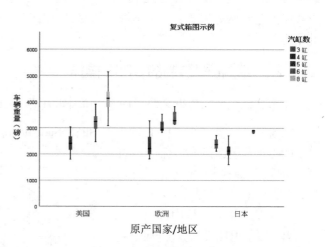

图 19-58 复式箱图输出结果

19.9 误差条图

误差条图是一种用于描述平均值、标准差、标准误和总体平均值的置信区间等指标的统计图形。

如图 19-59 所示为误差条图示例图，该示例图给出了男、女员工当前薪金的均值及 95%置信度下当前薪金的置信区间。线 1 和线 2 分别代表置信区间的最小值和最大值，点给出了当前薪金的均值。

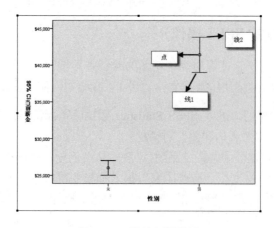

图 19-59 误差条图示例

19.9.1 误差条图的类型

误差条图是一种描述总体离散情况分布的统计图形，可以描述正态分布整体的平均值、标准差及其置信区间等，利用误差条图可以观测样本的离散程度。误差条图还可以伴随着其他图形的建立过程而输出，如条形图、线图等。

误差条图包括两种基本类型，即简单误差条图和复式误差条图。每种图形类型同时包含个案组和变量组两种模式，SPSS 26.0 共提供了 19 种误差条图形式供用户选择。

19.9.2 简单误差条图绘制的 SPSS 操作

SPSS 26.0 中可用于绘制误差条图主要有旧对话框程序和互动程序两种方法。下面将结合数据文件"19-2"介绍如何使用旧对话框绘制简单误差条图，下面将结合数据文件"19-2"介绍如何绘制简单误差条图。

步骤 01 打开数据文件"19-2"，进入 SPSS Statistics 数据编辑器窗口，在菜单栏中选择"图形"|"旧对话框"|"误差条形图"命令，打开"误差条形图"对话框。选择"简单"直观表示，在"图表中的数据为"选项组中选中"个案组摘要"单选按钮。

步骤 02 单击"定义"按钮，弹出"定义简单误差条形图：个案组摘要"对话框。从变量列表框中分别将"教育水平"和"当前薪金"选入"类别轴"变量放置区和"变量"列表框中。

步骤 03 打开"标题"对话框，将"简单误差条图示例"输入"第 1 行"文本框中作为输出图形的标题，单击"继续"按钮保存设置回到主对话框，其他采用默认设置。

步骤 04 所有设置完毕后，单击主对话框中的"确定"按钮，即可在 SPSS Statistics 查看器窗口中输出图形，结果如图 19-60 所示。

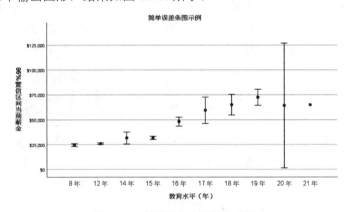

图 19-60　简单误差条图输出结果

19.9.3 复式误差条图绘制的 SPSS 操作

复式误差条图绘制的 SPSS 操作过程与简单误差条图绘制过程类似。下面将对其绘制过程进行简单介绍。

步骤 01 打开数据文件"19-2"，进入 SPSS Statistics 数据编辑器窗口，在菜单栏中选择"图形"|"旧对话框"|"误差条形图"命令，打开"误差条图"对话框。这里选择"簇状"直观表示，在"图表中的数据为"选项组中选中"个案组摘要"单选按钮。

步骤 02 单击"定义"按钮，弹出"定义簇状误差条形图：个案组摘要"对话框。从变量列表框中将"教育水平""当前薪金"和"性别"变量分别选入"类别轴"变量放置区、"变量"和"聚类定义依据"列表框中，其他仍采用默认设置，如图 19-61 所示。

步骤 03 打开"标题"对话框，将"簇状误差条图示例"输入"第 1 行"文本框中作为输出图形的标题，单击"继续"按钮保存设置。

步骤04 所有设置完毕后，单击主对话框中的"确定"按钮，即可在 SPSS Statistics 查看器窗口中输出图形，结果如图 19-62 所示。

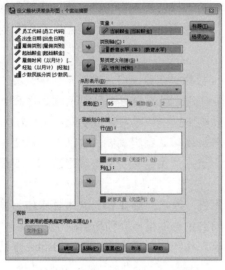

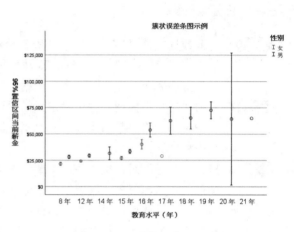

图 19-61　"定义簇状误差条形图：个案组摘要"对话框　　　图 19-62　簇状误差条图输出结果

由图中可以明显看出，当前薪金的均值与受教育年限基本保持正向关系，受教育年限大于 17 年的几乎都是男员工，且随着受教育年限的增长，当前薪金的均值变化幅度呈增长趋势。

19.10　高低图

高低图可以形象地向用户呈现出单位时间内某变量的最高值、最低值和最终值。它是专为观察股票、期货、外汇等市场波动趋势而设计的。

如图 19-63 所示为高低图的示例，图中均值代表每个交易日股票价格的均值，最小值和最大值分别代表每个交易日的股票的最低价格和最高价格。

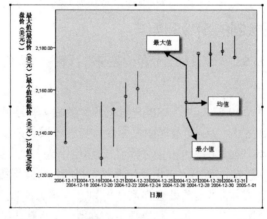

图 19-63　高低图示例

19.10.1 高低图的类型

高低图适合于描述每小时、每天和每周等时间内不断波动的资料，可以说明某些现象在短时间内的变化，也可以说明它们的长期变化趋势，例如股票、商品价格和外汇变动等信息。

SPSS 26.0 共提供了 5 种类型的高低图，即简单高低收盘图、分类高低收盘图、差异面积图、简单范围选项组和群集范围选项组。简单高低收盘图用小方框表示某段时间内的收盘值，小方框上下的触须表示该段时间内的最大值和最小值；分类高低收盘图利用不同的简单高低收盘图表示分类变量取不同值时对应的情况；差异面积图利用不同的曲线表示同一段时间内的两种不同情况，并且用阴影填充曲线之间的区域；简单范围选项组利用简单条形图表示简单高低极差图中最大值和最小值之间的长度；群集范围选项组利用不同的简单高低极差图表示分类变量取不同值时对应的情况。

每种图形类型包含 3 种不同模式，即个案组模式、变量分组模式和个案模式。SPSS 26.0 共提供了 15 种可用高低图组合供用户选择。

19.10.2 高低图绘制的 SPSS 操作

SPSS 26.0 主要提供了图表构建器和旧对话框程序两种方法绘制高低图。本节使用数据文件"19-3"介绍各种高低图的绘制操作过程。

数据文件"19-3"来源于 SPSS 26.0 自带的"stocks1904.sav"数据文件，该数据文件涉及 1994 年每个股票交易日的日期、开盘价和收盘价、最低价和最高价及交易量等。

1. 实验数据描述

打开数据文件"19-3"，在 SPSS Statistics 数据编辑器窗口中可以看到数据文件"19-3"中的变量视图，如图 19-64 所示。

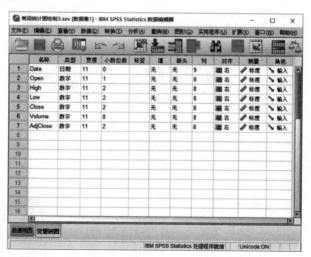

图 19-64 数据文件"19-3"的变量视图

2. 高低图的 SPSS 操作过程

下面以简单高低图的绘制为例，介绍如何使用图表构建器绘制高低收盘图，用户可以参照前文学习其他方法及其他种类高低图的绘制过程。

步骤 01　打开数据文件"19-3",进入 SPSS Statistics 数据编辑器窗口,在菜单栏中选择"图形"|"图表构建器"命令,打开"图表构建器"对话框。

步骤 02　在"选择范围"列表框中选择"盘高-盘低图",然后从右侧显示的直观表示中双击简单高低图直观表示或将其拖入画布中。将变量"Date"拖入横轴变量放置区内,将"High""Low"和"Close"分别拖入"高变量""低变量"和"收盘变量"变量放置区内,如图 19-65 所示。

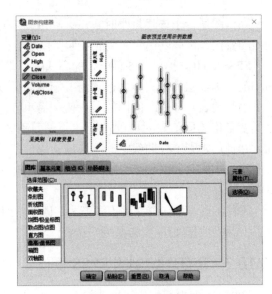

图 19-65　设置高低图的元素

步骤 03　在"标题/脚注"选项卡中选中"标题 1"复选框,并在"元素属性"对话框的"内容"文本框中输入"简单高低图示例"作为输出简单高低图的标题,设置完毕后,单击"应用"按钮使设置生效。

步骤 04　所有设置完毕后,单击主对话框中的"确定"按钮,即可在 SPSS Statistics 查看器窗口中输出图形,结果如图 19-66 所示。

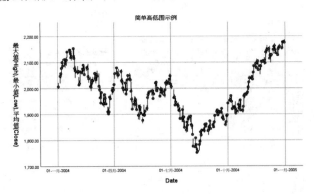

图 19-66　简单高低图输出结果

19.11　时间序列图

时间序列图是用来反映测量指标随时间的变化趋势的统计图形。用户可以利用时间序列图动态地认识事物的本质,研究几个时间序列之间的差别,认识时间序列的周期性并预测序列未来的走势等。

SPSS 26.0 共提供了 4 种形式的时间序列图:普通序列图、自相关序列图、偏相关序列图和互相关序列图，下面将结合实例分别进行讲述。

19.11.1 普通时间序列图绘制的 SPSS 操作

普通时间序列图就是对变量的观测记录按照当前顺序作图，从而反映一个或几个变量观测值随时间的变化趋势。本节依然使用数据文件"19-3"，该数据文件的相关变量描述在前面已经介绍，在此不再赘述。

步骤01 打开数据文件"19-3"，进入 SPSS Statistics 数据编辑器窗口，在菜单栏中选择"分析"|"时间序列预测"|"序列图"命令，打开如图 19-67 所示的"序列图"对话框。

步骤02 从变量列表框中将"High"选入"变量"列表框中，将"Date"选入"时间轴标签"列表框中，其他均采用默认设置。

步骤03 设置完毕后，单击"序列图"对话框中的"确定"按钮，即可在 SPSS Statistics 查看器窗口得到普通时间序列图的相关结果，如图 19-68~图 19-70 所示。

图 19-68 给出了模型描述模型的相关信息，包括模型的名称、时间序列变量的个数、是否对作图变量进行了转换及转换方法、是否进行了季节性差分及差分阶数等。

图 19-69 所示为个案处理摘要，给出了有关数据集的使用信息，由图中可以看出，该时间序列共使用 252 个个案，没有任何缺失值。

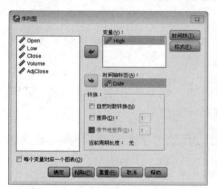

图 19-67 "序列图"对话框　　图 19-68 模型描述　　图 19-69 个案处理摘要

图 19-70 给出了股票价格最高值随时间的变化趋势，可见最高值在一年内波动性较大。

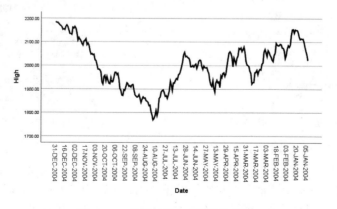

图 19-70 普通时间序列图输出结果

19.11.2　自相关序列和偏相关序列图绘制的 SPSS 操作

自相关序列和偏相关序列图分别用于描述时间序列的自相关函数和偏相关函数。

步骤 01 打开数据文件“19-3”，进入 SPSS Statistics 数据编辑器窗口，在菜单栏中选择“分析”|“时间序列预测”|“自相关”命令，打开“自相关性”对话框。

步骤 02 从变量列表框中将“High”选入“变量”列表框中，其他采用默认设置。

步骤 03 单击“自相关性”对话框中的“选项”按钮，打开如图 19-71 所示的“自相关性：选项”对话框，该对话框中各选项的含义介绍如下：

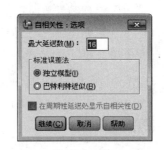

图 19-71　“自相关性：选项”对话框

- “最大延迟数”文本框：在“最大延迟数”文本框中可以输入新的数字，以定义自相关或偏相关的一个最大延迟数。
- “标准误差法”选项组：该选项组用于选择计算标准误差的方法，只适用于自相关序列图。“独立模型”单选按钮表示假设数据为白噪声序列；“巴特利特近似”单选按钮适用于 k-1 阶的滑动平均序列。
- “在周期性延迟处显示自相关性”复选框：选中该复选框，表示只输出延迟阶数为序列周期长度的自相关或偏相关序列。

步骤 04 所有设置完毕后，单击“自相关性”对话框中的“确定”按钮，即可在 SPSS Statistics 查看器窗口中输出如图 19-72~图 19-77 所示的结果。

图 19-72 给出的模型描述图和图 19-73 给出的个案处理摘要反映的信息与普通序列图的输出结果基本一致，在此不再赘述。

模型描述

模型名称		MOD_2
序列名称	1	High
转换		无
非季节性差分		0
季节性差分		0
季节性周期长度		无周期长度
最大延迟数		16
为计算自相关性标准误差而假定的过程		独立性（白噪声）[a]
显示和绘制		所有延迟

正在应用来自 MOD_2 的模型指定项

a. 不适用于计算偏自相关性的标准误差。

图 19-72　模型描述

个案处理摘要

		High
序列长度		252
缺失值的数目	用户缺失值	0
	系统缺失值	0
有效值的数目		252
可计算的首次延迟数		251

图 19-73　个案处理摘要

图 19-74 和图 19-75 分别给出了自相关性和自相关图，由两图可以看出，股票最高值存在明显的自相关关系，且在一个周期内自相关函数有较为明显的拖尾现象。

图 19-76 和图 19-77 给出了偏自相关性和偏相关图，由图 19-77 可以明显看出，股票最高价格的偏相关函数在一个周期内有较为明显的截尾现象。

自相关性

序列：High

延迟	自相关性	标准误差[a]	博克斯-杨统计 值	自由度	显著性[b]
1	.976	.063	243.157	1	.000
2	.948	.062	473.455	2	.000
3	.919	.062	690.756	3	.000
4	.890	.062	895.224	4	.000
5	.860	.062	1086.874	5	.000
6	.829	.062	1265.501	6	.000
7	.798	.062	1432.070	7	.000
8	.771	.062	1588.025	8	.000
9	.745	.062	1734.121	9	.000
10	.721	.061	1871.589	10	.000
11	.696	.061	2000.110	11	.000
12	.667	.061	2118.751	12	.000
13	.638	.061	2227.798	13	.000
14	.610	.061	2327.927	14	.000
15	.583	.061	2419.651	15	.000
16	.554	.061	2502.937	16	.000

a. 假定的基本过程为独立性（白噪声）。
b. 基于渐近卡方近似值。

图 19-74　自相关性

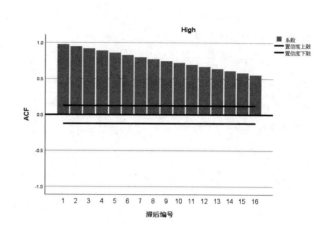

图 19-75　自相关图

偏自相关性

序列：High

延迟	偏自相关性	标准误差
1	.976	.063
2	-.110	.063
3	-.025	.063
4	-.020	.063
5	-.030	.063
6	-.042	.063
7	.017	.063
8	.036	.063
9	-.001	.063
10	.035	.063
11	-.057	.063
12	-.087	.063
13	-.011	.063
14	.006	.063
15	-.007	.063
16	-.037	.063

图 19-76　偏自相关性

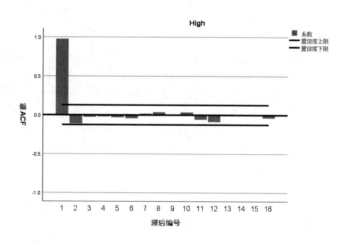

图 19-77　偏相关图

19.11.3　互相关序列图绘制的 SPSS 操作

互相关函数表示两个时间序列之间的相关系数，用于表现不同序列之间的相关关系，它只适用于时间序列数据。下面以数据文件"19-3"为例，讲解绘制互相关序列图的具体过程。

步骤01 打开数据文件"19-3"，进入 SPSS Statistics 数据编辑器窗口，在菜单栏中选择"分析"|"时间序列预测"|"交叉相关性"命令，打开"交叉相关性"对话框。该对话框界面同样与"序列图"对话框相似。

步骤02 从变量列表中将"High"和"Low"选入"变量"列表中，其他采用默认设置。单击主对话框中的"确定"按钮，即可在 SPSS Statistics 查看器窗口输出如图 19-78 和图 19-79 所示的结果。

模型描述

模型名称		MOD_3
序列名称	1	High
	2	Low
转换		无
非季节性差分		0
季节性差分		0
季节性周期长度		无周期长度
延迟范围	从	-7
	到	7
显示和绘制		所有延迟

正在应用来自 MOD_3 的模型指定项

交叉相关性

序列对: High,带有 Low

延迟	交叉相关性	标准误差[a]
-7	.786	.064
-6	.817	.064
-5	.847	.064
-4	.878	.064
-3	.909	.063
-2	.941	.063
-1	.972	.063
0	.995	.063
1	.978	.063
2	.949	.063
3	.920	.063
4	.892	.064
5	.862	.064
6	.832	.064
7	.800	.064

a. 基于各个序列不交叉相关性且其中一个序列为白噪声的假定。

个案处理摘要

序列长度		252
因为以下原因而排除的个案数	用户缺失值	0
	系统缺失值	0
有效个案数		252
差分后可计算的零阶相关性系数的数目		252

图 19-78 模型描述和个案处理摘要

交叉相关性

序列对: High,带有 Low

延迟	交叉相关性	标准误差[a]
-7	.786	.064
-6	.817	.064
-5	.847	.064
-4	.878	.064
-3	.909	.063
-2	.941	.063
-1	.972	.063
0	.995	.063
1	.978	.063
2	.949	.063
3	.920	.063
4	.892	.064
5	.862	.064
6	.832	.064
7	.800	.064

a. 基于各个序列不交叉相关性且其中一个序列为白噪声的假定。

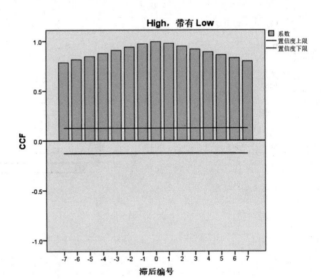

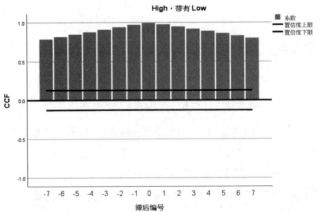

图 19-79 交叉相关性和相关图

由图 19-79 可以看出，两个序列交叉相关关系显著，但在零延迟时相关性最强。

19.12　双轴线图

不同作图对象的度量单位不同或者数量级不同，通常的图形无法同时显示这些不一致的变量信息。SPSS 26.0 中双轴线图就是专门用来解决这个问题的，它在一个图中给出两个纵坐标轴，分别用来刻画不同的变量。

我们将继续使用数据文件"19-3"，简单讲解双轴线图的绘制过程。

具体操作步骤如下：

步骤01　打开数据文件"19-3"，进入 SPSS Statistics 数据编辑器窗口，在菜单栏中选择"图形"|"图表构建器"命令，打开"图表构建器"对话框，如图 19-80 所示。

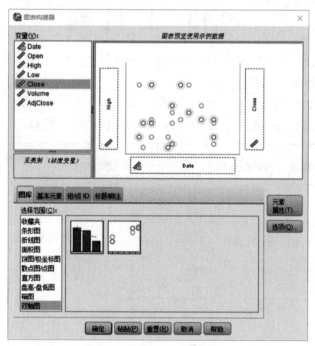

图 19-80　设置双轴线图元素

步骤02　在"选择范围"列表框中选择"双轴图"，然后从右侧显示的直观表示中双击双轴线直观表示或将其选择画布中。将变量"Date"拖入横轴变量放置区内，将变量"High"和"Close"分别拖入左右纵轴变量放置区内。

步骤03　与绘制其他图形一样，可在"元素属性"对话框中对所有元素属性可选项进行设置。在"标题/脚注"选项卡中选中"标题 1"复选框，并在"元素属性"选项卡的"内容"文本框中输入"双轴线图示例"作为输出双轴线图的标题，设置完毕后，单击"应用"按钮使设置生效。

步骤04　所有设置完毕后，单击主对话框中的"确定"按钮，即可在 SPSS Statistics 查看器窗口中输出图形，结果如图 19-81 所示。

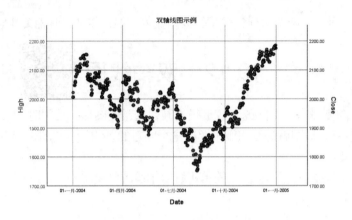

图 19-81 双轴线图输出结果

19.13 上 机 题

19.1 题中数据为某工厂职工的部分基本信息，包括职工的年龄、性别、婚姻状况、受教育程度、收入、工作年限类别及工作满意程度等，其中，性别变量中男、女分别用 1、2 表示，按教育程度把员工分为 5 类，婚姻状况中用 0 代表未婚、1 代表已婚，其他数据含义可参考源数据文件的变量视图。（数据路径：sample\上机题\chap19\习题\第 19 章第一题.sav）

年龄	性别	教育程度	婚姻状况	收入（千元）	收入类别	工作年限（年）	工作年限类别	工作满意程度
55	2	1	1	72	3	23	3	5
56	1	1	0	153	4	35	3	4
28	2	3	1	28	2	4	1	3
24	1	4	1	26	2	0	1	1
25	1	2	0	23	1	5	2	2
45	1	3	1	76	4	13	2	2
42	1	3	0	40	2	10	2	2
35	2	2	0	57	3	1	1	1
46	2	1	0	24	1	11	2	5
34	1	3	1	89	4	12	2	4
55	2	3	1	72	3	2	1	3
28	1	4	0	24	1	4	1	5
31	2	4	1	40	2	0	1	2
42	2	3	0	137	4	3	1	1
35	1	3	0	70	3	9	2	4
52	1	4	1	159	4	16	3	5
21	1	3	1	37	2	0	1	1
32	2	1	0	28	2	2	1	4
42	2	3	0	109	4	20	3	3

（1）若决策者希望了解不同受教育水平已婚职工和未婚职工之间的收入差别，试用条形图反映有关信息。

（2）利用题中的数据，绘制一个线图，以反映出不同受教育水平的男职工和女职工之间的收入差异。

（3）利用题中的数据，绘制出反映不同受教育程度员工数量的饼图。

（4）利用题中的数据，绘制一个散点图，使之能够反映出不同工作年限类别员工的工作满意程度。

（5）利用题中的数据，绘制出可以反映不同工作年限类别收入水平的箱图。

（6）利用题中的数据，绘制出可以反映不同工作年限类别收入水平的误差条图。

19.2 题中数据给出了 2007 年某股票 83 个交易日的交易信息表的部分信息，包括每个交易日该股票的开盘价、收盘价、最高价和最低价及每日交易量等，分别对应数据表中的"Open""Close""High""Low"和"Volume"变量，"Date"变量表示交易日日期。（数据路径：sample\上机题\chap19\习题\第 19 章第二题.sav）

日期	开盘价（元）	最高价（元）	最低价（元）	收盘价（元）	交易量（手）
31-Aug-07	37.5	42.15	19.62	38.1	12989100
30-Aug-07	55.8	55.78	36.47	36.49	10076400
27-Aug-07	55	66.25	54.77	62.09	10110700
26-Aug-07	55.8	60.39	48.88	52.92	11838300
25-Aug-07	36.7	61.79	30.3	60.72	13206400
24-Aug-07	46.9	50.29	28.51	36.89	13010900
23-Aug-07	43.8	48.12	35.11	38.7	12246600
20-Aug-07	19.5	43.12	15.92	38.02	13426500
19-Aug-07	25.9	29.13	11.68	0.89	14167300
18-Aug-07	87.7	31.37	84.6	31.37	15750500
17-Aug-07	92.3	4.59	91.95	95.25	13902800
16-Aug-07	59.6	89.49	59.58	82.84	12897300
13-Aug-07	62.5	68.63	50.82	57.22	13477500
12-Aug-07	70.7	74.68	51.95	52.49	16326600

（1）试运用 SPSS 提供的绘图程序绘制出反映该股票每日价格最高值和最低值信息的高低图。

（2）绘制出该股票每个交易日收盘价的时间序列图，并对每日收盘价格进行自相关分析。

（3）仿照 19.12 节的例题格式，创建双轴线图，使之同时反映出该股票每日收盘价格和交易量。

第 20 章　SPSS 综合应用案例

随着管理精确化的发展和统计分析方法的进步，定量分析在科学研究和实际的生产实践中得到了广泛的应用。计算机技术和统计软件在定量分析中扮演了重要的角色。由于 SPSS 具有界面友好、操作简单、功能强大、与其他软件交互性好和结果易于判读等优点，被广泛应用于经济管理、医疗卫生、自然科学等各个领域。

随着现代科学研究和生产实践分析的发展，利用单一的统计方法进行分析已经无法满足实际需要，多种统计方法的复合式应用已成为现代定量分析技术发展的新趋势。本章选取了医学、自然科学、社会科学和经济管理中的典型问题，利用 SPSS 统计分析方法进行实际分析，读者可以从中学习到问题分析的思路、软件的操作及如何对输出结果进行分析，以及提高解决复杂定量分析问题的能力。

20.1　SPSS 在医学中的应用

由于医学领域的特殊性，无论是新药的开发研制还是新的治疗方法的应用，都要经过长期的观测和反复的实验对比。SPSS 的统计分析过程为医学领域观测与试验的结果分析和研究提供了有力的帮助，在医疗、卫生统计和流行病学调查方面具有广泛的应用。SPSS 常用于医学领域的统计分析过程包括方差分析、判别分析、生存分析等。

20.1.1　问题描述与案例说明

在医疗领域中对于症状的早期诊断一直是一项重要的任务，大量的临床案例的积累为早期诊断的研究提供了重要的基础依据。而 SPSS 为分析研究这些基础性资料并得到相关的结论提供了有力的帮助。

先天性巨结肠症由于其手术创伤大、输血量多和患者多为婴儿等特点，其术后感染成为了医学研究的重要领域。对术后感染情况的早期预测和诊断成为了降低手术死亡率和提高手术成功率的重要一环。本书以北京儿童医院李龙教授的"围手术期输血与先天性巨结肠症术后感染"研究为例，讲解 SPSS 在医学中的应用。

20.1.2　分析目的和分析思路

本案例的分析目的是希望得出先天性巨结肠手术后是否发生感染的相关影响因素，并建立术后感染与否的预测诊断函数，以便对一个手术后婴儿的感染发生进行早期诊断。此外，我们还关心手术的方式对婴儿手术后是否发生感染的影响，以便设立科学合理的手术机制，减少感染率的发生。

本案例的分析思路是：首先利用方差分析方法分析不同手术方式的结果是否存在显著差异；然后利用判别分析方法建立判别函数，利用判别函数分析影响术后感染的主要因素，并对新观测到的案例予以分类。

该研究观测了在北京儿童医院接受先天性巨结肠手术 30 名儿童的性别、月龄、红细胞压积、手术方式、疾病部位、手术持续时间（分钟）、手术失血量（毫升）、手术中输血次数、手术中输血量（毫升每千克）和感染与否等信息。另外案例还观测了 3 名刚刚结束手术还无法确定感染结果的儿童的情况，试图利用判别分析确定的判别函数对这 3 名儿童的术后感染情况进行预测，该案例的原始数据（部分）如图 20-1 所示。

A	B	C	D	E	F	G	H	I	J	K
编号	性别	月龄（月）	红细胞压积（%）	手术方式	疾病部位	手术持续时间（分钟）	手术失血量（毫升）	手术中输血次数（次）	手术中输血量（毫升每公斤）	感染与否
1	男	11	56.4	环形	乙状结肠	200	40	1	10	未感染
2	男	4	32.5	Z形	直肠	215	40	1	15	未感染
3	男	10	37.8	Z形	结肠	190	40	1	14	未感染
4	男	22	37.9	吻合器	直肠	250	40	2	30	感染
5	女	7	47.8	环形	乙状结肠	145	40	1	17	未感染
6	女	6	47.4	吻合器	结肠	205	60	2	18	未感染
7	男	45	54.7	吻合器	结肠	210	40	3	21	未感染
8	男	1	98.3	吻合器	结肠	270	20	3	30	感染
9	男	1	47.0	吻合器	结肠	180	40	3	31	未感染
10	男	4	31.6	吻合器	乙状结肠	180	40	1	20	未感染
11	男	15	49.7	Z形	结肠	190	40	1	10	未感染
12	男	5	31.8	吻合器	乙状结肠	170	40	1	25	未感染
13	男	1	52.3	环形	结肠	135	30	4	36	未感染
14	男	9	46.6	Z形	结肠	245	40	1	13	感染
15	男	1	76.4	吻合器	乙状结肠	200	20	3	32	感染
16	男	144	48.1	吻合器	乙状结肠	325	40	1	7	感染
17	男	11	80.8	吻合器	乙状结肠	280	100	2	19	感染
18	男	2	56.1	吻合器	结肠	225	20	2	23	未感染
19	男	17	41.2	吻合器	结肠	225	40	1	17	感染
20	男	60	41.9	吻合器	直肠	270	40	1	11	未感染
21	男	2	52.7	吻合器	结肠	165	30	4	40	未感染
22	男	78	53.7	Z形	结肠	275	40	2	11	未感染
23	男	5	33.8	吻合器	乙状结肠	140	40	1	17	未感染
24	男	4	58.7	环形	乙状结肠	110	40	4	58	感染
25	男	6	43.3	吻合器	乙状结肠	165	40	1	9	未感染
26	男	3	45.2	环形	乙状结肠	130	10	3	33	感染
27	男	28	48.5	吻合器	乙状结肠	175	40	2	15	感染
28	男	1	57.1	环形	结肠	140	20	2	29	未感染
29	男	8	50.2	吻合器	直肠	225	20	3	29	感染
30	男	120	55.6	吻合器	乙状结肠	230	40	1	7	未感染

图 20-1　案例原始观测数据

20.1.3　案例中使用的 SPSS 方法

1. 方差分析

方差分析是一种假设检验，它把观测总变异的平方和与自由度分解为对应不同变异来源的平方和和自由度，将某种控制性因素所导致的系统性误差和其他随机性误差进行对比，从而推断各组样本之间是否存在显著性差异以分析该因素是否对总体存在显著性影响。

2. 判别分析

判别分析是在分类数目已知的情况下，根据已经确定分类的对象的某些观测指标和所属类别来判断未知对象所属类别的一种统计学方法。判别分析通常会建立一个或多个判别函数，用研究对象的大量资料确定判别函数中的待定系数，并计算判别指标。对一个未确定类别的个案只要将其代入判别函数就可以判断它属于哪一类总体。常用的判别分析方法有距离判别法、费舍尔判别法和贝叶斯判别法。

20.1.4　数据文件的建立

首先在 SPSS 变量视图中建立变量“编号”“性别”“月龄”“红细胞压积”“手术方式”“疾病部位”“手术持续时间”“手术失血量”“手术中输血次数”“手术中输血量”和“感染与否”，分别用来表示性别、月龄、红细胞压积、手术方式、疾病部位、手术持续时间（分钟）、手术失血量（毫升）、手术中输血次数、手术中输血量（毫升每公斤）和感染与否等观测信息。其中，“疾病部位”变量中使用数值“1、2、3”分别表示“乙状结肠”“结肠”和“直肠”，“手术方式”变量中使用数值“1、2、3”分别表示“环形”“Z 型”和“吻合器”，“性别”变量使用数值“1、0”分别表示"男"和"女",感染与否也使用数值"1、0"表示,如图 20-2 所示。

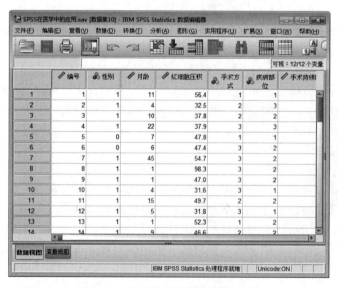

图 20-2 案例数据文件的变量视图

在 SPSS 活动数据文件的数据视图中,把相关数据输入到各个变量中,输入完毕后的部分数据如图 20-3 所示。

图 20-3 案例数据文件的数据视图

20.1.5 SPSS 操作步骤

实验的具体操作步骤如下。

1. 不同手术方式术后感染情况分析的操作步骤

步骤01 在菜单栏中选择"分析"|"比较平均值"|"单因素 ANOVA 检验"命令,打开"单因素 ANOVA 检验"对话框。

步骤02 将"感染与否"选入"因变量列表"列表框中,将"手术方式"选入"因子"列表框中。

步骤03 单击"选项"按钮,弹出"单因素 ANOVA 检验:选项"对话框,选中"方差齐性检验""平均值图"复选框,然后单击"继续"按钮,保存设置结果。

步骤04 单击"确定"按钮输出结果。

2. 术后感染情况影响因素分析的操作步骤

步骤01 在菜单栏中选择"分析"|"分类"|"判别式"命令,打开"判别分析"对话框。

步骤02 从源变量列表框中选择 "月龄""红细胞压积""手术方式""疾病部位""手术持续时间""手术失血量""手术中输血次数""手术中输血量"变量,然后单击 ▶ 按钮将其选入"自变量"列表框中;从源变量列表框中选择"感染与否"变量,单击 ▶ 按钮将其选入"分组变量"列表框中。

步骤03 单击"定义范围"按钮,弹出"判别分析:定义范围"对话框,在该对话框中输入违约变量的取值范围 0~1,单击"继续"按钮。

步骤04 单击"统计"按钮,弹出"判别分析:统计"对话框,选中"单变量 AVONA"和"博克斯 M"复选框,单击"继续"按钮。

步骤05 单击"分类"按钮,弹出"判别分析:分类"对话框,在"使用协方差矩阵"选项组中选中"组内"单选按钮,单击"继续"按钮。

步骤06 单击"保存"按钮,弹出"判别分析:保存"对话框,选中"预测组成员"复选框。

步骤07 回到主对话框,单击"确定"按钮,便可以得到判别分析的结果。

20.1.6 结果判读

1. 不同手术方式术后感染情况分析的结果判读

图 20-4 给出了方差齐性检验的结果,从图中可以看到,莱文方差齐性检验的显著性为 0.083,大于显著水平 0.05,因此基本可以认为样本数据之间的方差是齐次的。

图 20-5 给出了单因素 ANOVA 检验的结果,从图中可以看出,组间平方和是 0.202,组内平方和是 6.765,组间平方和的 F 值为 0.403,显著性为 0.673,大于显著水平 0.05,因此我们认为不同的手术方式对是否感染没有显著的影响。

方差齐性检验

		莱文统计	自由度1	自由度2	显著性
感染与否	基于平均值	2.727	2	27	.083
	基于中位数	.403	2	27	.673
	基于中位数并具有调整后自由度	.403	2	26.805	.673
	基于剔除后平均值	2.727	2	27	.083

图 20-4 方差齐性检验

ANOVA

感染与否	平方和	自由度	均方	F	显著性
组间	.202	2	.101	.403	.673
组内	6.765	27	.251		
总计	6.967	29			

图 20-5 ANOVA 检验结果

2. 术后感染情况影响因素的判别分析的结果判读

图 20-6 给出了样本数量、有效值和排除值的相关信息,从图中可以看到,30 个样本都用于了

分析，不存在缺失值。

图 20-7 给出了各组和所有观测的加权与未加权的有效值，组统计量是对案例综合处理摘要表达的分组细化。

组统计

感染与否		有效个案数（成列）	
		未加权	加权
未感染	月龄	19	19.000
	红细胞压积	19	19.000
	手术方式	19	19.000
	疾病部位	19	19.000
	手术持续时间	19	19.000
	手术失血量	19	19.000
	手术中输血次数	19	19.000
	手术中输血量	19	19.000
感染	月龄	11	11.000
	红细胞压积	11	11.000
	手术方式	11	11.000
	疾病部位	11	11.000
	手术持续时间	11	11.000
	手术失血量	11	11.000
	手术中输血次数	11	11.000
	手术中输血量	11	11.000
总计	月龄	30	30.000
	红细胞压积	30	30.000
	手术方式	30	30.000
	疾病部位	30	30.000
	手术持续时间	30	30.000
	手术失血量	30	30.000
	手术中输血次数	30	30.000
	手术中输血量	30	30.000

分析个案处理摘要

未加权个案数		个案数	百分比
有效		30	90.9
排除	缺失或超出范围组代码	3	9.1
	至少一个缺失判别变量	0	.0
	既包括缺失或超出范围组代码，也包括至少一个缺失判别变量	0	.0
	总计	3	9.1
总计		33	100.0

图 20-6　个案处理摘要

图 20-7　组统计量

图 20-8 给出了组平均值的均等性和协方差矩阵齐性的检验结果，从组平均值的检验结果可以看出，除了"红细胞压积"变量外，所有变量的显著性均大于 0.05，因此我们不能拒绝原假设，认为它们之间的平均值是相同的。

组平均值的同等检验

	威尔克 Lambda	F	自由度 1	自由度 2	显著性
月龄	.999	.031	1	28	.862
红细胞压积	.861	4.507	1	28	.043
手术方式	.989	.319	1	28	.577
疾病部位	.995	.138	1	28	.713
手术持续时间	.917	2.525	1	28	.123
手术失血量	1.000	.011	1	28	.918
手术中输血次数	.937	1.876	1	28	.182
手术中输血量	.923	2.326	1	28	.138

检验结果

博克斯 M		75.899
F	近似	1.351
	自由度 1	36
	自由度 2	1490.541
	显著性	.081

对等同群体协方差矩阵的原假设进行检验。

图 20-8　组平均值均等性和协方差矩阵检验

对协方差矩阵齐性的博克斯 M 检验结果表示显著性为 0.081，大于 0.05 的显著性水平，故无法拒绝原假设，认为不同组之间的协方差矩阵是相同的。因此数据符合进行判别分析的前提，可以进行判别分析。

图 20-9 给出了威尔克 Lambda 检验的结果，威尔克 Lambda 检验用于检验各个判别系数是否具有统计上的显著意义。从显著性来看，判别函数在 10% 的显著性水平下显著，因此可以接受由该判别函数创建的判别规则。

特征值

函数	特征值	方差百分比	累积百分比	典型相关性
1	.802[a]	100.0	100.0	.667

a. 在分析中使用了前 1 个典则判别函数。

威尔克 Lambda

函数检验	威尔克 Lambda	卡方	自由度	显著性
1	.555	14.138	8	.078

图 20-9　对判别函数的相关检验

图 20-10 给出了判别函数的系数和结构矩阵，标准化的判别系数给出了诊断感染的判别依据。从图中可以看出，判别函数主要受“月龄”“疾病部位”“手术持续时间”“手术中输血量”等变量的影响。

判别函数的具体形式如公式（20-1）所示，为线性标准判别函数。

$$
\begin{aligned}
f = &-0.588*\text{月龄} - 0.28\text{红细胞压积} - 0.242\text{手术凡事} - 0.985\text{疾病部位} \\
&+ 2.067\text{手术持续时间} - 0.318\text{手术失血量} \\
&- 0.012\text{手术中输血次数} + 1.249\text{手术中输血量}
\end{aligned} \tag{20-1}
$$

预测的分组结果作为新的变量被保存，从图中我们可以看出，各个观测病例的分组判别结果，并可以通过 SPSS 对未分类观测进行分类，分类被保存在“Dis_1”变量中（见图 20-11），“1”表示感染，“0”表示未感染，这与我们在建立变量时的设置是一致的。同时，我们可以看出，系统依据判别函数对尚未观测到感染结果的 3 名儿童依据判别函数给出了分类结果。至此，我们通过 SPSS 达到了依据这些病例信息得出先天性巨结肠症术后是否发生感染的诊断系统与判断规则的目的。

标准化典则判别函数系数

	函数 1
月龄	-.588
红细胞压积	-.280
手术方式	-.242
病病部位	-.985
手术持续时间	2.067
手术失血量	-.318
手术中输血次数	-.012
手术中输血量	1.249

结构矩阵

	函数 1
红细胞压积	.448
手术持续时间	.335
手术中输血量	.322
手术中输血次数	.289
手术方式	.119
疾病部位	-.078
月龄	.037
手术失血量	-.022

判别变量与标准化典则判别函数之间的汇聚组内相关性
变量按函数内相关性的绝对大小排序。

图 20-10　判别函数系数和结构矩阵

SPSS在医学中的应用.sav [数据集10] - IBM SPSS Statistics 数据编辑器

文件(F) 编辑(E) 查看(V) 数据(D) 转换(T) 分析(A) 图形(G) 实用程序(U) 扩展(X) 窗口(W) 帮助(H)

1 : Dis_1　0　可视：12/12 个变量

	手术失血量	手术中输血次数	手术中输血量	感染与否	Dis_1
1	40	1	10	0	0
2	40	1	15	0	0
3	40	1	14	0	0
4	40	2	30	1	1
5	40	1	17	0	0
6	60	2	18	0	0
7	40	3	21	0	0
8	20	3	30	1	1
9	40	3	31	0	0
10	40	1	20	0	1
11	40	1	10	0	0
12	40	1	25	0	1
13	30	4	36	0	0
14	40	1	13	1	1

数据视图　变量视图

IBM SPSS Statistics 处理程序就绪　Unicode:ON

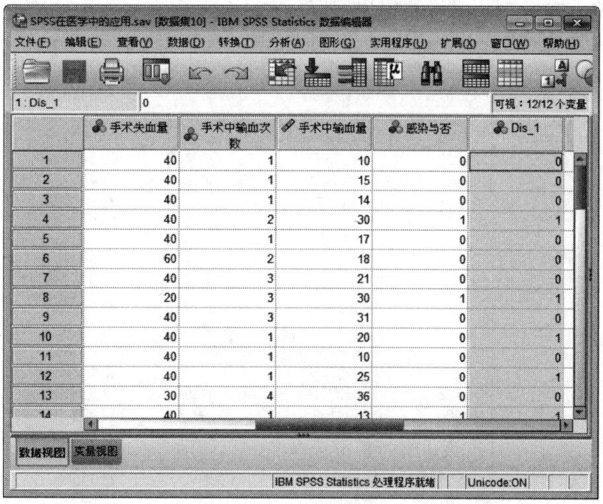

图 20-11　分类的判别结果

20.2　SPSS 在经济管理学科中的应用

随着我国改革开放的实践和经济理论的发展，实证方法和数据分析已成为经济研究中的重要方面。大量经验证据的分析和运用对于经济理论的发展和决策的支持都具有重要的意义。而经济实证研究离不开现代统计分析方法的运用，SPSS 的统计分析过程为经济管理研究提供了有力的帮助。回归分析、因子分析、聚类分析和时间序列分析等分析方法是经济管理研究中常用的分析方法。

20.2.1 案例说明与问题描述

股票价格是股票在市场上出售的价格。它的决定及其波动受制于各种经济、政治因素,并受投资心理和交易技术等的影响。总的来说,影响股票市场价格及其波动的因素主要分为两大类:一类是基本因素;另一类是技术因素,最重要的是基本因素。所谓基本因素,是指来自股票市场以外的经济与政治因素及其他因素,其波动和变化往往会对股票的市场价格趋势产生决定性影响。基本因素主要包括经济性因素、政治性因素等。其中,影响股票价格的经济因素中公认的最为重要的是财务因素。

20.2.2 分析目的、分析思路与数据选取

本案例的研究目的是分析银行业上市公司的财务数据分析股票价格的财务影响因素,为对银行业上市公司的投资提供科学的依据。

本案例的分析思路是:首先利用描述性分析对银行业上市公司的财务数据进行基础性描述,以便对整个行业形成直观的印象;然后利用因子分析提取对银行业上市公司股票价格影响较为明显的因素,分析银行业上市公司股价的决定因素;最后利用回归分析方法确定这些因素对股票价格的影响方向和强弱。

为利用银行业上市公司的财务数据,本案例观测了流动比率、净资产负债比率、资产固定资产比率、每股收益、净利润、增长率、股价 1 和公布时间等数据,所有数据均来源于 WIND 资讯。本案例的原始数据如图 20-12 所示。

A	B	C	D	E	F	G	H
公布时间	流动比率	净资产负债比率	资产固定资产比率	每股收益(元)	净利润(亿元)	增长率(%)	股价(元)
Mar-01	1.07155500	0.020515	27.041670	0.192533	17.766670	-3.942450	18.56
Jul-01	1.01810650	0.009379	113.224400	0.130000	14.770400	46.914300	18.86
Nov-01	1.04694700	0.013588	85.340020	0.223000	14.297730	25.433100	13.65
Mar-02	1.03975650	0.013137	93.344400	0.275167	14.722630	30.732400	15.21
Jul-02	1.02159967	0.013970	88.401770	0.119667	14.103330	30.577500	13.73
Nov-02	0.96065900	0.013284	93.588960	0.185000	16.602530	14.550370	12.43
Mar-03	0.92562475	0.011708	102.880600	0.236500	14.975750	13.879100	13.89
Jul-03	0.94239800	0.011860	103.239400	0.304000	13.517950	21.894100	11.10
Nov-03	0.91639725	0.011641	103.531700	0.091500	14.449380	27.487830	11.42
Mar-04	0.87541375	0.010129	112.474600	0.172000	13.294650	19.167780	12.14
Jul-04	0.90080725	0.009532	127.283900	0.260500	12.813330	21.915030	10.43
Nov-04	0.88136280	0.009450	133.404000	0.324000	11.507880	23.686940	8.56
Mar-05	0.89066780	0.008080	128.082900	0.111600	12.959120	44.718200	10.24
Jul-05	0.86292560	0.009338	236.141300	0.190180	11.824480	37.541900	9.02
Nov-05	0.86337380	0.009430	117.573100	0.284600	11.624500	35.188620	7.55
Mar-06	0.84941880	0.010992	107.082400	0.347020	10.305220	21.156800	6.65
Jul-06	0.86368900	0.010824	105.041700	0.111860	12.083760	14.874920	6.49
Nov-06	0.85767500	0.011688	110.306100	0.184680	10.911340	10.622200	6.14
Mar-07	0.87430380	0.009964	98.115880	0.306600	11.583120	22.349820	6.65
Jul-07	0.88475000	0.010763	116.043800	0.374360	10.417980	26.993700	5.67
Nov-07	0.89625000	0.009194	97.980650	0.115800	11.394800	28.248960	6.98
Mar-08	0.77400000	0.009581	105.109500	0.245600	11.508880	64.609780	6.68
Jul-08		0.006989	156.916200	0.390000	11.789840	52.343560	6.39

图 20-12 案例的原始数据

20.2.3 案例中使用的 SPSS 方法

1. 描述性分析

描述性分析是对数据进行基础性描述,主要用于描述变量的基本特征。SPSS 中的描述性分析

过程可以生成相关的描述性统计量，如均值、方差、标准差、全距、峰度、偏度等，同时描述性分析过程还将原始数据转换为 Z 分值并作为变量储存，通过这些描述性统计量，我们可以对变量变化的综合特征进行全面的了解。

2. 因子分析

因子分析是一种数据简化技术，它通过研究众多变量之间的内部依赖关系，探求观测数据中的基本结构，并用少数几个独立的不可观测变量变化来表示其基本的数据结构。这几个假想变量能够反映原来众多变量的主要信息。

3. 回归分析

回归分析是研究一个因变量与一个或多个自变量之间的线性或非线性关系的一种统计分析方法。回归分析通过规定因变量和自变量来确定变量之间的因果关系，建立回归模型，并根据实测数据来估算模型的各个参数，然后评价回归模型是否能够很好地拟合实测数据，并可以根据自变量作进一步预测。

20.2.4 数据文件的建立

首先在 SPSS 变量视图中建立变量"流动比率""净资产负债比率""资产固定资产比率""每股收益""净利润""增长率""股价 1"和"公布时间"，分别用来表示流动比率、净资产负债比率、资产固定资产比率、每股收益、净利润、增长率、股价和业绩公布时间等观测信息，如图 20-13 所示。

图 20-13　数据文件的变量视图

然后在 SPSS 活动数据文件的数据视图中，把相关数据输入到各个变量中，输入完毕后的部分数据如图 20-14 所示。

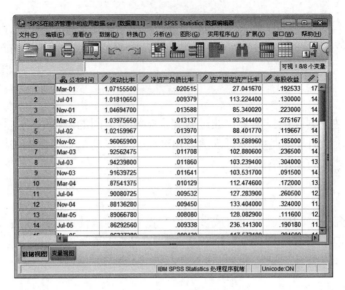

图 20-14 数据文件的数据视图

20.2.5 SPSS 操作步骤

1. 银行业上市公司股价及财务指标的描述统计分析操作步骤

步骤01 打开数据文件，进入 SPSS Statistics 数据编辑器窗口，然后在菜单栏中选择"分析"|"描述统计"|"描述"命令，打开"描述"对话框，将变量"流动比率""净资产负债比率""资产固定资产比率""每股收益""净利润""增长率""股价 1"选入"变量"列表框中。

步骤02 单击"选项"按钮，弹出"描述：选项"对话框，选中"最大值""最小值""标准差""平均值"和"方差"复选框，然后单击"继续"按钮，返回"描述"对话框。

步骤03 单击"确定"按钮，即可输出分析结果。

2. 银行业上市公司的各个财务指标的因子分析操作步骤

步骤01 打开数据文件，进入 SPSS Statistics 数据编辑器窗口，在菜单栏中选择"分析"|"降维"|"因子"命令，打开"因子分析"对话框，将"流动比率""净资产负债比率""资产固定资产比率""每股收益""净利润""增长率""股价 1"变量选入"变量"列表框中。

步骤02 单击"描述"按钮，弹出"因子分析：描述"对话框，选中"初始解"和"KMO 和巴特利特球形度检验"复选框，单击"继续"按钮，保存设置。

步骤03 单击"旋转"按钮，弹出"因子分析：旋转"对话框，选中"最大方差法"复选框，其他为系统默认选择，单击"继续"按钮，保存设置。

步骤04 单击"得分"按钮，弹出"因子分析：因子得分"对话框，选中"保存为变量"和"显示因子得分系数矩阵"复选框，单击"继续"按钮，保存设置。

3. 银行业股票价格与主因子财务指标的回归分析

步骤01 打开数据文件，进入 SPSS Statistics 数据编辑器窗口，在菜单栏中选择 "分析"|

"回归" | "线性"命令，打开"线性回归"对话框，将"股价 1"变量选入"因变量"列表框中，将"流动比率"和"净利润"变量选入"自变量"列表框中。

步骤 02 单击"统计"按钮，打开"线性回归：统计"对话框，选中"估算值""模型拟合"和"德宾-沃森"复选框，然后单击"继续"按钮保存设置。

步骤 03 单击"选项"按钮，打开"线性回归：选项"对话框，选中"在方程中包括常量"复选框，然后单击"继续"按钮保存设置。

步骤 04 单击"确定"按钮，便可以得到线性回归的结果。

20.2.6　结果判读

1. 银行业上市公司股价及财务指标的描述统计分析

如图 20-15 所示为银行业上市公司经营状况的描述统计结果。

由图 20-15 可知，在 2001 年~2008 年的各个季度中，我国银行业上市公司股价的平均值为 10.3439 元，最大值与最小值之间的全距为 13.19 元，标准差为 3.9 元，可见我国银行业上市公司的股价在样本期间波动幅度较大。另外，就净利润指标来看，我国银行业上市公司净利润均值为 13 亿元，可见在样本期间我国银行业经营状况良好。

2. 银行业上市公司的各个财务指标的因子分析

图 20-16 给出了 KMO 和巴特利特检验的结果，其中 KMO 值越接近 1 表示越适合做因子分析，从图中可以看到 KMO 的值为 0.743，表示比较适合做因子分析。巴特利特球形度检验的原假设为相关系数矩阵为单位阵，显著性为 0.000，小于显著水平 0.05，因此拒绝原假设，表示变量之间存在相关关系，适合做因子分析。

图 20-17 给出了每个变量共同度的结果。左侧表示每个变量可以被所有因素所能解释的方差，右侧表示变量的共同度。从中可以看到，因子分析的变量共同度都非常高，表明变量中的大部分信息均能够被因子所提取，说明因子分析的结果是有效的。

描述统计

	N	最小值	最大值	均值	标准 偏差	方差
流动比率	22	.77400000	1.07155500	.9189855123	.0768336436	.006
净资产负债比率	23	.006989	.020515	.01108852	.002713630	.000
资产固定资产比率	23	27.041670	236.141300	111.3977804	35.88880615	1288.006
每股收益	23	.091500	.390000	.22505857	.090158050	.008
净利润	23	10.305200	17.766670	13.00979348	1.954010448	3.818
增长率	23	-3.942450	64.609780	27.42802000	14.85095878	220.551
股价1	23	5.67	18.86	10.3439	3.97134	15.772
有效个案数（成列）	22					

图 20-15　银行业上市公司经营状况的描述分析结果

KMO 和巴特利特检验

KMO 取样适切性量数。		.743
巴特利特球形度检验	近似卡方	95.892
	自由度	21
	显著性	.000

图 20-16　银行业财务指标的 KMO 和巴特利特的检验结果

图 20-18 给出了因子贡献率的结果。左侧为初始特征值，中间为提取主因子结果，右侧为旋转后的主因子结果。"总计"指因子的特征值，"方差百分比"表示该因子的特征值占总特征值的百分比，"累积%"表示累积的百分比。其中只有前两个因子的特征值大于 1，并且前两个因子的特征值之和占总特征值的 75.392%，因此，提取前两个因子作为主因子。

图 20-19 给出了旋转后的因子载荷值，其中旋转方法是凯撒标准化的正交旋转法。通过因子旋转，各个因子有了比较明确的含义。第一个因子与流动比率和净资产负债比率相关性最强，因

此将流动比率作为对第一个因子的解释。第二个因子与净利润最为相关，因此分别将净利润作为对第二个因子的代表。

公因子方差

	初始	提取
流动比率	1.000	.818
净资产负债率	1.000	.861
资产固定资产比率	1.000	.606
每股收益	1.000	.565
净利润	1.000	.895
增长率	1.000	.664
股价1	1.000	.870

提取方法：主成分分析法。

总方差解释

成分	初始特征值			提取载荷平方和			旋转载荷平方和		
	总计	方差百分比	累积%	总计	方差百分比	累积%	总计	方差百分比	累积%
1	3.916	55.938	55.938	3.916	55.938	55.938	2.718	38.830	38.830
2	1.362	19.454	75.392	1.362	19.454	75.392	2.559	36.562	75.392
3	.731	10.443	85.835						
4	.545	7.779	93.614						
5	.197	2.813	96.427						
6	.193	2.753	99.180						
7	.057	.820	100.000						

提取方法：主成分分析法。

图20-17 银行业财务指标的变量共同度　　　图20-18 银行业财务指标的因子贡献率

3. 银行业股票价格与主因子财务指标的回归分析

对利用因子分析得到的主因子进行回归分析，可进一步发掘我国银行业股价与其主要财务指标的关系。

由上文的对银行业财务指标的因子分析，我们发现可以用两个主因子（流动比率、净利润）来代替解释所有 6 个财务指标提供的近 80%的信息。因此，下面将利用分析的两个主因子——流动比率和净利润两个财务指标，作为自变量对因变量银行业上市公司的平均股价进行回归。

图 20-20 给出了评价模型的检验统计量。从该图可以得到 R、R 方、调整的 R 方、标准估算的错误及德宾-沃森统计量。如本实验中回归模型 R 方是 0.838，说明回归的拟合度非常高，并且德宾-沃森为 2.209，说明模型残差不存自相关，该回归模型非常优良。

旋转后的成分矩阵[a]

	成分	
	1	2
流动比率	.742	.517
净资产负债率	.400	.837
资产固定资产比率	-.247	-.738
每股收益	-.686	.308
净利润	.833	.449
增长率	.071	-.812
股价1	.882	.304

提取方法：主成分分析法。
旋转方法：凯撒正态化最大方差法。
a. 旋转在 3 次迭代后已收敛。

模型摘要[b]

模型	R	R 方	调整后 R 方	标准估算的错误	德宾-沃森
1	.924[a]	.853	.838	1.59817	2.209

a. 预测变量：(常量), 净利润, 流动比率。
b. 因变量：股价1

图 20-19 银行业财务指标的旋转后因子载荷　　　图 20-20 银行业财务指标回归模型的评价统计量

图 20-21 给出了 ANOVA 检验的结果。由该图可以得到回归部分的 F 值为 55.224，相应的显著性值为 0.000，小于显著水平 0.05，因此可以判断由流动比率、净利润两个财务指标对银行业上市公司的平均股价解释能力非常显著。

图 20-22 给出了线性回归模型的回归系数及相应的一些统计量。从图中可以看出，线性回归模型中的流动比率和净利润的系数分别为 21.352 和 1.125，说明流动比率的小部分增加会带动银行业上市公司股价近 21 倍的增加，说明并证实了银行业公司的股价与银行资产的流动性高度相关的现实状况，这是因为银行资产的流动性决定了该银行的经营稳健性，是利润产生的根本前提。另外，线性回归模型中的流动比率和净利润两个指标的 t 值分别为 2.890 和 3.927，相应的显著性为 0.000，说明系数非常显著，这与 ANOVA 检验的结果一致，即银行业股价高度受流动比率和净

利润两个财务指标的影响。

ANOVA(a)					
模型	平方和	自由度	均方	F	显著性
1 回归	282.102	2	141.051	55.224	.000(b)
残差	48.529	19	2.554		
总计	330.631	21			

a. 因变量：股价1
b. 预测变量：(常量), 净利润, 流动比率

图 20-21　银行业财务指标的 ANOVA 检验结果

系数(a)					
模型		未标准化系数		标准化系数	
		B	标准错误	Beta	t	显著性
1	(常量)	-23.800	4.486		-5.306	.000
	流动比率	21.352	7.388	.413	2.890	.009
	净利润	1.125	.286	.562	3.927	.001

a. 因变量：股价1

图 20-22　回归系数

综上所述，在银行业数据中，可以用两个主因子（流动比率、净利润）来代替解释所有 6 个财务指标提供的近 80%的信息。因子分析的变量共同度都非常高，表明变量中的大部分信息均能够被因子所提取，说明因子分析的结果是有效的。

20.3　SPSS 在自然科学中的应用

空气污染已成为一个日益严重的科学和社会问题。对空气污染的防治和监测成为各主要城市的一项重要工作。SPSS 的非参数检验、时间序列分析和聚类分析等分析方法为空气污染的分析和监测研究提供了有效的帮助。

20.3.1　案例说明与问题描述

随着经济的发展和社会的进步，环境污染问题已受到越来越多人的关注。生态环境方面已经成为一个城市综合竞争力的重要组成部分。对城市污染问题的研究和判断对于工业布局、城市发展战略和产业政策的制定具有重要的指导意义。1997 年，我国对重点城市进行空气质量周报，空气质量周报包括对几种主要污染物的监测状况，以空气污染指数的形式报告。空气污染指数反映了一个城市的污染情况和污染的变动规律，对环保工作的开展具有重要的指导意义。

20.3.2　分析目的、分析思路及数据选取

本案例的研究目的是对全国部分主要城市的空气质量进行横向比较，分析我国当前空气污染的总体情况和地区差异，为环境政策的制定提供科学的依据；同时，对代表性城市的空气污染状况进行分析和预测，全面把握空气污染状况的发展趋势，最后对各主要城市的空气污染状况进行合理分类，为国家环境政策的制定提供科学合理的依据。

本案例的分析思路是：首先利用描述性统计分析方法对各主要城市的空气质量进行横向比较；然后利用非参数检验方法检验各城市空气污染在年内的分布状况是否具有一致性，并判断在全国范围内是否存在影响空气质量的共同因素；最后利用时间序列分析方法对其代表性城市的空气污染状况进行分析和预测。

本案例选取了兰州、大同、西安、苏州、济南、南宁、北京等城市 270 天的空气质量报告数据，记录了空气污染指数，另外选取了某代表性城市 2301 天的数据，利用时间序列分析方法对代表性城市的空气污染状况进行分析和预测，所有数据均来源于环保部网站及各省市环保厅（局）的网站及相关报告。

本案例原始数据如图 20-23 所示。

	A 兰州	B 大同	C 西安	D 苏州	E 济南	F 北京	G 南昌	H 南宁		A 污染指数	B
2	108	56.00	104.00	40.00	64.00	80.00	138.00	182.00	1		
3	163	51.00	73.00	32.00	81.00	151.00	114.00	193.00	2	109.00	
4	86	112.00	73.00	58.00	196.00	111.00	122.00	123.00	3	193.00	
5	126	76.00	63.00	52.00	144.00	121.00	121.00	100.00	4	157.00	
6	135	74.00	77.00	41.00	113.00	126.00	118.00	153.00	5	98.00	
7	85	86.00	58.00	67.00	85.00	110.00	62.00	75.00	6	91.00	
8	73	91.00	53.00	66.00	92.00	86.00	79.00	81.00	7	91.00	
9	92	80.00	99.00	76.00	221.00	91.00	95.00	56.00	8	73.00	
10	68	110.00	135.00	65.00	98.00	71.00	72.00	127.00	9	89.00	
11	107	116.00	126.00	98.00	200.00	74.00	73.00	155.00	10	97.00	
12	143	99.00	119.00	84.00	123.00	122.00	163.00	93.00	11	95.00	
13	107	123.00	112.00	29.00	112.00	134.00	90.00	68.00	12	79.00	
14	113	112.00	122.00	54.00	109.00	98.00	137.00	57.00	13	101.00	
15	104	109.00	102.00	37.00	58.00	99.00	98.00	97.00	14	96.00	
16	80	80.00	76.00	41.00	98.00	100.00	77.00	101.00	15	93.00	
17	101	61.00	73.00	57.00	100.00	120.00	34.00	84.00	16	102.00	
18	111	82.00	58.00	61.00	91.00	100.00	76.00	130.00	17	104.00	
19	138	75.00	98.00	55.00	100.00	87.00	64.00	159.00	18	107.00	
20	104	108.00	100.00	62.00	91.00	98.00	79.00	103.00	19	114.00	
21	71	105.00	91.00	34.00	100.00	85.00	57.00	103.00	20	93.00	
22	37	69.00	100.00	58.00	82.00	63.00	68.00	95.00	21	99.00	
23	106	90.00	82.00	59.00	100.00	61.00	83.00	61.00	22	85.00	
24	163	64.00	100.00	22.00	117.00	97.00	79.00	77.00			
25	91	68.00	75.00	22.00	87.00	97.00	74.00	108.00			
26	103	100.00	73.00	55.00	91.00	169.00	91.00	115.00			
27	87	88.00	83.00	80.00	85.00	100.00	74.00	121.00			
28	89	99.00	98.00	116.00	75.00	98.00	97.00	131.00			
29	58	125.00	80.00	88.00	83.00	98.00	93.00	91.00			
30	94	64.00	85.00	105.00	100.00	99.00	84.00	82.00			

图 20-23 案例的原始数据

20.3.3 案例中使用的 SPSS 方法

1. 描述性分析

描述性分析是对数据进行基础性描述，主要用于描述变量的基本特征。SPSS 中的描述性分析过程可以生成相关的描述性统计量，如均值、方差、标准偏差、全距、峰度和偏度等，同时描述性分析过程还将原始数据转换为 Z 分值并作为变量存储，通过这些描述性统计量，我们可以对变量变化的综合特征进行全面的了解。

2. 非参数检验

非参数检验是相对于参数检验而言的，非参数检验由一般不涉及总体参数而针对总体的某些一般性假设而得名，又称分布自由检验。非参数检验在统计分析和实际工作中具有广泛的应用。非参数检验是不需要对总体分布情况进行严格限定的统计推断方法，这类检验方法的假设前提比参数检验要少得多并且容易满足。

3. 指数平滑分析

指数平滑分析是在移动平均模型基础上发展起来的一种时间序列分析预测法，其原理是任一期的指数平滑值都是本期实际观察值与前一期指数平滑值的加权平均。该分析方法的思想是对过去值和当前值进行加权平均，以及对当前的权数进行调整以抵消统计数值的摇摆影响，得到平滑的时间序列。指数平滑分析不舍弃过去的数据，只对过去的数据给予逐渐减弱的影响程度（权重）。

20.3.4 数据文件的建立

1. 对空气质量进行横向比较的数据文件的建立

在 SPSS 变量视图中建立变量"兰州""大同""西安""苏州""济南""北京""南昌"和

"南宁",分别用来衡量各主要城市的污染指数情况,数据文件命名为"SPSS在自然科学中的应用1",如图20-24所示。

图20-24 数据文件"SPSS在自然科学中的应用1"的变量视图

然后在SPSS活动数据文件的数据视图中,把相关数据输入到各个变量中,输入完毕后的部分数据如图20-25所示。

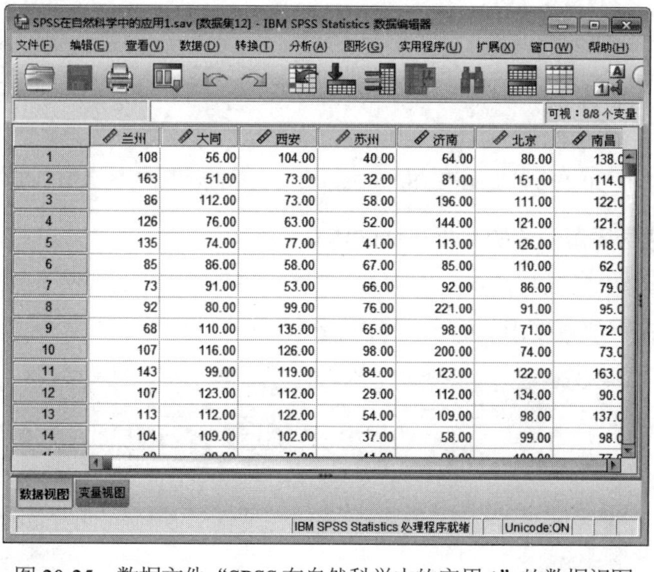

图20-25 数据文件"SPSS在自然科学中的应用1"的数据视图

2. 各城市空气污染在年内的分布状况是否具有一致性的数据文件的建立

在SPSS变量视图中建立变量"空气污染指数"和"城市",分别用来衡量各主要城市的污染指数情况。其中,"城市"变量使用"1~8"分别表示"兰州""大同""西安""苏州""济南""北京""南昌"和"南宁",数据文件命名为"SPSS在自然科学中的应用2",如图20-26所示。

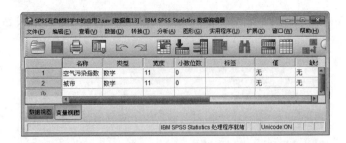

图 20-26　数据文件"SPSS 在自然科学中的应用 2"的变量视图

然后在 SPSS 活动数据文件的数据视图中，把相关数据输入到各个变量中，输入完毕后的部分数据如图 20-27 所示。

图 20-27　数据文件"SPSS 在自然科学中的应用 2"的数据视图

3. 代表性城市空气质量预测的数据文件的建立

在 SPSS 变量视图中建立变量"污染指数"，用来衡量代表性城市 5 年的污染指数情况，数据文件命名为"SPSS 在自然科学中的应用 3"，如图 20-28 所示。

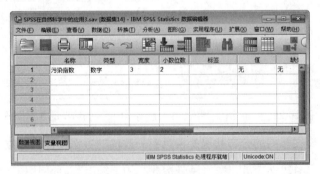

图 20-28　数据文件"SPSS 在自然科学中的应用 3"的变量视图

然后在 SPSS 活动数据文件的数据视图中，把相关数据输入到各个变量中，输入完毕后的部分数据如图 20-29 所示。

第 20 章　SPSS 综合应用案例　445

图 20-29　数据文件"SPSS 在自然科学中的应用 3"的 29 数据视图

20.3.5　SPSS 操作步骤

1. 各主要城市空气污染指数的描述性横向比较操作步骤

步骤 01 打开数据文件"SPSS 在自然科学中的应用 1",进入 SPSS Statistics 数据编辑器窗口,然后在菜单栏中选择"分析"|"描述统计"|"描述"命令,打开"描述"对话框。

步骤 02 将"兰州""大同""西安""苏州""济南""南宁""南昌"和"北京"选入"变量"列表框中。

步骤 03 单击"选项"按钮,弹出"描述:选项"对话框,选中"最大值""最小值""平均值""标准偏差""峰度"和"偏度",然后单击"继续"按钮,返回"描述"对话框。

步骤 04 单击"确定"按钮,即可输出显示结果。

2. 各主要城市空气污染指数年内的分布状况是否具有一致性的检验操作步骤

步骤 01 打开数据文件"SPSS 在自然科学中的应用 2",在菜单栏中选择"分析"|"非参数检验"|"旧对话框"|"K 个独立样本"命令,打开"针对多个独立样本的检验"对话框。

步骤 02 从源变量列表框中选择"空气污染指数"变量,单击 按钮将其进入"检验变量列表"列表框中,选择"城市"变量,单击 按钮将其进入"分组变量"列表框中;单击"定义范围"按钮,弹出"多个独立样本:定义范围"对话框,输入分组变量的范围。

步骤 03 单击"选项"按钮,打开"多个独立样本:选项"对话框,选中"描述""四分位数"复选框,单击"继续"按钮。

步骤 04 单击"确定"按钮,即可输出检验结果。

3. 代表性城市空气质量预测的指数平滑操作

步骤 01 打开数据文件"SPSS 在自然科学中的应用 3",进入 SPSS Statistics 数据编辑器窗

口，在菜单栏中选择"数据"|"定义日期和时间"命令，打开"定义日期"对话框，在"个案是"列表框中选择"天"，在"第一个个案是"选项组的"日"文本框中输入数据开始的具体日为1，然后单击"确定"按钮，完成时间变量的定义。

步骤02 在菜单栏中选择"分析"|"时间序列预测"|"创建传统模型"命令，打开"时间序列建模器"对话框，将"污染指数"变量选入"因变量"列表框中，在"方法"下拉列表框中选择"指数平滑"选项。

步骤03 单击"条件"按钮，打开"时间序列建模器：指数平滑条件"对话框，选中"简单"单选按钮，单击"继续"按钮保存设置。

步骤04 单击"统计"选项卡，选中"参数估算值"复选框，然后单击"继续"按钮保存设置。

步骤05 单击"确定"按钮，便可以得到指数平滑法建模的结果。

20.3.6 结果判读

1. 各主要城市空气污染指数的描述性横向比较

图 20-30 给出了描述性统计量的主要结果，从图中可以看出，兰州的空气污染情况最为严重，平均空气污染指数达到了中度污染的水平，苏州的空气质量最佳，平均空气污染指数处于良好状态，此外苏州每天的空气污染状况较为稳定。

描述统计

	N 统计	最小值 统计	最大值 统计	均值 统计	标准 偏差 统计	偏度 统计	标准 错误	峰度 统计	标准 错误
兰州	269	18	500	165.59	114.471	1.655	.149	1.860	.296
大同	269	10.00	500.00	119.4833	66.56932	2.977	.149	12.054	.296
西安	269	.00	345.00	84.2900	25.15010	4.198	.149	43.223	.296
苏州	269	22.00	159.00	69.9963	22.42841	.679	.149	.752	.296
济南	269	55.00	238.00	96.6468	28.13410	1.754	.149	4.584	.296
北京	269	33.00	293.00	94.1673	32.69040	1.750	.149	5.395	.296
南昌	269	34.00	350.00	98.6877	41.34591	2.285	.149	8.735	.296
南宁	269	28.00	500.00	98.8216	66.05768	4.362	.149	22.149	.296
有效个案数（成列）	269								

图 20-30 描述性统计量

2. 各主要城市空气污染指数年内的分布状况是否具有一致性的检验

图 20-31 给出了两个变量的"个案数""平均值""标准偏差""最小值"和"最大值"等描述性统计量。从描述性统计量中，我们可以对全国的空气污染状况有一个全局的认识。

描述统计

	个案数	平均值	标准 偏差	最小值	最大值	百分位数 第25个	第50个（中位数）	第75个
空气污染指数	2152	103.46	63.543	0	500	72.00	88.00	111.00
城市	2152	4.50	2.292	1	8	2.25	4.50	6.75

图 20-31 描述性统计量

图 20-32 给出了克鲁斯卡尔-沃利斯 H 检验相关的检验统计量，从图中可以看出，渐近显著性为 0.000，小于显著水平。故拒绝原假设，认为 8 个代表性城市的空气污染情况存在显著差异。

3. 代表性城市空气质量预测的指数平滑

图 20-33 给出了模型的基本描述，从图中可以看出，所建立的指数平滑法的因变量标签是"污染指数"，模型名称为"模型_1"，模型的类型为简单非季节性。

检验统计[a,b]

	空气污染指数
克鲁斯卡尔-沃利斯 H(K)	412.391
自由度	7
渐近显著性	.000

a. 克鲁斯卡尔-沃利斯检验
b. 分组变量：城市

图 20-32 检验统计量

模型描述

			模型类型
模型 ID	污染指数	模型_1	简单

图 20-33 模型描述

图 20-34 给出了模型的 8 个拟合度指标，包括这些指标的平均值、最小值、最大值及百分位数。其中，平稳 R 方值为 0.139，而 R 方值为 0.263，这是由于因变量数据为季节性数据，因此平稳 R 方更具有代表性。从两个 R 方值来看，该指数平滑法的拟合情况比较良好。

模型拟合度

拟合统计	平均值	标准误差	最小值	最大值	5	10	25	百分位数 50	75	90	95
平稳 R 方	.139	.	.139	.139	.139	.139	.139	.139	.139	.139	.139
R 方	.263	.	.263	.263	.263	.263	.263	.263	.263	.263	.263
RMSE	31.509	.	31.509	31.509	31.509	31.509	31.509	31.509	31.509	31.509	31.509
MAPE	18.735	.	18.735	18.735	18.735	18.735	18.735	18.735	18.735	18.735	18.735
MaxAPE	256.286	.	256.286	256.286	256.286	256.286	256.286	256.286	256.286	256.286	256.286
MAE	18.340	.	18.340	18.340	18.340	18.340	18.340	18.340	18.340	18.340	18.340
MaxAE	380.376	.	380.376	380.376	380.376	380.376	380.376	380.376	380.376	380.376	380.376
正态化 BIC	6.904	.	6.904	6.904	6.904	6.904	6.904	6.904	6.904	6.904	6.904

图 20-34 模型拟合度

图 20-35 给出了模型的拟合统计量和杨-博克斯 Q 统计量。平稳 R 方值为 0.139，与模型拟合图中的平稳 R 方一致。杨-博克斯 Q 统计量值为 311.626，显著性为 0.000，因此拒绝残差序列为独立序列的原假设，说明模型拟合后的残差序列是存在自相关的，建议采用 ARIMA 模型继续拟合。

模型统计

模型	预测变量数	模型拟合度统计 平稳 R 方	杨-博克斯 Q(18) 统计	DF	显著性	离群值数
污染指数-模型_1	0	.139	311.626	17	.000	0

图 20-35 模型统计量表

图 20-36 给出了指数平滑法模型参数估计值。从该图可以看到本实验拟合的指数平滑法的水平 Alpha 值为 0.380，显著性为 0.000，不仅作用很大而且非常显著。

指数平滑法模型参数

模型				估算	标准误差	t	显著性
污染指数-模型_1	不转换	Alpha（水平）		.380	.016	23.412	.000

图 20-36 指数平滑法模型参数

图 20-37 给出了污染指数平滑法的拟合图和观测值。污染指数序列整体上成波动状态，拟合值和观测值曲线在整个区间中几乎重合，因此可以说明指数平滑法对污染指数的拟合情况非常好。通过指数平滑法的拟合图我们可以发现，该城市的污染指数出现过三次剧烈波动，并且总体上的波动较为剧烈，但是最近波动相对平缓，说明污染控制政策开始发挥效力。

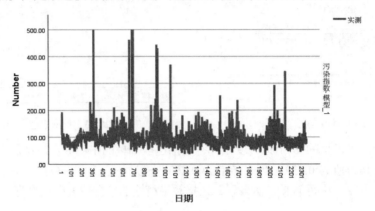

图 20-37　指数平滑法的拟合图

20.4　SPSS 在社会科学中的应用

随着管理精细化和分析技术的发展，社会科学中的定量研究越来越受到重视，定量分析的结果已成为决策的重要依据和参考。科学准确的分析结果离不开现代统计分析方法的运用，SPSS 的统计分析过程为社会科学的定量研究提供了一种方便的实现方式。因子分析和聚类分析是社会科学研究中常用的分析方法。

20.4.1　案例说明与问题描述

物质生产始终是人类社会生存发展的基础，直接创造财富的制造业依然是国民经济重要的支柱产业。高度发达的制造业和先进的制造技术成为衡量一个国家综合经济实力和科技水平的重要标志，是一个国家在竞争激烈的国际市场获胜的关键因素。新型国际分工下，随着发达国家的制造业结构向高级化和柔性化升级，其生产环节开始大规模地向国外转移。中国制造业依靠其强大的劳动力优势和广阔的国内市场，成为世界制造业转移的主要目的地。对各制造业行业发展的影响因素研究成为一个重要的课题，它对于制造业行业的发展战略和国家产业政策的制定都具有重要的参考价值。

20.4.2　分析目的、分析思路及数据选取

本案例的研究目的是对影响制造业中不同行业的影响因素进行分析，为各制造业行业的发展战略提供科学依据，同时对制造业行业进行合理分类，为国家产业政策的制定提供科学合理的依据。

本案例的分析思路是：首先利用因子分析提取对制造业行业竞争力影响较为明显的因素，分析它们对制造业行业竞争力的影响，然后利用聚类分析方法按照各种影响行业在这些影响因素维

度上的取值对制造业行业划分类型，为分行业产业政策的制定提供科学合理的依据。

本案例选取了我国 40 个行业 2007 年工业增加值率、总资产贡献率、资产负债率、工业成本费用利润率、流动资产周转率、产品销售率、企业单位数、工业总产值、工业增加值、资产总计、流动资产总计、流动资产年平均余额、固定资产原值、固定资产净值年平均余额、负债合计、流动负债合计、所有者权益、产品销售收入、产品销售成本、产品销售税金及附加、本年应缴增值税、利润总额和从业人员年平均人数的观测数据作为衡量制造业竞争力的初始指标，数据来源于《中国统计年鉴》和各行业的统计年鉴。本案例的原始数据如图 20-38 所示。

行业	工业增加值率(%)	总资产贡献率(%)	资产负债率(%)	工业成本费用利润率(%)	流动资产周转率	产品销售率(%)	企业单位数(家)	工业总产值(亿元)
专用设备制造业	51.04	14.67	61.15	12.49	2.01	98.08	7,537.00	9,201.83
造纸及纸制品业	77.72	46.50	38.63	77.79	3.98	99.53	184.00	8,300.05
有色金属冶炼及压延	43.59	26.89	48.32	21.25	2.45	97.52	2,899.00	2,130.61
有色金属矿采选业	42.53	31.83	47.91	24.39	2.80	97.43	2,183.00	2,288.75
印刷业和记录媒介的	37.88	21.46	50.58	9.68	3.32	97.84	3,004.00	1,365.63
饮料制造业	29.78	28.16	57.07	4.72	6.68	98.63	24.00	10.97
仪器仪表及文化、办	26.53	16.08	56.80	5.64	3.99	97.93	18,140.00	17,496.08
医药制造业	30.66	15.84	52.80	7.39	2.82	97.51	6,644.00	6,070.96
烟草制品业	37.06	19.19	53.30	10.33	2.16	97.65	4,422.00	5,082.34
橡胶制品业	77.29	69.91	24.74	38.83	1.62	100.41	150.00	3,776.23
文教体育用品制造业	26.23	11.21	60.12	4.46	2.64	97.81	27,914.00	18,733.31
通用设备制造业	29.80	14.14	55.22	5.20	2.78	97.42	14,770.00	7,600.38
通信设备、计算机及	28.73	16.47	56.62	5.51	3.11	97.74	7,452.00	5,153.49
塑料制品业	29.27	17.17	53.26	6.23	3.50	97.49	7,852.00	3,520.54
水的生产和供应业	26.67	11.61	55.76	4.97	2.69	97.73	4,110.00	2,424.94
食品制造业	27.56	11.97	58.81	6.71	2.49	98.43	8,376.00	6,325.45
石油加工、炼焦及核	32.68	11.71	51.46	8.36	1.94	97.70	5,083.00	2,117.57
石油和天然气开采业	26.42	9.85	53.52	3.82	2.57	97.58	4,087.00	2,098.79
燃气生产和供应业	17.35	13.53	56.58	1.25	4.86	99.41	2,149.00	17,850.08
其他采矿业	27.39	14.05	55.25	7.53	2.74	97.78	22,981.00	26,798.80
皮革、毛皮、羽毛	35.94	14.59	48.83	10.93	1.84	94.37	5,748.00	6,361.90
农副食品加工业	19.64	9.19	60.83	4.26	2.65	97.23	1,556.00	4,120.80
木材加工及木、竹、	27.70	12.20	58.47	5.62	2.72	98.26	3,695.00	3,462.41
煤炭开采和洗选业	26.32	11.63	56.19	5.47	2.44	97.83	15,376.00	8,120.41
金属制品业	31.17	14.24	56.77	7.56	2.61	97.67	24,278.00	15,559.44
交通运输设备制造业	26.73	13.70	60.96	6.42	3.03	99.12	7,161.00	33,703.01
家具制造业	24.83	17.94	58.42	7.15	3.39	98.43	6,701.00	18,031.88
化学原料及化学制品	26.30	12.76	58.89	5.12	2.54	97.97	18,008.00	11,447.08

图 20-38　案例原始数据

20.4.3　案例中使用的 SPSS 方法

1. 因子分析

因子分析是一种数据简化的技术，它通过研究众多变量之间的内部依赖关系，探求观测数据中的基本结构，并用少数几个独立的不可观测变量变化来表示其基本的数据结构。这几个假想变量能够反映原来众多变量的主要信息。

2. 聚类分析

聚类分析是根据研究对象的特征按照一定标准对研究对象进行分类的一种分析方法，它使组内的数据对象具有最高的相似度，而组间具有较大的差异性。聚类分析可以在没有先验分类的情况下通过观察对数据进行分类，聚类分析在科学研究和实际的生产实践中都具有广泛的应用。

20.4.4　数据文件的建立

在 SPSS 变量视图中建立变量"行业""工业增加值率""总资产贡献率""资产负债率""工业成本费用利润率""流动资产周转率""产品销售率""企业单位数""工业总产值""工业增加值""资产总计""流动资产总计""流动资产年平均余额""固定资产原值""固定资产净值年平均余额""负债合计""流动负债合计""所有者权益"、"产品销售收入""产品销售成本""产品销售税金及附加""本年应缴增值税""利润总额"和"从业人员年平均人数"，分别用来衡量不同行业发展的各种因素，如图 20-39 所示。

在 SPSS 活动数据文件的数据视图中，把相关数据输入到各个变量中，输入完毕后的部分数据如图 20-40 所示。

图 20-39　数据文件的变量视图

图 20-40　数据文件的数据视图

20.4.5　SPSS 操作步骤

1. 制造业各行业发展影响因素的因子分析操作步骤

步骤 01　打开数据文件，进入 SPSS Statistics 数据编辑器窗口，在菜单栏中选择"分析"|"降维"|"因子"命令，弹出"因子分析"对话框，将"工业增加值率""总资产贡献率""资产负债率""工业成本费用利润率""流动资产周转率""产品销售率""企业单位数""工业总产值""工业增加值""资产总计""流动资产总计""流动资产年平均余额""固定资产原值""固定资产净值年平均余额""负债合计""流动负债合计""所有者权益""产品销售收入""产品销售成本""产品销售税金及附加""本年应缴增值税""利润总额"和"从业人员年平均人数"选入"变量"列表框中。

步骤 02　单击"描述"按钮，弹出"因子分析：描述"对话框，选中"初始解"和"KMO 和巴特利特球形度检验"复选框，单击"继续"按钮，保存设置结果。

步骤 03　单击"旋转"按钮，弹出"因子分析：旋转"对话框，选中"最大方差法"复选框，其他为系统默认选择，单击"继续"按钮，保存设置结果。

步骤 04　单击"得分"按钮，弹出"因子分析：因子得分"对话框，选中"保存为变量"和"显示因子得分系数矩阵"复选框，单击"继续"按钮回到主对话框。

步骤 05　单击"确定"按钮，输出分层聚类分析的结果。

2. 制造业各行业不同类型的聚类分析操作步骤

步骤 01　在菜单栏中选择"分析"|"分类"|"系统聚类"命令，弹出"系统聚类分析"对话框。

步骤 02　从源变量列表框中选择"FAC1-1""FAC2-1"和"FAC3-1"变量，然后单击 按钮将其选入"变量"列表框中，选择"行业"变量，单击 按钮将其选入"个案

步骤03 在"聚类成员"选项组中选中"单个解"单选按钮。
步骤04 单击"图"按钮,弹出"系统聚类分析:图"对话框,选中"谱系图"复选框。
步骤05 单击"确定"按钮,输出分层聚类分析的结果。

20.4.6 结果判读

1. 制造业各行业发展影响因素的因子分析

图 20-41 给出了 KMO 和巴特利特的检验结果,其中 KMO 值越接近 1 表示越适合做因子分析,从该图可以看到 KMO 的值为 0.783,表示比较适合做因子分析。巴特利特球形度检验的原假设为相关系数矩阵为单位阵,显著性为 0.000,小于显著水平 0.05,因此拒绝原假设表示变量之间存在相关关系,适合做因子分析。

KMO 和巴特利特检验		
KMO 取样适切性量数。		.783
巴特利特球形度检验	近似卡方	4660.021
	自由度	253
	显著性	.000

图 20-41 行业发展影响因素的 KMO 和巴特利特检验结果

图 20-42 给出了每个变量共同度的结果。左侧表示每个变量可以被所有因素所能解释的方差,右侧表示变量的共同度。从该图可以看到,因子分析的变量共同度都非常高,表明变量中的大部分信息均能够被因子所提取,说明因子分析的结果是有效的。

图 20-43 给出了因子贡献率的结果。其中只有前三个因子的特征值大于 1,并且前三个因子的特征值之和占总特征值的 94.087%,因此,提取前三个因子作为主因子。

公因子方差

	初始	提取
工业增加值率	1.000	.915
总资产贡献率	1.000	.868
资产负债率	1.000	.851
工业成本费用利润率	1.000	.813
流动资产周转率	1.000	.769
产品销售率	1.000	.590
企业单位数	1.000	.981
工业总产值	1.000	.997
工业增加值	1.000	.999
资产总计	1.000	.997
流动资产总计	1.000	.996
流动资产年平均余额	1.000	.996
固定资产原值	1.000	.978
固定资产净值年平均余额	1.000	.976
负债合计	1.000	.996
流动负债合计	1.000	.999
所有者权益	1.000	.997
产品销售收入	1.000	.997
产品销售成本	1.000	.997
产品销售税金及附加	1.000	.949
利润总额	1.000	.992
本年应缴增值税	1.000	.997
从业人员年平均人数	1.000	.990

提取方法:主成分分析法。

图 20-42 行业发展影响因素的变量共同度

总方差解释

成分	初始特征值			提取载荷平方和			旋转载荷平方和		
	总计	方差百分比	累积 %	总计	方差百分比	累积 %	总计	方差百分比	累积 %
1	16.773	72.927	72.927	16.773	72.927	72.927	16.755	72.849	72.849
2	3.563	15.493	88.419	3.563	15.493	88.419	3.543	15.405	88.254
3	1.304	5.668	94.087	1.304	5.668	94.087	1.342	5.833	94.087
4	.682	2.964	97.051						
5	.345	1.498	98.550						
6	.147	.639	99.189						
7	.101	.438	99.626						
8	.049	.211	99.838						
9	.017	.073	99.911						
10	.013	.057	99.968						
11	.003	.014	99.983						
12	.002	.008	99.991						
13	.001	.005	99.996						
14	.001	.003	99.999						
15	.000	.001	100.000						
16	5.235E-5	.000	100.000						
17	2.399E-5	.000	100.000						
18	1.306E-5	5.680E-5	100.000						
19	6.835E-6	2.972E-5	100.000						
20	1.722E-6	7.488E-6	100.000						
21	9.779E-7	4.252E-6	100.000						
22	5.485E-7	2.385E-6	100.000						
23	2.411E-9	1.048E-8	100.000						

提取方法:主成分分析法。

图 20-43 行业发展影响因素的因子贡献率

图 20-44 给出了旋转后的因子载荷值,其中旋转方法是凯撒标准化的正交旋转法。通过因子旋转,各个因子有了比较明确的含义。我们可以看出第一个因子与"企业单位数""工业总产值""工业增加值""资产总计""流动资产总计""流动资产年平均余额""固定资产原值""固定资产净值年平均余额""负债合计""流动负债合计""所有者权益""产品销售收入""产品销售成本""产品销售税金及附加""本年应缴增值税""利润总额"和"从业人员年平均人数"相关性较强,

因此将第一个因子称为资产因子；第二个因子与"工业增加值率""总资产贡献率""资产负债率""工业成本费用利润率"相关，因此将第二个因子命名为效率因子；第三个因子与"流动资产周转率"和"产品销售率"有关，因此将第三个因子命名为流动性因子。

各因子得分也作为新变量被保存，如图20-45所示，为下一步的聚类分析打好了基础。

旋转后的成分矩阵a			
	成分		
	1	2	3
工业增加值率	-.028	.954	-.063
总资产贡献率	-.030	.901	.236
资产负债率	.063	-.916	.095
工业成本费用利润率	-.005	.895	.110
流动资产周转率	-.038	-.113	.869
产品销售率	.053	.303	.704
企业单位数	.987	-.062	-.049
工业产值	.997	-.054	.006
工业增加值	.999	-.011	.004
资产总计	.998	-.041	.011
流动资产总计	.996	-.053	-.022
流动资产年平均余额	.997	-.052	-.022
固定资产原值	.988	-.016	.047
固定资产净值年平均余额	.986	-.031	.042
负债合计	.997	-.053	.011
流动负债合计	.998	-.055	-.006
所有者权益	.998	-.024	.011
产品销售收入	.997	-.054	.008
产品销售成本	.996	-.067	.011
产品销售税金及附加	.951	.210	.024
利润总额	.995	.041	.014
本年应缴增值税	.998	.000	.020
从业人员年平均人数	.993	-.055	-.038

提取方法：主成分分析法。
旋转方法：凯撒正态化最大方差法。
a. 旋转在4次迭代后已收敛。

图20-44 行业发展影响因素的旋转后因子载荷

图20-45 因子得分

2. 制造业各行业不同类型的聚类分析

图20-46给出了该聚类分析的冰柱图。图20-47给出了其谱系图。

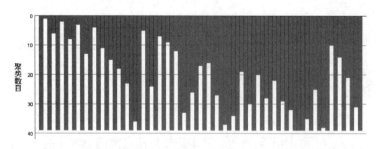

图20-46 分层聚类分析的冰柱图

分层聚类分析的冰柱图给出了各类之间的距离，从最后一行向前我们可以依次看出不同的聚类数量下的分类方式。

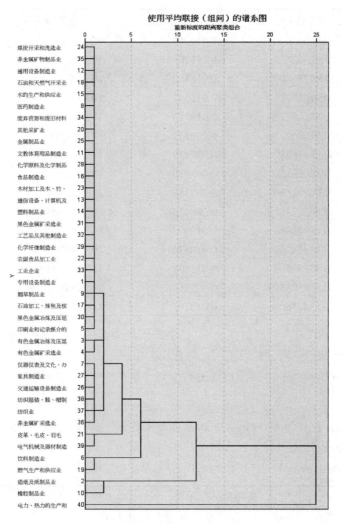

图 20-47 聚类分析谱系图

聚类分析谱系图给出了聚类每一次合并的情况。

结合聚类分析谱系图，建议分为五类：电力热力的生产和销售归为一类；造纸和纸制品业、橡胶制品业归为一类；非金属矿采选业、电气机械及器材制造与皮革、毛皮、羽毛归为一类；饮料制造业归为一类；其余行业归为一类。通过聚类分析我们可以清楚地区分各个行业竞争力影响因素的差异。

20.5 上 机 题

20.1 某机构为了研究我国服装业上市公司的股票价格与上市公司财务报表呈现的财务信息的关系，搜集了上市公司的流动比率、净资产负债比率、资产固定资产比率、每股收益、净利润、增长率等财务指标，部分数据如下表所示。（数据路径：sample\上机题\chap20\习题\第 20 章第一题.sav）

股票编号	流动比率	负债比率	资产比例	每股收益
1	0.96065900	0.013284	93.588960	0.185000
2	0.92562475	0.011708	102.880600	0.236500
3	0.94239800	0.011860	103.239400	0.304000
4	0.91639725	0.011641	103.531700	0.091500
5	0.87541375	0.010129	112.474600	0.172000
6	0.90080725	0.009532	127.283900	0.260500
7	0.88136280	0.009450	133.404000	0.324000
8	0.89066780	0.008080	128.082900	0.111600
9	0.86292560	0.009338	236.141300	0.190180
10	0.86337380	0.009430	117.573100	0.284600
11	0.84941880	0.010992	107.082400	0.347020
12	0.86368900	0.010824	105.041700	0.111860
13	0.85767500	0.011688	110.306100	0.184860
14	0.87430380	0.009964	98.115880	0.306600
15	0.88475000	0.010763	116.043800	0.374360

（1）将"流动比率""净资产负债比率""资产固定资产比率""每股收益""净利润""增长率"等财务指标进行因子分析，提取主因子并计算各个因子得分。

（2）利用因子分析得到的主因子对其进行回归分析，进一步发掘我国服装业股价与其主要财务指标的关系。

20.2 本题目给出了 1996 年一季度到 2008 年二季度我国房地产价格指数的数据，其中以 1996 年一季度为基期，并设定为 100。试用时间序列等方法分析我国房地产价格的走势，部分数据如下表所示。（数据路径：sample\上机题\chap20\习题\第 20 章第二题.sav）

季度	房地产价格指数	季度	房地产价格指数
1996Q1	100	1998Q1	115.6328
1996Q2	96.60489	1998Q2	123.0282
1996Q3	87.77722	1998Q3	110.156
1996Q4	95.31348	1998Q4	106.1271
1997Q1	122.3734	1999Q1	113.4815
1997Q2	103.9335	1999Q2	121.8994
1997Q3	119.8608	1999Q3	114.5574
1997Q4	105.4707		

（1）将房地产价格指数在 SPSS 中定义为时间序列，时间频率为"年，季度"。
（2）采用指数平滑的方法分析拟合钢铁产量的稳定长期的走势。
（3）绘制指数平滑法的拟合图和观测值图表。
（4）采用 ARIMA 模型分析拟合房地产价格指数的走势，并绘制 ARIMA 模型的拟合图和观测值图表。

20.3 在现代经济周期理论中,固定资产投资周期是影响宏观经济周期波动的一个直接的、物质性的主导因素。本题目搜集了从 1978 年~2007 年我国国民生产总值和固定资产投资总额的数据,部分数据如下表所示。(数据路径:sample\上机题\chap20\习题\第 20 章第三题.sav)

年份	国民生产总值(十亿)	固定资产投资(十亿)
1978	225.45	41.87
1979	249.851	60.92354
1980	276.3765	66.19678
1981	322.0911	73.9777
1982	364.07	78.26888
1983	413.5162	86.7446
1984	515.1107	124.1364
1985	554.5721	158.3782
1986	578.8222	174.0094
1987	643.3237	214.6864
1988	678.6035	224.5416
1989	649.8945	153.4606
1990	756.7301	168.0821
1991	864.2196	209.9379
1992	981.9088	268.8869

(1)将两个变量在 SPSS 中定义为时间序列,时间频率为"年"。
(2)采用 ARIMA 模型分析拟合我国固定资产投资的走势,并绘制 ARIMA 模型的拟合图和观测值图表。
(3)对我国固定资产投资和国民生产总值进行回归分析,探讨两者之间的定量影响关系。

20.4 为了对少年的体质状况进行科学的监测和分析,研究者随机抽取 485 名中小学生,观测了脉搏、身高、体重、坐高、胸围等身体指标和立定跳远、小球掷远、体前屈、10 米往返跑和双脚连续跳等体质指标(原始数据来自于《统计分析方法与 SPSS 应用教程》(清华大学出版社,2009)一书,作者进行了相应的补充和修正),部分数据如下表所示。(数据路径:sample\上机题\chap20\习题\第 20 章第四题.sav)

脉搏(次/min)	身高(cm)	体重(kg)	坐高(cm)	胸围(cm)
100	106.1	16.3	59.8	50.5
88	109.8	15.4	62.1	54.0
82	118.0	19.9	66.5	50.5
88	115.0	23.1	63.5	58.0
96	115.4	18.8	63.8	54.0
96	116.8	21.0	64.7	52.5
99	103.6	17.2	58.0	53.0
100	109.5	17.3	62.5	52.0
92	111.0	18.9	61.2	56.0
86	120.5	21.0	60.5	55.0

(续表)

脉搏（次/min）	身高（cm）	体重（kg）	坐高（cm）	胸围（cm）
94	107.2	17.4	60.2	56.0
78	104.2	14.0	58.9	50.5
104	99.0	15.6	57.0	54.5
88	115.0	21.4	64.0	55.0
102	100.5	15.2	58.7	49.0
92	113.7	18.7	65.2	51.5
112	107.4	16.7	60.3	52.5
104	113.1	19.0	63.2	55.0
110	112.2	18.6	64.4	56.0
141	14.2	10.7	6.2	4.7
121	9.5	7.6	6.5	4.8
111	16.5	13.6	5.9	5.2
130	15.0	6.5	6.2	5.6
110	14.0	5.0	6.7	5.8
90	7.0	8.8	6.6	5.9
75	4.0	10.0	7.3	6.1
108	7.0	15.0	6.5	7.1
71	4.5	4.5	8.4	8.1
115	9.3	8.9	6.2	8.8
90	17.0	4.2	6.5	9.7
89	6.0	13.4	7.5	6.1
88	11.0	12.1	7.2	11.4
58	6.0	4.0	6.5	4.6
80	10.0	1.7	6.9	7.7
92	5.5	12.6	7.8	11.1
84	8.0	7.0	7.0	4.1
80	5.0	5.0	7.5	5.0
108	5.0	15.6	5.9	5.1

（1）试分析代表性身体指标和体质指标的相关性。

（2）试将学生分为 4 类，作为对学生体质观察的代表性样本。